Meine Rezeptebibliothek 13

von Ute-Marion Wilkesmann

Dies ist der 13. Band einer knapp 20-teiligen Reihe, in die ich meine gesamten Rezepte einarbeite. Dieser Band umfasst die Zeit Oktober 2016 bis August 2017, insgesamt sind das mehr als 1150 Rezepte.

Meine Rezeptebibliothek 13

Oktober 2016 bis August 2017

Von Ute-Marion Wilkesmann

Bibliografische Information der Deutschen Nationalbibliothek:
Die Deutsche Nationalbibliothek verzeichnet diese Publikation in der Deutschen Nationalbibliografie; detaillierte bibliografische Daten sind im Internet über dnb.dnb.de abrufbar.

© 2025 Ute-Marion Wilkesmann

Verlag:
BoD · Books on Demand GmbH, In de Tarpen 42, 22848 Norderstedt, bod@bod.de
Druck:
Libri Plureos GmbH, Friedensallee 273, 22763 Hamburg

ISBN: 978-3-7693-7698-2

Vorwort

Die Reihenfolge dieser Bände bzw. Rezepte ist rein chronologisch, statt eines Inhaltsverzeichnisses gibt es daher ein ausführliches Stichwortverzeichnis am Ende. Die meisten Bilder habe ich selbst aufgenommen. In diesem Zeitraum gab es auch einige Rezepte mit entweder gar keinen oder zu kleinen/ähnlichen Fotografien. In diesen Fällen bat ich KIs um ein entsprechendes Foto. Alle Aufnahmen sind aus Kostengründen (Buchpreis für den Endverbraucher) schwarzweiß im Druck.

Entschuldigen möchte ich mich für eventuell vorhandene Tipp- und/oder andere Fehler. Auch bei sorgfältiger Arbeit lassen sie sich nicht immer komplett vermeiden. Hier sei auch mein Dank an diejenigen gerichtet, die mir über die Jahre Fehler auf der Webseite gemeldet haben.

Beim Stichwortverzeichnis am Ende habe ich auch in diesem Band die Oberbegriffe weggelassen, um den Zugriff zu beschleunigen.

Persönliche Anmerkungen habe ich kursiv vom restlichen Text abgehoben. Es sind Texte, die beim Originalrezept stehen.

Bei manchen Zutaten verweise ich auf ein vorheriges Rezept oder einen älteren Band. Meist lässt sich diese Zutat einfach durch etwas anderes ersetzen. Wenn ich aber alles, was ich vorher aufgeschrieben habe, auch in jeden Band neu aufnehmen will, nimmt das wertvollen Platz für neue Rezepte, so meine Überlegung. Ab diesem Band schreibe ich auch nicht mehr „o. Ä." zu den Nummern. Das sollte jedem klar sein, dass diese Hinweise generell sind und nicht sklavisch befolgt werden müssen.

Eines kann ich garantieren: Meine Bücher enthalten ausnahmslos Alltagsrezepte, es wurden nicht nur die besten Dinge ausgesucht. Ich wünsche allen Lesern viel Spaß beim Durchblättern und Ausprobieren!

März 2025
Ute-Marion Wilkesmann

Allgemeines:

Ich verwende stets einen *Heißluftofen*. Im Laufe der Zeit bin ich dazu übergegangen, *Gewicht* nur noch in netto anzugeben, das heißt, nach Vorbereiten, Schälen, Entkernen usw. Ebenso wiege ich Flüssigkeiten in Gramm ab. Auch wenn ich vielleicht in zehn Rezepten *gleichartige Arbeitsvorgänge* vorgenommen habe, beschreibe ich sie jedes Mal neu. Wer will beim Kochen blättern? Es gibt eine Ausnahme: Bei häufig wiederkehrenden Anweisungen verweise ich auf ein voriges Rezept, wenn ich dadurch Platz gewinnen kann, der für ein anderes Rezept erforderlich ist.

Kartoffeln, Möhren, Äpfel usw. schäle ich nicht. Oktober 2016 begann eine Phase mit *Tiereiweiß* (*vegetarisch*). Bei den Rezepten für diesen Band habe ich mein *Getreide* selbst gemahlen. Das geht nicht nur mit der Mühle, sondern z. B. auch mit einem Thermomix. Wer beides nicht hat, dem empfehle ich gekauftes Mehl (Vollkornmehl oder Typ 1050). Es verbackt sich sogar etwas leichter als Mehl aus der *eigenen Mühle*, es kann aber zu leichten Unterschieden bei der Flüssigkeitsmenge kommen, die zugegeben wird. *Nackthafer* bede*utet keimfähiger Hafer. Wer darauf keinen Wert legt, nimmt Hafer. Dasselbe gilt für* *Nacktgerste. Der Begri*ff *Frühstück* bedeutet „Frühstück mit Flocken", das Brukersche Frühstück verwende ich seit Mitte 2016 kaum noch, es bekommt das Stichwort „Frühstück FKG".

Mengenangaben: Was für einen als Hauptspeise reicht, ist für den anderen nicht genug. Dennoch ist es ein Hinweis. Wenn ich bei einem Rezept keine Zahl der Portionen angebe, ist es ein Gericht für 1 Person. Wer nach *Smoothies* sucht, sollte auch bei „Suppe kalt" schauen. Sobald Dekoration dabei ist, die man „kauen" muss, habe ich „Suppe kalt" als Stichwort gewählt.

Abkürzungen:

EL = Esslöffel

TL = Teelöffel

LS = Löffelspitze

MS = Messerspitze

Min. = Min.(n);

Sek. = Sekunde(n), Std. = Std.(n)

geh. = gehäuft (vor Einheit) bzw. gehackt (nach Einheit)

gem. = gem./ger. = gerieben/getr. = getr.

FKG = Abkürzung für Frischkorngericht nach Bruker/für Frühstück

RT = Raumtemperatur

schw. = schwarz

TK = Tiefkühl

TM = Thermomix

Evtl. unbekannte Begriffe: *Garam Masala* ist eine indische Gewürzmischung (s. auch 6/4361). *Cumin* und *Kreuzkümmel* sind Synonyme, dasselbe gilt für *Bataten* und *Süßkartoffeln. Tamari* ist eine spezielle Sojasoße und lässt sich einfach durch eine beliebige Sojasoße ersetzen. Die Bezeichnung *Apfelmark* verwende ich für Apfelmus ohne Zusätze, also auch ohne Zucker. *Essigpeperoni* sind in Apfelessig eingelegte Peperonistücke (7/4573).

Gelegentlich beziehe ich mich auf ältere Rezepte und verweise auf Band und Nummer (3/2008 bedeutet Band 3, Nr. 2008). Was ich hier mitgebe, sind Standardstützcreme, Standard-Pflanzenmilch und die Gemüsepfanne, weil sie häufig vorkommen. *Die „bekannten" Dinge ohne Verweis sind immer die aus dieser Rubrik zuletzt hergestellten bzw. ihre Standardversionen und im Stichwortverzeichnis hinten zu finden.* Den Markennamen *Vitamix* verwende ich gelegentlich synonym für Hochleistungsmixer. *Peng-Schüsseln* sind Plastikschüsseln, deren Deckel mit „Peng" aufspringt, wenn die Hefe ausreichend gegangen ist. *Grüne Rosinen* finde ich sehr lecker, sie färben auch in der Verarbeitung nicht alles dunkel ein. Sie sind teurer, lassen sich in Gerichten geschmacklich gleichwertig durch normale Rosinen (Sultaninen, Weinbeeren) ersetzen.

Milch bezeichnet hier als Oberbegriff eine Pflanzenmilch.

Standardstützcreme 2016

Im Hochleistungsmixer bis zum Stocken schlagen:

- 50 g Rundkornnaturreis
- 50 g gekochte rote Linsen
- 20-30 g Nüsse
- 350 g Wasser, halb Raumtemperatur, halb kochend

Im Notfall kann man einen zuckerlosen Pudding und Ähnliches nehmen.

Standard-Pflanzenmilch 2016

Mache ich die Standardstützcreme, kann ich bei Bedarf gleich eine Standard-Pflanzenmilch anschließen. Ich hatte die schon mal, die war prima.

Im Vitamix ca. 1 Min. laufen lassen:

- 100 g Standardstützcreme 2016 (Rest im Becher)
- 350 g Wasser

Das Prinzip der Gemüsepfanne

Pfanne lieber zu groß als zu klein wählen. Angegebene Flüssigkeitsmenge in die Pfanne geben. Darauf die anderen Zutaten wie klein geschnittenes Gemüse usw. Deckel auflegen und auf höchster Einstellung zum Kochen bringen, bis Dampf unter dem Deckel austritt. Auf kleinste Einstellung bringen und 15 Min. dünsten. Dies ist eine durchschnittliche Zeitangabe. Je nach Rezept kann diese Zeit anders aussehen. Für 1 Portion eignet sich meist eine 20-cm-Pfanne, bei 2 Portionen ist ein Durchmesser von 24 cm besser.

Wilkesmannsche Formel

- Fett = gekochte rote Linsen
- Eier = je Ei 60 g, davon 2/3 Stützcreme, 1/3 Apfelmus
- Backpulvermenge = verdoppeln; evtl. 10% mehr Mehl nehmen.
- Zucker = Honig (mache ich immer identisch) oder Ahornsirup (minus 10 %)

10204. PapPet-Dip, Oktober 2016

2 kleine Portionen

- 150 g Stützcreme
- 1 gute Prise Salz
- 1 gestr. TL Paprika edelsüß
- 7 g feingehackte, tiefgekühlte Petersilie

Mit einem Löffel verrühren und auf zwei Schüsselchen verteilen (schmeckt gut zu Ofenkartoffeln).

10205. Apfelkakao 4, Oktober 2016

Im Vitamix ca. 3 Min. auf höchster Stufe schlagen:

- 15 g Kakaobohnen
- 10 g Cashewnüsse
- 30 g Apfelmark
- 4 Softaprikosen (40 g)
- 7 g Ingwer
- auf 500 ml (Markierung im Becher) mit Wasser/kochendem Wasser 1:1 auffüllen.

Hinweis: *Das „Dickliche" fehlte mir diesmal nicht.*

10206. Haferecken, Oktober 2016

Vorläufer 10175

- 200 g Honig
- 100 g Butter
- 200 g Weizen, fein gem.
- 250 g Nackthafer, geflockt
- 1 P Weinsteinbackpulver
- 1 Prise Salz
- 1/2 gestr. TL gem. Vanille
- 50 g Chiasamen
- 50 g Apfelmark
- 2 EL Haselnusslikör o. Ä., zur Not Rum
- 50 g gehackte Haselnüsse

Butter und Honig im Mixtopf auflösen (7 Min./120 °C/Stufe 1). Die trockenen Zutaten miteinander mischen, in den Mixtopf geben und mit Apfelmark und Likör einarbeiten (30 Sek./Stufe 4).

Teig auf ein Perfect-Clean Blech legen, mit den Händen (immer wieder befeuchten) auseinanderdrücken, bis das Blech gefüllt ist. Mit dem Teigschaber in Quadrate teilen. In dieser Zeit den Ofen auf 160 °C vorheizen. 15 Min. backen und 5 Min. im ausgestellten Ofen nachbacken.

10207. Butterbrötchen, Oktober 2016

10 Stück, beschrieben im Thermomix. Lecker!

- 1/2 Würfel Bio-Hefe (21 g)
- 255 g Wasser
- 50 g Butter
- 50 g Einkorn
- 450 g Weizen
- 2 TL Salz
- 1/4 TL Curry (aus Indien, recht scharf)

Hefe, Butter und Wasser lösen (im TM: 2 Min./37 °C/Stufe 1). Getreide mahlen, mit Wasser, Salz und Curry in den Mixtopf geben und kneten (2,5 Min./Teigstufe). In einer Pengdose als Kugel unter Spannung 2 Std. gehen lassen. Einmal durchkneten, in 10 Teiglinge zu ca. 84 g aufteilen und zu kleinen Kugeln unter Spannung formen. Nebeneinander auf ein Backblech setzen, mit Wasser einsprühen und einmal oben einschneiden. Den Ofen auf 230 °C vorheizen, in dieser Zeit die Brötchen unter Gärfolie gehen lassen. 25 Min. bei 200 °C backen.

10208. Kaki-Crumble, Oktober 2016

2 Desserts

- 100 g Stützcreme
- 50 + 10 g Plätzchen- oder Kuchenkrümel
- 1 kleine Kaki (180 g), vorgeschnitten
- 100 g Trauben, grün & kernlos

Stützcreme, 50 g Krümel und Kaki mit dem Mixer (hoch stehendes Messer) zu einer Creme schlagen und auf zwei Schüsselchen verteilen. Trauben am Rand verteilen, restliche Krümel in die Mitte streuen.

10209. Hokkaidosuppe mit Haselnüssen, Oktober 2016

2 Portionen; Thermomix; Vorläufer 9848

- 5 g Ingwer, fein gewürfelt
- 1/2 TL scharfes Currypulver
- 1 große Zwiebel, geviertelt (180 g)
- 1 Knoblauchzehe (4 g), in Scheiben
- 15 g Kokosöl
- 415 g Hokkaido, grob vorgeschnitten
- 120 g Kartoffeln, grob vorgeschnitten
- 500 g Wasser
- 1/2 TL getr. Rosmarin
- 40 g gekochte rote Linsen
- 15 g Zitronenfleisch
- 6 g Essigpeperoni 7/4563
- 4 g Zitronensirup 9812 (der hält nun schon seit dem 13.8.!) (oder Honig)
- 1/2 TL Tandoorigewürz
- 1 TL Salz
- 15 g gehackte Haselnüsse

Ingwer, Currypulver, Zwiebel und Knoblauch zusammen mit dem Kokosöl zerkleinern (5 Sek./Stufe 5) und garen (3 Min./Varoma/Stufe 2). Kürbis und Kartoffeln zugeben und klein schneiden (5 Sek./Stufe 5). Wasser in den Mixtopf geben, Rosmarin darüber streuen und garen (15 Min./100 °C/Stufe 2). In der Zwischenzeit rote Linsen, Zitronenfleisch, Essigpeperoni, Tandoorigewürz und Salz im kleinen Mixer pürieren. Sirup zugeben und die Suppe pürieren (20 Sek./Stufe 8), Suppe auf zwei Schüsseln verteilen und mit Haselnüssen bestreuen.

10210. Stollen-Versuch, Oktober 2016

- 50 g grüne Rosinen
- 50 g Rum, 15 g abgetropft in den Teig
- 1/2 Würfel Bio-Hefe (21 g)
- 35 g Butter
- 125 g Honig
- 300 g Weizen, gem.
- 100 g Kamut, gem.
- 1 Prise Salz
- 10 g Lebkuchengewürz
- 30 g Apfelmark
- 40 g Honig von Zitronat
- 65 + 50 g Wasser
- 80 g gehackte Haselnüsse

Rosinen ca. 12 Std. im Rum einweichen. Hefe, Butter und Honig lösen (2 Min./37 °C/Stufe 2). Getreide, Salz und Gewürz mischen, mit dem Wasser und den anderen Flüssigkeiten zugeben und kneten (3 Min./Teigstufe) (ich habe den Fehler gemacht, nur 65 g Wasser zu nehmen, nach dem Gehen habe ich dann noch 50 g Wasser eingearbeitet, vielleicht ist der Stollen deshalb „sitzen geblieben"). Rosinen und Nüsse zum Schluss einarbeiten (20 Sek./Linkslauf/Stufe 1). Aus dem Mixtopf „stürzen", nochmals durchkneten und in einer Pengdose 3 Std. gehen lassen. Nochmals durchkneten, zu einem Laib formen und auf ein Backblech setzen. Unter Gärfolie stehen lassen, Ofen auf 220 °C vorheizen. Stollen einschieben und 35 Min. bei 195 °C und 10 Min. bei 170 °C backen. Auf einem Gitterrost abkühlen lassen.

10211. Geschmücktes FKG, Oktober 2016

2 Portionen

- 2 EL Leinsamen
- 3 EL Nackthafer
- 14 g Zitronenfleisch
- 1 Banane (110 g)
- 1 kleine Kaki (195 g)
- 1 kleiner Apfel (95 g)
- 180 g tiefgekühlte Erdbeeren
- 8 Mandeln
- 2 Paranüsse
- 70 g Ananas gewürfelt (Deko)
- 60 g grüne kernlose Trauben (Deko)

Leinsamen mit dem Getreide flocken, auf zwei Schüsselchen verteilen. Das Obst in grobe Stücke teilen und im Hochleistungsmixer pürieren, über das Getreide geben. Mit Nüssen und restlichem Obst dekorieren.

10212. Apfelkakao 5, Oktober 2016

Im Vitamix bis 3 Min, auf höchster Stufe schlagen:

- 10 g Kakaobohnen
- 10 g Cashewnüsse
- 30 g Apfelmark (1 EL)
- 10 g Nackthafer
- 1 Softaprikose (7 g)
- 2 Soft-Feigen (45 g)
- auf 500 ml (Markierung im Becher) mit Wasser/kochendem Wasser 1:1 auffüllen.

10213. Ananas unter Haube, Oktober 2016

2 Desserts

- 95 g Ananas, gewürfelt
- 20 g Zitronenfleisch
- 20 g Agavendicksaft (roh)
- 100 g Stützcreme
- 20 g Apfelmark
- einige getr. Maulbeeren

Ananas auf 2 Schüsselchen verteilen. Zitronenfleisch, Agavendicksaft, Stützcreme und Apfelmark mit dem Mixer pürieren, über die Ananas gießen. Mit Maulbeeren dekorieren.

10214. Klassik-Kaki-FKG, Oktober 2016

2 x Frühstück

Abends

- 6 EL Weizen grob schroten, auf zwei Schüsseln verteilen. Mit
- 140 g Wasser übergießen. Abgedeckt mindestens 4 Std. bei RT.

Morgens

- 20 g Zitronenfleisch
- 1 Banane (120 g)
- 1 kleine Kaki (170 g)
- 3 kleine Äpfel (195 g)
- 1 Satsuma (70 g)
- 2 EL Sahne
- 8 Haselnüsse
- 2 Walnusshälften

Obst in grobe Stücke teilen und mit der Sahne im Hochleistungsmixer pürieren. Auf das Getreide gießen. Mit den Nüssen dekorieren.

10215. Pizza Hokkaido-Zwiebel, Oktober 2016

Vorläufer 12/10162; 2 kleinere Portionen; Form 24 cm.

- 1 Pizzateig, hier Pizzateig Weizen kleinere Portion 12/10160
- Roter Pizzabelag Nr. 39; 10216
- 100 g Hokkaido, in dünnen Spalten
- 1 kleine Zwiebel (25 g), in dünnen Ringen
- 1 Tomate (155 g), in dünnen Scheiben
- 1 Prise Salz
- 1/2 TL getr. italienische Kräuter
- 1 Mozzarella (100 g), in dünnen Scheiben
- Öl für die Form

Teig etwa in Größe der Form auseinanderdrücken und in die gut geölte Form legen, einen Rand hochziehen. Mit dem roten Pizzabelag bepinseln. Mit Kürbisspalten, Zwiebeln und Tomatenscheiben (in dieser Reihenfolge) belegen, salzen und mit Kräutern bestreuen.

In den auf 225°C (Heißluft) vorgeheizten Ofen schieben und 6 Min. backen. Mozzarellascheiben auf der Pizza verteilen und weitere 8 Min. backen. Im ausgeschalteten Ofen 2 Min. nachbacken.

10216. Roter Pizzabelag Nr. 39, Oktober 2016

Vorläufer 12/10071; für eine 24-cm-Form

Mit einem Teelöffel verrühren:

- 15 g passierte Tomaten
- 1 Prise Salz
- 1 TL Peperoniessig
- 1 TL Öl (2-3 g)

10217. Apfelkakao 6, Oktober 2016

Im Hochleistungsmixer, je nach Gerät, 2,5 bis 3 Min. auf höchster Stufe schlagen:

- 10 g Kakaonibs
- 30 g Apfelmark (1 EL)
- 15 g Nackthafer
- 2 Soft-Feigen (50 g)
- 500 ml (Markierung im Becher) mit Wasser/kochendem Wasser 1:1 auffüllen.

10218. Brokkoli und Reis überbacken, Oktober 2016

2 Portionen

- 110 g Jasmin-Vollkornreis
- 220 + 40 g Wasser
- 250 g Brokkoli
- 115 g passierte Tomaten
- Salz
- Käse oder gestreckter Käse (von 50 g Käse)

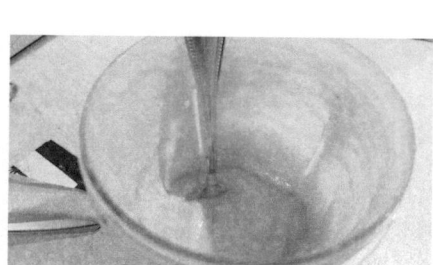

Reis in 220 g Wasser 35 Min. garen. Brokkoli in Röschen teilen und mit 40 g Wasser als Gemüsepfanne 10 Min. garen. Tomaten darüber klecksen, salzen. Mit Käse abdecken. In den auf 220 °C (Heißluft) vorgeheizten Ofen schieben und 15 Min. backen.

10219. Gestreckter Käse, Oktober 2016

- 100 g Stützcreme
- 100 g gekochte rote Linsen
- 1 gestr. TL Salz
- 1 MS Pfeffer
- 1 Prise Schabziegerklee
- 50 g Reibkäse (Gouda) und
- 2 EL Wasser im Mixer pürieren.

10220. Schotter-FKG, Oktober 2016

2 x Frühstück

- 2 EL Leinsamen
- 4 EL Nackthafer
- 15 g Zitronenfleisch
- 1 Banane (115 g)
- 1 Apfel (170 g)
- 2 Kaki (620 g)
- 2 EL Buchweizen
- 2 EL Kakaonibs

Leinsamen mit dem Hafer flocken, auf zwei Schüsselchen verteilen. Das Obst in grobe Stücke teilen und im Hochleistungsmixer pürieren, über das Getreide geben. Mit Buchweizen und Kakaonibs bestreuen.

10221. Apfelkakao 7, Oktober 2016

Im Vitamix 3 Min. auf höchster Stufe schlagen:

- 10 g Kakaonibs
- 40 g Apfelmark
- 20 g getr. Maronen
- 2 Soft-Feigen (40 g)
- 7 g Ingwer
- auf 500 ml mit Wasser/kochendem Wasser 1:1 auffüllen.

10222. Hokkaidosuppe mit Sonne, November 2016

2 Portionen; Thermomix; Vorläufer 10209

- 20 g Sonnenblumenkerne
- 5 g Ingwer, fein gewürfelt
- 1/2 TL Salz
- 1/2 TL scharfes Currypulver
- 1 große Zwiebel, geviertelt (140 g)
- 1 Knoblauchzehe (5 g)
- 15 g Sonnenblumenöl
- 395 g Hokkaido, grob vorgeschnitten
- 115 g Kartoffeln, grob vorgeschnitten
- 500 g Wasser
- 1/2 TL getr. Rosmarin
- 40 g gekochte rote Linsen
- 15 g Zitronenfleisch
- 6 g Essigpeperoni 7/4573
- 50 g Wasser
- 1/2 TL Tandoorigewürz
- 1 TL Salz

Sonnenblumenkerne in einer Pfanne ohne Fett rösten. – Ingwer, Currypulver, Zwiebel und Knoblauch zusammen mit dem Öl zerkleinern (5 Sek./Stufe 5) und garen (3 Min. 30 Sek./Varoma/Stufe 2). Kürbis und Kartoffeln zugeben und klein schneiden (5 Sek./Stufe 5). Wasser in den Mixtopf geben, Rosmarin darüber streuen und garen (15 Min./100 °C/Stufe 2). In der Zwischenzeit rote Linsen, Zitronenfleisch, Essigpeperoni, Tandoorigewürz, 50 g Wasser und Salz im kleinen Mixer pürieren. Zugeben und die Suppe pürieren (20 Sek./Stufe 8), Suppe auf zwei Schüsseln verteilen und mit gerösteten Kernen bestreuen.

10223. Nixregionales-FKG, November 2016

2 x Frühstück

- 2 EL Leinsamen
- 6 EL Nackthafer
- 20 g Zitronenfleisch
- 1 Banane (125 g)
- 2 kleine Kaki (220 g)
- 1 Mango (240 g)
- 100 g Ananas, gewürfelt
- 20 g Cashewnüsse

Leinsamen mit dem Getreide flocken, auf zwei Schüsselchen verteilen.

Banane, Kaki und Mango in grobe Stücke teilen und mit dem Zitronenfleisch pürieren, über das Getreide geben. Mit Ananaswürfeln und Cashewnüssen bestreuen.

10224. Apfelkakao 8, November 2016

Im Hochleistungsmixer, je nach Gerät, 2,5 bis 3 Min. auf höchster Stufe schlagen:

- 10 g Kakaonibs
- 35 g Apfelmark (1 EL)
- 15 g Nackthafer
- 9 g Ingwer
- 2 Soft-Feigen (40 g)
- 1 gute Prise (MS) Zimt
- auf 500 ml (Markierung im Becher) mit Wasser/ kochendem Wasser 1:1 auffüllen.

10225. Sahnemango-FKG, November 2016

2 x Frühstück

Abends

- 6 EL Kamut grob schroten & auf zwei Schüsseln verteilen. Mit insgesamt
- 140 g Wasser übergießen. Abgedeckt über Nacht (mindestens 4 Std.) bei Raumtemperatur stehen lassen.

Morgens

- 20 g Zitronenfleisch
- 1 Apfel (190 g)
- 1 Banane (115 g)
- 20 g Sahne
- 1 Mango (265 g)
- 95 g Ananas, in 8 Dreiecken
- 1 Satsuma = 8 Stücke (65 g)
- 2 Walnusshälften

Obst bis auf Ananas und Satsuma in grobe Stücke teilen und mit der Sahne im Hochleistungsmixer pürieren. Auf das Getreide gießen. Mit Ananasdreiecken und Satsumastücken im Kreis dekorieren, je eine Walnusshälfte in die Mitte legen.

10226. Apfelkakao 9, November 2016

Im Hochleistungsmixer, je nach Gerät, 2,5 bis 3 Min. auf höchster Stufe schlagen:

- 10 g Kakaonibs
- 35 g Apfelmark (1 EL)
- 12 g Chiasamen
- 8 g Ingwer
- 2 Soft-Feigen (40 g)
- auf 500 ml mit Wasser/kochendem Wasser 1:1 auffüllen.

10227. Kürbispfanne mit Kokossahne, November 2016

2 Portionen

Gemüse:

- 15 g Kokosöl
- 1 Zwiebel (100 g), gewürfelt
- 1/2 TL Currypulver
- 55 g Brokkoli, in Röschen
- 285 g Hokkaido, in Würfeln
- 60 g Wasser
- 115 g Ananas, in Würfeln

Nudeln:

- 120 g Vollkorn-Spiralnudeln
- 250 g Kichererbsenkochwasser
- 1 Prise Salz

Soße:
- 30 g Kokosraspel
- 1/2 TL Salz
- 1/2 TL Tandoori-Gewürzmischung
- 15 g Sahne
- 125 g Wasser

Gemüse: Kokosöl auf mittlerer Einstellung zerlassen, Zwiebel mit dem Currypulver darin 7 Min. garen. Gemüse und Wasser hinzufügen, als Gemüsepfanne 15 Min. dünsten. Ananas unterrühren.

Nudeln, Kichererbsenkochwasser und Salz zum Kochen bringen und auf kleinster Einstellung 10 Min. (oder was auf der Packung steht) garen.

Soße: Kokosraspeln, Salz, Gewürze, Sahne und Wasser in einem starken Mixer eine halbe Min. mixen, bis Soße völlig glatt ist. Nudeln (mit Rest Kochflüssigkeit) und Soße in die Pfanne geben, alles vorsichtig verrühren und aufkochen. Ca. 1 Min. auf geringer Hitze kochen lassen, bis die Soße etwas eingedickt ist.

10228. Kichernudeln, November 2016

2 Portionen

- 120 g Vollkorn-Spiralnudeln
- 250 g Kichererbsenkochwasser
- 1 Prise Salz

Nudeln, Kichererbsenkochwasser und Salz zum Kochen bringen und auf kleinster Einstellung 10 Min. (oder was auf der Packung steht) garen.

10229. Kokossahnesoße, November 2016

2 Portionen

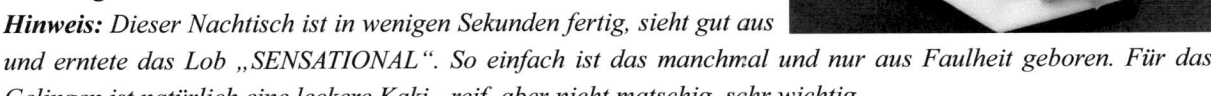

- 30 g Kokosraspel
- 1/2 TL Salz
- 1/2 TL Tandoori-Gewürzmischung
- 15 g Sahne
- 125 g Wasser

Kokosraspeln, Salz, Gewürze, Sahne und Wasser in einem starken Mixer eine halbe Min. mixen, bis Soße völlig glatt ist. Unter das Gemüse rühren und aufkochen. Ca. 1 Min. auf geringer Hitze kochen lassen, bis die Soße etwas dicklich ist.

10230. Blitzdessert, November 2016

2 Portionen

- 1 Kaki (200 g)
- 1-2 TL getr. Maulbeeren
- 1-2 TL Kokosraspel

Kaki halbieren, jede Hälfte in Scheiben schneiden. Versetzt beide Hälften auf Untertassen legen. Mit Maulbeeren und Kokosraspeln bestreuen. Fertig!

Hinweis: *Dieser Nachtisch ist in wenigen Sekunden fertig, sieht gut aus und erntete das Lob „SENSATIONAL". So einfach ist das manchmal und nur aus Faulheit geboren. Für das Gelingen ist natürlich eine leckere Kaki - reif, aber nicht matschig, sehr wichtig.*

10231. Ananas apart, November 2016

2 Portionen

- 160 g Ananas, fein gewürfelt
- 10 g Sonnenblumenkerne
- 6 TL (= 30 g) Zitronensirup 12/9812

Ananas auf zwei Teller verteilen, mit Sonnenblumenkernen bestreuen, Sirup darüber träufeln.

10232. Mango-Kaki-Mango-FKG, November 2016

2 x Frühstück

- 30 g Cashewnüsse
- 40 g getrocknete Mango
- 295 g Wasser
- 4 EL Nackthafer, geflockt
- 2 EL Leinsamen, geflockt
- 20 g Zitronenfleisch
- 1 Banane (105 g)
- 1 Mango (275 g)
- 1 Kaki (205 g)
- 10 g Kokosraspel
- 10 g grüne Rosinen

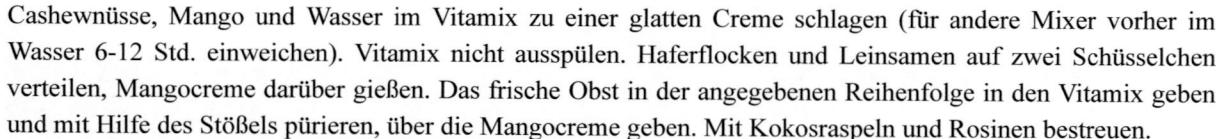

Cashewnüsse, Mango und Wasser im Vitamix zu einer glatten Creme schlagen (für andere Mixer vorher im Wasser 6-12 Std. einweichen). Vitamix nicht ausspülen. Haferflocken und Leinsamen auf zwei Schüsselchen verteilen, Mangocreme darüber gießen. Das frische Obst in der angegebenen Reihenfolge in den Vitamix geben und mit Hilfe des Stößels pürieren, über die Mangocreme geben. Mit Kokosraspeln und Rosinen bestreuen.

10233. Apfelkakao 10, November 2016

Im Hochleistungsmixer, je nach Gerät, 2,5 bis 3 Min. auf höchster Stufe schlagen:

- 10 g Kakaonibs
- 30 g Apfelmark (1 EL)
- 10 g Nackthafer
- 6 g Ingwer
- 2 Soft-Feigen (40 g)
- auf 500 ml mit Wasser/kochendem Wasser 1:1 auffüllen.

10234. Kürbis-Kartoffel-Pfanne mit Tomatensoße, Nov. 2016

2 Portionen

Gemüsepfanne:

- 15 g Sonnenblumenöl
- 1 Zwiebel, gewürfelt (105 g)
- 275 g Kartoffeln in Scheiben
- 225 g Kürbis, gewürfelt
- 65 g Wasser
- Tomatencremesoße 10234

Zwiebel im Öl als Gemüsepfanne 5-7 Min. dünsten. Restliches Gemüse hinzufügen und als Gemüsepfanne 18 Min. dünsten. Die Soße unter das Gemüse rühren und fortfahren wie für die Soße beschrieben.

10235. Tomatencremesoße, November 2016

2 Portionen

- 215 g passierte Tomaten (aus dem Glas)
- 40 g Sahne
- 10 g Tamari
- 1 gestr. TL Salz
- 1/2 gestr. TL Kümmel
- 1 gestr. TL Paprika edelsüß
- 1 gute Prise getr. gerebbelter Thymian
- 30 g Wasser

Zutaten ohne Thymian und Wasser in einem starken Mixer gut durchmixen. Thymian zwischen den Fingern zerreiben und obenauf streuen. Unter das Gemüse rühren, den Becher mit 30 g Wasser nachspülen. Dieses Wasser ebenfalls zum Gemüse geben, verrühren und aufkochen.

10236. Mangopudding mit Biss, November 2016

2 x Frühstück

- 2 EL Leinsamen
- 4 EL Nackthafer
- 10 g Zitronenfleisch
- 2 Kaki (460 g), eine halbe als Deko zurücklegen
- 1 kleine Mango (210 g)
- 2 EL Buchweizen
- 8 Mandeln
- 4 Paranüsse

Leinsamen mit dem Hafer flocken, auf zwei Schüsselchen verteilen. Das Obst in grobe Stücke teilen und im Hochleistungsmixer pürieren, über das Getreide geben. Mit Buchweizen bestreuen. Die Kaki-Hälfte längs halbieren, in Ecken schneiden. Die Schüsseln mit Kaki-Ecken und Nüssen wie im Foto gezeigt dekorieren.

10237. Apfelkakao 11, November 2016

Im Hochleistungsmixer, je nach Gerät, 2,5 bis 3 Min. auf höchster Stufe schlagen:

- 20 g Cashewnüsse
- 10 g Kakaobohnen
- 30 g Apfelmark (1 EL)
- 5 g Nackthafer
- 5 g Ingwer
- 2 Soft-Feigen (36 g)
- auf 500 ml mit Wasser/kochendem Wasser 1:1 auffüllen.

10238. Kakischichten, November 2016

2 Desserts

- 1 keine Kaki (225 g)
- 2 EL Sahne
- 1 TL Kakao (3 g)
- 60 g Ananas, gewürfelt

Kaki, grob geteilt, mit der Sahne pürieren (starker Mixer). Die Hälfte auf zwei kleine Schüsselchen verteilen. Unter den Rest im Mixbecher den Kakao mixen, auf die helle Masse geben. Mit Ananaswürfeln dekorieren.

10239. Blumenkohlette-Dressing (III), November 2016

Vorläufer: 12/10158

Im Vitamix schlagen:

- 125 g Sonnenblumenkerne
- 160 g Apfelessig
- 20 g Salz
- 2 g eingelegte Chili (in Essig) 10240
- 2 g eingelegte Aprikosen (in Essig) 10240
- 65 g grüne Rosinen
- 225 g Wasser
- 20 g Tamari oder Sojasoße
- 65 g Blumenkohlgrün-Pesto 12/10011
- 6 g Gewürzmischung von Sonnentor (= 1 EL), Gute Laune

10240. Apri Chi, November 2016

- 1/2 Handvoll getrocknete Chili
- 1/2 Handvoll Softaprikosen in ein leeres Glas,
- Apfelessig zum Auffüllen

10241. Kartoffelgulasch, November 2016

2 Portionen

Als Gemüsepfanne 10 Min. dünsten:

- 50 g Wasser
- 10 g Öl
- 175 g Zwiebel, klein geschnitten
- 110 g Weißkohl, klein geschnitten

Die folgenden Zutaten ohne Wasser zugeben, erhitzen. Wasser zugeben und als Gemüsepfanne 20 Min.:

- 290 g Kartoffeln, gewürfelt
- 1 TL Salz
- 1 gestr. TL Paprika edelsüß
- 1/2 TL gem. Kümmel
- 15 g Honig
- 70 g Wasser

Die folgenden Zutaten zugeben, unterrühren und gut erhitzen:

- 195 g passierte Tomaten (aus der Flasche)
- 55 g Stützcreme
- 1 EL Balsamico-Essig
- Evtl. nachsalzen

10242. Chia-Brot mit Sesam, November 2016

Vorläufer 12/10174

Stufe 1 (12 Std. vorher):

Sauerteigansatz:

- 400 g Roggen
- 420 g Wasser
- 150 g Sauerteig

Wildhefeansatz (s. Bd. 11 und 12):

- 180 g Wildhefewasser
- 20 g Wasser
- 200 g Weizen

Stufe 2 (Backen, bei mir am Morgen):

- 100 g Roggen
- 60 g Weizen
- 40 g Kamut
- 20 g Salz
- 1 EL Brotgewürz (Brecht)
- 100 g Sesamsaat, ungeschält
- 50 g weiße Chiasamen
- 200 g Wasser
- gesamter Wildhefeansatz
- 800 g Sauerteigansatz
- 20 g Butter für die Form

Stufe 1: Roggen fein mahlen, mit Wasser und altem Sauerteig mischen. In einer Plastiktüte über Nacht stehen lassen. 150 g von der Stufe 1 abnehmen und in einem gut schließenden Schraubglas in den Kühlschrank stellen für das nächste Backen. Wildhefezutaten verrühren und abgedeckt stehen lassen.

Stufe 2: Zutaten (außer der Butter) mit einem großen Löffel gründlich verrühren, bis kein Mehl mehr sichtbar ist. Eine 30-cm-Brotform, Profi-Email von Dr. Oetker, gut einfetten. Teig hineingeben, mit der nassen Hand herunterdrücken und glattstreichen. Mit einem scharfen Messer dreimal schräg einschneiden. Form in eine Plastiktüte geben und etwa 1,5 Std. gehen lassen. Brot in den Ofen schieben und den Backofen (Heißluft) so programmieren, dass er in 1 Std. anspringt und 65 Min. bei 200 °C backt.

10243. Kakireichtum, November 2016

2 x Frühstück

- 2 EL Leinsamen
- 6 EL Nackthafer
- 15 g Zitronenfleisch
- 1 Banane (115 g)
- 2 kleine Kaki (335 g)
- 185 g tiefgekühlte Erdbeeren
- 20 g Sahne
- 15 g Cashewnüsse
- 8 Mandeln
- 2 Paranüsse

Leinsamen mit dem Getreide flocken, auf zwei Schüsselchen verteilen. Das Obst in grobe Stücke teilen und mit der Sahne im Hochleistungsmixer pürieren, über das Getreide geben. Mit den Nüssen dekorieren.

10244. Schokoladensoße Haselnuss 9, Nov. 2016

2 Honiggläser; Vorläufer: 12/10153.

- 200 g Honig
- 70 g Kakaopulver
- 30 g Carobpulver (Rohkost)
- 30 g weiße Chiasamen
- 1 Prise Salz
- 50 g Haselnüsse
- 1 geh. TL Zimt
- 325 g kochend heißes Wasser

Im 0,9-Liter-Becher des Vitamix mixen. Stößel benutzen, später drin hängen lassen und ca. 3 Min. auf Höchststufe,

10245. Hafertaler-Zimt TM mit Apfelmark, November 2016

Vorläufer: 12/10175

- 200 g Honig
- 100 g Butter
- 200 g Weizen, fein gem.
- 250 g Nackthafer, geflockt
- 1 P Weinsteinbackpulver
- 1 Prise Salz
- 1/2 gestr. TL gem. Vanille
- 1 geh. TL Zimt
- 50 g weiße Chiasamen
- 50 g Apfelmark

Butter und Honig im Mixtopf auflösen (7 Min./120 °C/Stufe 1). Die trockenen Zutaten miteinander mischen, in den Mixtopf geben und mit dem Apfelmark einarbeiten (30 Sek./Stufe 4).

Mit einem Esslöffel Portionen abnehmen und zwischen den Händen zu Talern pressen. Die Hände ab und an befeuchten. Nebeneinander auf ein Perfect-Clean Blech legen, in dieser Zeit den Ofen auf 160 °C vorheizen. Die 28 Kekse passten auf ein Blech. 15 Min. backen und 5 Min. im ausgestellten Ofen nachbacken.

10246. Apfelkakao 12, November 2016

Im Vitamix ca. 3 Min. auf höchster Stufe:

- 60 g Schokoladensoße Haselnuss 9 mit Honig
- 5 g Kakaobohnen
- 30 g Apfelmark (1 EL)
- 8 g Nackthafer
- 7 g Ingwer
- 2 Soft-Feigen (34 g)
- auf 500 ml mit Wasser/kochendem Wasser 1:1 auffüllen.

10247. Pizzateig Weizen kl. Portion „Bohne", Nov. 2016

Vorläufer: 12/10160

- 70 g Bohnenkochwasser
- 10 g frische Bio-Hefe (1/4 Würfel)
- 130 g Weizen
- 1 Prise Salz
- 1 EL Sonnenblumenöl (10 g)

Hefe in Bohnenkochwasser und Öl auflösen (1 Min./37 °C/Stufe 2). Getreide fein mahlen, mit Salz in den Mixtopf geben und kneten (2,5 Min./Knetstufe). Teig zu einer Kugel unter Spannung formen und in einer geschlossenen Pengdose aufbewahren. Zwischendurch nicht falten.

10248. Kaki unten und oben, November 2016

2 Desserts

- 1 kleine Kaki (165 g)
- 100 g Stützcreme
- 2 TL Zitronensirup 12/9812 oder Honig
- 25 g Schokosoße z. B. 10244

Kaki grob halbieren. Einen Teil (ca. 95 g) würfeln und auf zwei Schüsselchen verteilen. Stützcreme mit Sirup verrühren, die Kaki damit bedecken. Rest Kaki fein stifteln, auf die Stützcreme streuen. In die Mitte einen Klecks Schokosoße geben.

10249. Roter Pizzabelag Nr. 40, November 2016

Vorlage 10214; für eine 24-cm-Form.

Mit einem Teelöffel verrühren:

- 15 g passierte Tomaten
- 1 Prise Salz
- 1 TL Aceto Balsamico-Essig
- 1 TL Stützcreme (20 g)

10250. Pizza Doppelkäse, November 2016

Vorläufer 12/10162; 2 kleinere Portionen; Form 24 cm.

- 1 Pizzateig Weizen kl. Portion „Bohne" 10247
- Roter Pizzabelag Nr. 40; 10249
- 35 g geriebener Gouda
- 1 Zwiebel (60 g), in dünnen Ringen
- 1 Tomate (160 g), in dünnen Scheiben
- 1 Prise Salz
- 1/2 TL getr. italienische Kräuter
- 1 Mozzarella (100 g), in dünnen Scheiben
- Öl für die Form

Teig in Größe der Form auseinanderdrücken, in die gut geölte Form legen, Rand hochziehen. Mit rotem Pizzabelag bepinseln. Mit Kürbisspalten, Zwiebeln und Tomatenscheiben belegen, salzen und mit Kräutern bestreuen. In den auf 225 °C (Heißluft) vorgeheizten Ofen schieben, 6 Min. backen. Mozzarella auf der Pizza verteilen, weitere 8 Min. backen. 2 Min. nachbacken.

10251. Champignon-Kartoffelgulasch, November 2016

2 Portionen

Als Gemüsepfanne 10 Min. dünsten:

- 50 g Wasser
- 10 g Öl
- 140 g Zwiebel, klein geschnitten

Die folgenden Zutaten ohne Wasser zugeben, erhitzen. Wasser zugeben, als Gemüsepfanne 20 Min. dünsten:

- 250 g Kartoffeln, gewürfelt
- 200 g Champignons, etwa genauso groß geschnitten wie die Kartoffeln
- 1 TL Salz
- 1 gestr. TL Paprika edelsüß
- 1/2 TL gem. Kümmel
- 1/4 TL scharfer Curry
- 40 g Wasser
- 20 g passierte Tomaten

Die folgenden Zutaten zugeben, unterrühren und gut erhitzen:

- 200 g Tomaten, stückig (Dose)
- 2 EL Balsamico-Essig
- 2 EL Sahne
- 45 g Stützcreme
- 1 TL Ahornnektar
- evtl. nachsalzen

Hinweis: *Dies war noch leckerer als beim letzten Mal!*

10252. Gefüllte Kaki, November 2016

2 x Dessert

- 1 kleinere Kaki (215 g)
- 30 g Schokosoße
- 25 g Stützcreme
- 1 EL gehobelte Mandeln (Schwab)

Kaki längs halbieren, Stiel entfernen. Die Früchte aushöhlen. Vorsicht, wenn sie reif sind, ca. 0,5-0,7 cm stehen lassen. Das Innere in einen Mixbecher (Magic Max) geben und mit Schokosoße und Stützcreme verquirlen. (Günstig wäre hier die Zugabe einer Prise Flohsamenschalen gewesen, so war es recht flüssig.) Mit gehobelten Mandeln bestreuen und kalt stellen.

10253. Wildhefe, 5. Verlängerung, November 2016

- 100 g Wildhefewasser
- 2 getr. Softfeigen, unzerschnitten
- 1 TL Honig
- Ca. 800-850 g Wasser

In das Glas geben, Deckel so zudrehen, dass ein bisschen „Luft" reinkommen kann. Ab und an umrühren. Abends angesetzt. Am übernächsten Morgen in den Kühlschrank.

10254. Das Auge der Mango, November 2016

2 Desserts

- 1 Mango (375 g brutto)
- 4 TL Zitronensirup 12/9812 oder Honig
- 10 g Sonnenblumenkerne
- 25 g Schokosoße z. B. 10244

Mango schälen, vom Kern schneiden und in Stücke schneiden. Auf zwei Glasteller verteilen, mit Sirup beträufeln. Kerne darüber streuen und in die Mitte je einen Klecks Schokosoße setzen.

10255. Kartoffelauflauf, November 2016

2 Portionen

- 70 g Wasser
- 100 g Zwiebel, gewürfelt
- 385 g Kartoffeln, in Scheiben
- 185 g Champignons in Scheiben

Als Gemüsepfanne 20 Min. dünsten. In den letzten 15 Min. den Ofen auf 220 °C (Heißluft) vorheizen. Wenn die Pfanne fertig ist, die Tomatensoße darüber geben, dafür im Mixer pürieren:

- 180 g Tomaten stückig (aus der Dose)
- 1 TL Salz
- 1 TL Paprikapulver edelsüß
- 1/2 TL gem. Kümmel
- 1 LS Pfeffer
- 15 g Balsamicoessig
- 5 g Agavendicksaft
- 60 g Stützcreme

Bestreuen mit:

- 65 g Reibkäse, Gouda

In den heißen Ofen geben. 9 Min. bei 220 °C backen, 1 Min. nachbacken.

10256. Der Apfel machts-FKG, November 2016

2 x Frühstück

- 4 EL Nackthafer
- 20 g Zitronenfleisch
- 1 Kaki (190 g)
- 275 g Mango
- 1 Apfel (140 g)
- 2 Clementinen (125 g)
- 8 Mandeln

Getreide flocken, auf zwei Schüsselchen verteilen. Das Obst außer den Clementinen in grobe Stücke teilen und im Hochleistungsmixer pürieren, über das Getreide geben. Clementinen in Spalten an den Rand legen, die Mandeln in die Mitte geben.

10257. Apfelkakao 13, November 2016

Im Vitamix ca. 3 Min. auf Höchststufe:

- 10 g Kakaonibs
- 10 g Nackthafer
- 25 g Apfelmark (1 gestr. EL)
- 9 g Ingwer
- 2 Soft-Feigen (34 g)
- 2 Kardamomschoten
- auf 500 ml mit Wasser/kochendem Wasser 1:1 auffüllen.

10258. Kaki überbacken, November 2016

2 Desserts

- 1 Kaki (185 g)
- 50 g Sauerkirschmus (nur Sauerkirschen und Honig)
- 35 g Sahne
- 25 g gekochte rote Linsen
- 1 Prise gem. Vanille
- 70 g Wasser
- 50 g Nackthafer, geflockt
- 5 g gehobelte Mandeln
- 10 g Butter

Kaki halbieren, mit einem Teelöffel ein Loch in beide Hälften bohren, mit Sauerkirschmus füllen. Mit der Schnittfläche nach oben in zwei ofenfeste Schüsselchen setzen. Das ausgebohrte Fruchtfleisch mit Sahne, Linsen, Vanille und Wasser verschlagen. Flocken einrühren, über die Kakihälften geben, mit gehobelten Mandeln bestreuen. Butter auf die Mandeln legen, Schüsseln in den kalten Ofen schieben und die Kaki 20 Min. bei 220 °C backen. 5-10 Min. nachbacken lassen.

10259. Tomatenreis, November 2016

2 Portionen

- 140 g Jasmin-Vollkornreis
- 20 g getr. Tomaten in feinen Streifen
- 30 g Zwiebel, gewürfelt
- 1/2 TL Curry
- 1 TL Öl (3 g)
- 280 g Wasser

Im Topf 35 Min. kochen und quellen lassen.

10260. Apfel-Rosenkohl, November 2016

2 Portionen

- 50 g Wasser
- 80 g Zwiebel, gewürfelt
- 250 g Rosenkohl, geputzt & halbiert
- 60 g Apfel, gewürfelt

Als Gemüsepfanne 20 Min. garen. Mit Butter oder einer Soße reichen. Bei uns gab es dazu eine CC-Soße (Curry-Clementinen-Soße).

10261. CC-Soße, November 2016

Im Mixer pürieren, unterrühren und aufkochen (ist reichlich):

- 65 g gekochte rote Linsen
- 2 Clementinen (= 95 g)
- Curry (je nach Schärfe und Geschmack, bei mir 1/3 TL scharfes Curry)
- 10 g Cashewnüsse
- 100 g Wasser

10262. Kartoffelgulasch mit Möhren, November 2016

2 Portionen

Als Gemüsepfanne 10 Min. dünsten:

- 50 g Wasser
- 15 g Öl
- 220 g Zwiebel, klein geschnitten

Folgende Zutaten zugeben, als Gemüsepfanne 20 Min.:

- 270 g Kartoffeln, gewürfelt
- 185 g Möhren, in Kartoffelwürfelgröße
- 1 TL Salz
- 1 TL Paprika edelsüß
- 1/2 TL gem. Kümmel
- 1/4 TL scharfer Curry
- 2 Tomaten (260 g), gewürfelt

Die folgenden Zutaten zugeben, unterrühren und gut erhitzen:

- 2 EL Balsamicoessig (Ölmühle Ditzingen)
- 2 EL Sahne
- 85 g weich gekochte rote Linsen
- 1 TL Ahornnektar
- Evtl. nachsalzen

10263. Fruchtanrichte, November 2016

2 Portionen

- 1 Kaki (180 g)
- 1 Clementine (80 g)
- 1 Goldkiwi (100 g brutto)
- 15 g getr. Maulbeeren

Kaki längs halbieren, jede Hälfte klein schneiden, so dass die Hälfte aber erhalten bleibt. Jede Hälfte auf einen Teller legen. Clementinenstücke im Kreis um die Kaki legen. Kiwi schälen, quer halbieren und in Stücke schneiden, in den Clementinenkreis legen. Mit Maulbeeren bestreuen.

10264. Winterfärbungs-FKG, November 2016

2 Portionen

- 4 EL Nackthafer
- 1 Banane (115 g)
- 1 Apfel (175 g)
- 1 Orange (160 g)
- 1 Kaki (195 g)
- 2 EL Sahne
- 15 g Cashewnüsse
- 2 Haselnüsse

Hafer flocken, auf zwei Schüsselchen verteilen. Das Obst in grobe Stücke teilen und im Hochleistungsmixer pürieren, über das Getreide geben. Mit Sahne und Nüssen dekorieren.

10265. Rosmarinkartoffeln, November 2016

2 Portionen

- 420 g Kartoffeln, in ca. 1 cm dicken Scheiben
- 1 EL Sonnenblumenöl
- 1 TL Salz
- 1/2-1 TL getr. Rosmarin

Öl mit Salz und Rosmarin mischen, die Kartoffeln damit bepinseln und auf ein Blech setzen. 20-25 Min. bei 220 °C.

10266. Auberginenpüree, November 2016

2 Portionen; im Thermomix hergestellt.

- 1 Zwiebel, halbiert (105 g)
- 2 Auberginen, grob zerteilt (470 g)
- 1 TL Salz
- 10 g Sonnenblumenöl
- 40 g Wasser
- 80 g gekochte rote Linsen

Zwiebeln und Auberginen im TM zerkleinern (7 Sek./Stufe 5). Salz, Öl, Wasser hinzugeben und garen (15 Min./100 °C/Stufe 1). Linsen zugeben, pürieren (10 Sek./Stufe 7).

10267. Carobdrink mit Apfelmus, November 2016

Im Vitamix ca. 3 Min. auf höchster Stufe schlagen:

- 30 g Apfelmark
- 20 g Nackthafer
- 3 Softaprikosen (28 g)
- 10 g frischer Ingwer
- 4 g Carob (1 gestr. TL)
- auf 500 ml mit Wasser/kochendem Wasser 1:1 auffüllen.

10268. Einkörniger Sonntag, November 2016

2 x Frühstück

- 2 EL Leinsamen
- 4 EL Einkorn
- 1 Orange (180 g)
- 1 Banane (90 g)
- 1 Apfel (155 g)
- 150 g tiefgekühlte Erdbeeren
- 2 EL Sahne
- Deko: 1 Goldkiwi, geschält
- Deko: 8 Mandeln
- Deko: 2 Paranüsse

Leinsamen mit dem Getreide flocken, auf zwei Schüsselchen verteilen. Das Obst in grobe Stücke teilen und mit der Sahne im Hochleistungsmixer pürieren, über das Getreide geben. Kiwi schälen, in acht Scheiben schneiden, an den Rand legen und Deko mit den restlichen Nüssen fertig stellen.

10269. Apfelkakao 14, November 2016

Im Vitamix ca. 3 Min. auf höchster Stufe schlagen:

- 15 g Kakaobohnen
- 15 g Cashewnüsse
- 10 g Nackthafer
- 30 g Apfelmark (1 gestr. EL)
- 10 g Ingwer
- 3 Datteln, Medjool (50 g)
- auf 500 ml mit Wasser/kochendem Wasser 1:1 auffüllen.

10270. Orangeat Plus, November 2016

- 3 nicht zu kleine Bioorangen, Schale, in Würfeln
- Honig bis die klein geschnittenen Stücke bedeckt sind
- 1 geh. TL Orangenstaub 11/8663 oder ger. Orangenschale

Die Orangenwürfel in ein leeres Schraubglas geben. Honig darüber geben und zum Schluss den Orangenstaub mit einem Löffel unterrühren.

10271. Mischmarzipan, November 2016

- 150 g Mandeln
- 50 g Paranüsse
- 145 g Honig
- 50 g fein gemahlener Reis

Herstellung im TM: Mandeln und Nüsse fein mahlen (5 Sek./Stufe 10; mit dem Spatel nach unten drücken; 5 Sek./Stufe 10). Honig einarbeiten (10 Sek./Stufe 3). Reis zugeben und verkneten (20 Sek./Teigstufe).

10272. Mango-Vanillepudding, November 2016

2 Desserts

- 205 g Mangofleisch
- 90 g Stützcreme
- 10 g flüssiger Honig
- 1 MS gem. Vanille
- 25 g Marzipan (oder Nüsse)
-

Mango, Stützcreme, Honig und Vanille mixen und auf zwei Schüsselchen verteilen. Marzipan zu 10 kleinen Kugeln rollen und als Deko auf die Creme setzen. Mindestens 1 Std. im Kühlschrank aufbewahren.

10273. Bethmännchen, November 2016

25 Stück

- 250 g Marzipan (Mischmarzipan 10271)
- 40 g Apfelmark
- 80 g Weizen, fein gem.
- Ca. 38 Mandeln

Marzipan mit Apfelmark und Weizen im TM kneten (3 Min./Teigstufe). 1 Std. in den Kühlschrank stellen. Die Mandeln längs halbieren.

Aus der Marzipanmasse mit einem Teelöffel Portionen entnehmen und zwischen den feuchten Händen zu Kugeln rollen.

Jeweils drei Mandelhälften hochkant seitlich um die Kugeln setzen und fest andrücken. Nebeneinander auf ein PerfectClean-Blech setzen und mit Wasser besprühen.

Ofen auf 130 °C vorheizen und 15 Min. backen. Auf 160 °C weitere 10 Min. backen. Auf einem Kuchengitter abkühlen lassen.

10274. Rosinenwürze, November 2016

- 80 g grüne Rosinen

Im Thermomix schlagen: 15 Sek./Stufe 7; 10 Sek./Stufe 8.
Hinweis: Hoher Schwund, da klebrig.

10275. Erdnuss-Vanille-Dukaten, November 2016

- 100 g Erdnüsse, geröstet und gesalzen
- 300 g Weizen, fein gem.
- 1 geh. TL gem. Vanille
- 80 g Honig
- 150 g kalte Butter
- 30 g gekochte rote Linsen
- 40 g Apfelmark
- Zum Bestreichen: 50 g dünnflüssiger Honig

Erdnüsse fein mahlen (TM: 10 Sek./Stufe 8). Mehl mit der Vanille mischen und zu den Erdnüssen geben. Honig, Butter, Linsen und Apfelmark zugeben und verarbeiten (2 Min./Stufe 4; 1 Min./Teigstufe). Mithilfe von Frischhaltefolie den Teig zu zwei langen Rollen (Durchmesser etwa 2,5 cm) formen und mindestens 2 Std. in den Kühlschrank stellen.

Die Teigrollen in etwa 1 cm dicke Scheiben schneiden und auf ein PerfectClean-Blech legen. Ofen auf 160 °C (Heißluft) vorheizen. Teiglinge auf der Oberfläche mit Honig einpinseln. Im Ofen etwa 15 Min. backen, bei ausgeschaltetem Ofen 15 Min. nachbacken. Die Dukaten vom Backblech nehmen und auf einem Kuchengitter abkühlen lassen.

10276. Rosenkohl mit Käse überbacken, November 2016

2 Portionen

- 85 g Wasser
- 290 g Kartoffeln in Scheiben
- 340 g Rosenkohl halbiert
- 100 g Mozzarella, in Scheiben

Belegen und 10 Min. bei 225 °C (Heißluft) überbacken.

Wasser, Kartoffeln und Rosenkohl in einer ofenfesten 24-cm-Pfanne als Gemüsepfanne 15 Min. dünsten. Nach Wunsch eine Bechamelsoße unterziehen (s. Bechamelsoße klein TM 10277), so für dieses Foto. Mit Mozzarella belegen und ohne Deckel 10 Min. bei 225 °C (Heißluft) überbacken.

10277. Bechamelsoße klein TM, November 2016

- 20 g Sahne
- 35 g Stützcreme
- 220 g Wasser
- 1 TL Salz
- 1 Prise Muskatnuss
- 20 g Kichererbsenmehl
- 10 g Butter

Zutaten in den Mixtopf geben und garen (10 Min./100 °C/ Stufe 3).

10278. Bratapfel, November 2016

2 Desserts

- 2 kleine Äpfel (180 g)
- 20 g Marzipan
- 100 g Stützcreme
- 1 MS gem. Vanille
- 1 MS Zimt
- 10 g Honig
- 10 g Sahne
- 30 g Wasser
- 2 TL gehobelte Mandeln
- 1 Eierlöffel flüssiger Honig

Kerngehäuse aus den Äpfeln entfernen. Ich habe das so gemacht, indem ich oben das Kerngehäuse mit einem Messer umstochen, dasselbe von unten gemacht getan und dann vorsichtig durchgedrückt habe. Mit Marzipan füllen und in zwei ofenfeste Schüsselchen setzen.

Stützcreme mit Vanille, Zimt, 10 g Honig, Sahne und Wasser verrühren, über die Äpfel gießen. Mit gehobelten Mandeln bestreuen, Honig darauf träufeln. In den kalten Ofen schieben und 30 Min. bei 200 °C (Umluft) backen. Die Backzeit richtet sich nach den Äpfeln, diese waren besonders „hartnäckig".

10279. November-Bete-Suppe, November 2016

Im Vitamix glatt schlagen:

- 1 kleiner Apfel (85 g)
- 70 g Rote Bete
- 10 g Sonnenblumenkerne
- 7 g grüne Rosinen
- 225 g Wasser
- Deko: einige gehobelte Mandelblättchen

10280. Grünkohl mit Maronen, November 2016

2 Portionen

- 70 g Wasser
- 80 g Zwiebel, gewürfelt
- 270 g Kartoffeln, in Scheiben
- 100 g Grünkohl, klein geschnitten
- 70 g Maronen, vorgekocht
- 15 g Butter
- 1 TL Salz

Wasser und Gemüse als Gemüsepfanne 20 Min. dünsten. In einer kleinen Pfanne Maronen in der Butter erhitzen. Gemüse mit Salz abschmecken und Maronen einrühren.

10281. Orango-FKG, November 2016

2 x Frühstück

- 2 EL Leinsamen
- 6 EL Nackthafer
- 10 g Zitronenfleisch
- 1 Orange (210 g)
- 1 Mango (235 g)
- 1 Apfel (160 g)
- 2 EL Sahne
- 8 Mandeln
- 2 Paranüsse
- 1 Goldkiwi (Deko)

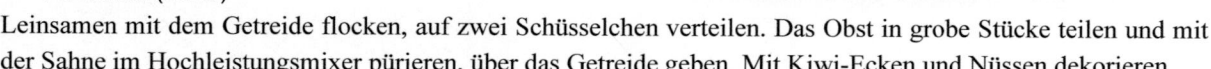

Leinsamen mit dem Getreide flocken, auf zwei Schüsselchen verteilen. Das Obst in grobe Stücke teilen und mit der Sahne im Hochleistungsmixer pürieren, über das Getreide geben. Mit Kiwi-Ecken und Nüssen dekorieren.

10282. Grammgenau-Kakao mit kaltem Wasser, Nov. 2016

Im Hochleistungsmixer, je nach Gerät, 5-6 Min. auf höchster Stufe schlagen:

- 12 g Kakaonibs
- 53 g Medjool-Datteln, entsteint (3 Stück)
- 10 g frischer Ingwer
- 16 g Nackthafer
- 14 g Cashewnüsse
- auf 500 ml (Markierung im Becher) mit Wasser auffüllen.

10283. Rosmarinreis, November 2016

2 Portionen

- 150 g Jasminreis
- 1 Prise Salz
- 5 g Butter
- 320 g Wasser
- 1/2 TL getr. Rosmarin

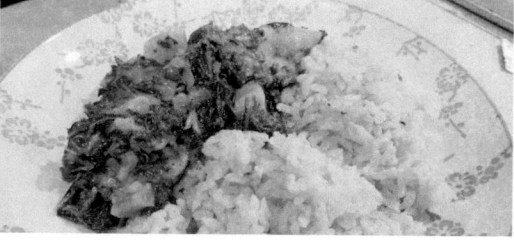

Aufkochen, auf kleinster Einstellung 39 Min. garen bzw. quellen lassen.

10284. Grünkohl-Butternuss-Pfanne, November 2016

2 Portionen

Als Gemüsepfanne 20 Min.:

- 60 g Wasser
- 80 g Zwiebel, gewürfelt
- 125 g Grünkohl, fein geschnitten
- 140 g Butternusskürbis, gewürfelt

Mit Butter und Salz servieren, oder mit einer Soße (hier: Erdnusssenf-Soße 10286: Soße unterrühren, Becher mit 50 g Wasser nachspülen).

10285. Marzipancreme, November 2016

2 Desserts

- 100 g Stützcreme
- 40 g Marzipan
- 1 Clementine (70 g)
- 1 Prise Flohsamenschalen
- 70 g rote kernlose Trauben (16 Stück)

Die Zutaten ohne die Trauben im Mixer gut pürieren, auf zwei Schüsselchen verteilen. Mit je einem Traubenkranz aus 8 Trauben dekorieren.

10286. Erdnusssenfsoße, November 2016

- 35 g Erdnüsse, gesalzen und geröstet
- 10 g Senf
- 15 g Zitronenfleisch
- 15 g Agavendicksaft
- 80 g gekochte rote Linsen
- 1 guter TL Salz
- 70-120 g Wasser

Pürieren im Mixer, ggf. hochstehendes Messer.

10287. Einoggen-FKG, November 2016

2 x Frühstück

- 2 EL Leinsamen
- 4 EL Einkorn
- 2 EL Roggen
- 10 g Zitronenfleisch
- 1 Mango (225 g)
- 2 kleine Äpfel (175 g)
- 1 Banane (105 g)
- 1 Kaki (210 g)
- 2 EL Sahne
- 15 g Cashewnüsse

Leinsamen mit dem Getreide flocken, auf zwei Schüsselchen verteilen. Das Obst - eine halbe Kaki zurückbehalten - in grobe Stücke teilen und mit der Sahne im Hochleistungsmixer pürieren, über das Getreide geben. Rest Kaki in Stücke schneiden und mit den Cashewnüssen als Deko auflegen.

10288. Letztkaki-FKG, November 2016

2 x Frühstück

- 2 EL Leinsamen
- 6 EL Nackthafer
- 1 Orange (145 g)
- 2 kleine Äpfel (195 g)
- 1 Banane (100 g
- 1 Kaki (200 g)
- 2 EL Sahne
- Deko: 100 g rote kernlose Trauben
- Deko: 1 Goldkiwi, in 4 Scheiben geschnitten
- Deko: 2 Walnusshälften

Leinsamen mit dem Getreide flocken, auf zwei Schüsselchen verteilen. Das Obst in grobe Stücke teilen und im Hochleistungsmixer pürieren, über das Getreide geben. Trauben am Rand verteilen, Kiwi zu je zwei Scheiben überlappend in die Mitte geben, Walnusshälften darauf legen.

10289. Kakao apfellos, November 2016

Im Hochleistungsmixer, je nach Gerät, 2,5 bis 3 Min. auf höchster Stufe schlagen:

- 15 g Kakaonibs
- 15 g Nackthafer
- 4 Softaprikosen (37 g)
- 10 g frischer Ingwer
- Auf 500 ml (Markierung im Becher) mit Wasser/kochendem Wasser 1:1 auffüllen.

Hinweis: *Ich hatte noch 2 Gläser mit dem problematischen Apfelmus. Nach zwei Tagen Pause wollte ich wieder einsteigen, da war das Apfelmus nicht mehr okay. Da ging das leider in den Ausguss. :-(*

10290. Kürbisauflauf mit Käse, November 2016

2 Portionen

Als Gemüsepfanne 10 Min.:

- 55 g Wasser
- 245 g Kartoffeln, in Scheiben
- 60 g Zwiebel, in Ringen
- 1 gute Prise Salz
- 300 g Kürbis (Hokkaido), in Streifen

Soße zum Begießen (kleiner Mixer):

- 25 g Reibkäse Gouda
- 20 g Sahne
- 1 gestr. TL Salz
- 1/4 TL gem. Muskatnuss
- 150 g Wasser

Käse zum Bestreuen:

- 75 g Reibkäse Gouda

Ofen auf 220 °C (Heißluft) vorheizen. Wenn die Gemüsepfanne gegart ist, die Soße darüber gießen und den Käse gleichmäßig darüber streuen, ohne Deckel in den Ofen schieben. 17 Min. bei 220 °C backen.

Tipp: *Das ist sehr einfach und auch unter der Woche gut zu schaffen! Lecker dazu.*

10291. Idiotendessert, November 2016

- 3 verschiedene Kekse (wenn sie zu groß sind, nur einen halben Keks nehmen)
- 1 geh. TL Schokosoße

Schokosoße in die Mitte einer Untertasse legen, Kekse anlegen. Deko ist auch mit frischem Obst möglich.

Tipp: *Das Dessert ist idiotensicher und einfach. :-)*

10292. Mango-Mango-FKG, November 2016

2 x Frühstück

- 25 g Cashewnüsse
- 40 g getr. Mango
- 265 g Wasser
- 6 EL Roggen, geflockt
- 2 EL Leinsamen, geflockt
- 25 g Zitronenfleisch
- 1 Banane (110 g)
- 1 Mango (190 g)
- 2 kleine Äpfel (160 g)
- 16 Haselnüsse

Cashewnüsse, Mango und Wasser im Vitamix zu einer glatten Creme schlagen (für andere Mixer vorher im Wasser 6-12 Std. einweichen). Vitamix nicht ausspülen. Roggenflocken und Leinsamen auf zwei Schüsselchen verteilen, Mangocreme darüber gießen. Das frische Obst in der angegebenen Reihenfolge in den Vitamix geben und mit Hilfe des Stößels pürieren, über die Mangocreme geben. Haselnüsse an den Rand legen.

10293. Orangendessert Simplicissimus, November 2016

2 Desserts

- 1 kleinere Orange (130 g)
- 2 TL Haselnüsse, gehackt
- 1 EL getr. Maulbeeren

Orange halbieren, in Halbscheiben schneiden. Leicht überlappend auf je einen Glasteller legen, mit Haselnüssen bestreuen. Maulbeeren an den beiden Seiten verteilen.

10294. Honig-Ingwer-Kakao, November 2016

Im Hochleistungsmixer, je nach Gerät, 2,5 bis 3 Min. auf höchster Stufe schlagen:

- 15 g Kakaonibs
- 20 g Nackthafer
- 30 g Honig
- 10 g frischer Ingwer
- auf 500 ml (Markierung im Becher) mit Wasser/kochendem Wasser 1:1 auffüllen.

In eine Tasse füllen und vorsichtig hinzugeben:

- 2 TL Sahne

Hinweis: Ist bei mir nicht so schön geworden wie geplant.

10295. Grünkohl mit Nudeln, November 2016

2 Portionen

Grünkohl:

- 95 g Zwiebel, halbiert
- 180 g Grünkohl
- 105 g Wasser
- 1 gute Prise Salz

Soße:

- 125 g Stützcreme
- 30 g Tomatenmark
- 1 gestr. TL Salz
- 5 g Balsamicoessig
- 75 g gemischter Reibkäse

Nudeln:

- 170 g Spiralnudeln
- 1 Prise Salz
- 350 g Wasser

Zwiebel und Grünkohl im TM zerkleinern (22 Sek./Stufe 5). Wasser und Salz hinzugeben, garen (15 Min./100 °C/Stufe 1-2). Nudeln als Gemüsepfanne 10 Min. garen. Soßenzutaten mit dem Löffel verrühren. Grünkohl und Soße zu den Nudeln geben, verrühren, bis der Käse gelöst ist und Fäden zieht.

10296. Hafertaler Adventitius, November 2016

Vorläufer 10245

- 200 g Honig
- 90 g Butter
- 10 g gekochte rote Linsen
- 200 g Weizen, fein gem.
- 250 g Nackthafer, geflockt
- 1 P Weinsteinbackpulver
- 1 Prise Salz
- 1/2 gestr. TL gem. Vanille
- 1 geh. TL Zimt
- 1 TL getr. gem. Ingwer
- 1/2 gem. Muskat
- 50 g weiße Chiasamen
- 50 g Apfelmark

Butter, Linsen und Honig im Mixtopf auflösen (7 Min./120 °C/Stufe 1). Die trockenen Zutaten miteinander mischen, in den Mixtopf geben und mit dem Apfelmark einarbeiten (30 Sek./Stufe 4).

Mit einem Esslöffel Portionen abnehmen und zwischen den Händen zu Talern pressen. Die Hände ab und an befeuchten. Nebeneinander auf ein PerfectClean-Blech legen, in dieser Zeit den Ofen auf 160 °C vorheizen. Die 28 Kekse passten auf ein Blech. 15 Min. backen und 5 Min. im ausgestellten Ofen nachbacken.

Hinweis: Geschmacklich merkt man die Linsen nicht, aber mir scheint die Konsistenz trockener. Demnächst würde ich dann die Chiasamen einmal weglassen.

10297. Haselnusslebkuchen 2016 C, November 2016

Vorläufer: 10124; 25 Stück

Fester Anteil:

- 205 g Dinkel
- 20 g Weizen
- 200 g Haselnüsse
- 2 bittere Aprikosenkerne
- 25 g Chiasamen
- 15 g Lebkuchengewürz Brecht
- 1 P Weinstein-Backpulver
- 1 TL gem. Vanille
- 1 gute Prise gem. Muskatnuss

Cremeanteil:

- 4 getr. Feigen, entstielt (80 g)
- 255 g gekochte rote Linsen
- 105 g Stützcreme
- 1 Prise Salz
- 100 g Apfelmark
- 250 g Honig

Fester Anteil: Weizen in der Mühle, Haselnüsse mit den Aprikosenkernen im Thermomix (10 Sek./Stufe 8) mahlen. Nüsse zum Mehl geben, alle trockenen Zutaten mit einem Löffel verrühren.

Rest: Feigen im TM zerkleinern (10 Sek./Stufe 8); restliche Zutaten des Cremeanteils hinzufügen und verrühren (10 Sek./Stufe 4; 10 Sek./Stufe 10). Trockene Zutaten hinzugeben und mixen (30 Sek./Stufe 5 und mit einem Spatel etwas nacharbeiten). 30 Min. quellen lassen.

Ofen auf 160 °C (Heißluft) vorheizen. Mit Hilfe eines Löffels (in Wasser getaucht) 8 bis 10 mm hohe Lebkuchen formen, leicht flachdrücken. Lebkuchen einschieben, 10 Min. bei 160 °C backen, dann weitere 20 Min. bei 140 °C backen. Auf einem Gitterrost abkühlen lassen und mit Schokoguss bestreichen.

10298. Schokoguss für Lebkuchen Variante, Nov. 2016

Reicht für 26-27 Stück.

- 50 g Kakaobutter
- 65 g Schokosoße
- 30 g Honig
- 5 g Carob (Rohkostqualität)

In einer Pfanne auf kleiner Einstellung (4-5 von 14) unter Rühren mit dem Schneebesen schmelzen, auf 2 von 14 flüssig halten. Mit einem Pinsel auftragen. Reichte genau für 26 Lebkuchen.

10299. Kartoffel-Champignon-Auflauf, November 2016

2 Portionen

Als Gemüsepfanne (24 cm) 12-15 Min. dünsten, in dieser Zeit den Ofen auf 225 °C (Heißluft) vorheizen.

- 30 g Wasser
- 10 g Sonnenblumenöl
- 115 g Kartoffeln, in Scheiben
- Etwas Salz (darüber)
- 1 Zwiebel (50 g), gewürfelt
- 200 g Champignons, in Scheiben
- 1/2 rote Paprika (100 g), gewürfelt
- 215 g Kartoffeln, in Scheiben (überlappend gelegt)

Soße (im Mixer), nach dem Kochen über das Gemüse gießen:
- 65 g gekochte rote Linsen
- 100 g Stützcreme
- 1 gestr. TL Salz
- 1 gestr. TL Paprika, edelsüß
- 1/2 TL gem. Koriander
- 100 g Wasser

Zum Bestreuen:
- 75 g gemischter Reibkäse (Andechser)

In den heißen Ofen einschieben und 12-15 Min. bei 225 °C backen.

10300. Lebkuchen Trockenfrucht Haselnuss, Nov. 2016
23 Stück

Für den Lebkuchen:
- 250 g Datteln
- 250 g Feigen
- 500 g Wasser (100 g für das Rezept verwahren)
- 1 geh. TL getr. Gem. Zitrusfruchtschale (hier: Orangen-staub)
- 150 g Dinkel, gem.
- 25 g Roggen, gem.
- 225 g Haselnüsse
- 3 bittere Mandeln
- 1 Päckchen Weinsteinbackpulver
- 1 geh. TL Natron
- (1 geh. TL Ingwer, getrocknet, nicht genommen, wäre besser gewesen!)
- (1/2 TL gem. Vanille, nicht genommen, wäre besser gewesen)
- 1 geh. TL Zimt
- 15 g Lebkuchengewürz Brecht
- 1 Prise gem. Muskatnuss
- Für die Deko: 10 g geh. Haselnüsse

Datteln und Feigen (je nach Größe halbiert oder gedrittelt) in einer Pengdose mit dem Wasser übergießen und etwa 12-24 Std. gut verschlossen stehen lassen.

Haselnüsse mit den bitteren Mandeln mahlen (Thermomix 10 Sek./Stufe 8). Mit Mehl und den anderen trockenen Zutaten mischen. Wasser von den Trockenfrüchten abgießen (eignet sich hervorragend zum Süßen von Kakao oder auch für einen Kuchen). Die Fruchtmasse mit 100 g vom Einweichwasser homogen mischen (20 Sek./Stufe 8).

Das Mehl-Nussgemisch zum Fruchtgemisch geben und gut vermischen (5 Min./Knefstufe). Mit Hilfe eines Esslöffels und den feuchten Händen etwa 8 bis 10 mm hohe Lebkuchen formen, leicht flachdrücken. Es gibt etwa 23 Stück, die bei mir genau auf ein Backblech passten.

Ofen (Heißluft) auf 225 °C vorheizen, die Lebkuchen einschieben. Auf 160 °C stellen und 10 Min. backen, dann weitere 20 Min. bei 140 °C backen.

Mit Schokoguss überziehen. (Schokoguss für Lebkuchen V2; 10301)

10301. Schokoguss für Lebkuchen V2, November 2016
Reicht für 26-27 Stück.
- 50 g Kakaobutter
- 65 g Schokosoße
- 30 g Honig
- 5 g Kakao

In einer Pfanne auf kleiner Einstellung (4-5 von 14) unter Rühren mit dem Schneebesen schmelzen, auf 2 von 14 flüssig halten. Mit einem Pinsel auftragen. Reichte genau für 26 Lebkuchen.

10302. Weihnachtskuchen, November 2016

Grundlage ist „Muttis Nusskuchen" (Buch: Immer öfter Vegetarisch) bzw. der Wilkesmannsche Nusskuchen, der in verschiedenen Versionen in dieser Reihe bereits aufgetaucht ist.

- 300 g Haselnüsse
- 2 Bittermandeln
- 200 g Dinkel, gem.
- 1 TL gem. Vanille
- 1 geh. TL Zimt
- 10 g Lebkuchengewürz Brcht
- 1 P Weinstein-Backpulver
- 1 geh. TL Natron
- 55 g Sahne
- 195 g Einweichwasser von Trockenfrüchten (s. 10300) (oder Wasser + 75 g mehr Honig)
- 125 g Honig
- 50 g Zitronat
- 75 g Sultaninen
- Butter für die Form

Nüsse mahlen (10 Sek./Stufe 8 im Thermomix). Trockene Zutaten mischen und in eine Rührschüssel geben. Flüssigkeiten und Honig zugeben, mit einem Handrührgerät (Rührbesen) verrühren. Zitronat und Sultaninen unterheben.

Eine Gugelhupfform mit Butter einfetten. Teig hineingeben. Ofen auf 180 °C (Heißluft) vorheizen und 40 Min. bei 180 °C backen. Auf einem Gitterrost abkühlen lassen und, je nach Wunsch, mit einem Schokoguss versehen (Schokoguss für Gugelhupf 10304).

10303. Pizzateig Dinkel schnell, November 2016

Vorläufer: 10247

- 70 g Wasser
- 21 g frische Bio-Hefe (1/2 Würfel)
- 135 g Dinkel
- 2 Prisen Salz
- 15 g Sonnenblumenöl

Hefe in Wasser und Öl auflösen (1 Min. 30 Sek./37 °C/Stufe 2). Getreide fein mahlen, mit Salz in den Mixtopf geben und kneten (2,5 Min./Knetstufe). Teig mit feuchten Händen zu einer Kugel unter Spannung formen und in einer geschlossenen Pengdose aufbewahren. Zwischendurch einmal falten. Gehzeit insgesamt ca. 1,5 Std..

10304. Schokoguss für Gugelhupf, November 2016

Reicht für 1 Gugelhupf.

- 50 g Kakaobutter
- 50 g Schokosoße
- 20 g Honig

In einer Pfanne auf kleiner Einstellung (4-5 von 14) unter Rühren mit dem Schneebesen schmelzen, auf 2 von 14 flüssig halten. Mit einem Pinsel auftragen.

10305. Pizza Butternuss-Zwiebel, November 2016

Vorläufer 10215; 2 kleinere Portionen; Form 24 cm.

- 1 Pizzateig, hier Pizzateig Dinkel schnell 10303
- Roter Pizzabelag Nr. 41; 10306
- 115 g Butternusskürbis, in dünnen Spalten
- 1 kleine Zwiebel (40 g), in dünnen Ringen
- 80 g braune Champignons, in Scheiben

- 1 Prise Salz
- 1/2 TL getr. italienische Kräuter
- 1 Tomate (110 g), in dünnen Scheiben
- 2 Scheiben Bergkäse (45 g)
- 1 Mozzarella (100 g), in dünnen Scheiben
- Öl für die Form

Teig etwa in Größe der Form auseinanderdrücken und in die gut geölte Form legen, einen Rand hochziehen. Mit dem roten Pizzabelag bepinseln. Mit dünnen Kürbisscheiben, Zwiebeln und Champignons (in dieser Reihenfolge) belegen, salzen und mit Kräutern bestreuen. Tomatenscheiben auflegen.

In den auf 230 °C (Heißluft) vorgeheizten Ofen schieben und 6 Min. backen. Bergkäse und Mozzarellascheiben auf der Pizza verteilen und weitere 8 Min. backen. Im ausgeschalteten Ofen 2 Min. nachbacken.

10306. Roter Pizzabelag Nr. 41, November 2016

Für eine 24-cm-Form.

Mit einem Teelöffel verrühren:
- 15 g Tomatenmark
- 1 Prise Salz
- 15 g Balsamico-Essig
- 15 g Wasser

10307. Thymianreis, November 2016

2 Personen
- 120 g Jasmin-Vollkornreis
- 40 g roter Vollkornreis
- 1/2 TL getr. Thymian
- 285 g Bohnenkochwasser
- 35 g Wasser
- 5 g Butter

Im Topf aufkochen und 39 Min. bei kleiner Einstellung mehr quellen als kochen lassen.

10308. Kohlrabi mit Maronen, November 2016

2 Portionen

Als Gemüsepfanne (20 cm) 25 Min.:
- 45 g Wasser
- 165 g Kohlrabi, in Stiften
- 90 g Kürbis, in Würfeln
- 45 g Zwiebeln, relativ fein gewürfelt

Wenn eine Soße z. B. Linsensahnecremesoße 10309 hinzukommt, zugeben und aufkochen.
- 60 g vorgekochte Maronen, in dicken Scheiben zu geben und miterhitzen

10309. Linsensahnecremesoße, November 2016
- 20 g Sahne
- 75 g gekochte rote Linsen
- 60 g Wasser
- 1 gestr. TL Salz
- 1/3 TL gem. Kreuzkümmel
- Curry (Menge je nach Schärfe und Geschmack, hier 1/4 TL)

Im Mixer pürieren, unter das Gemüse rühren und aufkochen.

10310. Tomaten-Kartoffel-Auflauf, November 2016

2 Portionen

Als Gemüsepfanne 12 Min. (dabei den Ofen auf 230 °C, Heißluft, vorheizen):

- 10 g Sonnenblumenöl
- 50 g Wasser
- 270 g Kartoffeln, in Scheiben
- 110 g Zwiebel, gewürfelt
- 1 gestr. TL Salz
- 400 g Tomaten, in dicken Scheiben

Eine Soße mit dem Mixer, über das Gemüse geben und mit dem Kochwasser vorsichtig mischen:

- 35 g Apfelmark
- 30 g Tomatenmark
- 1 gestr. TL Salz
- 1 TL Paprika edelsüß
- 1/4 TL Curry scharf
- 1/4 TL Koriander
- 12 g Kichererbsenmehl
- 100 g Wasser

Auf das Gemüse geben und 10 Min. bei 230 °C überbacken:

- 125 g Mozzarella, in Scheiben

10311. Brot mit Sesamhaselhagel (Wildhefe 2016/32), November 2016

Vorläufer 10242

Stufe 1 (12 Std. vorher):

Sauerteigansatz:

- 400 g Roggen
- 420 g Wasser
- 150 g Sauerteig

Wildhefeansatz:

- 200 g Wildhefewasser
- 200 g Dinkel

Stufe 2 (Backen, bei mir am Morgen)

- 100 g Roggen
- 125 g Dinkel
- 20 g Salz
- 1 EL Brotgewürz (Brecht)
- 50 g Sesamsaat, ungeschält
- 35 g geh. Haselnüsse
- 150 g Wasser
- Gesamter Wildhefeansatz
- 800 g Sauerteigansatz
- 20 g Butter für die Form

Stufe 1: Roggen fein mahlen, mit Wasser und altem Sauerteig mischen. In einer Plastiktüte über Nacht stehen lassen. 150 g von der Stufe 1 abnehmen und in einem gut schließenden Schraubglas in den Kühlschrank stellen für das nächste Backen. Wildhefezutaten mit einem Löffel verrühren. **Stufe 2:** Zutaten (außer der Butter) mit einem großen Löffel gründlich verrühren, bis kein Mehl mehr sichtbar ist. Eine 30-cm-Brotform, Profi-Email von Dr. Oetker, gut einfetten. Teig hineingeben, mit der nassen Hand herunterdrücken und glattstreichen. Mit einem scharfen Messer dreimal schräg einschneiden. Form in eine Plastiktüte geben und etwa 1,5 Std. gehen lassen. Brot in den Ofen schieben und den Backofen (Heißluft) so programmieren, dass er in 1 Std. anspringt und 70 Min. bei 200 °C backt.

10312. Novembeeren-FKG, November 2016

2 x Frühstück

- 2 EL Leinsamen
- 6 EL Nackthafer
- 15 g Zitronenfleisch
- 1 Banane (115 g)
- 1 Orange (155 g)
- 1 Apfel (175 g)
- 135 g tiefgekühlte Himbeeren
- 20 g Sahne
- 10 g Kokosraspel
- 1 EL getr. Maulbeeren

Leinsamen mit dem Getreide flocken, auf zwei Schüsselchen verteilen. Das Obst in grobe Stücke teilen und mit der Sahne im Hochleistungsmixer pürieren, über das Getreide geben. Mit Kokosraspeln bestreuen und Maulbeeren (für den, der mag) in die Mitte legen.

10313. Kokokao, November 2016

Im Hochleistungsmixer, je nach Gerät, 2,5 bis 3 Min. auf höchster Stufe schlagen:

- 10 g Kakaonibs
- 20 g Kokosmus
- 12 g Ingwer
- 2 Softaprikosen (16 g)
- 3 kleine Datteln Deglet Nour (19 g)
- 10 g Nackthafer
- auf 500 ml (Markierung im Becher) mit Wasser/kochendem Wasser 1:1 auffüllen.

10314. Kartoffeln à la Heidi; November 2016

Wenn Heidi bei Ihrem Großvater auf der Alm Kartoffeln gegessen hätte, dann nur so! 2 Portionen.

- 1-2 EL Öl
- 1 TL Salz
- 1/2 TL Koriander
- 375 g Kartoffeln, in 1 cm-dicken Scheiben
- 130 g Butternusskürbis, in zwei Scheiben
- 95 g Zwiebeln, halbiert
- 100 g Reibkäse (Gouda)

Öl, Salz und Koriander vermischen. Gemüse nebeneinander auf ein passendes Blech (bei mir: Pizzaform 28 cm, PerfectClean) legen, so dass es passt, und mit der Ölmischung einpinseln. In den kalten Ofen schieben und 25-30 Min. (je nach Kartoffeln) bei 230 °C (Heißluft) backen. 10 Min. vor Ende der Backzeit mit Käse bestreuen. Ich habe das gemacht, während das Blech im Ofen war, was keine so gute Idee ist. Doch besser herausnehmen, sonst ist der Ofen mit Käse überbacken.

10315. Himhibeeren-FKG, November 2016

2 x Frühstück

- 2 EL Leinsamen
- 6 EL Nackthafer
- 2 Bananen (190 g)
- 15 g Zitronenfleisch
- 1 kleine Orange (130 g)
- 1 Apfel (150 g)
- 100 g tiefgekühlte Himbeeren
- 40 g Sahne
- 1 TL Kakaonibs
- 10 g Cashewnüsse

Leinsamen mit dem Getreide flocken, auf zwei Schüsselchen verteilen. Das Obst in grobe Stücke teilen und mit der Sahne im Hochleistungsmixer pürieren, über das Getreide geben. Mit Kakaonibs und Nüssen dekorieren.

10316. Sahnerestkakao, November 2016

Im Hochleistungsmixer, je nach Gerät, 2,5 bis 3 Min. auf höchster Stufe schlagen:

- 10 g Kakaonibs
- 20 g Nackthafer
- 25 g Honig
- 7 g frischer Ingwer
- 6 g Sahne (Rest mit Wasser aus der Flasche gespült)
- auf 500 ml mit Wasser/kochendem Wasser 1:1 auffüllen.

10317. Sultaninenreis, November 2016

2 Portionen

- 120 g Jasmin-Vollkornreis
- 40 g roter Vollkornreis
- 25 g Sultaninen
- 5 g Kokosöl
- 320 g Wasser

Im kleinen Topf aufkochen und 40 Min. nach Aufkochen auf kleiner Einstellung kochen/quellen lassen.

10318. Nelkencremesoße, November 2016

- 50 g gekochte rote Linsen
- 50 g Stützcreme
- 25 g Sahne
- 1 TL Salz
- 1 Prise Pfeffer
- 1 Prise scharfer Curry
- 1 Prise gem. Nelken
- 1 kleine Mandarine (50-60 g)
- 60 g Wasser

Mit dem Mixer pürieren und unter das Gemüse rühren und aufkochen.

10319. Austernpilze und Co in Cremesoße, November 2016

2 Portionen

Als Gemüsepfanne 10 Min.:

- 10 g Kokosöl
- 40 g Wasser
- 120 g Zwiebel, gewürfelt

Mit dem anderen Gemüse nochmals 10 Min.:

- 200 g Austernpilze, klein geschnitten
- 80 g Butternusskürbis in Würfeln

Eine Cremesoße (hier Nelkencremesoße) unterrühren und aufkochen. Mit Petersilie garniert auf Reis servieren.

10320. Lebkuchen Trockenfrucht Haselnuss 2, Nov. 2016

22 Stück

Für den Lebkuchen:

- 250 g Datteln
- 250 g Feigen
- 500 g Wasser (100 g für das Rezept verwahren)
- 1 geh. TL getr. gem. Zitrusfruchtschale (hier: Orangenstaub 11/8668)
- 150 g Dinkel, gem.
- 25 g Roggen, gem.
- 225 g Haselnüsse

- 3 bittere Mandeln
- 1 P Weinsteinbackpulver
- 1 geh. TL Natron
- 1 geh. TL Ingwer, getr.
- 1/2 TL gem. Vanille
- 1 geh. TL Zimt
- 15 g Lebkuchengewürz Brecht
- 1/3 TL gem. Gewürznelke
- 1 Prise gem. Muskatnuss
- Für die Deko: 10 g geh. Haselnüsse

Datteln und Feigen (je nach Größe halbiert oder gedrittelt) in einer Pengdose mit dem Wasser übergießen und etwa 12-24 Std. gut verschlossen stehen lassen.

Haselnüsse mahlen (TM 10 Sek./Stufe 8). Ich habe die bitteren Mandeln vergessen zuzugeben, und habe sie dann getrennt im k leinen Mixer gem.. Mit Mehl und den anderen trockenen Zutaten mischen. Wasser von den Trockenfrüchten abgießen. Die Fruchtmasse mit 100 g vom Einweichwasser homogen mischen (20 Sek./Stufe 8 plus 10 x Turbotaste „1 Sek.").

Das Mehl-Nussgemisch zum Fruchtgemisch geben und gut vermischen (5 Min./Knetstufe). Mithilfe eines Esslöffels und den feuchten Händen etwa 8 bis 10 mm hohe Lebkuchen formen, leicht flachdrücken. Es gab bei mir 22 Stück, die bei mir genau auf ein Backblech passten.

Ofen (Heißluft) auf 225 °C vorheizen, die Lebkuchen einschieben. Auf 160 °C stellen und 10 Min. backen, dann weitere 20 Min. bei 140 °C backen. Mit Schokoguss überziehen. (Schokoguss für Lebkuchen V2; 10301)

10321. Vegetarischer Hackbraten IV, November 2016
Vorläufer: 12/9691; 25-cm-Kastenform

- 115 g Kichererbsen
- 15 g Kidneybohnen
- 100 g Paranüsse
- 250 g Kartoffeln
- 2 Knoblauchzehen, abgezogen (13 g)
- 2 größere Zwiebeln, abgezogen (230 g)
- 160 g Standardstützcreme
- 80 g Apfelmark
- 1 TL Salz
- 2 Prisen Pfeffer
- 1/2 TL Curry (aus Indien)
- 2 TL Paprikapulver, edelsüß
- 1 geh. TL getr. Thymian
- 80 g gekochte rote Linsen
- 25 g Tamari
- 100 g gem. Nackthafer
- 1/2 Würfel Hefe
- 50 g Wasser
- Butter für die Form
- Leinsamen für die Form

Hülsenfrüchte im TM mahlen (1 Min./Stufe 10; Haushaltsfolie einspannen). Nüsse hinzugeben und nochmals mahlen (10 Sek./Stufe 8); umfüllen. Kartoffeln waschen, bürsten und in grobe Stücke schneiden. Mit Knoblauch und grob zerkleinerten Zwiebel in den Mixtopf geben und zerkleinern (4 Sek./Stufe 5). Kichererbsenmehl, gem. Paranüsse Stützcreme, Apfelmark, Hefe, Salz, Pfeffer, Chilipulver, Paprikapulver, Thymian, Wasser, Linsen, Tamari und Hafer zugeben. Hefe darüber zerbröseln und alles vermischen (30 Sek./Stufe 3 plus 2 Min. Knetstufe). Evtl. mit dem Spatel nachhelfen. Im Mixtopf 45 Min. zugedeckt gehen lassen.

Ofen (Heißluft) auf 225 °C vorheizen. Kastenform mit Butter einfetten und mit Leinsamen ausstreuen. Hackmasse in die Form geben und in den Ofen schieben, wenn dieser 180 °C erreicht hat (ich war in Eile). Insgesamt 45 Min. bei 225 °C backen.

10322. Bechamelkartoffeln, November 2016

2 Portionen

Als Gemüsepfanne (20-cm-Pfanne) 20 Min.:

- 10 g Butter
- 60 g Wasser
- Eine Prise Salz
- 1 kleine Zwiebel, gewürfelt (30 g)
- 280 g Kartoffeln, in Scheiben
- Falsche Bechamelsoße 10323

Mit der Bechamelsoße aufkochen, hier: Falsche Bechamelsoße 10323. Bei uns gab es dazu einen vegetarischen Hackbraten.

10323. Falsche Bechamelsoße, November 2016

- 25 g Sahne
- 1 TL Salz
- 1 Prise Pfeffer
- 10 g Kichererbsenmehl
- 100 g Wasser

Im Mixer pürieren. Unter das Gemüse rühren und aufkochen.

Tipp: Mir hat die Soße irgendwie gammelig geschmeckt. Entweder darf man Kichererbsenmehl (selbst gem.) nur wenige Tage verwahren oder die Kombination Sahne-Kichererbsenmehl geht nicht.

10324. Thymianerbsen, November 2016

- 250 g Kichererbsen
- Wasser zum Einweichen/Kochen
- 1 gestr. TL getr. Thymian

Kichererbsen über Nacht in reichlich Wasser einweichen. Morgens abspülen, mit dem Thymian in genügend Wasser kochen. Die Kochzeit richtet sich nach Topf und Kichererbsenqualität. Schnellkochtopf 25 Min.

10325. Schokoladensoße Cashew 2 mit Honig, Nov. 2016

2 Honiggläser; Vorläufer: 10244

- 200 g Honig
- 70 g Kakaopulver
- 30 g Carobpulver (Rohkost)
- 6 g Flohsamenschalen (2 TL; Hälfte würde reichen!)
- 1 Prise Salz
- 50 g Cashewnüsse
- 1 Prise gem. Nelken
- 325 g kochend heißes Wasser

Zutaten im 0,9-L-Becher des Vitamix pürieren. Stößel benutzen, später drin hängen lassen und ca. 3 Min. auf der Höchststufe laufen lassen. Noch heiß in Gläser füllen.

10326. Stollen ohne Marzipan, November 2016

- 500 g Dinkel
- 75 g gekochte rote Linsen
- 75 g Butter
- 10 g Lebkuchengewürz
- 1 geh. TL Zimt
- 1 TL Kardamom
- 1/2 TL gem. Nelken

- 1 Prise Salz
- 150 g Honig
- 100 g Einweichwasser von Trockenfrüchten (oder 200 g Honig insgesamt + Wasser)
- 50 g Wasser
- 1,5 Würfel Bio-Hefe (62 g)
- 100 g Sultaninen
- 100 g grüne Rosinen
- 100 g Mandelsplitter
- 100 g Zitronat
- 100 g Orangeat
- 20 g Rum
- 30 g Butter

Dinkel fein mahlen. Linsen und 75 g Butter erwärmen und lösen (TM: 2 Min./37 °C/Stufe 2). Gewürze, Salz und Mehl mischen, mit Honig, Einweichwasser und Wasser in den Mixtopf geben, Hefe darauf zerbröseln und kneten (5 Min./Knetstufe). In eine Pengdose geben und 30 Min. gehen lassen. In dieser Zeit Sultaninen, Rosinen, Mandeln, Zitronat und Orangeat mit dem Rum vermischt ziehen lassen. Teig wieder in den Mixtopf geben, eingeweichte Trockenfrüchte zugeben und verkneten (2,5 Min./Knetstufe; Spatel zu Hilfe nehmen.). In eine Pengdose geben und 2,5 Std. gehen lassen.

Teig einmal durchkneten, zu einem Stollen formen, auf ein Backblech legen (Backpapier/Dauerbackfolie, PerfectClean reicht nicht). In den kalten Ofen schieben und 45 Min. bei 180 °C (Heißluft) backen. Butter in Flöckchen auf den noch heißen Stollen legen. Sobald der Stollen abgekühlt ist, gut einwickeln und 3 Wochen an einem kühlen Ort ruhen lassen.

Hinweis: Aus irgendeinem Grund haben sich die etwas feuchteren Bestandteile in der Mitte konzentriert. Das ist aber dann fast wie Marzipan und nach 3 Wochen schmeckt auch der „trockene" Rand wunderbar.

10327. Blumenkohlette-Dressing IV, November 2016
Vorläufer: 10239
Im Vitamix glatt pürieren:
- 125 g Sonnenblumenkerne
- 160 g Apfelessig
- 20 g Salz
- 2 g eingelegte Chili (in Essig) 10240
- 2 g eingelegte Aprikosen (in Essig) 10240
- 70 g grüne Rosinen
- 230 g Wasser
- 20 g Tamari
- 65 g Blumenkohlgrün-Pesto 12/10011
- 4 g Gewürzmischung von Sonnentor (= 1 EL), Gute Laune

10328. Pizzateig Dinkel schnell 2, November 2016
Vorläufer: 10303
- 70 g Kichererbsenkochwasser
- 21 g frische Bio-Hefe (1/2 Würfel)
- 135 g Dinkel
- 2 Prisen Salz
- 15 g Sonnenblumenöl

Hefe in Wasser und Öl auflösen (1 Min. 30 Sek./37 °C/Stufe 2). Getreide fein mahlen, mit Salz in den Mixtopf geben und kneten (2,5 Min./Knetstufe). Teig mit feuchten Händen zu einer Kugel unter Spannung formen und in einer geschlossenen Pengdose aufbewahren. Zwischendurch einmal falten. Gehzeit insgesamt etwa 1 Std. (1,5 Std. waren besser, oder normales Wasser war besser).

10329. Haselnusslebkuchen 2016 D, November 2016

Vorläufer: 10297; 26 Stück

Fester Anteil:

- 225 g Dinkel
- 200 g Haselnüsse
- 2 bittere Aprikosenkerne
- 15 g Lebkuchengewürz Brecht
- 1 P Weinstein-Backpulver
- 1 TL gem. Vanille
- 1 gute Prise gem. Muskatnuss
- 1 gute Prise gem. Nelken

Cremeanteil:

- 5 getr. Feigen, entstielt (85 g)
- 255 g gekochte rote Linsen
- 105 g Stützcreme
- 1 Prise Salz
- 100 g Apfelmark
- 250 g Honig

Würzen:

- 50 g Zitronat
- 50 g Sultaninen

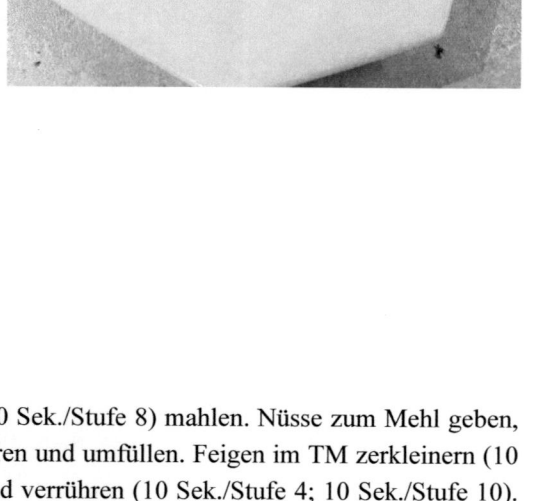

Mühle, Haselnüsse mit den Aprikosenkernen im Thermomix (10 Sek./Stufe 8) mahlen. Nüsse zum Mehl geben, alle anderen Zutaten des festen Anteils mit einem Löffel verrühren und umfüllen. Feigen im TM zerkleinern (10 Sek./Stufe 8); restliche Zutaten des Cremeanteils hinzufügen und verrühren (10 Sek./Stufe 4; 10 Sek./Stufe 10). Trockene Zutaten hinzugeben und mixen (30 Sek./Stufe 5 und mit einem Spatel etwas nacharbeiten). Zitronat und Sultaninen unterziehen (30 Sek./Linkslauf/Stufe 2; Spatel zu Hilfe nehmen). 30 Min. quellen lassen.

Ofen auf 160 °C (Heißluft) vorheizen. Mit Hilfe eines Löffels (in Wasser getaucht) 8 bis 10 mm hohe Lebkuchen formen, leicht flachdrücken.

Lebkuchen einschieben, 20 Min. bei 160 °C backen, dann weitere 20 Min. bei 140 °C backen. Auf einem Gitterrost abkühlen lassen und mit Schokoguss (Schokoguss für Lebkuchen Variante 2; 10301) bestreichen.

10330. Ananas mit Füllung, November 2016

2 Desserts

- 35 g Kuchenreste (Stollenreste am Blech, hier 10326)
- 35 g Schokosoße z. B. 10325
- 35 g Stützcreme
- 2 Scheiben Ananas (225 g), gewürfelt

Kuchen, Schokosoße und Stützcreme mit einem Löffel verrühren. Ananaswürfel auf einem Glasteller am Rand verteilen, jeweils einen Würfel zurückhalten. Schokocreme in die Mitte geben und mit einem Würfel Ananas belegen.

10331. Pizza Doppelkäse mit Spitzpaprika, November 2016

Vorläufer 10305; 2 kleinere Portionen; Form 24 cm

- 1 Pizzateig, hier Pizzateig Dinkel schnell 2; 10328
- Roter Pizzabelag Nr. 42; 10332
- 100 g geriebener Gouda
- 50 g Spitzpaprika, in feinen Ringen
- 1 kleine Zwiebel (25 g), in dünnen Ringen
- 1 Prise Salz
- 1/2 TL getr. italienische Kräuter
- 1 Tomate (110 g), in dünnen Scheiben
- 1 Mozzarella (125 g), in dünnen Scheiben
- Öl für die Form

Teig etwa in Größe der Form auseinanderdrücken und in die gut geölte Form legen, einen Rand hochziehen. Mit dem roten Pizzabelag bepinseln. Gouda darüber streuen, mit Paprika und Zwiebeln belegen. Salz, mit Kräutern bestreuen und Tomatenscheiben auflegen. In den auf 230 °C (Heißluft) vorgeheizten Ofen schieben. 6 Min. backen. Mozzarella auf der Pizza verteilen, weitere 8 Min. backen. Im ausgeschalteten Ofen 2 Min. nachbacken.

10332. Roter Pizzabelag Nr. 42, November 2016
Für eine 24-cm-Form.
Mit einem Teelöffel verrühren:
- 25 g Tomatenmark
- 1 Prise Salz
- 15 g Balsamico-Essig
- 15 g Wasser

10333. Ananassalat Jamaika, November 2016
2 Portionen
- 80 g Kiwi grün, gewürfelt
- 90 g Ananas, gewürfelt
- 40 g Mandarine, gewürfelt
- 1 EL Rum
- 1 EL Ahornsirup
- 1 EL Kokosraspel (7 g)

Obst mischen. Rum und Ahornsirup mixen, zum Obst geben und vorsichtig miteinander mischen. Kokosraspeln untermischen, auf zwei Schüsselchen verteilen und eine Weile in den Kühlschrank stellen.

10334. Möhren-Tamari-Suppe, November 2016
Im Mixer pürieren:
- 65 g Orange
- 30 g Petersilienwurzel
- 60 g Möhre
- 5 g Tamari
- 165 g Wasser
- Deko: etwas Petersilie

10335. Dattelreis, November 2016
2 Portionen
- 160 g Vollkornjasminreis
- 30 g feste Datteln ohne Stein (Deglet Nour), 3-4 mm Ringe
- 7 g Knoblauch, gewürfelt
- 1 gute Prise Salz
- 1-2 MS Curry (Original Indien)
- 325 g Wasser

Im Topf zusammen zum Kochen bringen, dann auf kleiner Einstellung 39 Min. dünsten.

10336. Petersiliencremesoße, November 2016
Im Mixer pürieren:
- 40 g gekochte rote Linsen
- 20 g Sahne
- 1 gestr. TL Salz
- 1 gute Prise Pfeffer
- 1/2 gestr. TL Kreuzkümmel
- 5 g frische Petersilie
- 60 g Wasser

10337. Butternusskürbis mit Butter, November 2016

2 Portionen

- 50 g Kichererbsenkochwasser oder Wasser
- 1 Prise Salz
- 160 g Zwiebel, gewürfelt
- 310 g Butternusskürbis, gewürfelt
- 20 g Butter
- 1 Prise Salz
- Petersilie

Flüssigkeit, Salz, Zwiebel und Kürbis als Gemüsepfanne 20 Min. garen. Butter und Salz unterziehen, mit Petersilie dekorieren.

Tipp: *Bei uns gab es dazu Dattelreis 10335.*

10338. Kartoffelbirnen aus dem Ofen, November 2016

2 Portionen

- 1,5 EL Öl
- 1 EL Balsamico-Essig
- 1/2 TL Salz
- 1 Birne, geviertelt und ohne Kerngehäuse (140 g)
- 325 g Kartoffeln, vorwiegend festkochend, in 1-cm-dicken Scheiben

Öl, Essig und Salz verrühren, Kartoffeln und Birne damit einpinseln (Rest anderweitig verwenden). Auf eine Pizzaform (PerfectClean) geben und in den kalten Ofen schieben. 30 Min. bei 220 °C backen.

Tipp: *Gut dazu passt Paprika-Zwiebel-Gemüse, 10338.*

10339. Paprika-Zwiebel-Gemüse, November 2016

2 Portionen

Als Gemüsepfanne 18 Min.:

- 5 g Essig-Öl-Salzmischung
- 70 g Kichererbsenkochwasser
- 2 Zwiebeln (150 g), zerkleinert
- 12 g Knoblauch, in Scheiben
- 1 rote Paprika, gewürfelt (180 g)

Für die Soße im Mixer pürieren:

- 12 g gem. Reis
- 1 gestr. TL Salz
- 1 TL Paprikapulver
- 50 g gekochte rote Linsen
- 125 g Wasser

Soße unter das Gemüse rühren und aufkochen.

10340. Hirseauflauf, November 2016

2 Portionen

Als Gemüsepfanne (20 cm) 15 Min. (Ofen auf 240 °C, Heißluft):

- 135 g Hirse
- 290 g Wasser
- 120 g Kichererbsenkochwasser
- 1 gute Prise Salz
- 165 g Süßkartoffel, gewürfelt
- 1 orangefarbene Paprika, gewürfelt (135 g)
- 1 kleine Tomate, in Scheiben (50 g)

Im Mixer pürieren und über das Gemüse gießen:
- 40 g gekochte rote Linsen
- 20 g Sahne
- 1 gestr. TL Salz
- 1 gute Prise Pfeffer
- 1/2 gestr. TL Kreuzkümmel
- 5 g frische Petersilie
- 60 g Wasser. Dann bestreuen mit:
- 100 g geriebenem Gouda

15 Min. bei 240 °C backen. Der Käse wird dann hellbraun und knusprig. Wer ihn lieber flüssig hat, backt entsprechend kürzer.

10341. Hirseauflauf Variante, Dezember 2016

2 Portionen; Wiederholung auf Erics Wunsch.

Als Gemüsepfanne (20 cm) 15 Min. (in der Garzeit den Ofen auf 240 °C, Heißluft, vorheizen):
- 130 g Hirse
- 390 g Wasser
- 20 g getr. Tomate in Streifen
- 1 gute Prise Salz
- 1 Zwiebel (55 g), in Halbscheiben
- 1 gelbe Paprika, gewürfelt (195 g)
- 145 g Süßkartoffel, gewürfelt

Im Mixer pürieren und über das Gemüse gießen:
- Hafercremesoße 10342. Dann bestreuen mit
- 100 g geriebenem Mischkäse (Andechser)

15 Min. bei 240 °C backen.

10342. Hafercremesoße, Dezember 2016

Im Mixer pürieren:
- 30 g Nackthafer, gem.
- 20 g Sahne
- 1 gestr. TL Salz
- 1 gute Prise Pfeffer
- 1/2 gestr. TL Koriander
- 20 g Apfelmark
- 10 g Apfelessig
- 60 g Wasser

10343. Siebener-Freitags-FKG, Dezember 2016

2 x Frühstück
- 35 g Cashewnüsse
- 45 g getrocknete Mango
- 307 g Wasser
- 6 EL Nackthafer, geflockt
- 2 EL Leinsamen, geflockt
- 1 Kaki (185 g)
- 1 Apfel (180 g)
- 1 kleine Orange (95 g)
- Dekoration: 2 TL Orangeat

Cashewnüsse, Mango und Wasser im Vitamix zu einer glatten Creme schlagen (für andere Mixer vorher im Wasser 6-12 Std. einweichen). Vitamix nicht ausspülen. Flocken und Leinsamen auf zwei Schüsselchen verteilen, Mangocreme darüber gießen. Das frische Obst in der angegebenen Reihenfolge in den Vitamix geben und mit Hilfe des Stößels pürieren, über die Mangocreme geben. In die Mitte das Orangeat geben.

10344. Abendkakao, Dezember 2016

- 1 TL Kakao
- 1 TL Carob
- 1 EL Sahne
- 1 guter EL Ahornsirup
- Kochendes Wasser bis zum Tassenrand

Die Zutaten ohne das Wasser verrühren, evtl. mit einem Schneebesen. Wasser unterziehen.

10345. Softaprikosenkakao, Dezember 2016

Im Hochleistungsmixer, je nach Gerät, 2,5 bis 3 Min. auf höchster Stufe schlagen:

- 10 g Kakaonibs
- 10 g Mandeln
- 45 g Softaprikosen
- 10 g weiße Chiasamen
- 7 g frischer Ingwer
- auf 500 ml (Markierung im Becher) mit Wasser/kochendem Wasser 1:1 auffüllen.

10346. Nusslose Stützcreme, Dezember 2016

Im Hochleistungsmixer bis zum Stocken schlagen:

- 60 g Rundkorn-Naturreis
- 2 g Flohsamenschalen (1 gestr. TL)
- 350 g Wasser (halb Zimmertemperatur, halb kochend)

Hinweis: Die Cashews waren mir ausgegangen.

10347. Berner Weihnachts-Schokoladenkuchen, Dez. 2016

26-cm-Springform; Vorläufer: 12/9824.
Flüssige Phase (30 Sek./Stufe 3; 30 Sek./Stufe 4):

- 150 g Mandeln und
- 2 bittere Aprikosenkerne mahlen (TM: 10 Sek./Stufe 8)
- 150 g gekochte rote Linsen
- 125 g Apfelmark
- 350 g Stützcreme (entspricht einer ganzen Portion Nusslose Stützcreme 10346)
- 300 g Honig
- 2 EL Rum (20 g)

Feste Phase (einarbeiten: 2 x 10 Sek./Stufe 5):

- 1 P Weinstein-Backpulver
- 1 Prise Salz
- 1 gestr. TL gem. Kardamom
- 1/3 TL gem. Nelken
- 1/3 TL gem. Muskatnuss
- 10 g Lebkuchengewürz (Brecht)
- 50 g Kakaopulver
- 150 g Dinkel, fein gem.

Zum Schluss einarbeiten (bzw. mit einem Spatel nacharbeiten):

- 50 g gestiftelte Mandeln
- 50 g Orangeat

Backofen (Heißluft) auf 160 °C vorheizen. Springformboden mit Backpapier überspannen, Teig hineingießen. In den heißen Ofen schieben und 60 Min. bei 160 °C backen.

Unterschied: Mandeln und Mehl je 50 g mehr. Weihnachtliche Gewürze.

10348. Kakigranate, Dezember 2016

2 Portionen. Ich mag Granatäpfel nicht besonders. Nicht nur ist es eine Sauerei, die Kerne aus dem Gehäuse zu lösen, sondern sie schmecken nicht mal besonders, zumindest mir. Gelegentlich bekomme ich eine geschenkt, so wie jetzt zum Advent. Seufz. Was tun? Tagelang habe ich sie in der Obstschale liegen lassen in der Hoffnung, dass sie sich wie ein missratenes Pokémon in Rauch auflöst und verschwindet, aber es tat sich nichts dergleichen.

- 1 Granatapfel (netto 175 g)
- 1 Kaki (180 g)
- 15 g Agavendicksaft
- 2-3 TL gehobelte Mandeln

Schwarzes T-Shirt und dunkelblaue Hose anziehen. Granatapfel mehrmals auf dem Tisch hin- und herrollen (wie eine Zitrone vor dem Auspressen). Vorsichtig auf einem großen Brett durchschneiden und in eine große Schüssel legen. Mit einem Löffel die Kerne aus der Hülle nehmen, mit den Händen die Zwischenhäute entfernen. Kerne und Saft im Vitamix schlagen, bis es eine rosa Masse ist, die nicht mehr „klappert". Kaki grob vorgeschnitten und Agavendicksaft unterschlagen. Auf zwei Schüsselchen verteilen, in die Mitte gehobelte Mandeln streuen.

10349. Hirseauflauf V2, Dezember 2016

2 Portionen; erneute Wiederholung auf Wunsch eines einzelnen Herrn.

Als Gemüsepfanne (20 cm) 15 Min. (in der Garzeit den Ofen auf 240 °C, Heißluft, vorheizen):

- 130 g Hirse
- 300 Bohnenkochwasser
- 90 g Wasser
- 1 gute Prise Salz
- 1 Zwiebel (45 g), in Halbscheiben
- 1 rote Paprika, gewürfelt (165 g)
- 205 g Kartoffeln, in Scheiben.

Über das Gemüse gießen:

- Rosmarincremesoße 10351

Belegen mit:

- 100 g Mozzarella, in Scheiben

12 Min. bei 240 °C backen.

Hinweis: *Mir gefiel es mit Mozzarella nicht so gut und der Rosmarin war mir zu durchdringend im Geschmack. Kartoffeln passten prima.*

10350. Rogkorn-FKG, Dezember 2016

2 x Frühstück

- 2 EL Leinsamen
- 2 EL Einkorn
- 4 EL Roggen
- 10 g Zitronenfleisch
- 220 g Ananas
- 1 Banane (105 g)
- 1 Apfel (210 g)
- 1-2 TL Kakaonibs
- 8 Mandeln
- 2 Paranüsse

Leinsamen mit dem Getreide flocken, auf zwei Schüsselchen verteilen. Das Obst in grobe Stücke teilen und im Hochleistungsmixer pürieren, über das Getreide geben. Mit Kakaonibs und Nüssen dekorieren.

10351. Rosmarincremesoße, Dezember 2016

Im Mixer pürieren:

- 40 g gekochte rote Linsen
- 25 g Sahne (sollten 20 g sein)
- 1 gestr. TL Salz
- 1 gute Prise Pfeffer
- 1 Löffelspitze scharfer Curry
- 1/2 TL getr. Rosmarin
- 75 g Wasser

10352. A-Hörnchen-Kakao, Dezember 2016

Im Vitamix etwa 3 Min. Höchststufe:

- 10 g Kakaobohnen
- 10 g Mandeln
- 15 g weiße Chiasamen
- 7 g Ingwer
- 25 g Ahornsirup
- auf 500 ml mit Wasser/kochendem Wasser 1:1 auffüllen.

10353. Pekanreiche Stützcreme, Dezember 2016

Im Hochleistungsmixer bis zum Stocken schlagen:

- 60 g Rundkorn-Naturreis
- 30 Pekannüsse
- 1 Prise Salz
- 350 g Wasser (halb Zimmertemperatur, halb kochend)

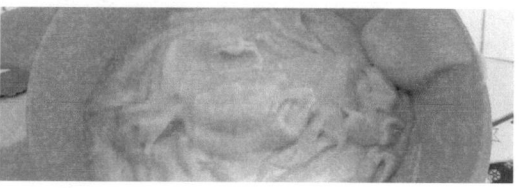

10354. Kaki auf Schoki, Dezember 2016

2 Desserts

- 100 g Stützcreme
- 50 g Schokoladensoße
- 10 g Agavendicksaft o. Ä.
- 150 g Kaki
- 10 g Pekannüsse

Stützcreme, Schokoladensoße und Agavendicksaft mit einem Löffel gut verrühren. Auf zwei Schüsselchen verteilen. Kaki würfeln, darüber geben und mit Nüssen bestreuen.

10355. Baked Beans, Dezember 2016

2 Portionen; für TM beschrieben.

- 145 g Zwiebel, geschält und grob geteilt
- 1 Knoblauchzehe (5 g)
- 10 g Sonnenblumenöl
- 110 g Spitzpaprika rot
- 460 g Tomaten
- 75 g Wasser
- Rote Soße 10360
- 200 g gekochte große weiße Bohnen

Zwiebeln, Knoblauch und Öl zerkleinern (5 Sek./Stufe 5) und garen (4 Min./120 °C/Stufe 2). Paprika und Tomaten zugeben, nochmals zerkleinern (5 Sek./Stufe 5). Wasser zugeben und garen (15 Min./100 °C/Stufe 2). Rote Soße (oder eine andere Tomatensoße) zugeben und pürieren (10 Sek./Stufe 5). Bohnen zugeben und unterziehen (10 Sek./Linkslauf/Stufe 1).

Hinweis: *Bei uns gab es dazu Thymianspirali 10356.*

10356. Thymianspirali, Dezember 2016

2 Portionen

- 160 g Spiralvollkornnudeln
- 1/2 TL Thymian
- 2 Prisen Salz
- 320 g Wasser

Als Gemüsepfanne 12 Min. köcheln. Ein- oder zweimal umrühren.

10357. Kidneybohnen Müller's Mühle, Dezember 2016

- 240 g Kidneybohnen
- Wasser

Bohnen in reichlich Wasser 12 Std. einweichen. Im Schnellkochtopf 25 Min. kochen, dann werden sie sehr schön weich.

10358. Hafer-Pekannuss-Taler, Dezember 2016

Vorläufer 10296

- 100 g Pekannüsse
- 200 g Honig
- 100 g Butter
- 165 g Dinkel, fein gem.
- 250 g Nackthafer, geflockt
- 1 Päckchen Weinsteinbackpulver
- 1 Prise Salz
- 1/2 gestr. TL gem. Vanille
- 1 geh. TL Zimt
- 50 g Apfelmark

Pekannüsse im TM mahlen (10 Sek./Stufe 8). Butter und Honig zugeben und auflösen (7 Min./120 °C/Stufe 1). Die trockenen Zutaten miteinander mischen, in den Mixtopf geben und mit dem Apfelmark einarbeiten (30 Sek./Stufe 4).

Mit einem Esslöffel Portionen abnehmen und zwischen den Händen zu Talern pressen. Die Hände ab und an befeuchten. Nebeneinander auf ein PerfectClean-Blech legen, in dieser Zeit den Ofen auf 160 °C vorheizen. Die 28 Kekse passten auf ein Blech. 15 Min. backen und 5 Min. im ausgestellten Ofen nachbacken.

10359. Spazierbrötchen, Dezember 2016

9 Stück

- 500 g Dinkel
- 2 TL Salz
- 50 g gekochte rote Linsen
- 60 g Stützcreme
- 100 + 125 g Wasser
- 1 Würfel Bio-Hefe (42 g)
- 50 g Pekannüsse

Dinkel fein mahlen und mit dem Salz mischen. Linsen, Stützcreme und 100 g Wasser verrühren (30 Sek./Stufe 3). Hefe hinzugeben und auflösen (2 Min./37 °C/Stufe 1). 125 g Wasser, Dinkel und Pekannüsse (wenn sie zu groß sind, brechen) zugeben und kneten (3 Min./Knetstufe). Teig kurz mit der Hand nachkneten, eine Kugel unter Spannung formen und Teigkugel in einer Pengdose gehen lassen (in eine Plastiktüte geben), bis man vom Spaziergang zurück ist. Bei mir waren das 2 Std.

Backofen (Heißluft) auf 200 °C stellen. Teig fast nicht kneten, sondern 2 Rollen formen. Die Rollen in Stücke schneiden, so dass sich 9-10 „Päckchen" ergeben. Nebeneinander auf ein Backblech setzen (PerfectClean, Backpapier oder Dauerbackfolie), einmal schräg einschneiden und einsprühen. In den Ofen schieben (er hat dann 90 °C) und 25 Min. backen. Klopfprobe machen und auf einem Gitterrost abkühlen lassen.

Fazit: *Wir haben sie ganz frisch gegessen und fanden sie sehr lecker.*

10360. Rote Soße, Dezember 2016

Im Mixer pürieren:

- 50 g gekochte rote Linsen
- 1 gestr. TL Salz
- 1 Prise Pfeffer
- 1/2 TL gem. Kümmel
- 15 g Ahornsirup
- 20 g Apfelessig
- 30 g Wasser
- 1 TL gem. Reis

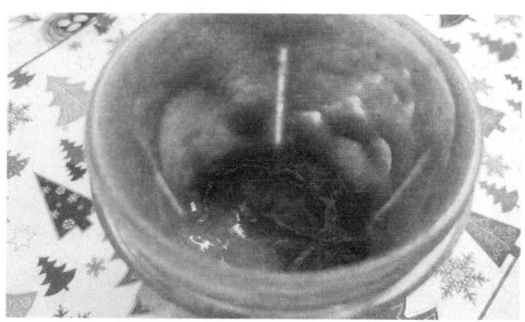

10361. Pizzateig Gerste, Dezember 2016

Vorläufer: 10329

- 70 g Kidneybohnen-Kochwasser
- 21 g frische Bio-Hefe (1/2 Würfel)
- 135 g Gerste
- 2 Prisen Salz
- 15 g Sonnenblumenöl

Hefe in Wasser und Öl im TM auflösen (1 Min. 30 Sek./37 °C/Stufe 2). Getreide fein mahlen, mit Salz in den Mixtopf geben und kneten (2,5 Min./Knetstufe). Teig mit feuchten Händen zu einer Kugel unter Spannung formen und in einer geschlossenen Pengdose aufbewahren. Gehzeit insgesamt ca. 45-60 Min.

Der Teig war im Thermomix „verteilt", als sei er extrem klebrig, ließ sich dann aber gut kneten. Muss an dem Bohnenkochwasser liegen. Dachte ich, weil ich davon ausging, ich hätte Dinkel genommen. Erst beim Wegräumen des Getreides, also kurz vorm Ausrollen, bemerkte ich den Irrtum. Interessanterweise ist der Teig gut gegangen, die Pengdose hat geploppt.

Vom Geschmack her war er sehr gut. Allerdings fehlte der knusprige Rand etwas. Aber es war nicht die Katastrophe, die ich befürchtet hatte.

10362. Roter Pizzabelag Nr. 43, Dezember 2016

Für eine 24-cm-Form

Mit einem Teelöffel verrühren:

- 15 g Tomatenmark
- 1 Prise Salz
- 10 g Balsamico-Essig
- 10 g Kidneybohnen-Kochwasser

10363. Pineapple Extra, Dezember 2016

2 Desserts

- 100 g Stützcreme
- 80 + 40 g (= dünne Scheibe) Ananas
- 10 g Ahornsirup
- 20 g Schokoladensoße

Stützcreme mit 80 g Ananas in Würfeln und Ahornsirup im kleinen Mixer, hoch stehendes Messer verrühren. Einmal mit dem Löffel durchrühren und auf zwei Schüsselchen verteilen. Die dünne Scheibe Ananas 4 x wie eine Torte durchschneiden, ergibt acht Dreiecke. Je vier Dreiecke mit der Spitze nach unten in die Creme stecken, am Rand. Schokoladensoße in die Mitte klecksen.

10364. Gerstenpizza mit Spitzpaprika, Dezember 2016

Vorläufer 10331; 2 kleinere Portionen; Form 24 cm

- 1 Pizzateig, hier Pizzateig Gerste 10361
- Roter Pizzabelag Nr. 43; 10362
- 50 g geriebener Gouda
- 60 g Spitzpaprika, in feinen Ringen
- 60 g gekochte Kidneybohnen
- 1 Prise Salz
- 1/2 TL getr. italienische Kräuter
- 1 Tomate (180 g), in dünnen Scheiben
- 1 Mozzarella (125 g), in dünnen Scheiben
- 50 g gemischter Reibkäse

Backpapier passend für eine kleine Pizzaform ausschneiden, in die Form legen. Teig etwa in Größe der Form auseinanderdrücken und die in Form legen, einen Rand hochziehen. Mit dem roten Pizzabelag bepinseln. Mit Paprika und Kidneybohnen belegen. Mit Salz und Kräutern bestreuen, Tomatenscheiben auflegen. Mozzarella in dünne Scheiben schneiden, auf die Tomaten legen. Käse (Gouda) in die „Löcher" streuen.

In den auf 230 °C (Heißluft) vorgeheizten Ofen schieben und 13 Min. backen. Im ausgeschalteten Ofen 2 Min. nachbacken.

10365. Kartoffel-Sellerie-Pfanne schlicht, Dezember 2016

2 Portionen

- 65 g Wasser
- 315 g Kartoffeln, in Scheiben
- 65 g Zwiebeln, in Halbscheiben
- 310 g Sellerie, gewürfelt
- 1 Apfel (145 g)
- 1 Prise Salz
- 30 g Butter
- Salz zum Abschmecken und
- Pfeffer

Als Gemüsepfanne 20 Min. (ohne die Butter, diese zum Schluss einrühren, vorher evtl. Kochwasser ein wenig verdampfen lassen).

Hinweis: *Auch wenn das Foto etwas karg aussieht: Es war sehr lecker!*

10366. Kartoffel-Porree-Auflauf, Dezember 2016

2 Portionen

- 65 g Kidneybohnenkochwasser (Soße wird dadurch dunkel, das muss nicht sein)
- 275 g Kartoffeln, in Scheiben
- 295 g Porree (1 Stange), in Ringen
- Soße (hier: leichtscharfe Cremesoße 10367)
- 5 Scheiben Edamer (etwa 100 g)

Aus Wasser, Kartoffeln und Porree eine Gemüsepfanne herstellen (12 Min.), in der Garzeit den Backofen (Heißluft) auf 230 °C vorheizen. Soße darüber gießen, Oberfläche mit dem Käse belegen und 10 Min. überbacken.

Fazit: *Beim Überbacken ist Scheibenkäse erstaunlicherweise am leckersten.*

10367. Leichtscharfe Cremesoße, Dezember 2016

2 Portionen

- 100 g Stützcreme
- 75 g gekochte rote Linsen
- 1 gestr. TL Salz
- 1 Prise Pfeffer
- 1/2 TL gem. Kümmel
- 5 g Essigpeperoni 7/4573
- 50 g Wasser

Im Mixer pürieren.

10368. Brot mit Haselnusswunsch (Wildhefe), Dez. 2016

Vorläufer 10311

Stufe 1 *(12 Std. vorher):*
Sauerteigansatz:

- 400 g Roggen
- 420 g Wasser
- 150 g Sauerteig

Wildhefeansatz:

- 200 g Wildhefewasser
- 200 g Dinkel

Stufe 2 *(Backen, bei mir am Morgen):*

- 100 g Roggen
- 85 g Dinkel
- 40 g Gerste
- 20 g Salz
- 1 EL Brotgewürz (Brecht)
- 100 g ganze Haselnüsse
- 150 g Wasser
- Gesamter Wildhefeansatz
- 800 g Sauerteigansatz
- 20 g Butter für die Form

Stufe 1: Roggen fein mahlen, mit Wasser und altem Sauerteig mischen. In einer Plastiktüte über Nacht stehen lassen. 150 g von der Stufe 1 abnehmen und in einem gut schließenden Schraubglas in den Kühlschrank stellen für das nächste Backen. Wildhefewasser und Dinkel mit dem Löffel verrühren.

Stufe 2: Zutaten (außer der Butter) mit einem großen Löffel gründlich verrühren, bis kein Mehl mehr sichtbar ist. Eine 30-cm-Brotform, Profi-Email von Dr. Oetker, gut einfetten. Teig hineingeben, mit der nassen Hand herunterdrücken und glattstreichen. Mit einem scharfen Messer dreimal schräg einschneiden. Form in eine Plastiktüte geben und etwa 1,5 Std. gehen lassen. Brot in den Ofen schieben und den Backofen (Heißluft) so programmieren, dass er in 1 Std. anspringt und 70 Min. bei 200 °C backt.

10369. Himbeer-Kaki-FKG, Dezember 23016

2 x Frühstück

- 2 EL Leinsamen
- 6 EL Nackthafer
- 1 Banane (100 g)
- 1 Apfel (220 g)
- 1 Kaki (155 g)
- 140 g TK Himbeeren
- 35 g Sahne
- Deko: 100 g Ananas, gewürfelt

Leinsamen mit dem Getreide flocken, auf zwei Schüsselchen verteilen. Das Obst in grobe Stücke teilen und mit der Sahne im Hochleistungsmixer pürieren, über das Getreide geben. Am Rand mit Ananaswürfeln belegen.

10370. Erdnuss-Schokoladencreme à la Helga, Dez. 2016

Fast 2 Honiggläser voll.

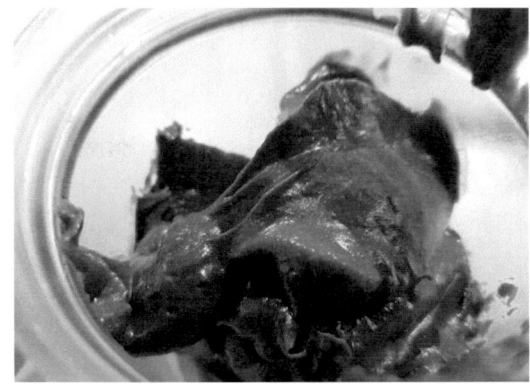

- 200 g Erdnüsse, gesalzen und geröstet gekauft
- 50 g Cashewnüsse (im Originalrezept: 250 g Erdnüsse, aber dann hätte ich eine neue Tüte anbrechen müssen)
- 40 g Kakaopulver
- 200 g Honig
- 200 g Wasser (ich habe erst 150 g genommen, das war deutlich zu wenig, 225 g würden vermutlich auch gut sein)

Alles in den Vitamix geben und mit dem Stößel gut durcharbeiten. Wird leicht warm, bis es wirklich glatt ist.

Hinweis: *Bin gespannt, wie lange sich die Creme hält. Wegen des Wasseranteils bin ich da etwas kritisch. Schokosoße hält in der Regel lange, da hat das Wasser aber gekocht.*

10371. Rumzitronat, Dezember 2016

1 größeres Glas voll

- 4-5 größere, dickschalige Zitronen
- Ca. 250-300 g dünnflüssiger Honig
- 25 g Rum

Zitronen schälen und Stücke mit einem Messer in Streifen und dann in Würfel schneiden. Mit Honig und Rum mischen und mindestens 2 Wochen durchziehen lassen.

10372. Zitronenaufbewahrung, Dezember 2016

Stellt man Zitronat her oder braucht Zitronenschale anderweitig, bleiben Zitronen übrig. Bei 4 oder 5 Stück ist die Haltbarkeit im Kühlschrank zweifelhaft. Einfrieren geht:

Zitronen in Scheiben schneiden, Kerne entfernen. Falls das schwierig ist, eventuell vierteln, dann gehen alle Kerne raus. Ein Frühstücksbrett mit Haushaltsfolie, an der Rolle lassen, belegen, darauf 8 Scheiben verteilen. Folie darüber „klappen", neue Schicht auflegen, usw. Brettchen mit den Zitronenscheiben in eine Plastiktüte schieben und flach einfrieren. Sobald die Zitronenstücke hart sind, kann man das Brettchen entfernen, die Folie sollte aber bleiben. Nun nach Bedarf scheibenweise entnehmen.

10373. Zitronenreis, Dezember 2016

2 Portionen

- 160 g Jasmin-Vollkornreis
- 1 Prise Salz
- 1 TL Orangenstaub (4 g) 11/8663
- 1 TL Öl (3 g)
- 320 g Wasser

Im Topf zum Kochen bringen und 39 Min. dünsten/quellen lassen.

10374. Shiitake mit Zwiebeln, Dezember 2016

2 Portionen

- 25 g Wasser
- 175 g Zwiebeln in Halbscheiben
- 200 g Shiitake in Streifen

Wasser und Zwiebeln 20 Min. in einer 24-cm-Pfanne als Gemüsepfanne dünsten. Shiitake zugeben und weitere 10 Min. dünsten. In einer Cremesoße z. B. 10375 servieren. Bei uns gab es dazu Zitronenreis 10373.

10375. Senfzitronensoße, Dezember 2016

- 75 g gekochte rote Linsen
- 20 g Zitronenfleisch
- 1 TL Salz
- 1 TL Senf
- 75 g Wasser
- 20 g Sahne

Im Mixer die Zutaten ohne die Sahne pürieren und unter das Gemüse mischen. Dann erst die Sahne unterrühren.

10376. Gelbe Bohnen, Dezember 2016

- 220 g große weiße Bohnen (Müller's Mühle)
- Wasser zum Einweichen
- 1/2 TL Kurkuma
- Wasser zum Kochen

Bohnen über Nacht in reichlich Wasser einweichen. Morgens durch ein Sieb abtropfen lassen und mit Wasser nachspülen. Kurkuma mit 1/4 Liter Wasser im Schnellkochtopf verrühren, Bohnen zugeben und mit Wasser auffüllen, bis alle Bohnen bedeckt sind. Kochen auf Stufe II für 25 Min.

10377. Linseneintopf klassisch, Dezember 2016

2 Portionen

- 120 g Tellerlinsen
- 130 g Kartoffeln in Stücken
- 115 g Sellerie in Würfeln
- 125 g Porree in Ringen
- 95 g Möhre in Halbscheiben
- 30 g Zwiebel in Würfeln
- 2 Lorbeerblätter
- 500 g Wasser
- 1 TL Salz
- 1/4 TL Pfeffer
- 2 EL Balsamico-Essig

Im Schnellkochtopf ohne Gewürze und Essig 14-15 Min. kochen auf Stufe II, langsam abdampfen lassen. Dann Gewürze unterrühren.

10378. Kuchenrest zum Nachtisch, Dezember 2016

2 Desserts

- 2 kleine Stücke Berner Weihnachtskuchen/Schokoladen-kuchen
- 2 EL gewürfelte Ananas
- 2 TL Erdnussschokoladencreme
- 2 TL Sahne

Nebeneinander dekorieren. Es versteht sich, dass Kuchen-, Obst- und Schokosoßensorten austauschbar sind. Ich fand's deutlich leckerer als einfach nur Kuchen.

Hinweis: Wir essen häufig Kuchen zum Nachtisch, aber heute war der Rest so winzig, dass ich mich nicht „getraut" habe, ihn einfach so zu servieren. Ein bisschen aufgepeppt, sieht das Ganze super aus und ist überhaupt mal eine Idee, Nachtisch zu machen.

10379. Himbeerschaum-FKG, Dezember 2016

2 x Frühstück

- 2 EL Leinsamen
- 6 EL Nackthafer
- 20 g Zitronenfleisch
- 125 g tiefgekühlte Himbeeren
- 100 g Birne (1/2)
- 1 Apfel (180 g)
- 20 g Kakaonibs
- 2 Bananen (215 g)
- 30 g Sahne
- 8 Mandeln
- 2 Paranüsse

Leinsamen mit dem Getreide flocken, auf zwei Schüsselchen verteilen. Zitrone, Himbeeren, Birne und Apfel wenn nötig in grobe Stücke teilen und im Hochleistungsmixer pürieren, über das Getreide geben. Becher gut leerkratzen, Kakaonibs, Bananen und Sahne hineingeben und ebenfalls pürieren, in die Mitte des Obstpürees geben. Mit den Nüssen dekorieren.

10380. Apfelkakao 15, Dezember 2016

Im Vitamix ca. 3 Min. auf höchster Stufe schlagen:

- 10 g Kakaobohnen
- 10 g Cashewnüsse
- 9 g frischer Ingwer
- 30 g Apfelmark (1 gestr. EL)
- 2 Datteln Medjool (40 g)
- 20 g weiße Chiasamen
- auf 500 ml mit Wasser/kochendem Wasser 1:1 auffüllen.

10381. Schoko-Erdnussstängli, Dezember 2016

Nach einem Rezept von Agnes (Schoko-Nussstängli)

- 200 g Erdnüsse, gesalzen & geröstet
- 200 g Dinkel, gem.
- 60 g Kakaonibs
- 1 P Weinstein-Backpulver
- 130 g gekochte rote Linsen
- 230 g Honig
- 40 g Apfelmark
- 80 g Stützcreme

Erdnüsse im Thermomix hacken (2 Sek./Stufe 7). 100 g umfüllen, den Rest mahlen (10 Sek./Stufe 7). Mehl, gem. und gehackte Nüsse, Kakaonibs und Backpulver in eine Rührschüssel geben. Die restlichen Zutaten im Vitamix zu einer Creme mixen, zur Mehlmischung gießen und mit dem Handrührgerät (Rührbesen) verrühren. Den Teig auf ein mit Backpapier ausgelegtes Backblech (ich habe trotz PerfectClean noch Backpapier aufgelegt) geben und mit feuchten Händen gleichmäßig ausstreichen. Mit einem Messer den Teig in längliche Rechtecke vorschneiden. Im vorgeheizten Backofen (180 °C, Heißluft) 15 Min. backen und im ausgestellten Ofen 5 Min. nachbacken. Die Rechtecke nochmals nachschneiden.

Glasur (Erdnussglasur 10383) auf die erkaltete Teigplatte streichen und fest werden lassen. Erst wenn die Schokolade (halb-)fest ist, die Stücke einzeln ausschneiden. Im Kühlschrank aufbewahren.

10382. Brokkoli mit Ziegen-Auflauf, Dezember 2016

2 Portionen

- 45 g Wasser
- 290 g Kartoffeln, in Scheiben
- 230 g Brokkoli-Röschen
- Gelbe Cremesoße 10384
- 125 g Ziegenkäse, in Scheiben

Wasser, Kartoffeln und Brokkoli als Gemüsepfanne vorgaren (15 Min.) Gelbe Cremesoße zugießen, mit Käsescheiben abdecken und in den auf 240 °C vorgeheizten Backofen (Heißluft) schieben. 12 Min. bei 240 °C backen.

10383. Erdnussglasur, Dezember 2016

- 85 g Kakaobutter
- 20 g Stützcreme
- 60 g Honig
- 100 g Erdnuss-Schokoladencreme à la Helga 10370

In einer Pfanne bei kleiner Einstellung (Induktion 4/14) erwärmen, mit einem Schneebesen zu einer glatten Glasur verquirlen.

10384. Gelbe Cremesoße, Dezember 2016

- 50 g gekochte rote Linsen
- 75 g Stützcreme
- 1 TL Salz
- 1 Prise Pfeffer
- 1/4 TL gem. Kurkuma
- 1/2 TL Curry (mild)
- 105 g Kochwasser von „gelben Bohnen"

Im Mixer pürieren. Unter das Gemüse rühren und aufkochen.

10385. Softer Erdbeersonntag, Dezember 2016

2 x Frühstück

- 2 EL Leinsamen
- 6 EL Nackthafer
- 20 g Zitronenfleisch
- 1 Birne (175 g; Mittelteil entfernt)
- 1 Banane (105 g)
- 260 g tiefgekühlte Erdbeeren
- 30 g Sahne
- 15 g gehobelte Mandeln
- 2-3 TL getr. Maulbeeren

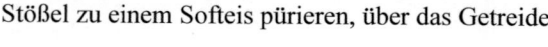

Leinsamen mit dem Getreide flocken, auf zwei Schüsselchen verteilen. Das Obst ggf. in grobe Stücke teilen und im Hochleistungsmixer mit Sahne und Erdbeeren mit dem Stößel zu einem Softeis pürieren, über das Getreide geben. Mit Mandeln und Maulbeeren dekorieren.

10386. Apfelkakao 16, Dezember 2016

Im Vitamix ca. 3 Min. auf höchster Stufe schlagen:

- 15 g Kakaobohnen
- 15 g Cashewnüsse
- 7 g frischer Ingwer
- 30 g Apfelmark (1 gestr. EL)
- 15 g weiße Chiasamen
- 1 geh. TL Honig = 30 g
- auf 500 ml mit Wasser/kochendem Wasser 1:1 auffüllen.

10387. Pizzateig Dinkel schnell 3, Dezember 2016

- 70 g Gelbe-Bohnen-Kochwasser
- 21 g frische Bio-Hefe (1/2 Würfel)
- 135 g Dinkel
- 2 Prisen Salz
- 16 g Sonnenblumenöl

Im TM Hefe in Wasser und Öl auflösen (1 Min. 30 Sek./37 °C/Stufe 2). Getreide fein mahlen, mit Salz in den Mixtopf geben und kneten (2,5 Min./Knetstufe). Teig mit feuchten Händen zu einer Kugel unter Spannung formen und in einer geschlossenen Pengdose aufbewahren. Zwischendurch einmal falten. Gehzeit insgesamt. ca. 1,5 Std..

10388. Schokoklops in O-Soße, Dezember 2016

2 Desserts

Orangensoße:
- 1 kleinere Orange, vorgeschnitten (135 g)
- 50 g Stützcreme
- 10 g Honig

Schokoklops:
- 60 g Schokoladensoße (hier: Schokoladensoße Cashew 2 mit Honig 1ß325)
- 50 g Stützcreme
- 10 g Honig

Im kleinen Mixer Orange, 50 g Stützcreme und 10 g Honig pürieren. Auf zwei Schüsselchen verteilen. Dann Schokoladensoße, 50 g Stützcreme und 10 g Honig mit dem Löffel verrühren. Die recht feste Schokocreme in die Mitte der Orangensoße setzen.

Tipp: *Mit dünnerer Schokoladensoße lässt sich auch ein Orangen-Schoko-Schichtpudding daraus machen.*

10389. Pizza Doppelkäse mit Brokkolistrunk, Dez. 2016

Vorläufer 10331; 2 kleinere Portionen; zwei 18-cm-Formen

- 1 Pizzateig, hier Pizzateig Dinkel schnell 3; 10387
- Roter Pizzabelag Nr. 41; 10306
- 100 g Brokkolistrunk, in feinen Scheiben
- 30 g Porree, in feinen Ringen
- 1 Prise Salz
- 1/2 TL getr. italienische Kräuter
- 80 g Käse in Scheiben (= 4 Scheiben)
- 2 Tomate (210 g), in dünnen Scheiben
- 1 Mozzarella (125 g), in dünnen Scheiben
- Öl für die Form

Teig halbieren und jeweils etwa in Größe der Form auseinanderdrücken und in die gut geölte Form legen, einen Rand hochziehen. Mit dem roten Pizzabelag bepinseln. Mit dem Gemüse belegen, salzen, mit Kräutern bestreuen und Käsescheiben darauf legen (evtl. durchschneiden, damit es passt). Tomatenscheiben auflegen.

In den auf 230 °C (Heißluft) vorgeheizten Ofen schieben und 4 Min. backen. Mozzarellascheiben auf der Pizza verteilen und weitere 8 Min. backen. Im ausgeschalteten Ofen 2 Min. nachbacken.

10390. Blitzflashdessert, Dezember 2016

2 Desserts

- 1 kleinere Kaki (ungewogen)
- 2 Kekse/Plätzchen

Kaki halbieren, mit der Schnittfläche nach unten auf zwei Teller legen. Aus der Mitte einen Keil herausschneiden (fürs Frühstück verwahren oder zwischendurch knabbern) und ein Plätzchen hineinstecken.

10391. Nudeln in Käsesahnesoße, Dezember 2016

2 Portionen. – Wenn's mal richtig schnell gehen soll, ist das eine wunderbare Mahlzeit!

- 200 g Vollkorn-Spiralnudeln
- Wasser zum Nudelkochen
- Salz zum Nudelkochen
- 115 g Stützcreme
- 65 g gekochte rote Linsen
- 50 g Wasser
- 1 Prise Pfeffer
- 1 gestr. TL Salz
- 60 g Edamer in Scheiben
- 3 EL Sahne

Nudeln nach Anweisung in Salzwasser kochen (hier: 12 Min.). Creme, Linsen, Wasser, Pfeffer und Salz im Mixer pürieren. In eine Pfanne geben, aufkochen. Käse in Stücke reißen, hinzufügen und unter Rühren auf mittlerer Einstellung lösen. Zum Schluss die Sahne unterrühren.

Nudeln in einem Sieb kurz abtropfen lassen, unter die Soße mischen.

Tipp: *Schön wäre etwas Petersilie oder Ähnliches zum Garnieren gewesen, hatte ich aber nicht.*

10392. Mangold-Kartoffel-Suppe, Dezember 2016

2 Portionen

- 45 g Porreegrün
- 30 g Möhre
- 30 g Zwiebel
- 250 g Kartoffeln
- 200 g Mangold (= 2 ganze Blätter)
- 275 g Kichererbsenkochwasser
- 1 gestr. TL Salz
- 50 g gekochte rote Linsen
- 125 g gekochte Kichererbsen
- 1 Saure-Sahne-Kaki-Dip 10393

Porree, Möhre, Zwiebel, Kartoffeln und Mangold klein schneiden. Mit Kichererbsenkochwasser und Salz garen (Schnellkochtopf: 7 Min, Stufe II; langsam abdampfen lassen). Linsen im Mixer mit Kochflüssigkeit (Becher etwa zur Hälfte gefüllt) mixen, unterrühren. Kichererbsen zugeben und nochmals erhitzen. Auf zwei Schüsseln oder Suppenteller verteilen und den Dip darauf geben.

10393. Saure-Sahne-Kaki-Dip, Dezember 2016

Zum Beispiel mt dem Zerkleinerer eines Pürierstabs herstellen:

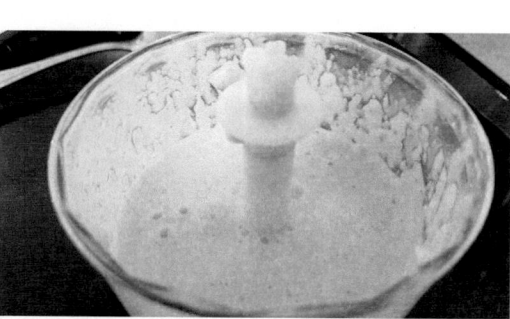

- 50 g Salatgurke, vorgeschnitten
- 130 g Kaki, vorgeschnitten
- 1 Prise Salz
- 1 Prise Curry scharf
- 1 Prise Pfeffer
- 75 g saure Sahne

10394. Notfalldessert, Dezember 2016

2 Desserts

- 130 g Kaki, gewürfelt
- 2 Kekse, 40 g, zerkrümelt
- 25 g Erdnuss-Schokoladencreme à la Helga 10370)
- 2 Cashewnüsse

Kaki und Kekse mischen, auf zwei Schüsselchen verteilen. Schokosoße in die Mitte geben, Cashewnüsse „einstecken".

Hinweis: *keine Zeit, noch was „Richtiges" zu machen, keine Stützcreme im Kühlschrank.*

10395. Brot mit Mandeln (Wildhefe 2016/34), Dez. 2016

Vorläufer 10368

Stufe 1 *(12 Std. vorher):*
Sauerteigansatz:
- 400 g Roggen
- 420 g Wasser
- 150 g Sauerteig

Wildhefeansatz:
- 200 g Wildhefewasser
- 200 g Dinkel gem.

Stufe 2 (Backen, am Morgen):
- 100 g Roggen
- 85 g Dinkel
- 40 g Gerste
- 20 g Salz
- 1 EL Brotgewürz (Brecht)
- 100 g ganze Mandeln
- 150 g Wasser
- Gesamter Wildhefeansatz
- 800 g Sauerteigansatz
- 20 g Butter für die Form

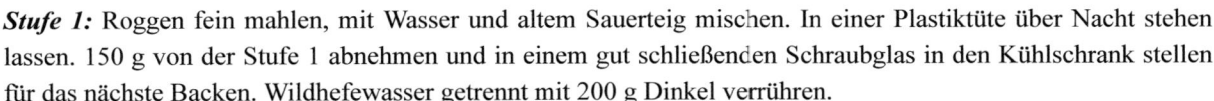

Stufe 1: Roggen fein mahlen, mit Wasser und altem Sauerteig mischen. In einer Plastiktüte über Nacht stehen lassen. 150 g von der Stufe 1 abnehmen und in einem gut schließenden Schraubglas in den Kühlschrank stellen für das nächste Backen. Wildhefewasser getrennt mit 200 g Dinkel verrühren.

Stufe 2: Zutaten (außer der Butter) mit einem großen Löffel gründlich verrühren, bis kein Mehl mehr sichtbar ist.

Eine 30-cm-Brotform, Profi-Email von Dr. Oetker, gut einfetten. Teig hineingeben, mit der nassen Hand herunterdrücken und glattstreichen. Mit einem scharfen Messer dreimal schräg einschneiden.

Form in eine Plastiktüte geben und etwa 1,5 Std. gehen lassen. Brot in den Ofen schieben und den Backofen (Heißluft) so programmieren, dass er in 1 Std. anspringt und 70 Min. bei 200 °C backt.

10396. Smile-at-you-FKG, Dezember 2016

2 x Frühstück
- 2 EL Leinsamen
- 6 EL Nackthafer
- 1 Banane (75 g)
- 1 Apfel (210 g)
- 2 Kaki (430 g); eine Hälfte für die Deko beiseite legen
- 90 g saure Sahne (oder Sahne)
- 2 TL Kokosraspel
- 4 Kakaobohnen
- 2 Cashewnüsse

Leinsamen mit dem Getreide flocken, auf zwei Schüsselchen verteilen. Das Obst in grobe Stücke teilen und im Hochleistungsmixer pürieren, über das Getreide geben. Die Kakihälfte in Stückchen schneiden, oben an den Rand legen. Kokosraspel „lächelnd" unten an den Rand geben, Bohnen für die Augen und Cashews für die Nase legen (s. Foto).

10397. Schokoladen-Chia-Pudding „Zimt", Dezember 2016

3 Desserts
- 250 g Pflanzenmilch
- 90 g entsteinte Datteln
- 30 g Chiasamen
- 15 g Kakaopulver
- 1 Prise Salz
- 1 gestr. TL Zimt
- getr. 1-2 EL Maulbeeren

Milch, Datteln, Samen, Kakaopulver, Salz und Zimt je nach Mixer etwa 1 Min. pürieren, bis die Samen nicht mehr erkennbar sind. Im Vitamix reicht eine Min..

Auf drei Schüsselchen verteilen und mit Maulbeeren bestreuen.

10398. Rohe Wintersuppe, Dezember 2016

2 Portionen

Im Vitamix pürieren:
- 1/2 gelbe Paprika (80 g)
- 170 g Möhre
- 1/2 Kaki (105 g)
- 20 g Sonnenblumenkerne
- 340 g Wasser

10399. Mangold für drei, Dezember 2016

3 Portionen
- 65 g Wasser
- 430 g Mangold, in Streifen
- 1 Zwiebel, gewürfelt (45 g)
- Vegane Koriandercremesoße 10400

Als Gemüsepfanne 17 Min. dünsten. Die Cremesoße unterrühren.

Tipp: *Wir hatten Reis dazu.*

10400. Vegane Koriandercremesoße, Dezember 2016

Für ein Gemüse für drei Personen
- 35 g gekochte rote Linsen
- 20 g Zitronenfleisch
- 100 g Stützcreme
- 1 TL Salz
- 30 g Cashewnüsse
- 1 Prise Zimt
- 1/2 TL gem. Koriander
- 115 g Wasser

In einem starken Mixer pürieren. Unter das entsprechende Gemüse rühren und aufkochen.

10401. Freitags-FKG für drei, Dezember 2016

3 x Frühstück
- 9 EL Dinkel
- Ca. 210 g Wasser
- 60 g getr. Mango
- 40 g Cashewnüsse
- 400 g Wasser
- 2 Bananen (160 g)
- 1 Apfel (180 g)
- 2 Kaki (350 g)
- Dekoration: 25 g Pekannüsse

Am Vorabend den Dinkel in Portionen zu 3 EL im Vitamix (Trockenbecher) schroten (jeweils 4 Sek., mittlerer Hebel). In einzelnen Schüsselchen mit Wasser übergießen und über Nacht quellen lassen.

Cashewnüsse, Mango und Wasser im Vitamix zu einer glatten Creme schlagen (für andere Mixer vorher im Wasser 6-12 Std. einweichen). Vitamix nicht ausspülen. Mangocreme über den eingeweichten Schrot gießen. Das frische Obst in der angegebenen Reihenfolge in den Vitamix geben und mit Hilfe des Stößels pürieren, über die Mangocreme geben. Mit Nüssen bestreuen.

Hinweis: *Ich war überrascht: Das Getreide aus dem Vitamix schmeckte uns besser als aus der Mühe. Die Menge an Restmehl ist dabei genauso hoch wie mit der Mühle.*

10402. Apfelkakao 17 und Ende, Dezember 2016

Im Hochleistungsmixer, je nach Gerät, 2,5 bis 3 Min. auf höchster Stufe schlagen:

- 10 g Kakaobohnen
- 20 g Nackthafer
- 9 g frischer Ingwer
- 30 g Apfelmark (1 gestr. EL)
- 25 g Buchara-Rosinen
- auf 500 ml mit Wasser/kochendem Wasser 1:1 auffüllen.

10403. Erdnuss-Schokoladencreme vegan, Dezember 2016

Vorläufer 10370; fast 2 Honiggläser voll.

- 200 g Erdnüsse, gesalzen und geröstet gekauft
- 50 g Cashewnüsse
- 40 g Kakaopulver
- 190 g Ahornsirup
- 200 g Wasser

Alles in den Vitamix geben und mit dem Stößel gut durcharbeiten. Wird leicht warm, bis es wirklich glatt ist.

10404. Mangold-Chili-Dressing, Dezember 2016

Vorläufer: 10327

- 125 g Sonnenblumenkerne
- 160 g Apfelessig
- 20 g Salz
- 2 g eingelegte Chili (in Essig 10240)
- 70 g grüne Rosinen
- 245 g Wasser
- 20 g Tamari oder Sojasoße
- 90 g frischer Mangold
- 2 g schwarzer gem. Pfeffer

Im Vitamix schlagen (muss glatt und lauwarm werden).

10405. Margarine-anstatt „Paprika", Dezember 2016

Vorgänger. 11/8011

- 40 g Sonnenblumenöl
- 40 g Stützcreme
- 30 g gekochte rote Linsen
- 25 g Pflanzenmilch
- 2 g Apfelessig
- 1 kleine Prise Salz
- 1 Prise Paprika edelsüß
- 50 g Kokosöl

Im Vitamix gut durchmixen. In einen kleinen Behälter geben und im Kühlschrank aufbewahren. Wird streichfest. Ich hab's wahrscheinlich zu lange geschlagen, es hat sich ein wenig aufgetrennt, war aber dennoch lecker.

10406. Rote-Bete-Duett, Dezember 2016

2 Portionen

- 40 g Margarine-anstatt „Paprika"
- 90 g Rote Bete
- 90 g Kaki
- 90 g Möhre
- 15 g Pekannüsse und
- 350 g Wasser im Vitamix pürieren.

10407. Kartoffelpüree ärgerlich, Dezember 2016

3 Portionen.

- 730 g mehlige Kartoffeln in Stücken
- 100 g Wasser
- 1 gestr. TL Salz
- 1 Prise Muskat
- 90 g Stützcreme
- 20 g Mandelmus
- 65 g Pflanzenmilch

Kartoffeln mit Wasser und Salz 20-25 Min. kochen. Mit dem Kochwasser und den restlichen Zutaten in eine Schüssel umfüllen und mit einem Kartoffelstampfer zu Brei stampfen.

Hinweis: Mit Pürierstab oder zumindest dem TM hätte es besser geklappt, aber es war ein Kochbeispiel für jemanden, der keine solchen Geräte hat. – Ich habe extra mehlig kochende Kartoffeln gekauft, aber sie blieben glasig und hart. Schade, denn Geschmack und Konsistenz ansonsten waren prima.

10408. Rosenkohl sehr schlicht, Dezember 2016

3 Portionen

- 100 g Wasser
- 740 g Rosenkohl, halbiert
- 1 gestr. TL Salz
- 2 EL Mandelöl

Rosenkohl im Wasser als Gemüsepfanne 20 Min. garen. Salz und Öl vorsichtig unterheben. Bei uns gab es dazu Kartoffel-püree.

10409. Kakischmetterlinge, Dezember 2016

3 Portionen

- 75 g Stützcreme
- 60 g Schokocreme, hier Erdnuss-Schokoladencreme vegan 10403
- 1 Kaki, davon 100 g aus der Mitte als drei Scheiben
- 1 TL Kokosraspel

Stützcreme und Schokocreme verrühren. Jede Kakischeibe längst durchschneiden, die Hälften mit den runden Teil in Berührung auf einen Teller legen. Den Pudding in drei Kleck-sen in die Mitte geben und mit Raspeln bestreuen.

10410. Himbeer-FKG für drei, Dezember 2016

3 Portionen

- 9 EL Dinkel
- Ca. 240 g Wasser
- 1 Kaki (200 g)
- 1 Birne (210 g)
- 1 Apfel (195 g)
- 175 g tiefgekühlte Himbeeren
- 1 Orange (100 g)
- Dekoration: 35 g Kokosmus

Am Vorabend den Dinkel in Portionen zu 3 EL im Vitamix (Trockenbecher) schroten (jeweils 4 Sek., mittlerer Hebel). In einzelnen Schüsselchen mit Wasser übergießen und über Nacht quellen lassen. Obst in der angegebenen Reihen-folge in den Vitamix geben und mit Hilfe des Stößels pürieren, über das Getreide geben.
Mit Kokosmus bestreuen.

10411. Pekannuss-Aufstrich mit M., Dezember 2016

Vorläufer 12/9999.

- 30 g getr. Tomaten
- 45 g Wasser
- 2 Zwiebeln (80 g)
- 125 g Möhre
- 90 g Pekannüsse
- 15 g Sonnenblumenöl
- 100 g Tomatenmark
- 1/2 TL Salz
- 1 Prise Pfeffer
- 1 gestr. TL Paprika edelsüß
- 1/2 TL indisches Currypulver
- 5 g Harissapaste gekauft
- 10 g Chili in Essig 10240
- 100 g gekochte rote Linsen

Tomaten in Streifen schneiden. Mit Zwiebeln und Möhren im Wasser als Gemüsepfanne 15 Min. dünsten und abkühlen lassen. Mit den restlichen Zutaten im Vitamix zu einer glatten Creme verarbeiten (Stößel nehmen).

10412. Lebkuchen Pekannuss, Dezember 2016

22 Stück

- 200 g Datteln (Original: 250 g)
- 300 g Feigen (Original: 250 g)
- 500 g Wasser (100 g für das Rezept verwahren)
- 1 geh. TL getr. gem. Zitrusfruchtschale (hier: Orangenstaub 11/8163)
- 150 g Dinkel, gem.
- 25 g Roggen, gem.
- 225 g Pekannüsse
- 2 bittere Aprikosenkerne
- 1 P Weinsteinbackpulver
- 1 geh. TL Natron
- 1 geh. TL Ingwer, getrocknet
- 1/2 TL gem. Vanille
- 1 geh. TL Zimt
- 15 g Lebkuchengewürz Brecht
- 1/3 TL gem. Gewürznelke
- 1 Prise gem. Muskatnuss
- Für die Deko: 10 g geh. Haselnüsse

Datteln und Feigen (je nach Größe halbiert oder gedrittelt) in einer Pengdose mit dem Wasser übergießen und etwa 12-24 Std. gut verschlossen stehen lassen.

Haselnüsse mahlen (TM 10 Sek./Stufe 8). Mit Mehl und den anderen trockenen Zutaten mischen. Wasser von den Trockenfrüchten abgießen. Die Fruchtmasse mit 100 g vom Einweichwasser homogen mischen (20 Sek./Stufe 8 plus 10 x Turbotaste „1 Sekunde", mit Spatel arbeiten).

Das Mehl-Nussgemisch zum Fruchtgemisch geben und gut vermischen (5 Min./Knetstufe; mit Spatel arbeiten). Mit Hilfe eines Esslöffels und den feuchten Händen etwa 8 bis 10 mm hohe Lebkuchen formen, leicht flachdrücken. Es gab bei mir 22 Stück, die bei mir genau auf ein Backblech passten.

Ofen (Heißluft) auf 225 °C vorheizen, die Lebkuchen einschieben. Auf 160 °C stellen und 10 Min. backen, dann weitere 20 Min. bei 140 °C backen.

Mit Schokoguss überziehen (hier Lebkuchenguss vegan 10413).

10413. Lebkuchenguss vegan, Dezember 2016

- 55 g Kakaobutter
- 15 g Kokosöl
- 70 g Ahornsirup
- 15 g Kakao
- 10 g Carob

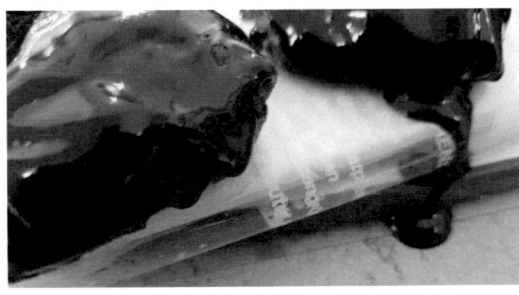

Mit einem Schneebesen auf kleiner Flamme verrühren (Induktion Stufe 6 bis 4 von 14).

10414. Schoko-Erdnussstängli vegan, Dezember 2016

Vorläufer: 10381.

- 200 g Erdnüsse, gesalzen & geröstet
- 50 g Cashewnüsse
- 200 g Dinkel, gem.
- 60 g Kakaonibs
- 1 P Weinstein-Backpulver
- 130 g gekochte rote Linsen
- 220 g Ahornsirup
- 40 g Apfelmark
- 80 g Stützcreme

Die Hälfte der Erdnüsse und Cashewnüsse im Vitamix hacken, den Rest im starken Mixer mahlen. Ist nicht zufriedenstellend: Zu fein gem., zu große Stücke. Besser wieder im Thermomix. Mehl, gem. und gehackte Nüsse, Kakaonibs und Backpulver in eine Rührschüssel geben. Die restlichen Zutaten im Vitamix zu einer Creme mixen, zur Mehlmischung gießen und mit dem Handrührgerät (Rührbesen) verrühren. Den Teig auf ein mit Backpapier ausgelegtes Backblech (ich habe trotz PerfectClean noch Backpapier aufgelegt) geben und mit feuchten Händen gleichmäßig ausstreichen. Mit einem Messer den Teig in längliche Rechtecke vorschneiden. Im vorgeheizten Backofen (180 °C, Heißluft) 15 Min. backen und im ausgestellten Ofen 5 Min. nachbacken. Die Rechtecke nochmals nachschneiden.

Glasur (Erdnussglasur vegan 10415) auf die erkaltete Teigplatte streichen und fest werden lassen. Erst wenn die Schokolade (halb-)fest ist, die Stücke einzeln ausschneiden. Im Kühlschrank aufbewahren.

10415. Erdnussglasur vegan, Dezember 2016

- 85 g Kakaobutter
- 20 g Stützcreme
- 60 g Ahornsirup
- 100 g Erdnuss-Schokoladencreme vegan 19493

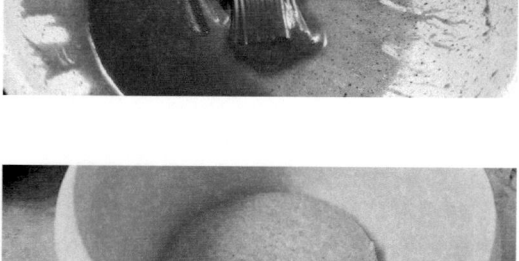

In einer Pfanne bei kleiner Einstellung (Induktion 4/14) erwärmen, mit einem Schneebesen zu einer glatten Glasur verquirlen.

10416. Pfannenpizzateig mit der Hand, Dezember 2016

Für eine 28-cm-Pfanne

- 1/2 Würfel Bio-Hefe (21 g)
- 70 g Wasser
- 130 g Dinkel, fein gem.
- 10 g Sonnenblumenöl
- 1 gute Prise Salz

Hefe im Wasser auflösen. Dinkel, Hefewasser, Öl und Salz in einer Schüssel anrühren, dann mit der Hand kneten, schließlich auf einer Fläche gut mit der Hand kneten. Zu einer Kugel unter Spannung formen und ca. 1 Std. in einer Pengdose gehen lassen. Der Deckel ploppt mehrmals, noch einmal durchkneten.

10417. Ananas auf Kakipudding, Dezember 2016

3 Desserts

- 1/2 Kaki (105 g)
- 135 g Stützcreme
- 30 g Apfelmark
- 200 g Ananas, gewürfelt
- 2 TL Kakaonibs
- 2 TL getr. Maulbeeren

Kaki, Stützcreme und Apfelmark im Vitamix pürieren. Auf drei Schüsselchen verteilen, mit Ananas, Kakaonibs und Maulbeeren bestreuen (ich mag nicht so gerne Maulbeeren, daher nur 2 Schüsselchen mit Maulbeeren).

10418. Obst-Gemüse-Suppe, Dezember 2016

2 Portionen

- 115 g Kaki (1/2)
- 100 g Ananas
- 65 g Möhre
- 70 g rote Paprika
- 15 g Mandeln
- 385 g Wasser
- Deko: 2 TL gehobelte Mandeln

Im Vitamix pürieren und mit gehobelten Mandeln bestreuen. Für einen Smoothie die Mandeln weglassen.

10419. Weißer Pizzabelag für Pfannenpizza, Dezember 2016

- 50 g gekochte rote Linsen
- 45 g Stützcreme
- 20 g Zitronenfleisch (viel zu viel!)
- Eine gute Prise Salz
- 20 g Bohnenkochwasser
- 20 g Mandelmus
- 10 g Sonnenblumenöl
- 1 Prise Schabziegerklee

Im kleinen Mixer pürieren.

Tipp: *War zu viel und wurde daher nicht fest, Geschmack okay, wäre die Zitrone nicht etwas bitter gewesen.*

10420. Pfannenpizza Funghi, Dezember 2016

2-3 Portionen; 28-cm-Pfanne

- Pizzateig (wie für 24-cm-Pizzaform), hier Pfannenpizzateig mit der Hand 10416
- 3 EL Sonnenblumenöl
- 15 g Tomatenmark
- 10 g Balsamico-Essig
- 10 g Wasser
- 105 g Champignons, in Scheiben
- 1 TL italienische Kräuter
- 1 Tomate (130 g) in Scheiben
- Belag, hier Weißer Pizzabelag für Pfannenpizza 10419

Teig in Größe der Bratpfanne mit Hilfe von Streumehl ausrollen. Öl in der Pfanne auf größerer Einstellung erhitzen. Teig hineingeben, mehrmals mit einer Gabel einstechen. 30 Sek. auf 8 (von 14) braten. Mit der Hand verrutschen, um sicherzustellen, dass der Teig sich locker vom Boden löst. Deckel auflegen. 7 Min. braten, nach 3 Min. die Herdplatte auf 6 von 14 stellen. Mark, Essig und Wasser verrühren. Teigplatte umdrehen, mit Tomatencreme bestreichen. Champignons darauf verteilen, mit

Tomatenscheiben abdecken. Mit Pizzagewürz bestreuen und den Deckbelag darauf verstreichen. Deckel wieder auflegen und weitere 10 Min. erst auf Stufe 8, nach 3 Min. auf Stufe 6 braten. Auf einen großen Teller rutschen lassen.

10421. Sonntagskakao für Drei mit M, Dezember 2016

3 Portionen

- 40 g Kakaobohnen
- 65 g Ahornsirup
- 30 g Cashewnüsse
- 45 g Nackthafer
- 250 g kaltes Wasser
- 640 g heißes Wasser

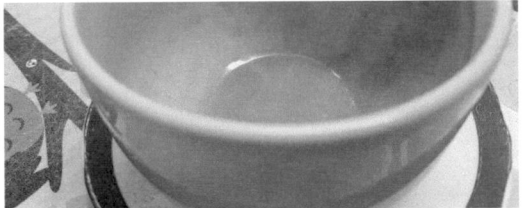

Vitamix 1,4-Liter-Becher, 3-4 Min. Ein voller Erfolg!

10422. Erdbeerflocken für drei, Dezember 2016

3 Portionen

- 3 EL Leinsamen
- 8 EL Nackthafer
- 20 g Zitronenfleisch
- 2 Bananen (250 g)
- 1 Avocado 120 g)
- 1 Apfel (165 g)
- 345 g tiefgekühlte Erdbeeren
- Deko: 25 g Cashewnüsse
- Deko: 3 Paranüsse

Leinsamen mit dem Getreide flocken, auf zwei Schüsselchen verteilen. Das Obst ggf. in grobe Stücke teilen und im Hochleistungsmixer mit dem Stößel zu Softeis pürieren, über das Getreide geben. Cashews in die Mitte streuen, je eine Paranuss in die Mitte stecken.

10423. Pizzateig Dinkel schnell etwas mehr, Dez. 2016

- 75 g Bohnen-Kochwasser
- 21 g frische Bio-Hefe (1/2 Würfel)
- 145 g Dinkel
- 2 Prisen Salz
- 10 g Sonnenblumenöl

Im TM Hefe in Wasser und Öl auflösen (2 Min./37 °C/Stufe 2). Getreide fein mahlen, mit Salz in den Mixtopf geben und kneten (2,5 Min./Knetstufe). Teig zu einer Kugel unter Spannung formen und in einer geschlossenen Pengdose aufbewahren. Zwischendurch einmal falten. Gehzeit insgesamt ca. 1 Std.

10424. Pineapple Pudden, Dezember 2016

2 x Dessert

- 125 g Stützcreme
- 20 g Flüssigkeit von eingeweichten Trockenfrüchten (500 g/500 g)
- 105 g Ananas
- 40 g Pflanzenmilch
- 4 g Flohsamenschalen
- 2 TL Schokocreme (20 g)

Zutaten bis auf die Schokocreme im Vitamix glatt pürieren. Auf zwei Schüsselchen verteilen, in die Mitte die Schokocreme klecksen.

Tipp: *Wer keine Einweichflüssigkeit von Trockenfrüchten hat, nimmt 20 g Wasser plus eine MS Honig.*

10425. Orangen-Paprika-TM-Smoothie, Dezember 2016

- 1/2 Orange (95 g)
- 70 g rote Paprika
- 35 g Möhre
- 215 g Wasser

Im TM mischen (20 Sek./Stufe 8; 10 Sek./Stufe 10).

10426. Roter Pizzabelag für 2 kleine Pizzen, Dez. 2016

Mit einem Löffel verrühren:

- 15 g Tomatenmark
- 10 g Wasser
- 10 g Essig (Balsamico von Ölmühle Ditzingen)

10427. Pizza Doppelkäse ohne Tomaten, Dez. 2016

2 kleinere Portionen; zwei 18-cm-Formen (Quicheformen)

- 1 Pizzateig, hier Pizzateig Dinkel schnell etwas mehr 10423
- Roter Pizzabelag für 2 kleine Pizzen 10426
- 85 g Champignons, in Scheiben
- 60 g rote Paprika, in feinen Streifen
- 1/2 TL getr. italienische Kräuter
- 150 g Käse in Scheiben (Gouda)
- 1 Mozzarella (125 g), in dünnen Scheiben
- Öl für die Formen

Teig halbieren und jeweils etwa in Größe der Form auseinanderdrücken und in die gut geölte Form legen, einen Rand hochziehen. Mit dem roten Pizzabelag bepinseln. Mit je 2 Käsescheiben auslegen. Mit dem Gemüse belegen, mit Kräutern bestreuen und Mozzarella- und restliche Käsescheiben darauf legen (evtl. durchschneiden, damit es passt).

In den auf 230 °C (Heißluft) vorgeheizten Ofen schieben und 13 Min. backen. Im ausgeschalteten Ofen 2 Min. nachbacken.

Hinweis: *War zur Abwechslung mal lecker mit extrem viel Käse, aber ich werde das reduzieren, ist mir auf Dauer zu viel. Ohne Tomaten war prima.*

10428. Kakipudding Dezember, Dezember 2016

2 x Dessert

Im Vitamix lauwarm und glatt schlagen:

- 150 g Pflanzenmilch
- 50 g Einweichflüssigkeit von Trockenfrüchten
- 50 g Apfelmark mit Banane
- 100 g Kaki und
- 30 g weiße Chiasamen.
- Deko: 25 g Rosinen

Tipp: *Wer keine Einweichflüssigkeit von Trockenfrüchten hat, nimmt 50 g Wasser plus eine LS Honig.*

10429. Cremekürbis, Dezember 2016

2 Portionen

- 100 g Bohnenkochwasser mit 1-2 TL Dressing
- 1 Zwiebel, gehackt (30 g)
- 310 g Kürbis, gewürfelt
- 100 g Stützcreme
- 40 g Sahne
- 1/2 TL Curry
- 1 gestr. TL Salz

Zwiebel und Kürbis im Kochwasser als Gemüsepfanne 15 Min. dünsten. Die restlichen Zutaten mit einem Löffel zu einer Creme verrühren. Zusammen erhitzen, aber nicht kochen. Bei uns gab es einfachen weißen (Jasmin)Vollkornreis dazu.

10430. Kichererbsen zart gewürzt, Dezember 2016

- 220 g Kichererbsen
- Wasser
- 2 Lorbeerblätter

Kichererbsen mindestens über Nacht in reichlich Wasser einweichen. Durchspülen, in einen Schnellkochtopf geben und so viel Wasser hinzufügen, dass die Kichererbsen gut bedeckt sind.

Die Lorbeerblätter ebenfalls hinzufügen und wie gewohnt kochen (Schnellkochtopf, 25 Min.).

10431. Reis indisch, Dezember 2016

2 Portionen

- 15 g Butter
- 1/2 TL Curry
- 1 Prise Salz
- 160 g Jasmin-Vollkornreis
- 320 g Wasser

In einem Topf Butter erhitzen, Curry und Salz darin aufschäumen lassen. Reis zugeben und solange rühren, bis der Reis komplett von einer Butterschicht umgeben ist. Wasser zugeben und wie gewohnt kochen/dünsten lassen (39 Min.).

10432. Cremekürbis Wiederholungstäter, Dezember 2016

2 Portionen. – Eric bat um eine Wiederholung (dummerweise hatte ich gefragt, was er gerne essen würde). Kann ich das überhaupt, identisch wiederholen? Die Zutaten sind ja nicht immer grammgenau gleich.

Als Gemüsepfanne:

- 100 g Bohnenkochwasser mit 1-2 TL Dressing
- 1 Zwiebel, gehackt (45 g)
- 320 g Kürbis, gewürfelt

Mit einem Löffel verrühren:

- 125 g Stützcreme
- 40 g Sahne
- 1/2 TL Curry
- 1 gestr. TL Salz

Die Creme unterrühren, erhitzen, aber nicht kochen. Bei uns gab es Reis indisch 10431 dazu.

10433. Apfel im Kakirock-FKG, Dezember 2016

2 Portionen

- 2 EL Leinsamen
- 6 EL Nackthafer
- 5 g Zitronenfleisch
- 1 Banane (125 g)
- 2 Äpfel (320 g), davon 1/2 gewürfelt beiseitegelegt
- 1 Kaki (210 g)
- 40 g Sahne
- 10 g gehobelte Mandeln
- 1-2 TL Maulbeeren

Leinsamen mit dem Getreide flocken, auf zwei Schüsselchen verteilen. Die gewürfelte Apfelhälfte darauf legen. Das restliche Obst in grobe Stücke teilen und mit der Sahne im Hochleistungsmixer pürieren, über das Getreide geben. In die Schüsselchen gießen, mit Mandeln und Maulbeeren dekorieren.

10434. Eingelegte Zitrone, Dezember 2016

Mir war eine Bio-Zitrone im Kühlschrank so verschrumpelt, dass ich sie nicht mehr aufschneiden konnte. Wegwerfen? Nee, lieber mal was mit machen.

- 1 kleine Biozitrone
- 400-500 g Apfelessig

Zitrone in ein Honigglas geben, mit Apfelessig auffüllen und durchziehen lassen.

10435. Brokkoli-Linsen, Dezember 2016

2 Personen

Gemüsepfanne, 20 Min.:

- 130 g rote Linsen
- 2 TL Maier's Bruschetta (Gewürz) oder Paprika
- 275 g Kichererbsenkochwasser und
- 335 g Brokkoli (Röschen, nicht zu klein geteilt).

Dann:

- 2 Prisen Salz darüber streuen
- 1 Mozzarella (125 g), Stücke unterziehen und heiß werden lassen, bis er teils Fäden zieht.

Hinweis: Ich habe dabei etwas zu wüst umgerührt, daher gibt es keinen Schönheitspreis.

10436. Mandelaki-FKG, Dezember 2016

2 x Frühstück

- 2 EL Leinsamen
- 6 EL Nackthafer
- 1 Kaki (185 g)
- 2 Äpfel (390 g)
- 25 g Mandelmus
- 1 Orange (160 g; 2 Segmente für die Deko beiseitelegen)
- 5 g Kokosraspel

Leinsamen mit dem Getreide flocken, auf zwei Schüsselchen verteilen. Das Obst in grobe Stücke teilen und im Hochleistungsmixer pürieren, über das Getreide geben. Mit Raspeln bestreuen, je ein Segment in die Mitte setzen und von oben 2-3 Mal einschneiden.

10437. Reis indisch gelb, Dezember 2016

2 Portionen; Vorläufer 10431.

- 10 g Butter
- 1/2 TL Curry
- 1/2 TL Kurkuma
- 1 Prise Salz
- 1 Knoblauchzehe, in Scheiben (7 g)
- 160 g Jasmin-Vollkornreis
- 320 g Wasser

Im Topf Butter erhitzen, Curry, Kurkuma und Salz darin aufschäumen lassen. Knoblauch kurz in der Mischung rösten, Reis zugeben und solange rühren, bis der Reis komplett von einer Butterschicht umgeben ist. Wasser zugeben und wie gewohnt kochen/dünsten lassen (39 Min.)

10438. Rosenkohl tomatig, Dezember 2016

2 Portionen

Als Gemüsepfanne 20 Min.:

- 75 g (Kichererbsenkoch-)Wasser
- 320 g Rosenkohl, längs halbiert
- 35 g getr. Tomate, in Streifen

Soße unterrühren und kurz aufkochen:

- Mandelsoße 10439

Dekoration:

- 1 EL Pekannüssen

10439. Mandelsoße, Dezember 2016

Vegan

Im Mixer pürieren:

- 25 g Apfelmark
- 75 g Stützcreme
- 30 g Mandelmus
- 1 TL Salz

- 8 g Essigpeperoni 7/4573
- 10 g Peperoniessig
- Zum Nachspülen: 40 g Wasser

10440. Brot mit Pekannüssen (Wildhefe), Dez. 2016

Vorläufer: 10395

Stufe 1 (12 Std. vorher):

Sauerteigansatz:

- 400 g Roggen
- 420 g Wasser
- 150 g Sauerteig

Wildhefeansatz:

- 175 g Wildhefewasser
- 25 g Wasser
- 200 g Dinkel

Stufe 2 (Backen, bei mir am Morgen):

- 100 g Roggen
- 85 g Dinkel
- 40 g Gerste
- 20 g Salz
- 2 EL Bruschetta-Gewürzmischung (Maier's) oder weglassen
- 100 g Pekannüsse
- 150 g Wasser
- Gesamter Wildhefeansatz
- 800 g Sauerteigansatz
- 20 g Butter für die Form

Stufe 1: Roggen fein mahlen, mit Wasser und altem Sauerteig mischen. In einer Plastiktüte über Nacht stehen lassen. 150 g von der Stufe 1 abnehmen und in einem gut schließenden Schraubglas in den Kühlschrank stellen für das nächste Backen. Für den Wildhefeansatz die entsprechenden Zutaten mit einem Löffel verrühren.

Stufe 2: Zutaten (außer der Butter) mit einem großen Löffel gründlich verrühren, bis kein Mehl mehr sichtbar ist. Eine 30-cm-Brotform, Profi-Email von Dr. Oetker, gut einfetten. Teig hineingeben, mit der nassen Hand herunterdrücken und glattstreichen. Mit einem scharfen Messer dreimal schräg einschneiden. Form in eine Plastiktüte geben und etwa 1,5 Std. gehen lassen. Brot in den Ofen schieben und den Backofen (Heißluft) so programmieren, dass er in 1 Std. anspringt und 70 Min. bei 200 °C backt.

10441. Rein exotisches Freitags-FKG, Dezember 2016

2 x Frühstück

- 6 EL Nackthafer
- 2 EL Leinsamen
- 40 g getr. Mango
- 30 g Cashewnüsse
- 335 g Wasser
- 1 Kaki (185 g)
- 1 große Mango (335 g)
- 15 g Zitronenfleisch (aus dem Tiefkühler)
- Dekoration: 20 g Pekannüsse

Nackthafer und Leinsamen schroten, auf zwei Schüsselchen verteilen. Cashewnüsse, Mango und Wasser im Vitamix zu einer glatten Creme schlagen (für andere Mixer vorher im Wasser 6-12 Std. einweichen). Vitamix nicht ausspülen. Mangocreme über die Flocken gießen. Das frische Obst in der angegebenen Reihenfolge in den Vitamix geben und mit Hilfe des Stößels pürieren, über die Mangocreme geben. Mit Nüssen bestreuen.

10442. Ofenkartoffelürbis Aioli, Dezember 2016

2 Portionen

- 20 g Öl
- 2 TL Aioli-Gewürzmischung o. Ä.
- 330 g kleine Kartoffeln
- 275 g Kürbisspalten

Öl und Aioli mischen, eine passende Form (z. B. 28-cm-Pizzaform) damit auspinseln. Kartoffeln halbieren, Spalten in Stücke schneiden und das Blech damit füllen. Mit der restlichen Ölmischung einpinseln. In den kalten Ofen schieben, 25 Min. bei 225 °C backen, evtl. ein paar Min. im ausgeschalteten Ofen nachbacken.

Tipp: *Lecker schmeckt es dann auch, die Form mit einer Scheibe Brot „leerzuwischen".*

10443. Nachtisch für Müde, Dezember 2016

2 x Dessert

Ein Fertignachtisch ist auch nicht schneller. Okay, ein paar Sachen müssen einfach im Haus sein.

- 1 Scheibe Kuchen, etwa 1 cm (in diesem Fall ein geschenktes Apfelbrot)
- 2-3 TL Mandelmus
- 2 TL Zwetschgenmus (von Tarpa, nur Frucht und Honig)

10444. Jumbo-Bohnen (Rapunzel), Dezember 2016

- 220 g Jumbo-Bohnen (Rapunzel)
- Wasser

Bohnen über Nacht in reichlich Wasser einweichen. Durchspülen und bedeckt mit Wasser im Schnellkochtopf 30 Min. kochen.

10445. Berner Schokoladenkuchen Variante, Dez. 2016

26-cm-Springform; Vorläufer: 10347

Flüssige Phase (30 Sek./Stufe 3; 30 Sek./Stufe 4):

- 150 g Pekannüsse und
- 2 bittere Aprikosenkerne mahlen (TM: 10 Sek./Stufe 8)
- 150 g gekochte rote Linsen
- 145 g Apfelmark
- 250 g Stützcreme (sollte 350 g sein, hatte keine mehr)
- 305 g Honig
- 30 g Haselnusslikör (sonst Rum)

Feste Phase (einarbeiten: 2 x 10 Sek./Stufe 5):

- 1 P Weinstein-Backpulver
- 1 Prise Salz
- 50 g Kakaopulver
- 30 g Kakaonibs
- 150 g Dinkel, fein gem.

Backofen (Heißluft) auf 160 °C vorheizen. Springformboden mit Backpapier überspannen, Teig hineingießen. In den heißen Ofen schieben und 60 Min. bei 160 °C backen.

Unterschiede: *Pekannüsse und Mehl je 50 g mehr als bei Ursprungsversion.*

10446. Mandellebkuchen 2016, Dezember 2016

Vorläufer: 10328; 26 Stück

Fester Anteil:

- 250 g Dinkel
- 2 bittere Aprikosenkerne
- 15 g Lebkuchengewürz Brecht
- 1 P Weinstein-Backpulver
- 1 TL gem. Vanille
- 1 TL getr. Gem. Ingwer
- 1 gute Prise gem. Muskatnuss
- 1 gute Prise gem. Nelken

Cremeanteil:

- 200 g Mandelmus (gekauft)
- 5 getr. Feigen, entstielt (85 g)
- 255 g gekochte rote Linsen
- 105 g Stützcreme
- 1 Prise Salz
- 95 g Apfelmark (Soll: 100)
- 255 g Honig (Soll: 250)

Fester Anteil: Dinkel in der Mühle, Haselnüsse mit den Aprikosenkernen im Thermomix (10 Sek./Stufe 8) mahlen. Nüsse zum Mehl geben, alle trockenen Zutaten mit einem Löffel verrühren.

Cremeanteil: Feigen im TM zerkleinern (10 Sek./Stufe 8); restliche Zutaten des Cremeanteils hinzufügen und verrühren (10 Sek./Stufe 4; 10 Sek./Stufe 10). Trockene Zutaten hinzugeben und mixen (30 Sek./Stufe 5 und mit einem Spatel etwas nacharbeiten).

Fertigstellung: Der Teig ist frisch sehr weich. Ca. 1-2 Std. quellen lassen. Ofen auf 160 °C (Heißluft) vorheizen. Mit Hilfe eines Löffels (in Wasser getaucht) und nassen Händen 8 bis 10 mm hohe Lebkuchen formen, leicht flachdrücken. Lebkuchen einschieben, 20 Min. bei 160 °C backen, dann weitere 20 Min. bei 140 °C backen. Auf einem Gitterrost abkühlen lassen und mit Schokoguss (Schokoguss für Lebkuchen Variante 3, 10448) bestreichen.

10447. Süße Milch I von Creme, Dezember 2016

- 70 g Creme (s.u.)
- 150 g Wasser und
- 100 g Pflanzenmilch im Vitamix 30 Sek. mixen.

Creme (Rest vom Lebkuchen 10446):

- 200 g Mandelmus (Rapunzel)
- 5 getr. Feigen, entstielt (85 g)
- 255 g gekochte rote Linsen
- 105 g Stützcreme
- 1 Prise Salz
- 95 g Apfelmark
- 255 g Honig

10448. Schokoguss für Lebkuchen V3, Dezember 2016

Reicht für 26-27 Stück.

- 55 g Kakaobutter
- 65 g Schokosoße
- 20 g Honig
- 5 g Kakao

In einer Pfanne auf kleiner Einstellung (4-5 von 14) unter Rühren mit dem Schneebesen schmelzen, auf 2 von 14 flüssig halten. Mit einem Pinsel auftragen. Reichte genau für 26 Lebkuchen. Ist ausgeflockt, keine Ahnung, warum.

10449. Weihnachtsrosenkohl, Dezember 2016

2 Portionen; mit Käse

- 75 g Wasser
- 375 g Rosenkohl
- 325 g Kartoffeln
- 200 g Mozzarella
- Cremige Cremesoße 10450

Aus Wasser, Rosenkohl und Kartoffeln eine Gemüsepfanne, 24 cm, zubereiten (15 Min). Soße darüber gießen, mit Käse belegen und im vorgeheizten Backofen 13 Min. bei 225 °C backen, 2 Min. im ausgeschalteten Ofen nachbacken.

10450. Cremige Cremesoße, Dezember 2016

- 55 g gekochte rote Linsen
- 100 g Stützcreme
- 30 g Sahne
- 50 g Wasser
- 1 gestr. TL Salz
- 1-2 Prisen Pfeffer

Im Mixer pürieren. Unter das Gemüse rühren und aufkochen oder darüber gießen.

10451. Heiliger Nachtisch, Dezember 2016

2 Desserts; angelehnt an ein Freitags-FKG.

- 40 g getr. Mango
- 25 g Cashewnüsse
- 250 g Wasser
- 1 Banane (100 g)
- 125 g tiefgekühlte Waldbeeren
- 1 Apfel (130 g)
- 5 g gehobelte Mandeln

Im Vitamix Mango, Nüsse und Wasser zu einer Creme schlagen, auf zwei Schüsselchen verteilen. Im ungereinigten Becher das Obst pürieren, über die Creme geben und mit Mandeln bestreuen.

10452. Xmas-FKG, Dezember 2016

2 x Frühstück

Abends:
- 6 EL Dinkel grob schroten & auf zwei Schüsseln verteilen. Mit insgesamt
- 120 g Wasser übergießen. Abgedeckt über Nacht (mindestens 4 Std.) bei RT stehen lassen.

Morgens:
- 10 g Zitronenfleisch
- 1 Banane (110 g)
- 1 Birne (230 g)
- 170 g tiefgekühlte Blaubeeren
- 1 Apfel (165 g)

Obst in grobe Stücke teilen und im Hochleistungsmixer pürieren. Auf das Getreide gießen.

Dekorieren mit:
- 8 Mandeln
- 2 Paranüssen
- Getr. Maulbeeren nach Wunsch

10453. X-mas-Milchkakao, Dezember 2016

Im Hochleistungsmixer, je nach Gerät, 2,5 bis 3 Min. auf höchster Stufe schlagen:

- 15 g Kakaobohnen
- 10 g gefriergetrocknete Bananenscheiben
- 20 g Nackthafer
- 5 g frischer Ingwer
- 150 g Süße Milch I; 10477
- auf 500 ml mit Wasser/kochendem Wasser 1:1 auffüllen.

10454. Schoko-Mandelstängli, Dezember 2016

- 225 g Dinkel, gem.
- 60 g Kakaonibs
- 40 g gestiftelte Mandeln
- 1 P Weinstein-Backpulver
- 200 g Mandeln
- 130 g gekochte rote Linsen
- 220 g Honig
- 40 g Apfelmark
- 80 g Stützcreme

Die ersten vier Zutaten (Mehl, Kakaonibs, Mandeln, Backpulver) verrühren. Die restlichen Zutaten im Vitamix pürieren, aber nicht zu lange, die Mandeln sollten nicht püriert sein. Zur Mehlmischung gießen und mit dem Handrührgerät (Rührbesen) verrühren. Den Teig auf ein mit Backpapier ausgelegtes Backblech (ich habe trotz Perfect-Clean noch Backpapier aufgelegt) geben und mit feuchten Händen gleichmäßig ausstreichen. Mit einem Messer den Teig in längliche Rechtecke vorschneiden. Im vorgeheizten Backofen (180 °C, Heißluft) 15 Min. backen und im ausgestellten Ofen 5 Min. nachbacken. Die Rechtecke nochmals nachschneiden.

Glasur (Mandelglasur 10458) auf die erkaltete Teigplatte streichen und fest werden lassen. Erst wenn die Schokolade (halb-)fest ist, die Stücke einzeln ausschneiden. Im Kühlschrank aufbewahren.

Hinweis: Achtung, SUCHTGEFAHR!!!

10455. Süße Milch 2, Dezember 2016

- 65 g „Creme" (s. u.) und
- 250 g Pflanzenmilch gründlich mixen

Creme (im Vitamix pürieren):

- 200 g Mandeln
- 130 g gekochte rote Linsen
- 220 g Honig
- 40 g Apfelmark
- 80 g Stützcreme

10456. Mandelcreme, Dezember 2016

Vorläufer 10370; fast 2 Honiggläser voll.

- 200 g Mandeln
- 50 g Mandelmus
- 30 g Kakaopulver
- 10 g Carob
- 180 g Honig
- 15 g Agavendicksaft
- 200 g Wasser

Alle Zutaten in den Vitamix geben und mit dem Stößel gut durcharbeiten. Wird leicht warm, bis es wirklich glatt ist.

10457. Schokomilch, Dezember 2016

- 80 g Mandelcreme
- 150 g Pflanzenmilch
- 100 g Wasser

10458. Mandelglasur, Dezember 2016

- 85 g Kakaobutter
- 20 g Stützcreme
- 60 g Ahornsirup
- 100 g Mandelcreme 10456

In einer Pfanne bei kleiner Einstellung (Induktion 4/14) erwärmen, mit einem Schneebesen zu einer glatten Glasur verquirlen.

10459. Pizzateig Dinkel Aioli, Dezember 2016

- 75 g Bohnen-Kochwasser
- 21 g frische Bio-Hefe (1/2 Würfel)
- 145 g Dinkel
- 1 geh. TL Aioli-Gewürzmischung oder etwas ger. Knoblauch
- 1 Prise Salz
- 10 g Sonnenblumenöl

Hefe in Wasser und Öl auflösen (2 Min./37 °C/Stufe 2). Getreide fein mahlen, mit Salz in den Mixtopf geben und kneten (2,5 Min./Knetstufe). Teig zu einer Kugel unter Spannung formen und in einer geschlossenen Pengdose aufbewahren. Zwischendurch einmal falten. Gehzeit insgesamt ca. 1 Std.

10460. Pizza Spinaci, Dezember 2016

2 kleinere Portionen; zwei 18-cm-Formen (Quicheformen).

- 45 g Wasser
- 125 g Babyspinat
- 1 Pizzateig, hier Pizzateig Dinkel Aioli
- Roter Pizzabelag für 2 kleine Pizzen
- 1 Tomate (230 g), in dünnen Scheiben
- 1 Knoblauchzehe, in Scheiben
- 1/2 TL getr. italienische Kräuter
- 1 TL Salz
- 150 g Käse in Scheiben (Emmentaler)
- Öl für die Formen

Teig halbieren und jeweils etwa in Größe der Form auseinanderdrücken und in die gut geölte Form legen, einen Rand hochziehen. Mit dem roten Pizzabelag bepinseln. Mit jeweils der Hälfte vom Spinat und dem Knoblauch auslegen. Salzen, Tomatenscheiben auflegen und mit Gewürzmischung bestreuen. Mit Käsescheiben bedecken.
In den auf 230 °C (Heißluft) vorgeheizten Ofen schieben und 13 Min. backen. Im ausgeschalteten Ofen 2 Min. nachbacken.

10461. Doppelmilchkakao, Dezember 2016

Im Vitamix ca. 3 Min. auf höchster Stufe schlagen:

- 15 g Kakaonibs
- 15 g Nackthafer
- 7 g frischer Ingwer
- 130 g Süße Milch I; 10447
- 100 g Süße Milch II; 10455
- auf 500 ml mit kochend heißem Wasser auffüllen.

Fazit: Ich fand den Kakao süß genug.

10462. Boxing-Day-FKG, Dezember 2016

2 x Frühstück

- 2 EL Leinsamen
- 6 EL Nackthafer
- 15 g Zitronenfleisch
- 165 g tiefgekühlte Erdbeeren
- 1 Banane (110 g)
- 1 Orange (210 g)
- 1 Apfel (155 g)
- 20 g Sahne
- 40 g Schokocreme (hier: Mandelcreme)
- 8 Mandeln
- 2 Paranüsse

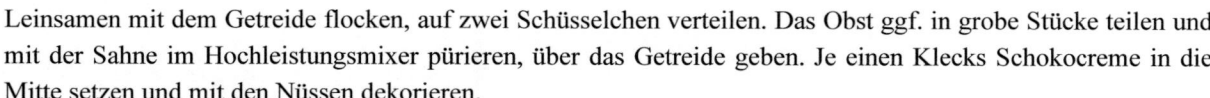

Leinsamen mit dem Getreide flocken, auf zwei Schüsselchen verteilen. Das Obst ggf. in grobe Stücke teilen und mit der Sahne im Hochleistungsmixer pürieren, über das Getreide geben. Je einen Klecks Schokocreme in die Mitte setzen und mit den Nüssen dekorieren.

10463. Wildhefe, 6. Verlängerung, Dezember 2016

- 100 g Wildhefewasser
- 2 getr. Feigen, unzerschnitten
- 1 TL Honig
- ca. 800-850 g Wasser

In das Glas geben, Deckel so zudrehen, dass ein bisschen „Luft" reinkommen kann. Ab und an umrühren. Morgens angesetzt. Am übernächsten Morgen in den Kühlschrank.

10464. Hafertaler fruchtig, Dezember 2016

- 200 g Honig
- 100 g Butter
- 200 g Dinkel, fein gem.
- 250 g Nackthafer, geflockt
- 1 P Weinsteinbackpulver
- 1 Prise Salz
- 1/2 gestr. TL gem. Vanille
- 2 TL ger. Orangenschale (hier: Orangenstaub 11/8663)
- 50 g Rosinen
- 50 g Sonnenblumenkerne

Butter und Honig in einer Pfanne auf mittlerer Einstellung auflösen (Stufe 5/14, Induktion). Die trockenen Zutaten ohne Rosinen und Kerne miteinander mischen, in eine Rührschüssel geben. Butter-Honig-Flüssigkeit zugeben und mit einem Handrührgerät, Rührbesen, zu einem Teig verarbeiten. Zum Schluss Rosinen und Sonnenblumenkerne unterziehen.

Mit einem Teelöffel Portionen abnehmen und zwischen den Händen zu Talern pressen. Die Hände ab und an befeuchten. Nebeneinander auf ein PerfectClean-Blech legen, in dieser Zeit den Ofen auf 160 °C vorheizen. Einschieben und 20 Min. backen.

Die Kekse sind nach dem Backen weich und sehr brüchig, vorsichtig auf einen Kuchenrost legen. Nach dem Erkalten sind sie fester, aber neigen immer noch zum Krümeln.

10465. Mandelreis, Dezember 2016

2 Portionen

- 160 g Reis
- 10 g Mandelöl
- 315 g Wasser
- 1 Prise Salz

Im Topf aufkochen und auf kleiner Einstellung 39 Min. dünsten.

10466. Künat-Pfanne, Dezember 2016

2 Portionen

- 75 g Wasser
- 65 g Zwiebel, gehackt
- 210 g Kürbis, gewürfelt
- 10 g Knoblauch, in Scheiben
- 120 g Babyspinat, unzerkleinert
- 1 Mandelcremesoße 10467

Ohne die Soße als Gemüsepfanne 15 Min. Dann Mandelcremesoße unterrühren und aufkochen. Wir haben dazu Mandelreis 10465 gegessen.

10467. Mandelcremesoße, Dezember 2016

- 100 g Stützcreme
- 1 gestr. TL Salz
- 1-2 Prisen Pfeffer
- 10 g Mandelöl
- 20 g Mandelmus
- 50 g Wasser

Mit dem Mixer pürieren und unterrühren, kurz aufkochen.

10468. Pflaumencreme-FKG, Dezember 2016

2 x Frühstück

- 2 EL Leinsamen
- 6 EL Nackthafer
- 15 g Zitronenfleisch
- 325 g tiefgekühlte & aufgetaute Pflaumen
- 1 Banane (105 g)
- 1 Apfel (200 g)
- 20 g Sahne
- 10 g gehobelte Mandeln
- einige getr. Maulbeeren

Leinsamen mit dem Getreide flocken, auf zwei Schüsselchen verteilen. Das Obst in grobe Stücke teilen und mit der Sahne im Hochleistungsmixer pürieren, über das Getreide geben. Mit Mandeln bestreuen, in die Mitte einige Maulbeeren legen.

10469. Milch-II-Kakao, Dezember 2016

Im Vitamix o. Ä. ca. 3 Min. auf höchster Stufe:

- 15 g Kakaonibs
- 15 g Nackthafer
- 5 g frischer Ingwer
- 185 g Süße Milch II; 10455
- Auf 500 ml (Markierung im Becher) mit kochendem Wasser auffüllen.

10470. Rosenkohl mit Buchweizen, Dezember 2016

2 Portionen

- 150 g Buchweizen
- 300 g Wasser
- 370 g Rosenkohl, halbiert
- 1 TL Salz (nach dem Kochen unterheben)

Als Gemüsepfanne 20 Min. dünsten. Entweder Butter/Öl unterrühren oder Glasierte Maronen 10471 (so auf dem Foto) dazu servieren.

10471. Glasierte Maronen, Dezember 2016

2 Portionen

- 20 g Butter
- 15 g Honig
- 1 Prise Zimt
- 1 EL Haselnusslikör (oder Orangenlikör/Rum)
- 100 g gekochte Maronen

Butter mit Honig in einer kleinen Pfanne auf mittlerer Einstellung zerlassen. Zimt und Likör unterrühren. Maronen zugeben, unter gelegentlichem Rühren 7-10 Min. erhitzen.

10472. Pflaumencreme-FKG, Dezember 2016

2 Portionen

- 2 EL Leinsamen
- 4 EL Nackthafer
- 2 EL Nacktgerste
- 15 g Zitronenfleisch
- 270 g tiefgekühlte Pflaumen
- 1 Banane (105 g)
- 1 Apfel (185 g)
- 30 g Sahne
- 20 g Pekannüsse
- 110 g Ananaswürfel
- 70 g grüne kernlose Trauben

Leinsamen mit dem Getreide flocken, auf zwei Schüsselchen verteilen. Zitronenfleisch, Pflaumen, Banane und Apfel wenn nötig in grobe Stücke teilen und mit Sahne und Pekannüssen im Hochleistungsmixer pürieren, über das Getreide geben. Mit Ananaswürfeln und Trauben dekorieren.

10473. Schokomilchkakao, Dezember 2016

Im Vitamix 3 Min. bis zum Kochen mixen:

- 200 g Schokomilch 10457
- 35 g Schokosoße, hier: Schokoladensoße Cashew 2 mit Honig 10325
- 9 g Ingwer
- 10 g weiße Chiasamen
- auf 500 ml mit kochendem Wasser auffüllen.

10474. Pflaumen-Ananas-FKG, Dezember 2016

2 x Frühstück

- 2 EL Leinsamen
- 6 EL Nackthafer
- 10 g Zitronenfleisch
- 535 g aufgetaute, tiefgekühlte Pflaumen
- 150 g Ananas
- 35 g Sahne
- 10 g Kokosmus
- 2 Kakaobohnen

Leinsamen mit dem Getreide flocken, auf zwei Schüsselchen verteilen. Das Obst ggf. in grobe Stücke teilen und mit der Sahne im Hochleistungsmixer pürieren, über das Getreide geben. Mit Kokosmus und Kakaobohnen dekorieren.

10475. Fermentkakao, Dezember 2016

Im Hochleistungsmixer, je nach Gerät, 2,5 bis 3 Min. auf höchster Stufe schlagen:

- 10 g Kakaonibs
- 10 g weiße Chiasamen
- 40 g (= 2 Stück) Feigen aus der Wildhefeherstellung
- 1 Medjool-Dattel, entsteint
- 5 g frischer Ingwer
- 130 g „Honigwasser" (Resthonig mit Wasser im Glas aufgelöst)
- auf 500 ml (Markierung im Becher) mit kochendem Wasser auffüllen.

10476. Nussschokocreme, Dezember 2016

Vorläufer 10456; fast 2 Honiggläser voll.

- 105 g Haselnüsse
- 75 g Pekannüsse
- 45 g Mandelmus
- 25 g Cashewnüsse
- 30 g Kakaopulver
- 10 g Carob
- 200 g Honig
- 200 g Wasser

Alles in den Vitamix geben und mit dem Stößel gut durcharbeiten. Wird leicht warm, bis es wirklich glatt ist.

10477. Schokomilch II, Dezember 2016

Im Vitamix 1 Minute:

- 100 g Nusscreme (hier: Nussschokocreme)
- 255 g Wasser
- 5 g weiße Chiasamen

10478. Stollenpudding, Dezember 2016

2 Desserts

- 55 g Stollen (bei mir relativ trockenes Stück vom Ende, zerbröseln)
- 55 g Orange
- 55 g Stützcreme
- 30 g Schokosoße oder Nusscreme (hier Nussschokocreme 10476)

Stollen, Orange und Stützcreme mit dem kleinen Mixer (hoch stehendes Messer) mixen. Es bleibt etwas stückig. Auf zwei Schüsselchen verteilen und in die Mitte einen Klecks Nusscreme geben.

10479. Paprika-Kartoffel-Pfanne überbacken, Dez. 2016

2 Portionen

- 75 g Bohnenkochflüssigkeit
- 235 g Kartoffeln, in Scheiben
- 60 g Zwiebel, gewürfelt
- 1 Knoblauchzehe, gewürfelt
- 1 große rote Paprikaschote (260 g), gewürfelt
- Soße für Paprika 10480
- 1 Mozzarella (125 g) in Scheiben

Ohne Soße und Käse als Gemüsepfanne 15 Min., in dieser Zeit den Backofen (Heißluft) auf 230 °C vorheizen. Soße darüber gießen, Mozzarella-Scheiben auflegen und 15 Min. bei 230 °C backen.

10480. Soße für Paprika, Dezember 2016

- 50 g Stützcreme
- 30 g Sahne
- 20 g Tomatenmark
- 1 gestr. TL Salz
- 1 Prise Pfeffer
- 1 TL Paprika edelsüß
- 1/4 TL gem. Koriander
- 1 g Flohsamenschalen
- 100 g Wasser

Erst mit einem Teelöffel, dann mit dem kleinen Mixer pürieren.

10481. Orange-Tinged-FKG, Dezember 2016

2 x Frühstück

- 6 EL Nackthafer
- 2 EL Leinsamen
- 40 g getrocknete Mango
- 25 g Cashewnüsse
- 275 g Wasser
- 10 g Zitronenfleisch (aus dem Tiefkühler)
- 2 kleine Orangen (275 g)
- 140 g Ananas
- 1 Banane (95 g)
- Dekoration: 125 g Trauben
- 2 TL Zitronat

Nackthafer flocken und Leinsamen schroten, auf zwei Schüsselchen verteilen. Cashewnüsse, Mango und Wasser im Vitamix zu einer glatten Creme schlagen (für andere Mixer vorher im Wasser 6-12 Std. einweichen). Vitamix nicht ausspülen. Mangocreme über die Flocken gießen. Das frische Obst bis auf die Trauben in der angegebenen Reihenfolge in den Vitamix geben und mit Hilfe des Stößels pürieren, über die Mangocreme geben. Mit Trauben und Zitronat dekorieren.

10482. Maronenkakao auf Schokomilchbasis, Dez. 2016

Im Vitamix 2,5 bis 3 Min. auf höchster Stufe schlagen:

- 10 g Kakaonibs
- 5 g Ingwer
- 40 g gekochte Maronen
- 10 g weiße Chiasamen
- 135 g Schokomilch II
- 80 g Honigwasser
- Sauf 500 ml (Markierung im Becher) mit kochendem Wasser auffüllen.

10483. Butterspitzkohl mit Reis, Dezember 2016

2 Portionen

- 160 g Jasmin-Vollkornreis
- 1 Prise Salz
- 320 g Wasser
- 60 g Wasser
- 75 g Möhre in Scheiben
- 115 g gelbe Paprika (1/2), gewürfelt
- 220 g Spitzkohl, in Streifen
- 30 g Butter
- 1 TL Salz
- 2 Prisen Pfeffer

Reis im Topf mit Salz und 320 g Wasser aufkochen und auf kleiner Einstellung 39 Min. dünsten/quellen lassen. 60 g Wasser und Gemüse als Gemüsepfanne (20 Min.) dünsten. Butter, Salz, Pfeffer und Reis untermischen.

10484. Kartoffelgratin, Dezember 2016

2 Portionen

- 65 g Wasser
- 1 Zwiebel, gewürfelt (60 g)
- 1 Prise Salz
- 1 Knoblauchzehe, in Halbscheiben (5 g)
- 550 g Kartoffeln, in Scheiben
- 1 Soße zum Überbacken (hier: Gratinsoße)
- 50 g Wasser
- 150 g Bergkäse in Scheiben

Eine Gemüsepfanne, 15 Min., zubereiten aus Wasser, Zwiebel, Salz, Knoblauch und Kartoffeln. In der Dünstzeit den Ofen auf 230 °C (Heißluft) vorheizen. Soße über die Kartoffeln gießen, Becher mit 50 g Wasser nachspülen und ebenfalls in die Pfanne gießen. Dicht mit Käse belegen und ohne Deckel in den Ofen schieben. 15 Min. bei 230 °C backen.

10485. Gratinsoße, Dezember 2016

- 150 g Stützcreme
- 65 g Sahne
- 1 gestr. TL Salz
- 1 Prise Pfeffer
- 1 Prise gem. Muskatnuss
- 1/2 gestr. TL gem. Koriander
- 1/2 gestr. TL gem. Kümmel

Erst mit einem Löffel verrühren, dann kurz mit einem Mixer durchmischen.

10486. Neujahrs-FKG mit Schokocreme, Januar 2017

2 x Frühstück

- 4 EL Nackthafer
- 2 EL Roggen
- 50 g getrocknete Mango
- 30 g Cashewnüsse
- 15 g Kakaonibs
- 300 g Wasser
- 1 Banane (105 g)
- 1 Apfel (180 g)
- 160 g Tiefkühlbeeren
- 20 g Sahne
- 8 Mandeln
- 2 Paranüsse

Getreide flocken, auf zwei Schüsselchen verteilen. Cashewnüsse, Mango, Kakaonibs und Wasser im Vitamix zu einer glatten Creme schlagen (andere Mixer: vorher im Wasser 6-12 Std. einweichen). Vitamix nicht ausspülen. Mangocreme über die Flocken gießen. Das frische Obst ggf. vorschneiden und mit der Sahne in den Vitamix geben. Mit Hilfe des Stößels pürieren, über die Mangocreme geben. Mit Mandeln und Nüssen dekorieren.

10487. Neujahrskakao, Januar 2017

Im Vitamix 3 Min. auf Höchststufe:

- 10 g Kakaobohnen
- 15 g Cashewnüsse
- 10 g weiße Chiasamen
- 6 g Ingwer
- 175 g Standardpflanzenmilch
- 25 g einer Schokocreme
- auf 500 ml mit kochendem Wasser auffüllen.

10488. Pizzateig Dinkel per Hand, Januar 2017

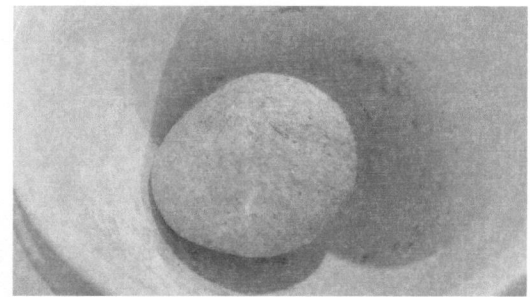

- 75 g Wasser, lauwarm
- 21 g frische Bio-Hefe (1/2 Würfel)
- 145 g Dinkel
- 1 Prise Salz
- 10 g Sonnenblumenöl

Hefe im Wasser auflösen. Getreide fein in das Hefewasser mahlen, Salz und Öl hinzufügen und ca. 5 Min. kneten. Teig zu einer Kugel unter Spannung formen und in einer geschlossenen Pengdose aufbewahren. Zwischendurch einmal falten. Gehzeit insgesamt ca. 1 Std.

10489. Rosenkohlpizza mit Mozzarella, Januar 2017

2 kleinere Portionen; zwei 18-cm-Formen (Quicheformen).

- 40 g Wasser
- 180 g Rosenkohl
- 1 Prise Salz
- 1 Pizzateig, hier Pizzateig Dinkel per Hand 10488
- Roter Pizzabelag für 2 kleine Pizzen Aioli 10491
- 1/2 Zwiebel, in dünnen Scheiben (25 g)
- 1 Tomate (80 g), in dünnen Halbscheiben
- 1/2 TL getr. italienische Kräuter
- 125 g Mozzarella, in dünnen Scheiben
- Öl für die Formen

Wasser, Rosenkohl und Salz als Gemüsepfanne 20 Min. garen. Teig halbieren (je 125 g) und jeweils etwa in Größe der Form auseinanderdrücken und in die gut geölte Form legen, einen Rand hochziehen. Mit dem roten Pizzabelag bepinseln. Mit jeweils der Hälfte von Rosenkohl, Zwiebel und Tomatenscheiben auflegen und mit Gewürzmischung bestreuen. Mit Käsescheiben bedecken.

In den auf 230 °C (Heißluft) vorgeheizten Ofen schieben und 13 Min. backen. Im ausgeschalteten Ofen 2 Min. nachbacken.

10490. Wintercreme, Januar 2017

2 Desserts

Mit einem Löffel verrühren und auf zwei Schüsselchen verteilen:

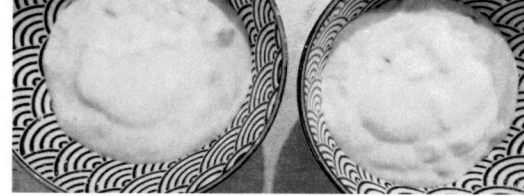

- 195 g Stützcreme
- 75 g Apfelmark (hier: aus dem Glas)
- 20 g Orangeat
- 20 g Rosinen
- 15 g gestiftelte Mandeln

10491. Roter Pizzabelag für 2 kleine Pizzen Aioli, Jan. 2017

Mit einem Löffel verrühren:

- 15 g Tomatenmark
- 10 g Wasser
- 10 g Essig (Balsamico von Ölmühle Ditzingen)
- 1 TL Aioli-Gewürzmischung oder etwas ger. Knoblauch

10492. Spitz mit Rosenkohltupfern, Januar 2017

2 Portionen

- 100 g Kichererbsenkochwasser
- 320 g Kartoffeln, in Scheiben
- 80 g Rosenkohl, halbiert
- 1 Prise Salz
- 200 g Spitzkohl, in Streifen
- 1 Käsesoße 10493

Ohne die Soße als Gemüsepfanne (24 cm) 20 Min. dünsten. Käsesoße 2017; 10493 dazu und kurz aufkochen.

10493. Käsesoße 2017, Januar 2017

- 30 g Sahne
- 1 gestr. TL Salz
- 1 Prise Pfeffer
- 1/2 TL gem. Kümmel
- 60 g Kichererbsenkochwasser
- 75 g geriebener Edamer

Mit einem Löffel verrühren. Unter das heiße Gemüse rühren und solange weiterrühren, bis sich der Käse fast vollständig gelöst hat.

10494. Beeronat-FKG, Januar 2017

2 x Frühstück

- 2 EL Leinsamen
- 6 EL Nackthafer
- 15 g Zitronenfleisch
- 1 Banane (110 g)
- 130 g tiefgekühlte Heidelbeeren
- 1 Orange (175 g)
- 1 Apfel (215 g) (die Hälfte nicht pürieren)
- 35 g Sahne
- 15 g Sonnenblumenkerne
- 2 TL Zitronat

Leinsamen mit dem Getreide flocken, auf zwei Schüsselchen verteilen. Den halben Apfel würfeln, auf das Getreide verteilen. Das restliche Obst in grobe Stücke teilen und im Hochleistungsmixer pürieren, über das Getreide geben. Mit Kernen und Zitronat mittig dekorieren.

10495. Chiabananenkakao, Januar 2017

Im Vitamix ca. 3 Min. auf der Höchststufe:

- 15 g Kakaonibs
- 20 g weiße Chiasamen
- 15 g gefriergetrocknete Bananenscheiben
- 5 g frischer Ingwer
- auf 500 ml mit Wasser/kochendem Wasser 1:1 auffüllen.

10496. Currypfanne, Januar 2017

- 20 g Sonnenblumenöl
- 30 g Wasser
- 1 Prise Salz
- 240 g Kartoffeln, in Scheiben
- 140 g Spitzkohl, in Streifen
- 150 g gekochte Kichererbsen
- 1/2 TL Salz
- 1/2 TL scharfer indischer Curry (nach Geschmack)

Aus Sonnenblumenöl, Wasser, Prise Salz und Gemüse eine Gemüsepfanne (20 cm, 20 Min.) zubereiten. Kichererbsen miterhitzen. Salz und Curry unterheben.

10497. Glitschreis, Januar 2017

- 10 g Sonnenblumenöl
- 1 Prise Salz
- 25 g roter Vollkornreis
- 75 g weißer Vollkornreis
- 200 g Wasser

Im Topf aufkochen und 39 Min. dünsten/quellen lassen.

10498. Grapefruit-fast-pur-FKG, Januar 2017

- 1/2 EL Leinsamen
- 3 EL Nackthafer
- 5 g Zitronenfleisch
- 1 Banane (100 g)
- 1/2 Grapefruit (190 g)
- 5 g gehobelte Mandeln
- 5 g Sonnenblumenkerne

Leinsamen mit dem Getreide flocken. Das Obst in grobe Stücke teilen und im starken Mixer pürieren, über das Getreide geben. Mit Mandelblättchen bestreuen, in die Mitte die Sonnenblumenkerne legen.

10499. Schoko-Bananen-Kakao, Januar 2017

Im Vitamix ca. 3 Min. auf der Höchststufe:

- 10 g Kakaonibs
- 20 g weiße Chiasamen
- 20 g gefriergetrocknete Bananenscheiben (Schwab)
- 6 g frischer Ingwer
- auf 500 ml mit Wasser/kochendem Wasser 1:1 auffüllen.

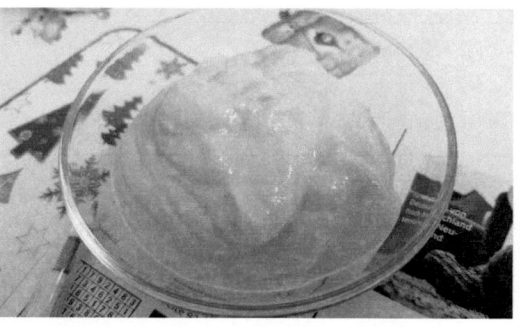

10500. Kalte hummus-like Soße, Januar 2017

Im Mixer pürieren:

- 8 g Zitronenfleisch
- 115 g gekochte Kichererbsen
- 20 g Sonnenblumenöl
- 55 g Kichererbsenkochwasser
- 1/2 TL Salz
- 1 Prise Pfeffer
- 2 Prisen indischer Curry (oder mehr, nach Geschmack)

Tipp: *Bei uns gab es Reis dazu.*

10501. Roggenbeeren, Januar 2017

- 1/2 EL Leinsamen
- 3 EL Roggen
- 10 g Zitronenfleisch
- 185 g TK Heidelbeeren
- 1 Banane (110 g)
- 10 g Sonnenblumenkerne

Leinsamen mit dem Getreide flocken. Das Obst ggf. in grobe Stücke teilen und mit dem starken Mixer pürieren, über das Getreide geben. Mit Kernen bestreuen.

10502. Bananenzimtkakao, Januar 2017

Im Hochleistungsmixer, je nach Gerät, 2,5 bis 3 Min. auf höchster Stufe schlagen:

- 15 g Kakaonibs
- 15 g weiße Chiasamen
- 15 g gefriergetrocknete Bananenscheiben
- 8 g frischer Ingwer
- 25 g Schokosoße/Schokocreme
- 1 Prise Zimt
- auf 500 ml (Markierung im Becher) mit Wasser/kochendem Wasser 1:1 auffüllen.

10503. Süßkartoffelpfanne leicht indisch, Januar 2017

- 50 g Kichererbsenkochwasser
- 225 g Süßkartoffeln, in Streifen
- 200 g Kichererbsen, gekocht
- 1 TL Salz
- 1/2 TL Curry, scharf
- 1/2 TL Schwarzkümmel
- 1 EL Mandelöl

Aus Wasser und Süßkartoffeln eine Gemüsepfanne (20 cm, 15 Min.) zubereiten. Kichererbsen mit Salz, Curry und Schwarzkümmel mischen, in die Pfanne geben und erhitzen. Zum Schluss das Öl unterheben.

Fazit: Einfach und sehr lecker!

10504. Haferbeeren, Januar 2017

- 1/2 EL Leinsamen
- 2 EL Nackthafer
- 7 g Zitronenfleisch tiefgekühlt
- 75 g Heidelbeeren gefroren
- 1 Banane (100 g)
- 1 Orange (170 g)
- 1 EL Sahne
- 10 g Cashewkerne

Leinsamen mit dem Getreide flocken. Das Obst ggf. in grobe Stücke teilen und mit der Sahne im starken Mixer pürieren, über das Getreide geben. Mit Kernen bestreuen.

10505. Spitzkohl, Januar 2017

2 Portionen

- 100 g Kichererbsenkochwasser
- 25 g Zwiebel, gewürfelt
- 330 g Kartoffeln, in Scheiben
- 330 g Spitzkohl, in Streifen
- 1 gestr. TL Salz
- 2 Prisen gem. Kreuzkümmel
- 20 g Butter

Aus Wasser, Zwiebeln, Kartoffeln und Spitzkohl eine Gemüsepfanne zubereiten (24 cm, 20 Min.) Mit Salz und Kreuzkümmel abschmecken, Butter unterziehen und auflösen.

10506. Mangopflaumen-FKG, Januar 2017

2 Portionen

- 2 EL Leinsamen
- 6 EL Nackthafer
- 1 kleinere Mango (210 g)
- 1 Banane (80 g)
- 340 g tiefgekühlte, aufgetaute Pflaumen
- 25 g Sahne
- 15 g Mandelsplitter

Leinsamen mit dem Getreide flocken, auf zwei Schüsselchen verteilen. Das Obst ggf. in grobe Stücke teilen und mit der Sahne im Hochleistungsmixer pürieren, über das Getreide geben. Mit Mandelsplittern bestreuen.

10507. Maronenkakao 2017, Januar 2017

Im Vitamix bis zu 3 Min. auf der Höchststufe:

- 15 g Kakaobohnen
- 30 g getr. Maronen
- 1 Medjool-Dattel, entsteint
- 10 g frischer Ingwer
- auf 500 ml (Markierung im Becher) mit Wasser/kochendem Wasser 1:1 auffüllen.

10508. Friday-like Mango Sweet, Januar 2017

2 Desserts

- 80 g Stützcreme
- 40 g getr. Mango
- 25 g Cashewnüsse
- 250 g Wasser
- 5 g Kakaonibs

Creme, Mango, Nüsse und Wasser im Vitamix cremig schlagen, wird leicht warm. Auf zwei Schüsselchen verteilen und mit Kakaonibs bestreuen. Mindestens 30 Min. kalt stellen.

10509. Mango Milk, Januar 2017

1 Honigglas

- 100 g Friday-like Mango Sweet 10508 o. Ä.
- 250 g Wasser

Im Vitamix pürieren bis zu einer glatten Flüssigkeit.

10510. Schokoladensoße Haselnuss 10 + Honig, Jan. 2017

2 Honiggläser; Vorläufer 10244

- 190 g Honig
- 95 g Kakaopulver (70 g)
- 15 g Carobpulver (Rohkost) (30 g)
- 30 g weiße Chiasamen
- 1 Prise Salz
- 50 g Haselnüsse
- 330 g kochend heißes Wasser (325 g)

Im 0,9-Liter-Becher des Vitamix pürieren. Stößel benutzen, später drin hängen lassen und ca. 3 Min. auf der Höchststufe laufen lassen. Noch heiß in Gläser füllen.

10511. Schoko-Mango Milch, Januar 2017

1 Honigglas

- 65 g Schokoladensoße Haselnuss 10 mit Honig
- 100 g Mango Milk
- 125 g Wasser

Im Vitamix 30 Sek. mixen.

10512. Rotkohltopf mit Linsen, Januar 2017

2 Portionen

Im Schnellkochtopf 10 Min. kochen:

- 50 g Zwiebel, gewürfelt
- 120 g Kartoffel, in Scheiben
- 100 g Tellerlinsen
- 360 g Rotkohl, grob gewürfelt
- 240 g Kichererbsen-Kochwasser
- 90 g Wasser (also insgesamt 330 g Flüssigkeit)

Abschmecken mit:
- 1 gestr. TL Salz
- 1-2 Prisen Pfeffer
- 1 kleine Prise gem. Gewürznelke
- 1 EL Mandelöl
- 2 EL Essig (hier Balsamico)

10513. Mangopflaumen-FKG mit Gerste, Januar 2017

2 x Frühstück

- 2 EL Leinsamen
- 6 EL Nacktgerste
- 1 kleinere Mango (235 g)
- 1 Banane (80 g)
- 275 g tiefgekühlte, aufgetaute Pflaumen
- 20 g Sahne
- 35 g Schokocreme
- 8 Mandeln
- 2 Paranüsse

Leinsamen mit dem Getreide flocken, auf zwei Schüsselchen verteilen. Das Obst ggf. in grobe Stücke teilen und mit der Sahne im Hochleistungsmixer pürieren, über das Getreide geben. In die Mitte die Schokocreme klecksen und mit den Nüssen dekorieren.

10514. Schokoladenmilchkakao, Januar 2017

Im Vitamix auf der Höchststufe ca. 2.5 Min.:

- 10 g Kakaonibs
- 20 g Cashewnüsse
- 20 g Nackthafer
- 1 Medjool-Dattel, entsteint
- 8 g frischer Ingwer
- 220 g Schokoladenmilch (hier: Schoko-Mango Milch 10511)
- auf 500 ml mit kochendem Wasser auffüllen.

10515. Hafertaler Müsli, Januar 2017

Vorläufer: 10464

- 200 g Honig
- 100 g Butter
- 200 g Dinkel, fein gem.
- 200 g Nackthafer, geflockt
- 50 g Nacktgerste, geflockt
- 1 Päckchen Weinsteinbackpulver
- 1 Prise Salz
- 1/2 gestr. TL gem. Vanille
- 2 TL ger. Orangenschale (hier: Orangenstaub 11/8663)
- 30 g Rosinen
- 30 g grüne Rosinen
- 30 g Sonnenblumenkerne
- 30 g gehackte Haselnüsse

Butter und Honig in einer Pfanne auf mittlerer Einstellung auflösen (Stufe 5/14, Induktion). Die trockenen Zutaten ohne Rosinen, Kerne und Nüsse miteinander mischen, in eine Rührschüssel geben. Butter-Honig-Flüssigkeit zugeben und mit einem Handrührgerät, Rührbesen, zu einem Teig verarbeiten. Zum Schluss Rosinen, Sonnenblumenkerne und Haselnüsse unterziehen.

Mit einem Teelöffel Portionen abnehmen und zwischen den Händen zu Talern pressen. Die Hände ab und an befeuchten. Nebeneinander auf ein PerfectClean-Blech legen, in dieser Zeit den Ofen auf 160 °C vorheizen. Einschieben und 20 Min. backen.

10516. Berner Schokoladenkuchen Januar, Januar 2017

26-cm-Springform; Vorläufer: 10445 (galt als ideal).

Flüssige Phase im Vitamix:

- 100 g Haselnüsse und
- 2 bittere Aprikosenkerne grob mahlen
- 150 g gekochte rote Linsen
- 145 g Apfelmark
- 250 g Stützcreme
- 275 g Honig
- 20 g Haselnusslikör (oder Rum)
- 10 g Rum

Feste Phase (einarbeiten mit Handrührgerät/Rührbesen):

- 1 P Weinstein-Backpulver
- 1 Prise Salz
- 50 g Kakaopulver
- 30 g Kakaonibs
- 30 g gehackte Haselnüsse
- 200 g Dinkel, fein gem.

Backofen (Heißluft) auf 160 °C vorheizen. Springformboden mit Backpapier überspannen, Teig hineingießen. In den heißen Ofen schieben und 55 Min. bei 160 °C backen, 5 Min. im ausgeschalteten Ofen nachbacken.

Unterschied: *Haselnüsse 50 g weniger und Dinkel 50 g mehr als bei Vorgänger, etwa 100 Stützcreme weniger.*

10517. Absolutes Restedessert, Januar 2017

2 Desserts

- 50 g der flüssigen Phase von Berner Schokoladenkuchen Jan. 2017; 10516, d. h. Rest im Vitamix
- 95 g Stützcreme
- 5 g Apfelmark
- 55 g Wasser (hier Apfelmark im „leeren" Glas mit Wasser ausgespült)
- 80 g Pflanzenmilch, hier Mango milk 10509
- 20 g Ahornsirup
- 10 g Krümel von Keksen, hier Hafertaler Müsli 10515
- 2 TL Flohsamenschalen (5 g)
- 5 g Mandelsplitter

Alle Zutaten, aber ohne Flohsamenschalen und Mandelsplitter, im Vitamix gründlich mixen. Flohsamenschalen zugeben, nochmals mixen und auf zwei Schüsselchen verteilen. Mit Mandelsplittern dekorieren.

Hinweis: *Das hat mir sehr gut gefallen, weil so gut wie nichts „umgekommen" ist.*

10518. Rotkohlpizza mit Käse, Januar 2017

Vorläufer: 10489; 2 kleinere Portionen; zwei 18-cm-Formen (Quicheformen).

- 55 g Wasser
- 185 g Rotkohl
- 1 Prise Salz
- 1 Pizzateig, hier Pizzateig Dinkel per Hand 10488
- Roter Pizzabelag für 2 kleine Pizzen Aioli 10491
- 1 Prise Salz
- 1 kleine Zwiebel, in dünnen Scheiben (30 g)
- 1 Knoblauchzehe, in dünnen Scheiben
- 1 Tomate (110 g), in dünnen Halbscheiben
- 1/2 TL getr. italienische Kräuter
- 150 g Gouda in Scheiben
- Öl für die Formen

Wasser, Rotkohl und Salz als Gemüsepfanne 20 Min. garen. Teig halbieren (je 125 g) und jeweils, evtl. mit Hilfe von Reismehl, etwa in Größe der Form auseinanderdrücken und in die gut geölte Form legen, einen Rand hochziehen. Mit dem roten Pizzabelag bepinseln. Mit jeweils der Hälfte von Rotkohl auslegen, leicht salzen. Zwiebel, Knoblauch und Tomatenscheiben auflegen und mit Gewürzmischung bestreuen. Mit Käsescheiben bedecken.

In den auf 230 °C (Heißluft) vorgeheizten Ofen schieben und 13 Min. backen. Im ausgeschalteten Ofen 2 Min. nachbacken.

10519. Blumenkohl mit Paprika in Kokoshauch, Jan. 2017

2 Portionen

- 50 g Wasser
- 150 g rote Paprika, in Streifen
- 255 g Blumenkohl, klein geschnitten
- 15 g Kokosraspel
- 10 g Zitronenfleisch
- 1 TL Salz
- 50 g Kichererbsenkochwasser

Rote Paprika und den Blumenkohl im Wasser als Gemüsepfanne 17 Min. dünsten. Die restlichen Zutaten im Mixer pürieren.

Hinweis: *Ich habe noch Kokos-Mandel-Reis 10520 untergehoben.*

10520. Kokos-Mandel-Reis, Januar 2017

- 20 g Kokosöl, erhitzen
- 20 g Mandelsplitter darin hellbraun anrösten,
- 160 g Vollkornjasminreis ebenfalls anbraten,
- in 320 g Wasser

In einem kleinen Topf aufkochen. Auf kleinster Einstellung 40 Min. köcheln und quellen lassen.

10521. Kokos-Zitronensoße, Januar 2017

- 15 g Kokosraspel
- 10 g Zitronenfleisch
- 1 TL Salz
- 50 g Kichererbsenkochwasser

Im kleinen Mixer, hoch stehendes Messer, verquirlen. Ins Gemüse rühren. Becher u. U. mit etwas Wasser nachspülen, dieses Wasser ebenfalls zum Gemüse geben.

10522. Blumenkohl-Nudel-Auflauf, Januar 2017

2 Portionen

- 110 g Vollkorn-Spiralnudeln
- 340 g Blumenkohl, klein geschnitten
- 225 g Wasser
- 1 Prise Salz
- 1 Soße zum Überbacken (hier: Käselinsensoße 10525)
- 2 EL Sonnenblumenkerne

Aus Nudeln, Kohl, Wasser und Salz eine Gemüsepfanne (20 cm, 10 Min.) herstellen. In dieser Zeit den Backofen auf 230 °C (Heißluft) vorheizen. Auflauf mit Soße begießen und Kernen bestreuen. Ohne Deckel 13-15 Min. bei 230 °C backen.

10523. Dinkelschrot-FKG, Januar 2017

2 x Frühstück

Abends:

- 4 EL Dinkel grob schroten & auf zwei Schüsseln verteilen. Mit etwas
- Wasser übergießen, sodass der Schrot gerade bedeckt ist. Abgedeckt über Nacht (mindestens 4 Std.) bei RT.

Morgens:

- 1/2 Apfel (95 g)
- 10 g Zitronenfleisch
- 2 EL Sahne
- 1 Banane (105 g)
- 1 Apfel (120 g)
- 1 Orange (190 g)
- 10 g gehackte Haselnüsse
- 1 TL Kakaonibs

Halben Apfel würfeln, auf das Getreide streuen. Das restliche Obst in grobe Stücke teilen und mit der Sahne im Hochleistungsmixer pürieren. Auf das Getreide gießen. Mit Haselnüssen und Kakaonibs bestreuen.

10524. Maronenkakao mit Honig, Januar 2017

Im Vitamix ca. 2,5 Min. auf höchster Stufe schlagen:

- 10 g Kakaonibs
- 10 g Nackthafer
- 20 g getr. Maronen
- 25 g Honig
- 11 g frischer Ingwer
- auf 500 ml mit Wasser/kochendem Wasser 1:1 auffüllen.

10525. Käselinsensoße, Januar 2017

- 100 g gekochte rote Linsen
- 100 g Wasser
- 1/2 TL Salz
- 65 g geriebener Edamer

Linsen, Wasser und Salz im starken Mixer pürieren. Käse mit einem Löffel unterrühren.

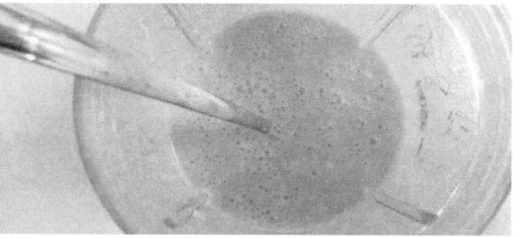

10526. Checky Curry Rice, Januar 2017

2 Portionen

- 10 g Sonnenblumenöl
- 1/2 TL Curry
- 1 Prise Salz
- 140 g Jasmin-Vollkornreis
- 20 g roter Vollkornreis
- 310 g Wasser

Im Topf aufkochen und 41 Min. dünsten.

10527. Brot mit Kernen und Samen (Wildhefe), Januar 2017

Vorläufer 10440

Stufe 1 (12 Std. vorher):

- 400 g Roggen
- 420 g Wasser
- 150 g Sauerteig

Wildhefeansatz:

- 200 g Wildhefewasser
- 200 g Dinkel

Stufe 2 (Backen, bei mir am Morgen):

- 100 g Roggen
- 85 g Dinkel

- 40 g Nackthafer
- 20 g Salz
- 1 EL Brotgewürz (Brecht)
- 65 g Sonnenblumenkerne
- 35 g Sesamsamen, ungeschält
- 120 g Wasser
- Gesamter Wildhefeansatz
- 800 g Sauerteigansatz
- 20 g Butter für die Form

Stufe 1: Roggen fein mahlen, mit Wasser und altem Sauerteig mischen. In einer Plastiktüte über Nacht stehen lassen. 150 g von der Stufe 1 abnehmen und in einem gut schließenden Schraubglas in den Kühlschrank stellen für das nächste Backen. Die Wildhefezutaten mit einem Löffel verrühren.

Stufe 2: Zutaten (außer der Butter) mit einem großen Löffel gründlich verrühren, bis kein Mehl mehr sichtbar ist. Eine 30-cm-Brotform, Profi-Email von Dr. Oetker, gut einfetten. Teig hineingeben, mit der nassen Hand herunterdrücken und glattstreichen. Mit einem scharfen Messer dreimal schräg einschneiden. Form in eine Plastiktüte geben und etwa 2 Std. gehen lassen. Brot in den Ofen schieben und den Backofen (Heißluft) so programmieren, dass er in 30 Min. anspringt und 70 Min. bei 200 °C backt.

10528. Blumenkohl mit Mango in Ingwersoße, Januar 2017

2 Portionen

- 50 g Wasser
- 330 g Blumenkohl, klein geschnitten
- 125 g Mango, gewürfelt
- Ingwersoße 10528

Aus Wasser, Blumenkohl und Mango eine Gemüsepfanne (24 cm, 15 Min.) zubereiten. Ingwersoße unterrühren und aufkochen, 1 Min. auf kleiner Einstellung kochen lassen.

Tipp: *Bei uns gab es dazu: Checky Curry Rice 10526.*

10529. Ingwersoße, Januar 2017

- 60 g gekochte rote Linsen
- 1 TL Salz
- 1 Stück Essigpeperoni (5 g) 7/4573
- 5 g Peperoniessig
- 1/2 TL gem. getr. Ingwer
- 10 g Mandelöl
- 105 g Wasser

In einem kleinen starken Mixer pürieren.

10530. Zitrusbeeren-FKG, Januar 2017

2 x Frühstück

- 1 EL Leinsamen
- 4 EL Nackthafer
- 8 g Zitrusstaub (Rest im Vitamix)
- 100 g Mango
- 1 Orange (190 g)
- 1 Banane (110 g)
- 125 g tiefgekühlte Waldbeeren
- 25 g Sahne
- 25 g Cashewnüsse

Leinsamen mit dem Getreide flocken, auf zwei Schüsselchen verteilen. Das Obst ggf. in grobe Stücke teilen und mit der Sahne im Hochleistungsmixer pürieren, über das Getreide geben. Mit Nüssen bestreuen.

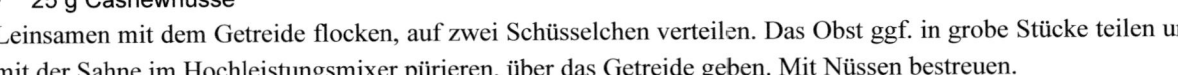

10531. Zitrusstaub, Januar 2017

- Schale von Bio-Orangen
- Schale von Bio-Zitronen

Die Schalen trocknen und sammeln, bis ein 750-g-Glas voll ist. Die getrockneten Schalen im Vitamix pulverfein mahlen.

10532. Maronen-Chia-Kakao 2017, Januar 2017

Im Vitamix ca. 25 Min. auf der Höchststufe:

- 10 g Kakaonibs
- 20 g Chiasamen
- 20 g getr. Maronen
- 25 g Honig
- 11 g frischer Ingwer
- 10 g Cashewnüsse
- auf 500 ml (Markierung im Becher) mit Wasser/kochendem Wasser 1:1 auffüllen.

10533. Süßkartoffelpfanne leicht indisch für zwei, Jan. 2017

Vorläufer 10503; 2 Portionen.

- 85 g Kichererbsenkochwasser
- 115 g Porree, in Ringen
- 300 g Süßkartoffeln, in Würfeln
- 300 g Kichererbsen, gekocht
- 1 geh. TL Salz
- 1/2 TL Curry, scharf
- 1/2 TL Schwarzkümmel
- 1,5 EL Mandelöl

Aus Wasser, Porree und Süßkartoffeln eine Gemüsepfanne (24 cm, 15 Min.) zubereiten. Kichererbsen mit Salz, Curry und Schwarzkümmel mischen, in die Pfanne geben und erhitzen. Zum Schluss das Öl unterheben.

10534. Mangorange-FKG, Januar 2017

2 x Frühstück

- 2 EL Leinsamen
- 6 EL Nackthafer
- 10 g Zitronenfleisch
- 235 g Mango
- 1 Banane (120 g)
- 1 Orange (190 g)
- 35 g Sahne
- 8 Mandeln
- 2 Paranüsse

Leinsamen mit dem Getreide flocken, auf zwei Schüsselchen verteilen. Das Obst in grobe Stücke teilen und mit der Sahne im Hochleistungsmixer pürieren, über das Getreide geben. Mit den Nüssen dekorieren.

10535. Feste Stützcreme, Januar 2017

- 90 g Rundkorn-Naturreis
- 1 Prise Salz
- 20 g Cashewnüsse
- 425 g Wasser, die Hälfte kochend

Im Vitamix bis zum Stocken schlagen lassen.

Hinweis: Die Wassermenge ist ein Rechenfehler, ich wollte eigentlich die 1,5-fache Menge meiner Standardstützcreme, also 1,5 x g, nehmen, das wären dann 525 g Wasser, ich habe leider im Kopfrechnen versagt.

10536. Pflaumenweinkuchen, Januar 2017

30-cm-Kastenform. Nach einem Rezept für „Der beste Rotweinkuchen" (daskochrezept.de); da Pflaumenwein süßlich ist, habe ich die Menge des Süßanteils von 300 g in der Vorlage auf 205 g reduziert; statt 150 g Schokostreusel habe ich 75 g Kakaonibs genommen, da sie herber sind. Ansonsten streng nach „Formel".

Flüssige Phase im Vitamix pürieren:
- 350 g gekochte rote Linsen
- 205 g Honig
- 200 g Stützcreme
- 100 g Apfelmark
- 250 g Pflaumenwein

Feste Phase mit einem Löffel mischen:
- 375 g Dinkel, gem.
- 2 P Weinstein-Backpulver
- 75 g Kakaonibs
- 2 TL Zimt
- 3 TL Kakao
- 1 gestr. TL gem. Vanille
- 20 g Butter für die Form

Flüssige und feste Phase mit dem Handrührgerät, Rührbesen, etwa 1 Min. vermischen. In die gefettete Form füllen. Ofen auf 160 °C (Heißluft) vorheizen, Kuchen 60 Min. bei 160 °C backen, 10 Min. im ausgeschalteten Ofen nachbacken. Nach Erkalten nach Wunsch mit einer Schokoglasur überziehen (hier: Schokoguss für Kastenform 10539).

10537. Alkoholisierte Pflanzenmilch, Januar 2017

1 Honigglas voll.
- 75 g Creme (siehe flüssige Phase von 10536)
- 250 g Wasser

Im Vitamix gründlich mixen.

10538. Kichererbsensalat, klein und schnell, Januar 2017
- 10 g Mandelöl
- 1/2 TL Salz
- 1/4-1/2 TL Curry scharf
- 125 g gekochte Kichererbsen
- 1 Tomate (115 g), gewürfelt
- 5 g dünne Porreeringe, weißer Teil

Zutaten außer Porree in einer passenden Schüssel vorsichtig mischen, mit den Ringen bestreuen.

10539. Schokoguss für Kastenform, Januar 2017

Reicht gut für eine 30-cm-Kastenform.
- 40 g Kakaobutter, in kleinen Stücken
- 60 g Schokocreme, hier Schokoladensoße Haselnuss 10 mit Honig 10510
- 30 g Honig

In einer 20-cm-Keramikpfanne erwärmen (7/14 Induktion), dabei mit einem Schneebesen immer wieder rühren. Trotz der relativ hohen Einstellung ist sie gut geworden.

10540. Paprikapfanne mit Kartoffeln, Januar 2017

2 Portionen

- 100 g Kichererbsenkochwasser
- 1 Knoblauchzehe, in Scheiben (5 g)
- 1 Zwiebel (40 g), gewürfelt
- 300 g Kartoffeln, in Scheiben
- 320 g rote Paprika (= 2 Stück), in Streifen
- Paprikacremesoße

Als Gemüsepfanne 20 Min. (24 cm-Pfanne), ohne die Soße. Anschließend mit der Paprikacremesoße binden.

10541. Paprikacremesoße, Januar 2017

Mit einem Löffel verrühren:

- 80 g Stützcreme
- 35 g Sahne
- 1 TL Salz
- 1 geh. TL Paprikapulver edelsüß
- 1/2 TL gem. Kümmel
- 20 g Apfelmark

10542. Aromabombe, Januar 2017

2 x Frühstück

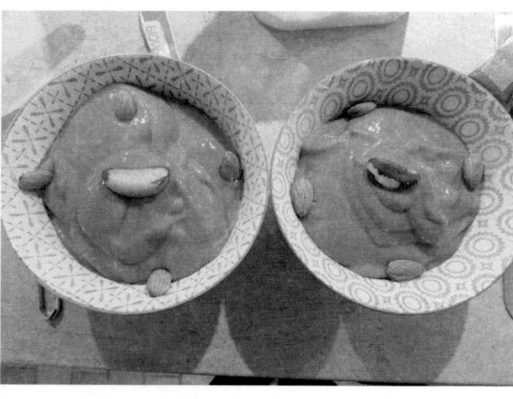

- 2 EL Leinsamen
- 6 EL Nackthafer
- 10 g Zitronenfleisch
- 2 kleine Mango (400 g)
- 265 g TK Erdbeeren
- 20 g Sahne
- 8 Mandeln
- 2 Paranüsse

Leinsamen mit dem Getreide flocken, auf zwei Schüsselchen verteilen. Mango in grobe Stücke teilen und mit Erdbeeren und Sahne im Hochleistungsmixer pürieren, über das Getreide geben. Mit den Nüssen dekorieren.

10543. Alkoholisierter Kakao, Januar 2017

Im Vitamix ca. 2,5 Min. auf höchster Stufe schlagen:

- 10 g Kakaonibs
- 20 g Nackthafer
- 30 g Honig
- 10 g frischer Ingwer
- 235 g Alkoholisierte Pflanzenmilch 10537
- auf 500 ml mit kochendem Wasser auffüllen.

10544. Mango-Schichtpudding, Januar 2017

2 Desserts

- 220 g Mango
- 100 g Stützcreme, hier Feste Stützcreme 2017 10535
- 40 g Schokocreme, hier Schokoladensoße Haselnuss 10 mit Honig 10510
- 2 halbe Macadamianüsse

Mango vorschneiden, mit der Stützcreme mixen (starker Mixer). Je 80 g in zwei Schälchen füllen. Schokocreme untermixen, auf der gelben Schicht verteilen. Eine Macadamianuss-hälfte in die Mitte setzen.

Hinweis: *Würde entsprechend dekoriert auch für 3 Personen reichen.*

10545. Tomatensoße sanft, Januar 2017

2 Portionen

- 50 g Kichererbsenkochwasser
- 1 Knoblauchzehe, in Scheiben (5 g)
- 1 Zwiebel, gewürfelt (45 g)
- 1 Tomate, gewürfelt (155 g)
- 1 Dose Cocktailtomaten (ca. 400 g)
- 1 EL Pflaumenwein (oder 1 TL Rum)
- 20 g Sahne
- 1 TL Salz
- 1 TL Paprika edelsüß
- 1/2 TL gem. Kümmel
- 80 g Stützcreme
- 2 TL Ahornsirup
- 1 EL Essig (hier: Balsamico)

Aus Wasser, Knoblauch, Zwiebel und Tomate eine Gemüsepfanne (24 cm, 15 Min.) herstellen. Die restlichen Zutaten mit einem starken Mixer pürieren. Unterziehen und 5 Min. köcheln lassen.

Hinweis: *Eric war heute etwas magenverstimmt, da schlug ich ihm vor, statt Pizza lieber etwas „Harmloses" zu essen. War ihm lieb. Bei uns gab es Jasmin-Vollkornreis dazu.*

10546. Mangopackung-FKG, Januar 2017

2 x Frühstück

- 2 EL Leinsamen
- 6 EL Nackthafer
- 10 g Zitronenfleisch
- 1 Banane (120 g)
- 1 Apfel (265 g)
- 205 g Mango
- 20 g Sahne
- 10 g geh. Haselnüsse

Leinsamen mit dem Getreide flocken, auf zwei Schüsselchen verteilen. Das Obst ggf. in grobe Stücke teilen und im Hochleistungsmixer pürieren, über das Getreide geben. In der Mitte mit den Nüssen bestreuen.

10547. Hanfkakao, Januar 2017

Im Vitamix ca. 2,5 Min. auf höchster Stufe:

- 10 g Kakaonibs
- 20 g Hanfsamen
- 15 g Honig
- 10 g frischer Ingwer
- 15 g Cashewnüsse
- 115 g Alkoholisierte Pflanzenmilch 10537
- auf 500 ml (Markierung im Becher) mit kochendem Wasser auffüllen.

10548. Leichte Senfsoße, Januar 2017

- 45 g gekochte rote Linsen
- 60 g Stützcreme
- 1 geh. TL Senf (10 g)
- 20 g Sonnenblumenöl
- 1 TL Salz
- 1 Prise Pfeffer
- 10 g Honig
- 50 g Bohnenkochwasser

Im kleinen Mixer pürieren.

10549. Restepfanne in Senfsoße, Januar 2017

2 Portionen; verschiedene Gemüsesorten passen irgendwie immer zusammen.

- 75 g Kichererbsenkochwasser
- 55 g Zwiebel, gehackt
- 8 g Knoblauch, in Scheiben
- 275 g Kartoffeln, in Scheiben
- 175 g Süßkartoffeln, in Stiften
- 70 g Porree, in Scheiben
- 150 g Fenchel, in Stücken
- Senfsoße 10548.

Aus den Zutaten ohne die Soße eine Gemüsepfanne zubereiten 24 cm, 20 Min.) aus. Anschließend mit dieser oder einer anderen Senfsoße verrühren.

10550. Mango-Apfel-FKG, Januar 2017

2 x Frühstück

- 2 EL Leinsamen
- 6 EL Nackthafer
- 15 g Zitronenfleisch
- 1 Banane (120 g)
- 1 Mango (260 g)
- 1 Apfel (200 g)
- 20 g Cashewnüsse
- 1-2 TL getr. Maulbeeren

Leinsamen mit dem Getreide flocken, auf zwei Schüsselchen verteilen. Das Obst in grobe Stücke teilen und mit den Cashewnüssen im Hochleistungsmixer pürieren, über das Getreide geben. Mit Maulbeeren dekorieren.

10551. Bohnengestützte Stützcreme, Januar 2017

Im Vitamix bis zum Stocken mixen:

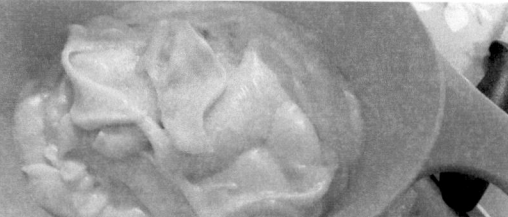

- 60 g Rundkorn-Naturreis
- 1 Prise Salz
- 20 g Cashewnüsse
- 150 g Bohnenkochwasser
- 200 g kochendes Wasser

10552. Bohnengestützte Milch, Januar 2017

Im Vitamix ca. 1 Min. gründlich mixen und darauf achten, dass alles völlig glatt geworden ist.

- 100 g Bohnengestützte Stützcreme 10551
- 250 g Wasser

10553. Kartoffelpüree zu dünn, Januar 2017

2 Portionen

- 400 g Kartoffeln, mehlig kochend, in Scheiben
- 1/2 TL Salz
- 120 g Wasser
- 10 g Sahne
- 20 g Butter
- 50 g Bohnengestützte Milch 10552

Kartoffeln mit Salz im Wasser 25 Min. kochen. In eine Plastikschüssel umfüllen, mit anderen Zutaten pürieren.

Hinweis: Geschmacklich lecker. Herstellung mit dem Pürierstab begeistert mich nicht. Demnächst noch ein Versuch mit dem Stampfer, da kann ich die Konsistenz besser kontrollieren.

Hinweis: Bei uns gab es dazu Möhren-Sellerie-Gemüse 10554.

10554. Möhren-Sellerie-Gemüse, Januar 2017

2 Portionen

- 45 g Bohnenkochwasser
- 40 g Zwiebel, gehackt
- 155 g Möhren, in Scheiben
- 65 g Sellerie, in Streifen
- 65 g Apfel, in Streifen

Als Gemüsepfanne (20 cm) 15 Min. dünsten. Die folgenden Zutaten mit dem kleinen Mixer pürieren, unterrühren und aufkochen:

- 50 g Stützcreme, hier Bohnengestützte Stützcreme 10552
- 35 g gekochte rote Linsen
- 1 gestr. TL Salz
- 1 Prise Pfeffer
- 2 TL Peperoniessig 7/4573

10555. Mango-Duett-FKG, Januar 2017

2 x Frühstück

- 2 EL Leinsamen
- 6 EL Nackthafer
- 10 g Zitronenfleisch
- 1 Banane (130 g)
- 2 Mangos, 1 etwas härtere Sorte, die 2. gelblich-weiche Sorte (460 g)
- 20 g Sahne
- 1 EL Kokosstreifen
- 1 TL Kakaonibs

Leinsamen mit dem Getreide flocken, auf zwei Schüsselchen verteilen. Das Obst in grobe Stücke teilen und mit der Sahne im Hochleistungsmixer pürieren, über das Getreide geben. Kokosstreifen und Kakaonibs in die Mitte streuen.

10556. Wochenmitten-Luxuskakao, Januar 2017

Im Hochleistungsmixer, je nach Gerät, 2,5 bis 3 Min. auf höchster Stufe schlagen:

- 13 g Kakaonibs
- 20 g Nackthafer
- 1 Medjool-Dattel, entsteint
- 1 getr. Feige
- 5 g frischer Ingwer
- 10 g Cashewnüsse
- auf 500 ml (Markierung im Becher) mit Wasser/kochendem Wasser 1:1 auffüllen.

10557. Cashew-Blumenkohldressing, Januar 2017

Vorläufer 10404

Im Vitamix schlagen (muss glatt und lauwarm werden):

- 125 g Cashewkerne
- 165 g Apfelessig
- 25 g Salz
- 3 g eingelegte Chili (in Essig)
- 70 g grüne Rosinen
- 245 g Wasser
- 20 g Tamari
- 60 g Blumenkohlgrün-Pesto 12/10111
- 10 g Aioli-Gewürzmischung o. Ä.

10558. Zweimangoeinesorte-FKG, Januar 2017

2 x Frühstück

- 2 EL Leinsamen
- 6 EL Nackthafer
- 10 g Zitronenfleisch
- 70 g Apfel
- 1 Banane (125 g)
- 2 Mangos (480 g)
- 50 g Sahne
- 2 TL Mandelstifte
- 2 TL grüne Rosinen

Leinsamen mit dem Getreide flocken, auf zwei Schüsselchen verteilen. Das Obst in grobe Stücke teilen und mit der Sahne im Hochleistungsmixer pürieren, über das Getreide geben. Mit Rosinen und Nüssen dekorieren.

10559. Carobkakao, Januar 2017

Im Hochleistungsmixer, je nach Gerät, 2,5 bis 3 Min. auf höchster Stufe schlagen:

- 15 g Kakaonibs
- 10 g Carob Rohkostqualität
- 20 g Chiasamen
- 25 g Honig
- 7 g frischer Ingwer
- auf 500 ml (Markierung im Becher) mit Wasser/kochendem Wasser 1:1 auffüllen.

Hinweis: *Carob Rohkostqualität schmeckt mir besser, auch erhitzt. Nötig ist die Rohkostqualität hier nicht.*

10560. Blumenkohlreis, Januar 2017

2 Portionen

- 100 g Blumenkohlgrün, klein gewürfelt („klein" richtet sich nach Geduld)
- 1 Prise Salz
- 10 g Sonnenblumenöl
- 150 g Jasmin-Vollkornreis
- 290 g Wasser

Im Topf zusammen aufkochen, auf kleinster Einstellung (3/14 Induktion) 40 Min. dünsten.

10561. Gefüllte Riesenchampignons, Januar 2017

2 Portionen

- 10 g Sonnenblumenöl
- 90 g Kichererbsenkochwasser
- 6 Riesenchampignons (450 g)
- 40 g Mandeln
- 35 g gekochte rote Linsen
- 1 gestr. TL Salz
- 1 Prise Pfeffer
- 100 g Stützcreme
- 50 g Nacktgerste, geflockt

Öl und Wasser in eine ofenfeste Pfanne geben. Stiele aus den Pilzen drehen und mit Mandeln und Linsen zerkleinern (Zerkleinerer). In eine Schüssel umfüllen und mit Salz, Pfeffer, Stützcreme und Gerstenflocken verrühren. Pilze mit der Öffnung nach oben in die Pfanne setzen und die Füllung in die Pilze füllen. Pfanne offen in den kalten Ofen schieben und 30 min. bei 210 °C backen.

Tipp: *Bei uns gab es dazu Reis.*

10562. Blumenkohl in Hirse, Januar 2017

2 Portionen

- 130 g Hirse
- 20 g getrocknete Tomaten, in Streifen
- 350 g Wasser
- 280 g Blumenkohl, klein geschnitten
- Erdnusssoße sehr lecker 10563 o. Ä.

Als Gemüsepfanne 20 Min. garen. Soße unterziehen.

Tipp: Wahlweise einfach etwas Öl oder Butter hinzufügen und salzen.

10563. Erdnusssoße sehr lecker, Januar 2017

- 40 g Erdnüsse, geröstet und gesalzen
- 1 Knoblauchzehe, 4 g
- 5 g Tamari
- 7 g Essigpeperoni
- 1 gestr. TL Salz
- 60 g Stützcreme
- 1 TL Ahornsirup
- 50 g Wasser
- Etwas Wasser zum Nachspülen

Mit dem kleinen Mixer, hochstehendes Messer.

Hinweis: Die Soße ist fast zu lecker, um sie unter Gemüse zu rühren. Ich hatte sie unter ein Hirsegericht gerührt, das war deutlich zu schade.

10564. Blutmango-FKG, Januar 2017

2 x Frühstück

- 2 EL Leinsamen
- 2 EL Nackthafer
- 4 EL Nacktgerste
- 10 g Zitronenfleisch
- 2 Mangos (450 g)
- 1 Blutorange (160 g)
- 20 g Sahne
- 8 Mandeln
- 2 Paranüsse

Leinsamen mit dem Getreide flocken, auf zwei Schüsselchen verteilen. Das Obst in grobe Stücke teilen und mit der Sahne im Hochleistungsmixer pürieren, über das Getreide geben. Mit den Nüssen dekorieren.

10565. Minirumtopf, Januar 2017

1/2 Honigglas

- Schale von 1 Blutorange (35 g), Bioqualität
- 45 g Rum
- 130 g Honig

Zutaten in ein Glas schichten, fest zudrehen und im Kühlschrank aufbewahren.

10566. Kokosstützcreme groß, Januar 2017

Im Hochleistungsmixer bis zum Stocken schlagen:

- 120 g Rundkorn-Naturreis
- 30 Cashewnüsse
- 30 g Kokosraspel
- 700 g Wasser (halb Zimmertemperatur, halb kochend)

10567. Kokospflanzenmilch, Januar 2017

1 Honigglas

Im Vitamix 1-2 Min. schlagen:

- 80 g Kokosstützcreme groß 10566
- 200 g Wasser

10568. Birthday Berner Schokoladenkuchen, Januar 2017

26-cm-Springform; Vorläufer 10445 (galt als ideal) bzw. 10516.

Teig

Flüssige Phase im Vitamix:

- 100 g Mandeln und
- 2 bittere Aprikosenkerne grob mahlen
- 150 g gekochte rote Linsen
- 145 g Apfelmark
- 300 g Stützcreme (mal 350 g)
- 275 g Honig
- 30 g Pflaumenwein (sonst Rum)

Feste Phase (einarbeiten mit Handrührgerät/Rührbesen):

- 1 P Weinstein-Backpulver
- 1 Prise Salz
- 50 g Kakaopulver
- 50 g Kokosraspel
- 200 g Dinkel, fein gem.

Backofen (Heißluft) auf 160N°C vorheizen. Springformboden mit Backpapier überspannen, Teig hineingießen. In den heißen Ofen schieben und 50 Min. bei 160 °C backen, 5 Min. im ausgeschalteten Ofen nachbacken. Gut auskühlen lassen. Kokoscreme darauf streichen, nochmals kühlen und mit etwas Schokoguss verzieren.

Kokoscreme

- 300 g Kokosstützcreme groß 10566
- 50 g Kokosraspel
- 70 g Honig
- 20 g Kokosöl, in einer Pfanne zerlassen

Mit einem Löffel verrühren.

Schokoverzierung

- 20 g Kokosöl
- 20 g Honig
- 30 g Schokoladensoße Kokos 10571

In einer Pfanne zerlassen (5/14, Induktion) und mit einem Löffel verrühren. In Karostreifen mithilfe eines Teelöffels auftragen.

10569. Birthday Milk, Januar 2017

- 65 g der flüssigen Phase von 10568
- 265 g Kokospflanzenmilch 10567

Im Vitamix mixen.

10570. Aufarbeitungskakao, Januar 2017

Etwas mehr als ein Honigglas.

- 75 g Schokoladensoße Kokos 10571
- 315 g Birthday Milk 10569

1 Min. im Vitamix schlagen.

10571. Schokoladensoße Kokos, Januar 2017

2 Honiggläser; Vorläufer 10510

- 200 g Honig
- 70 g Kakaopulver
- 30 g Carobpulver (Rohkost)
- 30 g weiße Chiasamen
- 1 Prise Salz
- 50 g Kokosraspel
- 330 g kochend heißes Wasser (325 g)

Im 0,9-Liter-Becher des Vitamix mixen. Stößel benutzen, später drin hängen lassen und ca. 2 Min. auf der Höchststufe laufen lassen. Noch heiß in Gläser füllen.

10572. Kartoffelpüree gestampft, Januar 2017

2 Portionen

- 400 g Kartoffeln, mehlig kochend, in Scheiben
- 1/2 TL Salz
- 120 g Wasser
- 10 g Sahne
- 20 g Butter
- 70 g Bohnengestützte Milch 10552

Kartoffeln mit Salz im Wasser 25 Min. kochen. In eine Plastikschüssel umfüllen, mit den anderen Zutaten stampfen.

Hinweis: *Sehr gelungenes Püree. Bei uns gab es dazu Rosenkohl-Paprika-Gemüse 10572.*

10573. Rosenkohl-Paprika-Gemüse, Januar 2017

2 Portionen

- 50 g Wasser
- 325 g Rosenkohl, halbiert
- 75 g rote Paprika, gewürfelt
- 50 g gekochte rote Linsen
- 105 g Stützcreme
- 20 g Erdnüsse
- 1 gute Prise Pfeffer
- 1 TL Salz
- 1/4 TL gem. Kreuzkümmel
- 50 g Bohnengestützte Milch 10552
- 50 g Wasser zum Nachspülen des Bechers und ebenfalls unterrühren

Gemüse in 50 g Wasser als Gemüsepfanne (24 cm) 20 Min. dünsten. Die anderen Zutaten im Mixer pürieren, unter das Gemüse ziehen und aufkochen.

10574. Erdnuss-Kreuzkümmel-Soße, Januar 2017

- 50 g gekochte rote Linsen
- 105 g Stützcreme
- 20 g Erdnüsse
- 1 gute Prise Pfeffer
- 1 TL Salz
- 1/4 TL gem. Kreuzkümmel
- 50 g Bohnengestützte Milch 10552
- 50 g Wasser zum Nachspülen

Im Mixer pürieren und zum Gemüse gießen. Den Becher mit 50 g Wasser auswaschen, das „Waschwasser" ebenfalls unter das Gemüse rühren und aufkochen.

10575. Mango-Kuchen-Dessert, Januar 2017

2 x Dessert

- 75 g Rührkuchen, hier Pflaumenweinkuchen 10536
- 2 EL Pflaumenwein oder Obstsaft
- 2 EL Kakao, hier Aufarbeitungskakao 10570
- 90 g Mango gewürfelt
- Gehobelte Mandeln

Kuchen in zwei Stücke teilen und auf zwei Teller geben. Mit den Flüssigkeiten tränken, Mango daneben legen. Gehobelte Mandeln auf den Kuchen streuen.

10576. Sonntags-FKG mit Roggen, Januar 2017

2 x Frühstück

- 2 EL Leinsamen
- 3 EL Nackthafer
- 3 EL Roggen
- 1 Mango (265 g)
- 1 Banane (155 g)
- 195 g tiefgekühlte Erdbeeren
- 20 g Sahne
- 1/2 EL Cashewbruch
- 8 Mandeln
- 2 Pekannüsse

Leinsamen mit dem Getreide flocken, auf zwei Schüsselchen verteilen. Das ggf. Obst in grobe Stücke teilen und mit der Sahne im Hochleistungsmixer pürieren, über das Getreide geben. Mit den Nüssen dekorieren.

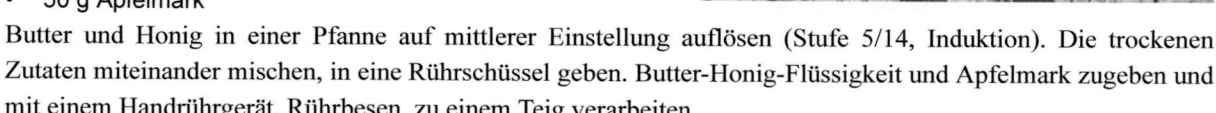

10577. Hafertaler Kokos, Januar 2017

Vorlage: 10515

- 200 g Honig
- 100 g Butter
- 200 g Dinkel, fein gem.
- 200 g Nackthafer, geflockt
- 50 g Nacktgerste, geflockt
- 1 P Weinsteinbackpulver
- 1 Prise Salz
- 1 gestr. TL gem. Vanille
- 100 g Kokosflocken
- 50 g Apfelmark

Butter und Honig in einer Pfanne auf mittlerer Einstellung auflösen (Stufe 5/14, Induktion). Die trockenen Zutaten miteinander mischen, in eine Rührschüssel geben. Butter-Honig-Flüssigkeit und Apfelmark zugeben und mit einem Handrührgerät, Rührbesen, zu einem Teig verarbeiten.

Mit einem Teelöffel Portionen abnehmen und zwischen den Händen zu kleinen Talern pressen. Die Hände ab und an befeuchten. Nebeneinander auf ein PerfectClean-Blech legen (ich brauchte ein Blech und eine Pizzaform), in dieser Zeit den Ofen auf 160 °C vorheizen. Einschieben und 20 Min. backen.

10578. Kokoscreme, Januar 2017

- 300 g Kokosstützcreme groß 10566
- 50 g Kokosraspel
- 70 g Honig
- 20 g Kokosöl

Öl in einer Pfanne zerlassen. Mit einem Löffel mit den restlichen Zutaten verrühren.

10579. Schokoverzierung Kokos, Januar 2017

- 20 g Kokosöl
- 20 g Honig
- 30 g Schokoladensoße Kokos 10578

In einer Pfanne zerlassen (5/14, Induktion) und mit einem Löffel verrühren. In Karostreifen mithilfe eines Teelöffels auftragen.

10580. Roter Pizzabelag für 2 Pizzen Bruschetta, Jan. 2017

- 15 g Tomatenmark
- 10 g Wasser
- 10 g Essig (Balsamico)
- 1 TL Bruschetta-Gewürzmischung

Mit einem Löffel verrühren:

10581. Blumenkohlpizza mit Käse (best ever), Jan. 2017

Vorläufer: 10518; 2 kleinere Portionen; zwei 18-cm-Formen (Quicheformen).

- 45 g Wasser
- 120 g Blumenkohl
- 1 Pizzateig, hier Pizzateig Dinkel per Hand 10488
- Roter Pizzabelag für 2 Pizzen Bruschetta 10581
- 40 g Reibkäse (Emmentaler)
- 1 Prise Salz
- 1 Knoblauchzehe, in dünnen Scheiben
- 2 Tomaten (160 g), in dünnen Scheiben
- 1/2 TL getr. italienische Kräuter
- 150 g Edamer in Scheiben
- Öl für die Formen

Wasser und Blumenkohl als Gemüsepfanne 10 Min. garen. Teig halbieren (je 125 g) und jeweils, evtl. mit Hilfe von Reismehl, etwa in Größe der Form auseinanderdrücken und in die gut geölte Form legen, einen Rand hochziehen. Mit dem roten Pizzabelag bepinseln und Reibkäse bestreuen. Mit jeweils der Hälfte des Blumenkohls auslegen. Knoblauch und Tomatenscheiben auflegen und mit Gewürzmischung bestreuen. Mit Käsescheiben bedecken. In den auf 240 °C (Ober-/Unterhitze) vorgeheizten Ofen schieben und 13 Min. backen. Im ausgeschalteten Ofen 2 Min. nachbacken.

Tipp: *Dieser Pizzateig ist vor allem auch so gebacken wirklich superlecker.*

10582. Friday-like Birthday FKG, Januar 2017

2 x Frühstück

- 6 EL Nackthafer, in Flocken und
- 2 EL Leinsamen, in Flocken, auf zwei Schüsselchen verteilen

Im Vitamix cremig schlagen, auf dem Getreide verteilen

- 50 g getr. Mango
- 30 g Cashewnussbruch
- 300 g Wasser

Im Vitamix pürieren, über die Mangocreme geben:

- 205 g Mango
- 1 Banane (145 g)
- 75 g tiefgekühlte Heidelbeeren

Dekorieren mit:

- 12 Stücken Macadamia-Bruch
- 16 getr. Maulbeeren

10583. Mango-Kokos-Dessert, Januar 2017

2 Desserts

- 150 g Mango, gewürfelt
- 135 g Kokosstützcreme groß 10566
- 5 g Kokosraspel
- 20 g Honig
- 30 g Schokoladensoße Kokos (2 TL) 10571

Mango auf zwei Schüsselchen verteilen. Stützcreme, Raspeln und Honig verrühren, über die Mangowürfel geben. In die Mitte je einen Teelöffel Schokoladensoße klecksen.

10584. Lunch-Pizza, Januar 2017

2 Portionen

- 2 Scheiben Brot (75 g)
- 20 g Butter
- 1 Tomate (90 g), in Scheiben
- 45 g Reibkäse (Edamer)
- Öl für die Formen

Zwei kleine Tarte-Formen mit Öl einpinseln. Brot mit Butter bestreichen und in die Formen legen, evtl. zurechtschneiden. Mit Tomatenscheiben belegen, mit Käse bestreuen und in den kalten Ofen (Heißluft) schieben. 15-20 Min. bei 230 °C backen.

10585. Kartoffelgratin for Birthday, Januar 2017

2 Portionen; sehr ähnlich 10484

- 70 g Wasser
- 1 Zwiebel, gewürfelt (40 g)
- 1 Prise Salz
- 1 Knoblauchzehe, in Halbscheiben (3 g)
- 560 g Kartoffeln, in Scheiben
- Eine Soße zum Überbacken (hier: Gratinsoße Variante 10586)
- 150 g Bergkäse in Scheiben

Eine Gemüsepfanne, 15 Min., zubereiten aus Wasser, Zwiebel, Salz, Knoblauch und Kartoffeln. In der Dünstzeit den Ofen auf

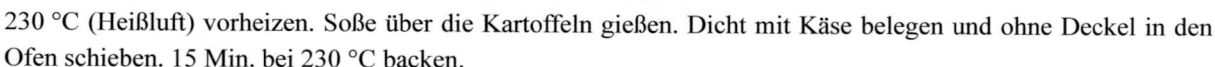

230 °C (Heißluft) vorheizen. Soße über die Kartoffeln gießen. Dicht mit Käse belegen und ohne Deckel in den Ofen schieben. 15 Min. bei 230 °C backen.

10586. Gratinsoße Variante, Januar 2017

Vorläufer 10485

- 155 g Stützcreme
- 65 g Sahne
- 1 gestr. TL Salz
- 1 Prise Pfeffer
- 1 Prise gem. Muskatnuss
- 1/2 gestr. TL gem. Koriander
- 1/2 gestr. TL gem. Kümmel
- 40 g Pflanzenmilch
- 1 Prise gem. Nelken

Erst mit einem Löffel verrühren, dann kurz mit dem kleinen Mixer durchmischen.

10587. Birthday A-FKG, Januar 2017

2 x Frühstück

- 2 EL Leinsamen
- 6 EL Nackthafer
- 1 Banane (150 g)
- 1 Mango (205 g)
- 1/2 Blutorange (80 g)
- 175 g TK Erdbeeren
- 25 g Sahne
- 15 g Kokosstreifen
- 2 TL Zitronat

Leinsamen mit dem Getreide flocken, auf zwei Schüsselchen verteilen. Das Obst ggf. in grobe Stücke teilen und mit der Sahne im Hochleistungsmixer pürieren, über das Getreide geben. Mit Kokosstreifen und Zitronat (in die Mitte) dekorieren.

Hinweis: *Bei uns gibt es nach dem Geburtstag noch nach Geburtstag von A bis H, manchmal mehr. Außer einer Gratulation gibt es aber sonst nichts mehr, also keine Extrageschenke o. Ä. :-)*

10588. Kartoffel-Rosenkohl-Pfanne mit Soße, Januar 2017

2 Portionen

- 80 g Wasser
- 35 g Zwiebel, in dünnen Scheiben
- 275 g Kartoffeln, in Scheiben
- 300 g Rosenkohl, halbiert
- Käsecremesoße 10589

Ohne die Soße als Gemüsepfanne (24 cm) 20 Min. dünsten. Anschließend die Soße unterziehen.

10589. Käsecremesoße, Januar 2017

- 100 g Linsen
- 75 g Stützcreme
- 1 TL Salz
- 1 Prise Pfeffer
- 1/4 TL Curry (indisch)
- 40 g Wasser
- 25 g Sahne
- 30 g Reibkäse (Edamer)

Linsen, Stützcreme, Salz, Gewürze und Wasser mit dem kleinen Mixer (hoch stehendes Messer, kleiner Becher) mixen. Sahne und Reibkäse mit einem Löffel unterrühren.

10590. Birthday-B-Chocolate-FKG, Januar 2017

2 x Frühstück

- 2 EL Leinsamen
- 6 EL Nackthafer
- 2 Bananen (270 g)
- 20 g Kakaonibs
- 1 EL Carob, Rohkostqualität (10 g)
- 230 g Mango
- 2 EL Sahne
- 1/2 Blutorange (85 g)
- 20 g Macadamianussbruch
- 2 TL Orangeat

Leinsamen mit dem Getreide flocken, auf zwei Schüsselchen verteilen. Das Obst in grobe Stücke teilen und mit Nibs, Carob und Sahne im Hochleistungsmixer pürieren, über das Getreide geben. Mit Nussbruch am Rand und Orangeat in der Mitte dekorieren.

10591. Möhrenpfanne in Erdnusssoße, Januar 2017

2 Portionen

- 95 g Wasser
- 290 g Kartoffeln, in Scheiben
- 120 g Zwiebel, gewürfelt
- 1 Knoblauchzehe, gewürfelt
- 30 g grüne Rosinen
- 135 g Möhren, in Scheiben
- 1 Erdnusscremesoße

Als Gemüsepfanne (ohne die Soße) 20 Min. dünsten. Soße unterrühren und aufkochen.

10592. Erdnusscremesoße Birthday B, Januar 2017

- 40 g Erdnüsse
- 50 g gekochte rote Linsen
- 100 g Stützcreme
- 20 g Apfelmark
- 1 gestr. TL Salz
- 10 g Balsamico-Essig
- 40 g Wasser
- (30-50 g Wasser zum Nachspülen des Bechers)

Die Soßenzutaten im Mixer pürieren, unter das Gemüse rühren und aufkochen.

10593. Brot mit Gewürzcashew (Wildhefe), Jan. 2017

Vorläufer 10529

Stufe 1 (12 Std. vorher):

Sauerteigansatz:

- 400 g Roggen
- 420 g Wasser
- 150 g Sauerteig

Wildhefeansatz:

- 200 g Wildhefewasser
- 200 g Dinkel

Stufe 2 (Backen, bei mir am Morgen):

- 100 g Roggen
- 125 g Dinkel
- 20 g Salz
- 2 EL Kräuterdip-Gewürz
- 100 g Cashewnussbruch
- 150 g Wasser
- Gesamter Wildhefeansatz
- 800 g Sauerteigansatz
- 20 g Butter für die Form

Stufe 1: Roggen fein mahlen, mit Wasser und altem Sauerteig mischen. In einer Plastiktüte über Nacht stehen lassen. 150 g von der Stufe 1 abnehmen und in einem gut schließenden Schraubglas in den Kühlschrank stellen für das nächste Backen. Zutaten für die Wildhefe mit einem Löffel verrühren.

Stufe 2: Zutaten (außer der Butter) mit einem großen Löffel gründlich verrühren, bis kein Mehl mehr sichtbar ist. Eine 30-cm-Brotform, Profi-Email von Dr. Oetker, gut einfetten. Teig hineingeben, mit der nassen Hand herunterdrücken und glattstreichen. Mit einem scharfen Messer dreimal schräg einschneiden. Form in eine Plastiktüte geben und etwa 2,5 Std. gehen lassen. Brot in den Ofen schieben und den Backofen (Heißluft) so programmieren, dass er in 30 Min. anspringt und 70 Min. bei 200 °C backt.

10594. Maca-Chia-Kakao, Januar 2017

Im Vitamix ca. 2,5 Min. auf der Höchststufe:

- 10 g Kakaonibs
- 20 g weiße Chiasamen
- 1 Medjool-Dattel, entsteint
- 5 g frischer Ingwer
- 20 g Macadamianussbruch
- auf 500 ml mit heißem Wasser.

10595. Birthday-C-Mangobeeren-FKG, Januar 2017

2 x Frühstück

- 2 EL Leinsamen
- 2 EL Nackthafer
- 2 EL Roggen
- 2 EL Nacktgerste
- 10 g Zitronenfleisch
- 1 Blutorange (145 g)
- 270 g Mango (2 Streifen, ca. 50 g, als Deko zurückbehalten)
- 1/2 Apfel (90 g)
- 100 g TK Waldbeeren
- 10 g geh. Mandeln

Leinsamen mit dem Getreide flocken, auf zwei Schüsselchen verteilen. Das Obst ggf. in grobe Stücke teilen und im Hochleistungsmixer pürieren, über das Getreide geben. Mangostreifen in jeweils drei Stücke schneiden, in die Mitte geben. An den Seiten mit Mandeln bestreuen.

10596. Ofen-Sesamkartoffeln mit Curry, Januar 2017

2 Portionen

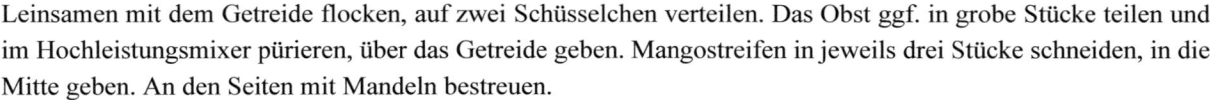

- 400 g Kartoffeln, in ca. 1-cm-dicken Scheiben
- 2 EL Sonnenblumenöl
- 2 TL Sesam, ungeschält
- 1/4 TL Curry (indisch, mittelscharf)
- 1/2 TL Salz

Die Kartoffeln auf ein Blech legen (hier: PerfectClean-Pizzablech), die restlichen Zutaten verrühren und mit einem Pinsel dick auf die Oberseite der Kartoffeln auftragen. In den kalten Ofen schieben und 25-30 Min. (je nach Kartoffeln) bei 230 °C (Heißluft) backen.

10597. Zwiebelgemüse, Januar 2017

2 Portionen

Gemüsepfanne:

- 10 g Kokosöl
- 30 g Wasser
- 2 größere Zwiebeln (250 g), in Halbscheiben
- 1 Prise Salz

Soße (10600):

- 50 g gekochte rote Linsen
- 1 gestr. TL Salz
- 1 Prise Pfeffer
- 1/2 gestr. TL gem. Kreuzkümmel
- 40 g Wasser
- 20 g Apfelmark

Gemüsepfanne (aufpassen, dass es ständig köchelt; 20 cm) 15-20 Min. dünsten. Die Soßenzutaten mit dem Mixer pürieren, unterziehen und aufkochen.

Tipp: *Ein preiswertes und leckeres Gemüse!*

10598. Nussschokocreme Macashew, Januar 2017

Vorläufer 10476; fast 2 Honiggläser voll.

- 125 g Cashewnüsse
- 125 g Macadamianussbruch
- 30 g Kakaopulver
- 10 g Carob
- 200 g Honig
- 200 g Wasser

Alles in den Vitamix geben und mit dem Stößel gut durcharbeiten. Wird leicht warm, bis es wirklich glatt ist.

10599. Macashewschokomilch, Januar 2017

1 Honigglas und 2 Schluck.

Im Vitamix 30-40 Sek. mixen:

- 110 g Nussschokocreme Macashew 10598
- 250 g Wasser

10600. Leichte Linsenkreuzkümmelsoße, Januar 2017

Mit dem Mixer pürieren, unterziehen und aufkochen:

- 50 g gekochte rote Linsen
- 1 gestr. TL Salz
- 1 Prise Pfeffer
- 1/2 gestr. TL gem. Kreuzkümmel
- 40 g Wasser
- 20 g Apfelmark

10601. Birthday-D-Friday-FKG, Januar 2017

2 x Frühstück

- 45 g getr. Mango
- 25 Cashewnussbruch
- 290 g Wasser
- 2 EL Leinsamen
- 6 EL Nackthafer
- 115 g TK Erdbeeren
- 1 Banane (120 g)
- 265 g Mango
- 10 g geh. Haselnüsse

Leinsamen mit dem Getreide flocken, auf zwei Schüsselchen verteilen. Das Obst in grobe Stücke teilen und im Hochleistungsmixer pürieren, über das Getreide geben. Mit Haselnüssen bestreuen.

10602. Schokomilchkakao, Januar 2017

Im Vitamix ca. 2.5 Min. auf höchster Stufe schlagen:

- 10 g Kakaonibs
- 20 g Nackthafer
- 1 Medjool-Dattel, entsteint
- 9 g frischer Ingwer
- 150 g Macashewschokomilch
- auf 500 ml mit kochendem Wasser auffüllen

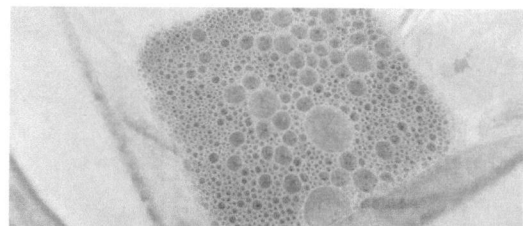

10603. Birthday-E-Heidelbeer-FKG, Januar 2017

2 x Frühstück

- 2 EL Leinsamen
- 6 EL Nackthafer
- 1 Banane (125 g)
- 265 g Mango
- 1 Apfel (190 g)
- 75 g TK Heidelbeeren
- 2 EL Sahne
- 2 TL Nussschokocreme Macashew 10598
- 8 Mandeln
- 2 Paranüsse

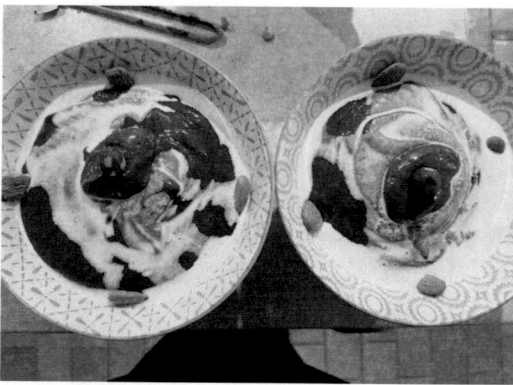

Leinsamen mit dem Getreide flocken, auf zwei Schüsselchen verteilen. Das Obst in grobe Stücke teilen und im Hochleistungsmixer pürieren, über das Getreide geben. Je 1 EL Sahne darauf gießen, Schokocreme in die Mitte klecksen, mit Nüssen dekorieren.

10604. Sonnender Kakao, Januar 2017

Im Hochleistungsmixer, je nach Gerät, 2,5 bis 3 Min. auf höchster Stufe schlagen:

- 10 g Kakaonibs
- 15 g Nackthafer
- 15 g Sonnenblumenkerne
- 1 Medjool-Dattel, entsteint
- 10 g frischer Ingwer
- auf 500 ml mit Wasser/kochendem Wasser 1:1 auffüllen.

10605. Birthday-F-Waldmango-FKG, Januar 2017

2 x Frühstück

- 2 EL Leinsamen
- 6 EL Nackthafer
- 1 Banane (135 g)
- 1 Mango (260 g)
- 180 g tiefgekühlte Beerenmischung
- 2 EL Sahne
- 2 TL Zitronat
- 8 Mandeln
- 2 Paranüsse

Leinsamen mit dem Getreide flocken, auf zwei Schüsselchen verteilen. Das Obst in grobe Stücke teilen und mit der Sahne im Hochleistungsmixer pürieren, über das Getreide geben. Zitronat in die Mitte klecksen, mit Nüssen weiter dekorieren.

10606. Linsencarobine, Januar 2017

Im Vitamix ca. 2,5 bis 3 Min. auf höchster Stufe schlagen:

- 15 g Kakaonibs
- 1 TL Carob, Rohkostqualität (3 g)
- 15 g Nackthafer
- 1 Medjool-Dattel, entsteint
- 20 g gekochte rote Linsen
- 11 g frischer Ingwer
- auf 500 ml mit Wasser / kochendem Wasser 1:1 auffüllen.

10607. Kartoffel-Rosenkohlgratin for Birthday F, Jan. 2017

2 Portionen; Vorläufer 10585

- 15 g Sonnenblumenöl
- 75 g Wasser
- 1 Prise Salz
- 330 g Kartoffeln, in Scheiben
- 330 g Rosenkohl, halbiert
- Soße zum Überbacken (hier: Gratinsoße Variante 2 10610)
- 150 g Maasdamer in Scheiben

Eine Gemüsepfanne, 15 Min., zubereiten aus Wasser, Salz, Kartoffeln und Rosenkohl. In der Dünstzeit den Ofen auf 230 °C (Heißluft) vorheizen. Soße über die Kartoffeln gießen. Dicht mit Käse belegen und ohne Deckel in den Ofen schieben. 15 Min. bei 230 °C backen.

10608. Ruckizucki-Schokoguss, Januar 2017

Für einen Springform-Kuchen ausreichend (26 cm).

In einer kleinen Pfanne erhitzen, mit einem Schneebesen mischen:

- 50 g Kakaobutter in Stücken
- 60 g Schokocreme z.B. 10598
- 20 g Honig von Zitronat und wenige Zitronatstücke

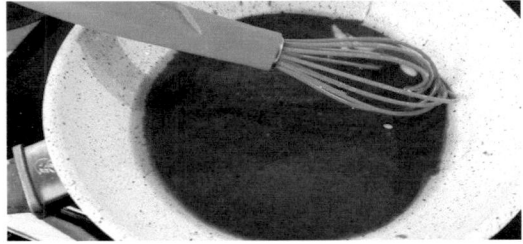

10609. Schoko-Möhrenkuchen, Januar 2017

26-cm-Springform

Feste Phase (mit Löffel verrühren):

- 375 g Dinkel, fein gem.
- 1 Prise Salz
- 2 P Backpulver
- 1 TL Zimt
- 50 g Kakaonibs

Flüssige Phase (im Vitamix mischen):

- 125 g gekochte rote Linsen
- 150 g Honig
- 160 g Stützcreme
- 80 g Apfelmark
- 1/2 Orange (85 g)

Kuchen

- Feste Phase
- Flüssige Phase
- 250 g Möhren, fein gerieben (Zerkleinerer)
- Ruckizucki-Schokoguss 10608
- 20 g gestiftelte Mandeln

Feste Phase mit flüssiger Phase und Möhren mischen (Handrührgerät, Rührbesen). Den Ofen auf 180 °C (Heißluft) vorheizen. Eine Springform mit Backpapier auslegen, Teig hineingeben und glatt streichen. In den heißen Ofen schieben und 45 Min. bei 180 °C backen. Auf einem Gitterrost abkühlen lassen. Ruckizucki-Schokoguss in die Mitte gießen und mit einem Pinsel verteilen. Mit den Mandeln bestreuen.

10610. Gratinsoße Variante 2, Januar 2017

- 75 g gekochte rote Linsen
- 80 g Stützcreme
- 35 g Sahne
- 1 gestr. TL Salz
- 1 Prise Pfeffer
- 1 Prise gem. Muskatnuss
- 1/2 TL gem. Koriander
- 70 g Wasser
- 1 Prise gem. Nelken

Erst mit einem Löffel verrühren, dann kurz mit dem Mixer durchmischen.

10611. Nussschokocreme Cashew, Januar 2017

Vorläufer 10598; fast 2 Honiggläser voll.

- 250 g Cashewnüsse
- 20 g Kakaopulver
- 20 g Carob
- 200 g Honig
- 200 g Wasser

Alles in den Vitamix geben und mit dem Stößel gut durcharbeiten. Wird leicht warm, bis es wirklich glatt ist.

10612. Schokozitro-Pudding, Januar 2017

2 Desserts

- 75 g Nussschokocreme Cashew 10611
- 30 g gekochte rote Linsen
- 100 g Stützcreme
- 40 g Zitronat
- 15 g Chiasamen
- 20 g Wasser

Alle Zutaten im Vitamix mischen, bis die Chiasamen aufgelöst sind. Auf zwei Schüsselchen verteilen.

10613. Birthday-G-Apfango-FKG, Januar 2017

2 x Frühstück

- 2 EL Leinsamen
- 6 EL Nackthafer
- 265 g Mango
- 1 Banane (115 g)
- 1 Orange (180 g)
- 1 Apfel (110 g)
- 20 g Sonnenblumenkerne
- 2 TL grüne Rosinen

Leinsamen mit dem Getreide flocken, auf zwei Schüsselchen verteilen. Das Obst in grobe Stücke teilen und im Hochleistungsmixer pürieren, über das Getreide geben. Mit Kernen und Rosinen bestreuen.

10614. Schokocreme-Chia-Kakao, Januar 2017

Im Vitamix ca. 2.5, Min. Höchststufe:

- 10 g Kakaonibs
- 20 g Nussschokocreme Macashew 10598
- 20 g Chiasamen
- 1 Medjool-Dattel, entsteint
- 8 g frischer Ingwer
- auf 500 ml mit Wasser/kochendem Wasser 1:1 auffüllen.

10615. Apfelreis, Januar 2017

2 Portionen

- 65 g Apfel, fein gewürfelt (fein für meine Verhältnisse)
- 10 g Butter
- 1 Prise Salz
- 150 g Jasmin-Vollkornreis
- 290 g Wasser

Zusammen im Topf aufkochen, 40 Min. garen.

10616. Rosenkohl in Rot, Januar 2017

2 Portionen

- 55 g Wasser
- 45 g Zwiebel, gewürfelt
- 65 g Tomate, gewürfelt
- 315 g Rosenkohl, halbiert
- 5 g Knoblauch (1 Zehe), in Scheiben
- 1 Räuchersoße

Als Gemüsepfanne 20 Min. dünsten, ohne die Soße. Soße unter das Gemüse rühren. Becher mit etwas Wasser nachspülen. Dieses Wasser ebenfalls zum Gemüse geben, verrühren und aufkochen.

Hinweis: *Bei uns gab es dazu Reis.*

10617. Räuchersoße, Januar 2017

- 50 g gekochte rote Linsen
- 1 TL Salz
- 1 Prise Räucher-Paprika
- 1 Prise Pfeffer
- 15 g Sonnenblumenöl
- 30 g Tomatenmark
- 55 g Wasser

Im Mixer pürieren.

10618. Birthday-H-Mangoless-FKG, Januar 2017

2 x Frühstück

- 2 EL Leinsamen
- 6 EL Nackthafer
- 15 g Zitronenfleisch
- 1 Banane (115 g)
- 1 Apfel (225 g)
- 1 Orange (175 g)
- 85 g TK Beerenmischung
- 20 g Cashewnüsse
- 15 g Kokosstreifen

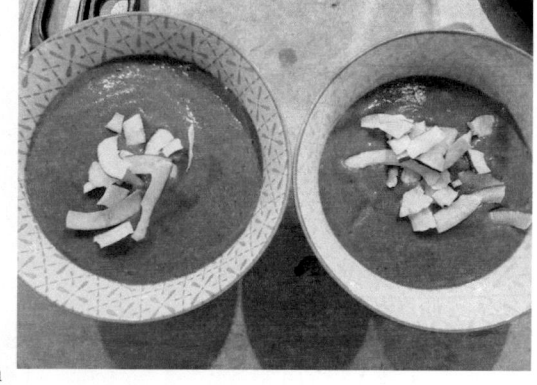

Leinsamen mit dem Getreide flocken, auf zwei Schüsselchen verteilen. Das Obst in grobe Stücke teilen und mit den Cashewnüssen im Hochleistungsmixer pürieren, über das Getreide geben. Mit Kokosstreifen dekorieren.

10619. Kartoffelpüree gestampft „extra", Januar 2017

2 Portionen

- 100 g Rosenkohl, halbiert
- 50 g Zwiebel, gewürfelt
- 335 g Kartoffeln, mehlig kochend, in Scheiben
- 1/2 TL Salz
- 120 g Wasser
- 20 g Sahne
- 20 g Butter

Gemüse mit Salz im Wasser 25 Min. kochen. In eine Plastik-schüssel umfüllen, mit den anderen Zutaten verstampfen. Falls das Kochwasser zu stark verkocht ist, vorsichtig noch Flüssig-keit hinzugeben. Bei mir war die Konsistenz gerade richtig.

Hinweis: *Bei uns gab es dazu Champignons in Honig-Butter-Dunst 10620.*

10620. Champignons in Honig-Butter-Dunst, Januar 2017

2 Portionen

- 15 g Butter
- 20 g Honig
- 200 g Champignons, je nach Größe halbiert, geviertelt oder in Scheiben
- 2 Prisen Salz

Butter und Honig in einer Keramikpfanne (20 cm) auf kleiner Einstellung zerlassen. Champignons zugeben, eine Weile auf höherer Einstellung anbraten. Deckel auflegen, auf mittlerer Hitze 10 Min. dünsten. Mit Salz abschmecken.

10621. Mango Rescue, Januar 2017

2 Portionen; eine Mango sollte „pur" auf die Nachtischteller kommen, aber dafür war sie nicht lecker genug. In dieser Zubereitung war sie das schon. :-)

- 170 g Mango, in Streifen oder Würfeln
- 30 g Nussschokocreme, hier Nussschokocreme Cashew
- 2 TL Zitronat

Mango auf zwei Glasteller verteilen. Schokocreme in Streifen darüber ziehen, Zitronat in die Mitte geben.

10622. Herblicher Kakao, Februar 2017

Im Hochleistungsmixer, je nach Gerät, 2,5 bis 3 Min. auf höchster Stufe schlagen:

- 12 g Kakaonibs
- 20 g weiße Chiasamen
- 1 Medjool-Dattel, entsteint
- 15 g Zitronat
- 10 g Cashewnüsse
- 9 g frischer Ingwer
- auf 500 ml (Markierung im Becher) mit Wasser/kochendem Wasser 1:1 auffüllen.

10623. Bataten-Nudel-Pfanne in Cremesoße, Februar 2017

2 Portionen

- 130 g Spiralnudeln
- 50 g Zwiebeln, gewürfelt
- 290 g Batate, in Streifen
- 1 Knoblauchzehe, gehackt
- 290 g Wasser
- Schmandcremesoße 10624

15 Min. ohne die Soße als Gemüsepfanne (24 cm) dünsten. Soße unterrühren und kurz aufkochen.

10624. Schmandcremesoße, Februar 2017

- 20 g gekochte rote Linsen
- 50 g Wasser
- 35 g Sahne
- 20 g Schmand
- 50 g Stützcreme
- 1 TL Salz
- 1 Prise Pfeffer
- 1-2 Prisen Curry (indisch)

Linsen mit Wasser mixen. Restliche Zutaten zugeben, mit einem Löffel verrühren und nochmals kurz im Mixer pürieren..

10625. Batatakao, Februar 2017

Im Vitamix ca. 2,5 bis 3 Min. auf höchster Stufe schlagen:

- 15 g Kakaonibs
- 20 g Nackthafer
- 1 Medjool-Dattel, entsteint
- 7 g frischer Ingwer
- 50 g Süßkartoffel
- auf 500 ml (Markierung im Becher) mit Wasser/kochendem Wasser 1:1 auffüllen.

10626. Wildhefe-Flammkuchenteig, Februar 2017

2 Portionen

- 200 g Dinkel
- 115 g Wildhefewasser
- 1/2 TL Salz
- 1 Prise schw. gem. Pfeffer
- 1 Prise geriebene Muskatnuss
- 4 g Honig

Dinkel fein mahlen und mit Salz, Pfeffer und Muskatnuss mischen. Wildhefewasser und Honig unterkneten. Zu einer Kugel unter Spannung formen und in einer Pengschüssel 3 Std. ruhen lassen.

10627. Flammkuchenbelag Nr. 5, Februar 2017

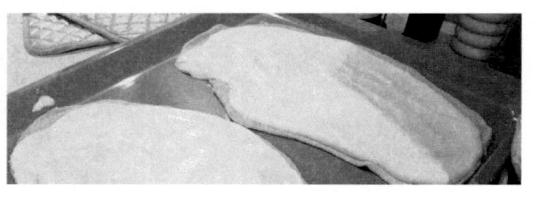

- 75 g Creme fraîche
- 200 g Stützcreme
- 1 gestr. TL Salz
- 1-2 Prisen schw. gem. Pfeffer

Belagzutaten mit einem Löffel verrühren.

10628. Flammkuchen, Kräuterseitlinge, Wildhefe, Feb. 2017

Teig:

- Wildhefe-Flammkuchenteig 10626

Teig halbieren (bei mir jede Hälfte 160 g) und passend zu einem Backblech (evtl. mit Hilfe von Streumehl) zu zwei dünnen Teigzungen ausrollen und auf das Backblech legen.

Soße:

- Flammkuchenbelag Nr. 5; 10627

Gemüsebelag:

- 205 g Kräuterseitlinge
- 1 Knoblauchzehe
- 1 EL Sonnenblumenöl

Kräuterseitlinge in Scheiben schneiden.

Fertigstellung: Backofen (Ober- und Unterhitze) auf 250 °C vorheizen. Belag auf die Teigzungen streichen. Zungen mit Kräuterseitlingscheiben und Knoblauch belegen, Scheiben mit Öl bepinseln. 12-13 Min. im heißen Ofen backen.

10629. Süßkartango-Freitags-FKG, Februar 2017

2 x Frühstück

- 40 g getr. Mango
- 25 Cashewnussbruch
- 265 g Wasser
- 2 EL Leinsamen
- 6 EL Nackthafer

- 60 g Süßkartoffel
- 1 Banane (110 g)
- 265 g Mango
- 10 g geh. Haselnüsse

Leinsamen mit dem Getreide flocken, auf zwei Schüsselchen verteilen. Das Obst in grobe Stücke teilen und im Hochleistungsmixer pürieren, über das Getreide geben. Mit Haselnüssen bestreuen.

10630. Nussschokocreme Fast-Macadamia, Februar 2017

Vorläufer 10611; fast 2 volle Honiggläser.

- 230 g Macadamia-Bruch (hatte nicht mehr)
- 20 g Cashewnüsse
- 30 g Kakaopulver
- 10 g Carob
- 185 g Honig
- 200 g Wasser

Alles in den Vitamix geben und mit dem Stößel gut durcharbeiten. Wird leicht warm, bis es wirklich glatt ist.

10631. Schmanddip, Februar 2017

2 Portionen

Mit einem Löffel bzw. einer Gabel glattrühren:

- 40 g Schmand
- 125 g Stützcreme
- 1/2 TL Salz
- 1/2 TL getr. Rosmarin, zwischen den Händen zerrieben

10632. Ofenkartoffeln mit Kürbis geräuchert, Februar 2017

2 Portionen

- 350 g Kartoffeln, in 1 cm-Scheiben
- 240 g Hokkaido, in dickeren Spalten
- 1/2 Apfel (75 g)
- 2 EL Sonnenblumenöl
- 1/2 TL Salz
- 1 LS Paprika geräuchert

Kartoffeln, Hokkaido und Apfel auf eine 28-cm-Pizzaform legen (PerfectClean). Öl, Salz und Paprika verquirlen, Gemüse von beiden Seiten damit einpinseln. In den kalten Ofen schieben und 27-30 Min. bei 230 °C (Heißluft) backen.

10633. Schokostern, Februar 2017

2 Desserts

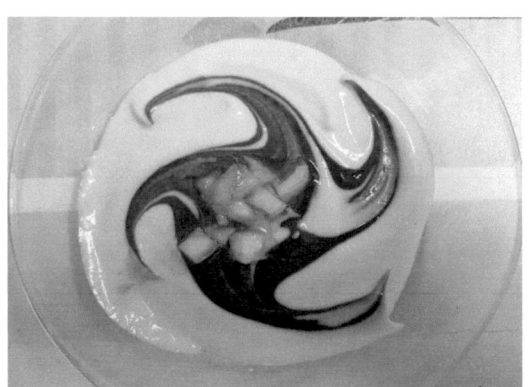

- 100 g Stützcreme
- 1 EL Sahne (15 g)
- 30 g Nussschokocreme (hier: Nussschokocreme Cashew 10611)
- 2 TL Orangeat

Stützcreme mit der Sahne verrühren, auf zwei Glastellern mit einem Löffel ausstreichen. Je 1 geh. TL Schokocreme in die Mitte setzen, mit einer Gabel windmühlenartig Streifen nach außen ziehen. In die Mitte etwas Orangeat geben.

10634. Hafertaler Süßkartoffel, Februar 2017

Vorläufer: 10577; 2 Backbleche.

- 200 g Honig
- 100 g Butter
- 200 g Dinkel, fein gem.
- 200 g Nackthafer, geflockt
- 50 g Nacktgerste, geflockt
- 1 P Weinsteinbackpulver
- 1 Prise Salz
- 1 gestr. TL gem. Vanille
- 125 g Süßkartoffel, fein gerieben
- 50 g Apfelmark

Butter und Honig in einer Pfanne auf mittlerer Einstellung auflösen (Stufe 5/14, Induktion). Die trockenen Zutaten miteinander mischen, in eine Rührschüssel geben. Butter-Honig-Flüssigkeit, Süßkartoffel und Apfelmark zugeben und mit einem Handrührgerät, Rührbesen, zu einem Teig verarbeiten.

Mit einem Teelöffel Portionen abnehmen und zwischen den Händen zu kleinen Talern pressen. Die Hände ab und an befeuchten. Nebeneinander auf PerfectClean-Bleche legen, in dieser Zeit den Ofen auf 160 °C vorheizen. Einschieben und 20-22 Min. backen. Auf einem Gitterrost abkühlen lassen.

10635. Süßmilch. Februar 2017

1 Honigglas voll

Im Vitamix mischen:
- 55 g Flüssig Phase-Kuchenmischung 10636
- 250 g Wasser

10636. Schnellster Schokoguss, Februar 2017

In einer 20-cm-Pfanne erwärmen:
- 35 g Kakaobutter
- 45 g Schokocreme oder Nussschokocreme

10637. Schoko-Batatenkuchen, Februar 2017

26-cm-Springform

Feste Phase (mit Löffel verrühren):

- 375 g Dinkel, fein gem.
- 1 Prise Salz
- 2 P Backpulver
- 1 TL Zimt
- 50 g Kakaonibs

Flüssige Phase (im Vitamix mischen):

- 125 g gekochte rote Linsen
- 150 g Honig
- 160 g Stützcreme
- 80 g Apfelmark
- 1/2 Orange (85 g)

Kuchen:

- Feste Phase
- Flüssige Phase
- 250 g Bataten (Süßkartoffel), fein gerieben (Zerkleinerer)
- Schnellster Schokoguss 10636

Feste Phase mit flüssiger Phase und Süßkartoffeln mischen (Handrührgerät, Rührbesen). Den Ofen auf 180 °C (Heißluft) vorheizen. Eine Springform mit Backpapier auslegen, Teig hineingeben und glatt streichen. In den heißen Ofen schieben und 40 Min. bei 180 °C und 5 Min. im ausgestellten Ofen nachbacken. Auf einem Gitterrost abkühlen lassen. Schokoguss in die Mitte gießen und mit einem Pinsel verteilen.

10638. Kartoffel-Kartoffelpüree, Februar 2017

2 Portionen

- 120 g Wasser
- 255 g Kartoffeln, in Scheiben, ungeschält
- 195 g Süßkartoffeln, in Stücken
- 1 Prise Salz
- 15 g Butter
- 15 g Sahne
- 15 g Stützcreme
- 1/2 TL Salz
- 1 Prise Muskat
- 1 Prise Pfeffer

Im Wasser die Kartoffeln mit dem Salz kochen (25 Min.). Die restlichen Zutaten in eine Kunststoffschüssel geben, heiße Kartoffeln mit Kochwasser zuschütten und mit einem Stampfer zu Püree verarbeiten. Sehr gelungen!

10639. Kürbis-Zwiebelpfanne, Februar 2016

2 Portion

Gemüsepfanne:

- 50 g Kichererbsenkochwasser
- 150 g Zwiebeln, gewürfelt
- 195 g Hokkaido-Kürbis, in Stücken

Soße:

- Ingwer-Knoblauchsoße 10640

Die Gemüsepfanne (24 cm) 15 Min. dünsten. Soße unter das Gemüse rühren, aufkochen.

Hinweis: *Wir hatten dazu Kartoffel-Kartoffelpüree und es war wirklich empfehlenswert-lecker!*

10640. Ingwer-Knoblauchsoße, Februar 2017

Soße im Mixer pürieren:

- 30 g gekochte rote Linsen
- 50 g Stützcreme
- 1/2 TL Salz
- 1 Prise Pfeffer
- 1 Knoblauchzehe, in Scheiben (6 g)
- 1 Prise getr. Gem. Ingwer
- 20 g Sonnenblumenöl
- 50 g Kichererbsenkochwasser
- ca. 20 g Wasser zum Nachspülen des Bechers

10641. Orangenschoko-Pudding, Februar 2017

2 Desserts

- Frisch abgeriebene Orangenschale von 1/2 Orange
- 1/2 Orange (85 g)
- 20 g gekochte rote Linsen
- 100 g Stützcreme
- 30 g Ahornsirup
- 45 g Nussschokocreme Fast-Macadamia 10630
- 2 g Flohsamenschalen
- 1-2 TL Mandelstifte

Schale, Orange, Linsen, Stützcreme, Ahornsirup und Nuss-schokocreme im kleinen Becher des Magic Mixx mischen, dann die Flohsamenschalen untermischen. Auf zwei Schüsselchen verteilen, in die Mitte Mandelstifte streuen.

10642. Kürbispizza mit Käse, Februar 2017

Vorläufer: 10582; 2 kleinere Portionen; zwei 18-cm-Formen (Quicheformen).

- 25 g Wasser
- 140 g Hokkaido-Kürbis
- 1 Pizzateig, hier Pizzateig Schrot 10644
- Roter Pizzabelag für 2 kleine Pizzen Bruschetta 10581
- 40 g Reibkäse (Emmentaler)
- 1 Prise Salz
- 2 Knoblauchzehen, in dünnen Scheiben
- 1 Tomaten (95 g), in dünnen Scheiben
- 1/2 TL getr. italienische Kräuter
- 150 g Bergkäse in Scheiben
- Öl für die Formen

Wasser und Kürbis als Gemüsepfanne 8 Min. garen. Teig halbieren (je 120 g) und jeweils, evtl. mit Hilfe von Reismehl, etwa in Größe der Form auseinanderdrücken und in die gut geölte Form legen, einen Rand hoch-ziehen. Mit dem roten Pizzabelag bepinseln und Reibkäse bestreuen. Mit jeweils der Hälfte des Kürbis auslegen. Knoblauch und Tomatenscheiben auflegen und mit Gewürzmischung bestreuen. Mit Käsescheiben bedecken.

In den auf 240 °C (Ober-/Unterhitze) vorgeheizten Ofen schieben und 13 Min. backen. Im ausgeschalteten Ofen 2 Min. nachbacken.

10643. Kidneybohnen, gewürzt, Februar 2017

- 250 g Kidneybohnen
- 2 Lorbeerblätter
- 1 Prise scharfer Curry
- Wasser

Bohnen über Nacht in reichlich Wasser einweichen. Abspülen.

Im Schnellkochtopf mit Wasser übergießen, sodass alle Bohnen 2-3 mm mit Wasser bedeckt sind. Gewürze hinzufügen und 23 Min. auf Stufe II kochen.

10644. Pizzateig Dinkelschrot, Februar 2017

- 75 g Wasser, lauwarm
- 21 g frische Bio-Hefe (1/2 Würfel)
- 145 g Dinkel
- 1 Prise Salz
- 10 g Sonnenblumenöl (genau genommen, 12 g)

Hefe im Wasser auflösen. Getreide zu etwa 1/4 bis 1/3 in das Hefewasser schroten (Stufe 5 von 9, Hawos), den Rest fein mahlen. Salz und Öl hinzufügen und ca. 5 Min. kneten. Teig zu einer Kugel unter Spannung formen und in einer geschlossenen Pengdose aufbewahren. Gehzeit ca. 1 Std..

10645. Heidelbeer-Touch-FKG, Februar 2017

2 x Frühstück

- 2 EL Leinsamen
- 6 EL Nackthafer
- 5 g Zitronenfleisch
- 260 g Mango
- 1 Banane (130 g)
- 1 Orange (160 g)
- 55 g TK Heidelbeeren
- 2 EL Sahne
- 20 g Kokosstreifen
- 1 TL getr. Maulbeeren

Leinsamen mit dem Getreide flocken, auf zwei Schüsselchen verteilen. Das Obst in grobe Stücke teilen und mit der Sahne im Hochleistungsmixer pürieren, über das Getreide geben. Mit Kokosstreifen und ggf. Maulbeeren dekorieren.

10646. Bohnenpfanne geräuchert, Februar 2017

2 Portionen

- 130 g Kichererbsenkochwasser oder Wasser
- 120 g Zwiebel, geschält, gewürfelt
- 100 g Süßkartoffel, gewürfelt
- 85 g rote Paprika, gewürfelt
- 75 g Roggen, geflockt oder geschrotet
- 250 g gekochte Kidneybohnen
- 25 g Tomatenmark
- 1 TL Salz
- 5 g Essigpeperoni 7/4573
- 1 MS Paprika geräuchert
- 1 TL Paprika edelsüß
- 1/3 TL gem. Kümmel
- 45 + 80 g Wasser

Aus den Zutaten bis zum Roggen inklusive eine Gemüsepfanne herstellen (24 cm, Woll-Pfanne, 15 Min.). Kidneybohnen zugeben. Mark, Salz, Essigpeperoni, Gewürze und 45 g Wasser mit dem Mixer pürieren, unterrühren. Becher mit 80 g Wasser nachspülen, ebenfalls in die Pfanne geben. Unter Rühren aufkochen.

10647. Bananen-Schokopudding, Februar 2017

2 Desserts

- 100 g Stützcreme
- 1 Banane (195 g)
- 40 g Nussschokocreme
- 1 g Flohsamenschalen
- 1 TL Kakaonibs

Stützcreme, Banane und Nussschokocreme mit dem Mixer pürieren, mit dem Löffel nachrühren. Flohsamenschalen ebenfalls einmischen und auf zwei Schüsselchen verteilen. Mit Kakaonibs bestreuen.

10648. Gerste mit Heidelbeerschaum-FKG, Februar 2017

2 x Frühstück

- 2 EL Leinsamen
- 6 EL Nacktgerste
- 10 g Zitronenfleisch
- 2 Bananen (250 g)
- 1 Apfel (210 g)
- 50 g TK Heidelbeeren
- 20 g Sahne
- 1/2 Orange (100 g)
- 15 g Kokosmus

Leinsamen mit dem Getreide flocken, auf zwei Schüsselchen verteilen. Das Obst in grobe Stücke teilen und mit der Sahne im Hochleistungsmixer pürieren, über das Getreide geben. In die Mitte das Kokosmus bröseln.

10649. Kakao schokoladig, Februar 2017

Im Hochleistungsmixer, je nach Gerät, 2,5 bis 3 Min. auf höchster Stufe schlagen:

- 20 g Kakaonibs
- 15 g Nackthafer
- 2 Medjool-Datteln, entsteint
- 5 g frischer Ingwer
- 180 g Pflanzenmilch
- auf 500 ml (Markierung im Becher) mit kochend heißem Wasser

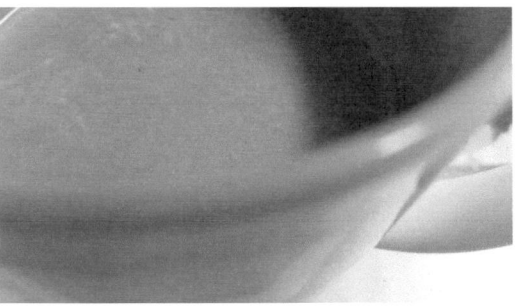

10650. Schokoladensoße Cashew 3 mit Honig, Feb. 2017

2 Honiggläser; Vorliufer: 10510 ç

180 g Honig
65 g Kakaopulver (70 g)
35 g Carobpulver (Rohkost) (30 g)
34 g weiße Chiasamen
1 Prise Salz
25 g Cashewnüsse
325 g kochend heißes Wasser

Im 0,9-Liter-Becher des Vitamix mixen. Stößel benutzen, später drin hängen lassen und ca. 3 Min. auf der Höchststufe laufen lassen. Noch heiß in Gläser füllen. Ist relativ herb (beabsichtigt).

10651. Linsen-Weißkohlpfanne, Februar 2017

2 Portionen

Ein Gemüsepfanne aus:

- 125 g rote Linsen
- 235 g Weißkohl, klein geschnitten
- 100 g Möhren, in Halbscheiben
- 280 g Wasser

Unterrühren und abschmecken:

- 1 gestr. TL Salz
- 1 Prise Pfeffer
- 20 g Butter
- 30 g Emmentaler, gerieben

Hinweis: *Es war eigentlich ein Verlegenheitsessen, weil ich am Schreibtisch eingeschlafen war und die Zeit verpasst hatte, wo ich mit dem Kochen anfange. Eric meinte strahlend, ich sollte mich da ruhig mal öfter vertun.*

10652. Apfelsandkuchen, Januar 2017

Angelehnt an ein Rezept von 1998: Bd. 1/004

Flüssige Phase (Vitamix):

- 200 g gekochte rote Linsen
- 200 g Honig
- 120 g Stützcreme
- 60 g Apfelmark
- 125 g Pflanzenmilch

Feste Phase (Löffel):

- 1/2 TL Vanille
- 1 Prise Salz
- 2 P Weinstein-Backpulver
- 300 g Dinkel, gem.
- 100 g Reis, im TM sehr fein gem.
- 1 TL gem. Zitrusfruchtschale

Fertigstellung:

- Flüssige Phase
- Feste Phase
- 400-500 g Äpfel, in Viertel/Achtel geteilt
- 1 TL Zimt
- 40 g Mandelblättchen
- 80 g flüssiger Honig

Feste und flüssige Phasen mit dem Handrührgerät gründlich mixen. Eine Springform (26 cm) mit Backpapier auslegen, den Teig hineingeben. Apfelstücke bis zur Hälfte in den Kuchenteig stecken. Mit Zimt und Mandelblättchen bestreuen, den Honig darauf träufeln. Ofen auf 180 °C vorheizen, Backzeit: 35 Min.

10653. Brot mit Kräutern (Wildhefe), Februar 2017

Vorläufer: 10529

Stufe 1 (12 Std. vorher):

Sauerteigansatz:

- 400 g Roggen
- 420 g Wasser
- 150 g Sauerteig

Wildhefeansatz:

- 200 g Wildhefewasser
- 200 g Dinkel

Stufe 2 (Backen, bei mir am Morgen):

- 100 g Roggen
- 45 g Nacktgerste
- 80 g Dinkel
- 20 g Salz
- 2 EL Kräuterdip-Gewürz
- 100 g Sonnenblumenkerne
- 150 g Wasser
- Gesamter Wildhefeansatz
- 800 g Sauerteigansatz
- 20 g Butter für die Form

Stufe 1: Roggen fein mahlen, mit Wasser und altem Sauerteig mischen. In einer Plastiktüte über Nacht stehen lassen. 150 g von der Stufe 1 abnehmen und in einem gut schließenden Schraubglas in den Kühlschrank stellen für das nächste Backen. Wildhefezutaten mit einem Löffel verrühren.

Stufe 2: Zutaten (außer der Butter) mit einem großen Löffel gründlich verrühren, bis kein Mehl mehr sichtbar ist. Eine 30-cm-Brotform, Profi-Email von Dr. Oetker, gut einfetten. Teig hineingeben, mit der nassen Hand herunterdrücken und glattstreichen. Mit einem scharfen Messer dreimal schräg einschneiden. Form in eine Plastiktüte geben und etwa 2,5 Std. gehen lassen. Brot in den Ofen schieben und den Backofen (Heißluft) so programmieren, dass er in 30 Min. anspringt und 70 Min. bei 200 °C backt.

10654. Roggelbeeren-FKG, Februar 2017

2 x Frühstück

- 2 EL Leinsamen
- 6 EL Roggen
- 235 g Mango
- 55 g Apfel
- 15 g Zitronenfleisch
- 2 Bananen (275 g)
- 55 g TK Heidelbeeren
- 2 EL Sahne
- 20 g Walnüsse
- getr. Maulbeeren

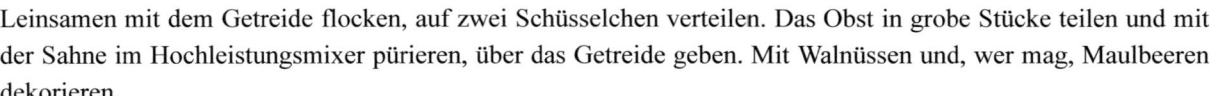

Leinsamen mit dem Getreide flocken, auf zwei Schüsselchen verteilen. Das Obst in grobe Stücke teilen und mit der Sahne im Hochleistungsmixer pürieren, über das Getreide geben. Mit Walnüssen und, wer mag, Maulbeeren dekorieren.

10655. Bruschetta-Reis, Februar 2017

2 Portionen

- 80 g roter Vollkornreis
- 90 g Jasmin-Vollkornreis
- 2 TL Bruschetta (Gewürzmischung)
- 340 g Wasser

Im Topf 40 Min. nach dem Aufkochen auf kleinster Flamme kochen/quellen lassen.

10656. Blumenkohl zart überbacken, Februar 2017

2 Portionen

Gemüsepfanne 10 Min. (24 cm):
- 60-80 g Kichererbsenkochwasser
- 360 g Blumenkohl, klein geschnitten

Soße:
- Soße zum Überbacken von Blumenkohl 10657

Zum Überbacken:
- 40 g geriebener Emmentaler

Während die Gemüsepfanne kocht, den Ofen auf 240 °C vorheizen. Soße über das Gemüse gießen, Käse darüber streuen und offen 12 Min. überbacken.

10657. Soße zum Überbacken von Blumenkohl, Feb. 2017

- 50 g gekochte rote Linsen
- 100 g Stützcreme
- 1 gestr. TL Salz
- 1 LS Curry (indisch)
- 10 g Sonnenblumenöl
- 60 g Wasser

Im Mixer verquirlen.

10658. Schokopudding auf Banane, Februar 2017

2 Desserts

- 1 Banane (110 g)
- 100 g Stützcreme
- 50 g Schokoladensoße Cashew 3 10650
- 10 g Ahornsirup
- 2 Walnusshälften

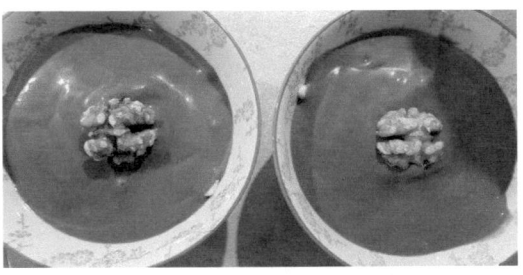

Banane würfeln, auf zwei Schüsselchen verteilen. Stützcreme und Schokosoße verrühren, mit Ahornsirup abschmecken. Pudding über die Bananenwürfel gießen, in die Mitte je eine Walnusshälfte legen.

10659. Blumenkohlsuppe mit Topping, Februar 2017

2 Portionen

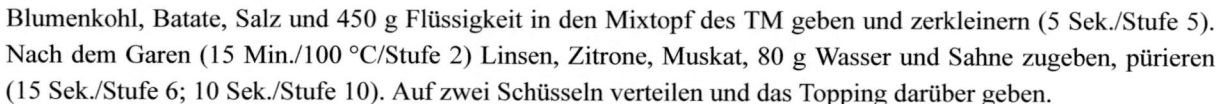

- 350 g Blumenkohl, grob zerkleinert
- 50 g Batate, grob zerkleinert
- 1 gestr. TL Salz
- 200 g Bohnenkochflüssigkeit
- 250 g Wasser
- 80 g gekochte rote Linsen
- 10 g Zitronenfleisch
- 1 Prise Muskat
- 80 g Wasser
- 20 g Sahne
- Walnuss-Zwiebel-Topping 20660

Blumenkohl, Batate, Salz und 450 g Flüssigkeit in den Mixtopf des TM geben und zerkleinern (5 Sek./Stufe 5). Nach dem Garen (15 Min./100 °C/Stufe 2) Linsen, Zitrone, Muskat, 80 g Wasser und Sahne zugeben, pürieren (15 Sek./Stufe 6; 10 Sek./Stufe 10). Auf zwei Schüsseln verteilen und das Topping darüber geben.

10660. Walnuss-Zwiebel-Topping, Februar 2017

- 15 g Sonnenblumenöl
- 15 g Honig
- 70 g Zwiebel, in Halbscheiben
- 30 g Walnüsse

Zutaten in einer kleinen Keramikpfanne (20 cm) auf starker Hitze anbräunen, auf kleiner Einstellung ca. 12 Min. garen.

10661. Hafer-Bananenkekse, Februar 2017

Vorläufer: 10634; 2 Backbleche

- 100 g Honig
- 100 g Butter
- 200 g Dinkel, fein gem.
- 250 g Nackthafer, geflockt
- 1 P Weinsteinbackpulver
- 1 Prise Salz
- 1 gestr. TL gem. Vanille
- 65 g Rosinen
- 2 Bananen (200 g), mit einer Gabel zerdrückt

Butter und Honig in einer Pfanne auf mittlerer Einstellung auflösen (Stufe 5/14, Induktion). Die trockenen Zutaten miteinander mischen, in eine Rührschüssel geben. Butter-Honig-Flüssigkeit, Rosinen und Bananen zugeben und mit einem Handrührgerät, Rührbesen, zu einem Teig verarbeiten.

Mit einem Teelöffel Portionen abnehmen und zwischen den Händen zu kleinen Talern pressen. Die Hände ab und an befeuchten. Nebeneinander auf PerfectClean-Bleche legen, in dieser Zeit den Ofen auf 160 °C vorheizen. Einschieben und 20-22 Min. backen.

10662. Feiner Schokobeerenkuchen, Februar 2017

26-cm-Springform; Bd. 1/014

Feste Phase (mit Löffel):

- 200 g Dinkel, gem.
- 2 P Weinstein-Backpulver
- 1 Prise Salz
- 1/2 TL gem. Vanille
- 100 g Haselnüsse, im starken Mixer gem.

Flüssig Phase (starker Mixer):

- 150 g gekochte rote Linsen
- 150 g Ahornsirup
- 120 g Stützcreme
- 60 g Apfelmark

Zur Fertigstellung:
- 90 g Schokosoße (hier: Schokoladensoße Cashew 3 mit Honig 10650)
- 20 g Ahornsirup (je nach Festigkeit und Süße der Schokosoße)
- 250 g gemischte TK Beeren

Feste und flüssige Phase mit dem Handrührgerät (Rührbesen) mischen. Springform mit Backpapier auslegen, darin die Hälfte des Teigs verstreichen, die Schokosoße mit dem Ahornsirup verrühren und die Hälfte der Mischung in Streifen auf dem Teig verteilen. Mit dem Restteig bestreichen, den Rest Schokosoße ebenfalls obenauf geben. Die Beerenmischung auf den Teig streuen, leicht eindrücken. Ofen (Heißluft) vorheizen, backen 40 Min. bei 160 °C.

10663. Bolognese-Soße Süßkartoffel für Lasagne, Februar 2017
2 Portionen

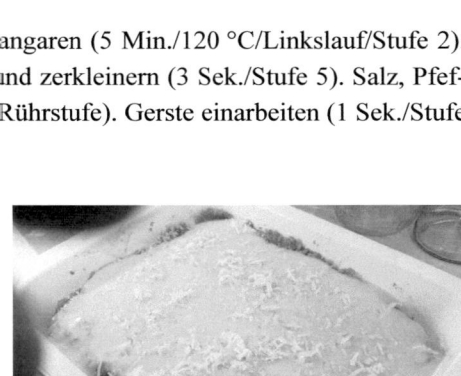

- 1 große Zwiebel (120 g), halbiert
- 435 g Süßkartoffel, grob vorgeschnitten
- 1 EL Öl
- 40 g + 50 g Wasser
- 1 Dose Cherry-Tomaten (240 g Abtropfgewicht)
- 2 TL Salz
- 1 gute Prise Pfeffer
- 35 g Tomatenmark
- 50 g Nacktgerste, geflockt

Gemüse zerkleinern (5 Sek./Stufe 7). Mit Öl und 40 g Wasser kurz angaren (5 Min./120 °C/Linkslauf/Stufe 2). Inhalt der Tomatendose zufügen, Dose mit 50 g Wasser nachspülen und zerkleinern (3 Sek./Stufe 5). Salz, Pfeffer und Tomatenmark zugeben und garen (20 Min./100 °C/Linkslauf/Rührstufe). Gerste einarbeiten (1 Sek./Stufe 7-10).

10664. Bechamelsoße (Dinkelmehl), Februar 2017
- 10 g Sahne
- 30 g Stützcreme
- 275 g Pflanzenmilch
- 175 g Wasser
- 1 TL Salz
- 1 Prise Muskatnuss
- 45 g Dinkelmehl
- 30 g Butter
- 50 g Bergkäse, klein geschnitten

Zutaten bis auf den Käse in den Mixtopf geben und garen (12 Min./100 °C/Stufe 3). Käse hinzufügen und unterrühren (20 Sek./Stufe 3).

10665. Lasagne Süßkartoffel mit Kaufplatten, Februar 2017
3-4 Portionen
- 6 Lasagneplatten (Vollkorn, dennree)
- 1 x Bolognesesoße, z. B. Bolognese-Soße Süßkartoffel für Lasagne 10663
- 1 x Bechamelsoße, z. B. Bechamelsoße (Dinkelmehl) 10664
- 40 g gemischter geriebener Käse
- Etwas Öl für die Form

Eine rechteckige größere Form (ca. 30 x 40 cm) mit Öl einpinseln. Den Boden mit einer dünnen Schicht Bolognesesoße bedecken. Drei Teigplatten nebeneinanderlegen, darauf Bolognesesoße streichen. Bechamelsoße darüber gießen (etwa die Hälfte), drei Teigplatten darauf geben. Den Rest Bolognesesoße darüber verteilen, mit dem Rest Bechamelsoße übergießen. Mit dem Käse dünn bestreuen. Ofen auf 180 °C (Heißluft) vorheizen, Form einschieben und 35 Min. bei 180 °C backen. 10-15 Min. abkühlen lassen und in Vierecke schneiden.

10666. Sahnecreme für Obstkuchen, Februar 2017

- 2 EL Stützcreme
- 1 EL Sahne
- 1/2 TL Ahornsirup
- 1 Prise gem. Vanille

Mit einem Löffel glatt rühren und zu Kuchen servieren. Schmeckt gut!

10667. Lasagne aufgewärmt, Februar 2017

2 Portionen

- 2 Portionen Lasagne (hier Lasagne Süßkartoffel mit Kaufplatten)
- 45 g gekochte rote Linsen
- 45 g Stützcreme
- 1 gestr. TL Salz
- 1 TL gem. Reis (2 g)
- 10 g Sonnenblumenöl
- 80 g Wasser
- 1 Prise Schabziegerkleesamen
- 75 g Bergkäse

Lasagne in eine feuerfeste Form (nicht zu große, die Stücke sollten gerade hineinpassen; hier: 24-cm-Pfanne) legen. Linsen, Creme, Salz, Reis, Öl, Wasser und Schabziegerklee mit dem Mixer pürieren, über die Lasagne gießen. Mit Käse belegen. Ofen auf 200 °C (Heißluft) vorheizen und 25 Min. backen.

10668. Reis mit zartem Mandelaroma, Februar 2017

2 Portionen

- 160 g Vollkorn-Jasminreis
- 1 Prise Salz
- 10 g Mandelöl
- 320 g Wasser

Im Topf aufkochen, dann auf kleiner Einstellung 40 Min. dünsten / quellen lassen.

10669. Blumenkohl ein bisserl exotisch, Februar 2017

2 Portionen

- 10 g getr. Tomaten, in feinen Streifen
- 80 g Wasser
- 50 g Zwiebel, gewürfelt
- 280 g Blumenkohl, klein geschnitten
- 5 Datteln (Deglet Nour), in Ringe geschnitten
- Erdnuss-Soße cremig 10670

Ohne die Soße als Gemüsepfanne 12-13 Min. dünsten. Die Soße unter das gegarte Gemüse rühren und aufkochen.

10670. Erdnuss-Soße cremig, Februar 2017

Im Mixer pürieren:

- 35 g Erdnüsse, geröstet und gesalzen
- 50 g Stützcreme
- 50 g gekochte rote Linsen
- 30 g Apfelmark
- 1 TL Salz
- 1 Prise Curry (indisch)
- 1 MS gem. Ingwer
- 80-100 g Wasser

10671. Grüne-Erbseneintopf, Februar 2017

3 Portionen

- 200 g grüne getr. Erbsen
- Wasser zum Einweichen
- 140 g Kartoffeln, klein geschnitten
- 35 g Petersilienwurzel, in Halbscheiben
- 60 g Möhre, in Halbscheiben
- 200 g Weißkohl, klein geschnitten
- 710 g Wasser

Erbsen in reichlich Wasser ca. 24 Std. einweichen. Abtropfen lassen. Alle Zutaten in den Schnellkochtopf geben und 15 Min. auf Stufe II kochen. Langsam abdampfen lassen. Abschmecken mit:

- 2 TL Salz
- 1 Prise Pfeffer
- 1 Prise Curry, indisch
- 1 MS Kurkuma

10672. Frühlingsvorahnung-FKG, Februar 2017

2 x Frühstück

- 2 EL Leinsamen
- 6 EL Nackthafer
- 20 g Zitronenfleisch
- 2 Bananen (235 g)
- 1 Apfel (200 g)
- 105 g TK Erdbeeren
- 125 g fermentierte Feigen (aus Wildhefezubereitung)
- 10 g Kokosstreifen
- Einige getr. Maulbeeren

Leinsamen mit dem Getreide flocken, auf zwei Schüsselchen verteilen. Das Obst in grobe Stücke teilen und im Hochleistungsmixer pürieren, über das Getreide geben. Kokosstreifen in die Mitte schichten und je nach Geschmack einige Maulbeeren im Kreis um die Streifen legen.

10673. Extraschokokakao, Februar 2017

Im Vitamix ca. 2.5 Min. auf höchster Stufe schlagen:

- 10 g Kakaonibs
- 20 g weiße Chiasamen
- 3 Deglet-Nour-Datteln
- 7 g frischer Ingwer
- 30 g Schokosoße, hier Schokoladensoße Cashew 3 mit Honig 10650
- auf 500 ml mit Wasser/kochendem Wasser 1:1 auffüllen.

10674. Schokoladensoße Haselnuss mit Ahornsirup, Feb. 2017

2 Honiggläser; Vorläufer: 10650.

- 180 g Ahornsirup
- 65 g Kakaopulver
- 35 g Carobpulver (Rohkost)
- 20 g weiße Chiasamen (vorher: 35 g)
- 1 Prise Salz
- 25 g Haselnüsse
- 325 g kochend heißes Wasser

Im 0,9-Liter-Becher des Vitamix mixen. Stößel benutzen, später drin hängen lassen und ca. 3 Min. auf der Höchststufe laufen lassen. Noch heiß in Gläser füllen. Ist relativ herb (beabsichtigt).

10675. Wildhefe, 7. Verlängerung, Februar 2017

- 100 g Wildhefewasser
- 3 getr. Datteln (Deglet Nour), ganz
- 1 TL Honig
- ca. 800-850 g Wasser

In das Glas geben, Deckel so zudrehen, dass ein bisschen „Luft" reinkommen kann. Ab und an umrühren. Morgens angesetzt. Am übernächsten Morgen in den Kühlschrank.

10676. Maisbrötchen, Februar 2017

- 150 g + 105 g Wasser
- 1/2 Würfel Bio-Hefe (21 g)
- 125 g Mais
- 375 g Dinkel
- 2 TL Salz
- 50 g gekochte rote Linsen
- 2 TL Kräuterdip-Gewürzmischung
- ca. 2 EL Sesamsaat, ungeschält

Hefe in 150 g Wasser auflösen. Mais und Dinkel im TM zu feinem Schrot mahlen (2 Min./Stufe 10). Wer es mit (feinem) Mehl möchte, mahlt die Getreide getrennt. Linsen in 105 g Wasser auflösen (kleiner Mixer) und mit Hefewasser, Salz und Kräutermischung in den Mixtopf geben, 2 Min. kneten (Knetstufe). Kurz mit der Hand nachkneten, zu einer Kugel unter Spannung formen und in einer Pengdose gehen lassen, sie ploppt nach 40 Min. Nach 60 Min. nochmals durchkneten, Dose erneut schließen.

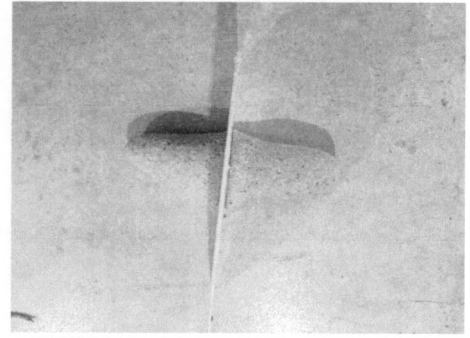

Nach dem nächsten Aufspringen des Deckels nochmals durchkneten (nach 15 Min.). Weitere 10-15 Min. gehen lassen, durchkneten. Abwiegen und die Grammzahl durch 10 dividieren, ergab bei mir 84-85 g pro Brötchen. Stücke von 84 g abnehmen, durchkneten und zu einer kleinen Kugel unter Spannung formen. Daraus eine kompakte Rolle formen, in der Mitte durchschneiden.

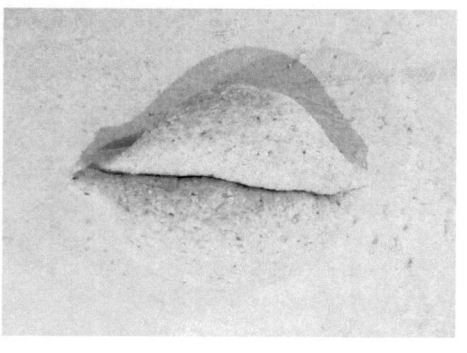

Jede Hälfte spindelförmig weiter ein wenig ausrollen. Die beiden Spindeln zusammenlegen, die Enden zusammendrücken. Brötchen in die Hand nehmen, Oberseite mit Wasser einsprühen und das Brötchen mit der nassen Seite in Sesamkörner drücken. Nebeneinander auf ein Backblech (bei mir: PerfectClean) legen.

Nochmals mit Wasser einsprühen, mit Gärfolie abdecken. Ofen auf 230 °C (Heißluft) vorheizen. In dieser Zeit die Brötchen gehen lassen. Erneut mit Wasser einsprühen. Blech mit den Brötchen einschieben, 20 Min. bei 190 °C backen.

10677. Nussmixdressing, Februar 2017

Vorläufer: 10557

Im Vitamix schlagen (muss glatt und lauwarm werden):

- 60 g Cashewkerne
- 65 g Sonnenblumenkerne
- 30 g Erdnüsse (sonst insgesamt 125 g Nüsse)
- 160 g Apfelessig
- 25 g Salz
- 3 g eingelegte Chili (in Essig) 10240
- 1 mit den Chilis eingelegte getr. Aprikose (15 g) 10240
- 70 g grüne Rosinen
- 250 g Wasser
- 5 g Tamari
- 10 g Kräuterdip-Gewürzmischung o. Ä.

10678. Möhren-Zwiebel-Gemüse Kokos-Topping, Februar 2017

2 Portionen

- 85 g Kichererbsenkochwasser
- 20 g Kokosöl
- 170 g Zwiebel, gewürfelt
- 10 g Knoblauch (= 2 größere Zehen), in feinen Scheiben
- 235 Möhren, in Scheiben (ca. 5 mm)
- 250 g gekochte Kichererbsen
- 1 TL Salz
- 1 Prise scharfes Currypulver (Indien), oder nach Belieben

Aus Wasser, Öl, Zwiebel und Gemüse eine Gemüsepfanne (24 cm Keramikpfanne, 15 Min.) zubereiten. Kichererbsen, Salz und Curry unterrühren und zusammen erhitzen.

Topping:
- 5 g Kokosöl
- 25 g Kokosstreifen

In einer kleinen Pfanne erhitzen, bis die Streifen hellbraun-braun sind.

Den Pfanneninhalt auf Teller geben und das Topping darüber streuen.

10679. Pflango-Schrot-FKG, Februar 2017

2 x Frühstück

Abends:

- 6 EL Dinkel grob schroten & auf zwei Schüsseln verteilen. Mit
- 120 g Wasser übergießen. Abgedeckt mind. 4 Std. RT lassen.

Morgens:
- 300 g aufgetaute Tiefkühlpflaumen
- 265 g Mango
- 100 g Apfel
- 1 Banane (110 g)
- 10 g Zitronenfleisch
- 10 g Mandelstifte

Obst in grobe Stücke teilen und im Hochleistungsmixer pürieren. Auf das Getreide gießen. Mit den Mandelstiften bestreuen.

10680. Buchweizen-Gemüse-Eintopf

2 Portionen

- 100 g Buchweizen
- 235 g Wasser
- 100 g Möhre, in Scheiben
- 50 g Petersilienwurzel, in Halbscheiben
- 75 g Pastinake, gewürfelt
- 145 g Sellerie, in Stäbchen
- 80 g Kartoffel, gewürfelt

Als Gemüsepfanne (24 cm, Woll-Pfanne) 20 Min. garen. Abschmecken mit:
- Saft von 1/2 Zitrone (20 g)
- 20 g Butter
- 1 TL Salz

10681. Adzukibohnen im Schnellkochtopf, Februar 2017

- 200 g Adzukibohnen
- Wasser

Bohnen über Nacht in Wasser einweichen. Im Schnellkochtopf auf Stufe II: 15 Min.

10682. Brot mit Aioli (Wildhefe), Februar 2017

Vorläufer 10653

Stufe 1 (12 Std. vorher):

Sauerteigansatz:

- 400 g Roggen
- 420 g Wasser
- 150 g Sauerteig

Wildhefeansatz:

- 200 g Wildhefewasser
- 200 g Dinkel

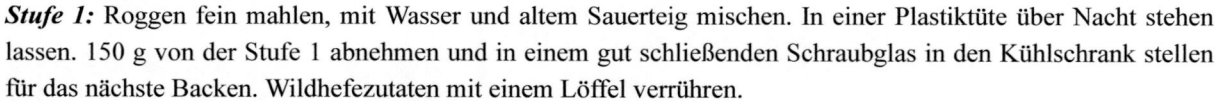

Stufe 2 (Backen, bei mir am Morgen):

- 100 g Roggen
- 225 g Dinkel
- 20 g Salz
- 2 EL Aioli Kräutermischung
- 100 g Sesamsaat, ungeschält
- 150 g Wasser
- Gesamter Wildhefeansatz
- 800 g Sauerteigansatz
- 20 g Butter für die Form

Stufe 1: Roggen fein mahlen, mit Wasser und altem Sauerteig mischen. In einer Plastiktüte über Nacht stehen lassen. 150 g von der Stufe 1 abnehmen und in einem gut schließenden Schraubglas in den Kühlschrank stellen für das nächste Backen. Wildhefezutaten mit einem Löffel verrühren.

Stufe 2: Zutaten (außer der Butter) mit einem großen Löffel gründlich verrühren, bis kein Mehl mehr sichtbar ist. Eine 30-cm-Brotform, Profi-Email von Dr. Oetker, gut einfetten. Teig hineingeben, mit der nassen Hand herunterdrücken und glattstreichen. Mit einem scharfen Messer dreimal schräg einschneiden. Form in eine Plastiktüte geben und etwa 2,5 Std. gehen lassen. Brot in den kalten Ofen schieben und 90 Min. bei 190 °C (Heißluft) backen.

10683. Nobelschrot-FKG, Februar 2017

2 x Frühstück

Abends:

- 6 EL Dinkel grob schroten (7/9, Hawos Novum) & auf zwei Schüsseln verteilen. Mit insgesamt
- 140 g Wasser übergießen. Abgedeckt mind. 4 Std.) bei RT.

Getrennt einweichen:

- 40 g getr. Mango
- 25 g Cashewnüsse
- 295 g Wasser

Morgens:

- 1 Orange (215 g)
- 15 g Zitronenfleisch
- 2 Bananen (220 g)
- 20 g Sahne
- 1 EL getr. Maulbeeren
- 1 EL Cashewnüsse

Mangomasse im Vitamix pürieren, auf das Getreide geben. Obst in grobe Stücke teilen und mit der Sahne im Hochleistungsmixer pürieren. Auf die Mangocreme gießen. Mit Maulbeeren und Cashewnüssen dekorieren.

10684. Linsensahnecremesoße 2, Februar 2017

Vorläufer: 10309

- 75 g gekochte rote Linsen
- 1 TL Salz
- 1/2 TL gem. Kümmel
- 50 g Stützcreme
- 40 g Wasser
- 20 g Sahne

Im kleinen Mixer pürieren.

10685. Heidelbeersahneeis, Februar 2017

2 Portionen

- 2 Bananen (240 g)
- 20 g Ahornsirup
- 25 g Sahne
- 225 g TK Heidelbeeren

Im Vitamix: Bananen, Ahornsirup und Sahne kurz pürieren. Heidelbeeren zugeben und mit dem Stößel zu Softeis verarbeiten.

10686. Samstagsstandardkakao, Februar 2017

Im Vitamix ca. 2,5 Min. auf Höchststufe:

- 10 g Kakaonibs
- 15 g Nackthafer
- 4 Datteln, Deglet Nour
- 9 g frischer Ingwer
- 10 g Cashewnüsse
- auf 500 ml mit Wasser/kochendem Wasser 1:1 auffüllen.

10687. Verkümmelte Kartoffelmöhren, Februar 2017

2 Portionen

Gemüsepfanne:

- 80 g Wasser
- 280 g Kartoffeln, in Scheiben
- 90 g Zwiebeln, gewürfelt
- 250 g Möhren in Scheiben
- 210 g gekochte Adzukibohnen

Soße:

- 75 g gekochte rote Linsen
- 1 TL Salz
- 1/2 TL gem. Kümmel
- 50 g Stützcreme
- 40 g Wasser
- 20 g Sahne

Gemüsepfanne ohne die Bohnen 18 Min., 24-cm-Wollpfanne. Adzukibohnen unterrühren und auf kleiner Einstellung erhitzen. Soße unterrühren und aufkochen, herstellen mit dem Mixer.

10688. Schokoladensoße Cashew; Honig 175 g, Februar 2017

1,5 Honiggläser; Vorläufer: 10676

- 175 g Honig
- 60 g Kakaopulver
- 40 g Carobpulver (Rohkost)
- 1 Prise Salz
- 40 g Cashewnüsse
- 300 g kochend heißes Wasser

Im 0,9-Liter-Becher des Vitamix mixen. Stößel benutzen, später drin hängen lassen und ca. 3 Min. auf der Höchststufe laufen lassen. Noch heiß in Gläser füllen. Ist relativ herb (beabsichtigt).

10689. Schokodessert, Februar 2017

2 Portionen

- 100 g Schokoladensoße Cashew; Honig 175 g 10687
- 2 Bananen (190 g)
- 100 g Stützcreme
- 20 g Sahne

Im Vitamix mischen. Auf zwei Schüsselchen verteilen. Keine Deko.

10690. Creamy Strawberry-Sunday-FKG, Februar 2017

2 x Frühstück

- 2 EL Leinsamen
- 6 EL Nackthafer
- 10 g Zitronenfleisch
- 2 Bananen (220 g)
- 1 Apfel (185 g)
- 165 g TK Erdbeeren
- 40 g Sahne
- 10 g geh. Haselnüsse

Leinsamen mit dem Getreide flocken, auf zwei Schüsselchen verteilen. Das Obst in grobe Stücke teilen und mit der Sahne im Hochleistungsmixer pürieren, über das Getreide geben. Haselnüsse in die Mitte streuen.

10691. Nutritious Cream Sunday Coca, Februar 2017

Im Hochleistungsmixer, je nach Gerät, 2,5 bis 3 Min. auf höchster
Stufe schlagen:

- 15 g Kakaonibs
- 15 g Nackthafer
- 4 Datteln Deglet Nour, entsteint (20 g)
- 20 g Sahne
- 180 g Schokomilch, z. B. Macashewschokomilch 10599
- 10 g frischer Ingwer
- auf 500 ml (Markierung im Becher) mit Wasser/kochendem
  Wasser 1:1 auffüllen.

10692. Nubiertorte, Februar 2017

Vorgänger: 1/020.
Flüssige Phase (Vitamix):

- 160 g gekochte rote Linsen
- 195 g Honig
- 80 g Schokoladensoße, hier Schokoladensoße Cashew; Honig
  175 g 10688
- 20 g Kokosöl
- 320 g Stützcreme
- 160 g Apfelmark

Feste Phase:

- 200 g Mandeln
- 50 g Hirse
- 1 P Weinstein-Backpulver

Mandeln im Mixer mahlen, Hirse in der Mühle mahlen. Mandeln, Hirse und Backpulver mischen.

Flüssige und feste Phase mit dem Handrührgerät gut aufschlagen. Eine Springform mit Backpapier auslegen, den Teig hineingeben. Ofen auf 160 °C (Heißluft) vorheizen und 60 Min. bei 160 °C backen. Mit einem Schokoladenguss (z. B. 10608) überziehen.

10693. Hafer-Bountykekse, Februar 2017

Vorläufer: 10661; 2 Backbleche.

- 150 g Honig
- 100 g Butter
- 200 g Dinkel, fein gemahlen
- 250 g Nackthafer, geflockt
- 40 g Kakao (= 2 geh. EL)
- 1 Päckchen Weinsteinbackpulver
- 65 g Kokosraspel
- 2 Bananen (240 g), mit einer Gabel zerdrückt

Butter und Honig in einer Pfanne auf mittlerer Einstellung auflösen (Stufe 5/14, Induktion). Die trockenen Zutaten miteinander mischen, in eine Rührschüssel geben. Butter-Honig-Flüssigkeit, Kokosraspeln und Bananen zugeben und mit einem Handrührgerät, Rührbesen, zu einem Teig verarbeiten.

Mit einem Teelöffel Portionen abnehmen und zwischen den Händen zu kleinen Talern pressen. Die Hände ab und an befeuchten. Nebeneinander auf PerfectClean-Bleche legen, in dieser Zeit den Ofen auf 160 °C vorheizen. Einschieben und 20 Min. backen.

10694. Bolognese-Soße Möhre für Lasagne, Februar 2017

- 1 große Zwiebel (100 g), halbiert
- 1 Knoblauchzehe (4 g)
- 120 g Sellerie
- 350 g Möhren
- 2 EL Öl
- 60 g + 60 g Wasser
- 1 Dose Cherry-Tomaten (240 g Abtropfgewicht)
- 2 TL Salz
- 1 gute Prise Pfeffer
- 35 g Tomatenmark
- 50 g Nacktgerste, geflockt

Gemüse zerkleinern (5 Sek./Stufe 7). Mit Öl und 60 g Wasser kurz angaren (5 Min./120 °C/Linkslauf/Stufe 2). Inhalt der Tomatendose zufügen, Dose mit 60 g Wasser nachspülen und zerkleinern (3 Sek./Stufe 5). Salz, Pfeffer und Tomatenmark zugeben und garen (20 Min./100 °C/Linkslauf/Rührstufe). Gerste einarbeiten (1 Sek./Stufe 7-10).

10695. Bechamelsoße (Hirsemehl), Februar 2017

Vorläufer 10664

- 10 g Sahne
- 40 g Stützcreme
- 290 g Pflanzenmilch
- 180 g Wasser (besser 170)
- 1 TL Salz
- 1 Prise Muskatnuss
- 45 g Hirsemehl
- 30 g Butter
- 50 g Gouda, klein geschnitten

Zutaten bis auf den Käse in den Mixtopf geben und garen (12 Min./100 °C/Stufe 3). Käse hinzufügen und unterrühren (20 Sek./Stufe 3).

10696. Lasagne Möhre mit Kaufplatten, Februar 2017

3-4 Portionen; Vorläufer 10665-

- 6 Lasagneplatten (Vollkorn, dennree)
- 1 x Bolognesesoße, z. B. Bolognese-Soße Möhre 10694
- 1 x Bechamelsoße, z. B. Bechamelsoße (Hirsemehl) 10695
- 85 g dünngeschnittener Gouda, in Streifen
- Etwas Öl für die Form

Eine rechteckige größere Form (ca. 30 x 40 cm) mit Öl einpinseln. Den Boden mit einer dünnen Schicht Bolognesesoße bedecken. Drei Teigplatten nebeneinander legen, darauf Bolognesesoße streichen. Bechamelsoße darüber gießen (etwa die Hälfte), drei Teigplatten darauf geben. Den Rest Bolognesesoße darüber verteilen, mit dem Rest Bechamelsoße übergießen. Mit dem Käse dünn belegen.

Ofen auf 180 °C (Heißluft) vorheizen, Form einschieben und 35 Min. bei 180 °C backen. 10-15 Min. abkühlen lassen und in Vierecke schneiden.

10697. Orangenpudding Surprise, Februar 2017

2 Desserts

- 1/2 Orange (115 g)
- 125 g Stützcreme
- 25 g Honig
- 1 TL Flohsamenschalen (3 g)
- 2 TL Orangeat

Orange, Creme, Honig und Flohsamenschalen im Vitamix durchmixen, auf zwei Schüsselchen verteilen. In die Mitte je einen TL Orangeat geben, es sinkt ein. Mindestens 30 Min. kalt stellen.

10698. Schokoguss sehr süß, Februar 2017

- 40 g Schokoladensoße, hier Schokoladensoße Cashew; Honig 175 g 10688
- 40 g Kakaobutter
- 30 g Honig

Bei kleiner Hitze in einer Pfanne zerlassen. Auf dem Kuchen verteilen.

10699. Brokkoli mit Nudeln in Käsebechamel, Februar 2017

2 Portionen

- 140 g Vollkorn-Spiralnudeln
- 1 Prise Salz
- 265 g Brokkoli-Röschen
- 330 g Wasser
- Käsebechamelsoße 10700

Als Gemüsepfanne (Wollpfanne, 24 cm, 15 Min.) dünsten. Die Käsebechamelsoße vorsichtig unterziehen.

10700. Käsebechamelsoße, Februar 2017

- 10 g Sahne
- 20 g Stützcreme
- 225 g Wasser
- 1 gestr. TL Salz
- 1 Prise Muskatnuss
- 25 g Hirse, gemahlen
- 15 g Butter
- 35 g Reibkäse (Edamer)

Sahne, Stützcreme, Wasser, Salz und Muskatnuss in einen kleinen Topf geben. Hirse einstreuen, dabei mit einem Schneebesen rühren. Butter hinzufügen. Allmählich erhitzen, bis die Soße kocht. 10 Min. auf kleiner Einstellung ziehen lassen, dann den Reibkäse einrühren, bis er geschmolzen ist.

10701. Thymianwürze flüssig, Februar 2017

1,5 Honiggläser

Im Vitamix mit dem Stößel mixen, bis eine glatte, recht dickflüssige Masse entsteht:

- 170 g Brokkolistrunk
- 105 g Kräutermischung (großblättrige Petersilie mit etwa 1/4 Thymian)
- 30 g Salz
- 100 g Sonnenblumenöl
- 100 g Apfelessig

10702. Papaya-Glibber-FKG, Februar 2017

2 x Frühstück

Abends:

- 4 EL Dinkel
- 2 EL Roggen
- 2 EL Chiasamen
- 220 g Wasser

Getreide grob schroten (7/9, Hawos Novum) & auf zwei Schüsseln verteilen. Chia zugeben und mit Wasser übergießen. Abgedeckt über Nacht (mindestens 4 Std.) bei RT stehen lassen.

Morgens:

- 1 kleinere Papaya (ich schäle sie, 355 g)
- 1/2 Orange (90 g)
- 2 Bananen (235 g)
- 20 g Sahne
- 16 Mandeln
- 4 kleine oder 2 große Paranüsse

Obst in grobe Stücke teilen und mit der Sahne im Hochleistungsmixer pürieren. Auf das Getreide gießen. Mit den Nüssen dekorieren.

10703. Rotkohlauflauf, Februar 2017

2 Portionen

Rotkohl:

- 150 g Wasser
- 1 Zwiebel, gewürfelt (80 g)
- 1/2 kleiner Rotkohl, gewürfelt (295 g)
- 1/2 Apfel, gewürfelt (95 g)
- 1 EL Balsamico-Essig

Kartoffeln:

- 55 g Wasser
- 255 g Kartoffeln, in Scheiben (4-5 mm dick)

Soße:

- 50 g gekochte rote Linsen
- 50 g Stützcreme
- 30 g Wasser
- 1 TL Salz
- 1 Prise Pfeffer
- 30 g Sahne
- 70 g Reibkäse

Die Rotkohlzutaten n der angegebenen Reihenfolge in einen Schnell-kochtopf geben, der mit 150 g Wasser auskommt. 9 Min. auf Stufe II kochen und abdampfen lassen.

Die Kartoffeln als Gemüsepfanne (Keramikpfanne, 20 cm) 15 Min. garen. Die Garzeit richtet sich nach der Kartoffelsorte. (Sobald die Kartoffelgarzeit beginnt, den Ofen auf 210 °C, Heißluft, vorheizen.).

Die Soßenzutaten ohne Sahne und Käse mit einem kleinen Mixer gut mixen, dann kurz die Sahne einmischen. Fertigstellung: Eine ofenfeste Pfanne mit hohem Rand (20 cm Durchmesser, Woll-Pfanne) bereitstellen. Rotkohl mit restlicher Kochflüssigkeit einfüllen. Kartoffeln (bei mir war keine Flüssigkeit übrig) als Schichten obenauf legen. Die Soße darüber gießen und mit Käse bestreuen. Offen in den vorgeheizten Ofen geben, 15 Min. backen und 5 Min. im ausgeschalteten Ofen nachbacken.

Tipp: Wer keinen Käse möchte, dem empfehle ich eine Mischung aus Hafer- oder Gerstenflocken mit Sonnenblumenkernen und 2-3 EL Öl. – Für einen Auflauf war die Soße etwas reichlich. Ich fand's prima, weil meiner Meinung nach die Soße sowohl zu den Kartoffeln als auch zum Rotkohl hervorragend passte.

10704. Rotkohl in Chinakohl, Februar 2017

2 Portionen

- 260 g Rotkohl
- 45 g gekochte rote Linsen
- 35 g Thymianwürze flüssig 10701 (20 g hätten gereicht, es ist sehr intensiv)
- 45 g Apfelmark
- 25 g Sahne
- 15 g Ahornsirup
- 1 gestr. TL Salz
- 1 Prise Pfeffer
- 2 Blätter Chinakohl (100 g)
- 2 Minibananen (70 g)

Rotkohl zerkleinern (z. B. in zwei Portionen im Zerkleinerer). Linsen, Würze, Mark, Sahne, Sirup, Salz und Pfeffer im kleinen Mixer mischen, mit zwei Löffeln unter den Rotkohl mischen und 20 Min. ziehen lassen. Je ein Blatt Chinakohl auf einen Teller legen, mit Rotkohl füllen. Bananen in Scheiben schneiden und diese als Dekoration in den Rotkohl stecken.

10705. Toast Nonhawai, Februar 2017

2 Portionen

- 2 Scheiben Brot (90 g)
- 17 g Butter
- 75 g Tomate
- 1 Knoblauchzehe
- 2 Prisen Pizzakräuter
- 40 g Reibkäse

Brote mit Butter bestreichen, mit Tomatenscheiben und dünnen Knoblauchscheiben belegen. Kräuter darauf streuen, ebenso den Käse verteilen. Ofen auf 220 °C (Heißluft) vorheizen und 13 Min. backen.

10706. Brokkoli Sine Carne, Februar 2017

2 Personen

Gemüsepfanne:

- 80 g Wasser
- 105 g Zwiebel, gewürfelt
- 240 g Brokkoli, klein geschnitten (auch Strunkteile)
- Evtl. 50 g Wasser zum Nachgießen
- 250 g gekochte dicke weiße Bohnen
- Geräucherte Cremesoße 10707

80 g Wasser und Zwiebeln wie eine Gemüsepfanne garen (10 Min., 24 cm-Pfanne). Brokkoli und, falls das Wasser verdampft ist , weitere 50 g Wasser hinzufügen, als Gemüsepfanne 12 Min. garen. Bohnen vorsichtig unterziehen, 2 Min. leicht erhitzen. Cremesoße einrühren und kurz zum Kochen bringen.

10707. Geräucherte Cremesoße, Februar 2017

Im kleinen Mixer pürieren, dabei die Sahne nur kurz zum Schluss unterziehen:

- 50 g gekochte rote Linsen
- 50 g Stützcreme
- 1 TL Salz
- 1 TL Paprika edelsüß
- 1 MS geräuchertes Paprikapulver
- 50 g Wasser
- 20 g Sahne

10708. Hafer-Apfel-Speise, Februar 2017

- 55 g Nackthafer, geflockt
- 1 Prise Salz
- 330 g Wasser
- 1 EL Sahne
- 1 gestr. TL Butter
- 1/2 TL Honig
- 1 Apfel (190 g), geraffelt (z. B. im Zerkleinerer)
- 1-2 Prisen Zimt

Hafer mit Salz und Wasser 15 Min. auf kleiner Einstellung kochen. Sahne, Butter und Honig unterrühren, bis sich Butter und Honig gelöst haben. Apfelstückchen unterziehen. In eine Schüssel füllen und mit etwas Zimt bestreuen.

10709. Pasta Crema, Februar 2017

- 125 g Vollkorn-Spiralnudeln
- 1 Prise Salz
- Wasser zum Kochen
- 100 g Stützcreme
- 20 g Sahne
- 1/2 TL Salz
- 1 Prise Pfeffer
- 50 g Wasser

Nudeln mit Salz in ausreichend Wasser (etwa 1-1,5 cm überstehend) nach Packungsanleitung kochen, bei mir waren das 13 Min.. Creme, Sahne, Salz und Pfeffer mit einem Löffel verrühren. Nudeln in einem Sieb abgießen, Soße in den Topf geben, Nudeln zugeben und unter Rühren erhitzen, dabei die 50 g Wasser einarbeiten.

Tipp: Das lässt sich mit Kräutern, Tomatenstückchen, frisch oder getrocknet usw., reichlich variieren.

10710. Hafer-Bananen-Speise, Februar 2017

- 60 g Nackthafer, geflockt
- 1 Prise Salz
- 360 g Wasser
- 1 EL Sahne
- 1 gestr. TL Butter
- 1/2 TL Honig
- 1 Banane, in Halbscheiben geschnitten (105 g)
- 1 EL Rosinen

Hafer mit Salz und Wasser 15 Min. auf kleiner Einstellung kochen. Sahne, Butter und Honig unterrühren, bis sich Butter und Honig gelöst haben. Bananenstücke und Rosinen unterziehen.

Tipp: In eine Schüssel füllen und nach Belieben dekorieren, oder eben auch nicht, wie hier.

10711. Grobes Schokomarzipan, Februar 2017

- 250 g ungeschälte Mandeln
- 10 g Kakaonibs
- 1 bitterer Aprikosenkern
- 125 g Honig
- 15 g Sonnenblumenöl
- 1 EL Wasser

Mandeln mit Kakaonibs und Aprikosenkern mahlen (Thermomix: 2 x 10 Sek./Stufe 10). Lockern mit einem Spatel. Honig, Öl und Wasser zugeben und kneten, bis sich ein Ball formt (bei mir ca. 3 Min., ich habe die Flüssigkeit aber auch nur allmählich zugegeben). Nach Wunsch zu Kugeln formen.

10712. Marzipanfüllung, Februar 2017

Reicht für ein Rechteck aus 500 g Mehl.

- 1 ganze Portion Grobes Schokomarzipan 10711
- 20 g Stützcreme
- 40 g Pflanzenmilch
- 40 g Wasser
- 100 g Rosinen
- 50 g Sonnenblumenkerne

Marzipan, Creme, Milch und Wasser glattrühren (TM: 2 x 10 Sek./Stufe 4; ich musste dann mit einem Löffel nachhelfen). Rosinen und Kerne mit einem Löffel einarbeiten. In einer geschlossenen Dose ca. 2 Std. quellen lassen. Dann braucht man Wasser / nasse Hände zum Verstreichen, frisch geht es vermutlich direkt.

10713. Marzipanschokomilch, Februar 2017

Herstellung im Thermomix (im Vitamix natürlich noch einfacher).

- 20 g Stützcreme
- 10 g Schokoladensoße oder Schokocreme
- 40-50 g Marzipanfüllung 10712
- 250 g Wasser

Drei Min. auf Stufe 8 rühren.

10714. Marzipankranz, Februar 2017

Vorläufer: 1/021

Feste Phase:

- 500 g Dinkel, fein gemahlen
- 1 Päckchen Trockenhefe

Flüssige Phase (starker Mixer):

- 80 g Ahornsirup oder dünnflüssiger Honig
- 1 Prise Salz
- 80 g Stützcreme
- 40 g Apfelmark
- 60 g gekochte rote Linsen
- 250 g Pflanzenmilch

Feste und flüssige Phase im Thermomix verkneten (3 Min./Knetstufe), dabei von der flüssigen Phase 20-40 g zurückbehalten und anschließend per Hand einarbeiten. Zu einer Kugel unter Spannung formen, der Teig klebt ein wenig. In einer verschlossenen Pengdose in den Kühlschrank (oberstes Fach) stellen. Ich wickle die Dose immer noch in eine Plastiktüte, damit der Teig nicht austrocknet, sollte der Deckel abspringen. (Morgens aus dem Kühlschrank nehmen.) Morgens aus dem Kühlschrank nehmen und Marzipan 10711 bzw. Marzipanfüllung 10712 herstellen.

Bei mir war der Teig 16 Std. im Kühlschrank, 8-12 Std. hätten sicher auch gereicht. Er war gut gegangen. Aus dem Kühlschrank nehmen und 2 Std. bei Raumtemperatur stehen lassen.

Zu einem Rechteck von ca. 30 x 40 cm ausrollen (4-5 mm dick), u. U. Reismehl als Streumehl verwenden. Die Füllung darauf verteilen, an den Seiten 1 bis 1,5 cm Platz lassen. Von der Längsseite her aufrollen, die Ränder zusammendrücken. Halbrund in eine Pizzaform legen (PerfectClean, Backpapier oder einfetten wäre hilfreich gewesen), ein paar Mal von oben mit der Schere einschneiden und in den kalten Ofen schieben. Auf 50 °C (Heißluft) stellen und 20 Min. gehen lassen. Ofen auf 180 °C stellen, 30 Min. backen und 5 Min. im ausgestellten Ofen nachbacken lassen.

10715. Nussschokocreme Nutella-Alternative, Februar 2017

Vorläufer 10611; 1,5 Honiggläser voll.

- 250 g Haselnüsse
- 30 g Kakaopulver
- 10 g Carob
- 195 g Honig
- 200 g Wasser

Alles in den Vitamix geben und mit dem Stößel gut durcharbeiten. Wird leicht warm, bis es wirklich glatt ist. In Honiggläser füllen.

Hinweis: *Ich finde es etwas zu fest. Beim nächsten Mal werde ich 200 g Haselnüsse und 50 g Cashewnüsse ausprobieren und mit der Honigmenge (ursprünglich 200 g) stufenweise heruntergehen.*

10716. Brokkoli in Zitronensoße Februar 2017

2 Portionen

Als Gemüsepfanne (24 cm, 15 Min.):

- 100 g Wasser
- 300 g Brokkoli (Strunk klein geschnitten, Röschen eher nicht)

10717. Zitronensoße II, Februar 2017

- 15 g Zitronenfleisch
- 50 g gekochte rote Linsen
- 50 g Stützcreme
- 1 TL Salz
- 1-2 Prisen gem. Orangenschale
- 10 g Cashewnüsse
- 10 g Sonnenblumenöl
- 50 g Wasser

Im Mixerbecher pürieren, unter das Gemüse geben und aufkochen.

Bei uns gab es dazu Butterreis.

10718. Butterreis schlicht, Februar 2017

2 Portionen

- 160 g Jasmin-Vollkornreis
- 15 g Butter
- 300 g Wasser

40 Min. nach dem Aufkochen im Topf auf kleiner Flamme kochen bzw. quellen lassen.

10719. Sahnehand-ausgerutscht-FKG, Februar 2017

2 Portionen

- 2 EL Leinsamen
- 2 EL Nacktgerste
- 4 EL Nackthafer
- 15 g Zitronenfleisch
- 250 g TK Erdbeeren
- 2 Bananen (230 g)
- 1/2 Orange (100 g)
- 60 g Sahne
- 1 Kiwi, geschält und in 6 Scheiben geschnitten

Leinsamen mit dem Getreide flocken, auf zwei Schüsselchen verteilen. Das Obst ggf. in grobe Stücke teilen und mit der Sahne im Hochleistungsmixer pürieren, über das Getreide geben. Je drei Kiwischeiben in die Mitte legen.

Hinweis: *Ich wollte zwar reichlich Sahne nehmen (geplant ca. 30 g), aber da habe ich eine Sekunde nicht aufgepasst und schon war mehr hereingefallen.*

10720. Süßkalter Kakao, Februar 2017

Im Vitamix 2 Min. mixen und nach dem Abkühlen in den Kühlschrank stellen:

- 100 g Nussschokocreme Nutella-Alternative 10715
- 280 g Marzipanschokomilch 10713

10721. Marzipanmilch-Kakao, Februar 2017

Im Vitamix ca. 2,5 Min. auf höchster Stufe schlagen:

- 10 g Kakaonibs
- 15 g Chiasamen
- 2 Medjool-Datteln, entsteint
- 7 g frischer Ingwer
- 170 g Süßkalter Kakao 10721
- auf 500 ml mit kochendem Wasser auffüllen.

10722. Bolognese-Soße Hokkaido für Lasagne, Februar 2017

- 1 große Zwiebel (160 g), geviertelt
- 1 Knoblauchzehe (4 g)
- 450 g Hokkaido
- 2 EL Öl
- 60 g + 60 g Wasser
- 1 Dose Tomaten stückig (240 g Abtropfgewicht)
- 2 TL Salz
- 1 gute Prise Pfeffer
- 40 g Tomatenmark
- 50 g Roggen, geflockt

Im TM Gemüse zerkleinern (5 Sek./Stufe 7). Mit Öl und 60 g Wasser kurz angaren (5,5 Min./120 °C/Linkslauf/Stufe 2). Inhalt der Tomatendose zufügen, Dose mit 60 g Wasser nachspülen und zerkleinern (3 Sek./Stufe 5). Salz, Pfeffer und Tomatenmark zugeben und garen (20 Min./100 °C/Linkslauf/Rührstufe). Roggen einarbeiten (2 Sek./Stufe 7-10).

10723. Kiwi auf Schokocreme, Februar 2017

2 Portionen
- 135 g Stützcreme
- 1 Banane (90 g), mit der Gabel fein zerdrückt
- 50 g Nussschokocreme Nutella-Alternative 10715
- 1 Kiwi

Stützcreme, Banane und Nussschokocreme mit einem Löffel verrühren, auf zwei Glasteller verteilen. Kiwi schälen, längs halbieren und in je 8 Halbscheiben schneiden. Die Scheiben in zwei „Kreisen" auf die Creme legen (s. Foto).

10724. Bechamelsoße per Hand Hirsemehl, Februar 2017

- 10 g Sahne
- 40 g Stützcreme
- 365 g Pflanzenmilch
- 75 g Wasser
- 1 TL Salz
- 1 Prise Muskatnuss
- 50 g Hirsemehl
- 30 g Butter
- 50 g Bergkäse, klein geschnitten

Zutaten bis auf den Käse in einen Topf geben und unter Rühren mit dem Schneebesen zum Kochen bringen, einige Min. ziehen lassen. Käse hinzufügen und unterrühren.

10725. Grüne Vorsuppe, Februar 2017

Im Vitamix mixen:

- 1 Kiwi (85 g)
- 75 g Pastinake
- 175 g Wasser

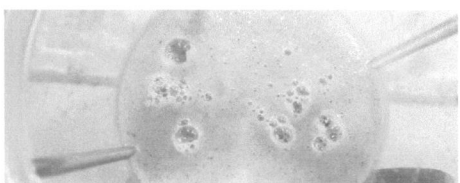

10726. Lasagne Hokkaido mit Kaufplatten

3 Portionen; Vorläufer 10665

- 6 Lasagneplatten (Vollkorn)
- 1 x Bolognesesoße, z. B. Bolognese-Soße Kürbis 10722
- 1 x Bechamelsoße, z. B. Bechamelsoße per Hand (Hirsemehl) 10724
- 90 g dünngeschnittener Bergkäse, in Streifen
- Etwas Butter für die Formen

Drei rechteckige Lasagneformen mit Butter einfetten. Den Boden mit einer dünnen Schicht Bolognesesoße bedecken. Je eine Teigplatte darauf legen, darauf Bolognesesoße streichen. Bechamelsoße darüber gießen (insgesamt etwa die Hälfte), wiederum eine Teigplatte darauf geben. Den Rest Bolognesesoße darüber verteilen, mit dem Rest Bechamelsoße übergießen. Mit dem Käse belegen.

Ofen auf 180 °C (Heißluft) vorheizen, Form einschieben und 35 Min. bei 180 °C backen. 5-10 Min. abkühlen lassen und in Vierecke schneiden.

10727. Kohlrabi in Orangensauce, Februar 2017

2 Portionen

Als Gemüsepfanne (24 cm, 25 Min.):

- 50 g Wasser
- 50 g Zwiebeln in Scheiben
- 295 g Kohlrabi in Stiften; dann unterrühren und aufkochen
- 1 x Orangensauce 10728

10728. Orangensauce, Februar 2017

Kleiner Mixer:

- 1/2 Orange (95 g)
- 1 TL Salz
- 1 Prise Pfeffer
- 30 g gekochte rote Linsen
- 50 g Stützcreme
- 25 g Wasser

10729. Kokoskartoffeln, Februar 2017

2 Portionen

- 25 g Kokosöl
- 75 g Wasser
- 2 Prisen Salz
- 310 g Kartoffeln, in Scheiben
- 1 EL Kokosraspel

Kokosöl und Wasser in eine Pfanne (24 cm) geben, 1 Prise Salz einstreuen. Kartoffeln zugeben. Deckel auflegen, auf höchster Einstellung zum Kochen bringen, bis Dampf unter dem Deckel austritt. Kleinere Einstellung wählen und 20 Min. dünsten, ohne den Deckel abzuheben, dabei sollte das Wasser fast komplett verdampfen. In den letzten drei Min. die Kokosraspeln zugeben und vorsichtig umdrehen. Salzen.

10730. Tutti Frutti, Februar 2017

2 Portionen

- 150 g Stützcreme (relativ feste Sorte)
- 30 g Apfelmark
- 30 g Orangeat
- 15 g grüne Rosinen
- 20 g Rosinen

Stützcreme, Mark und Orangeat mit einem kleinen Mixer mixen, das Orangeat ist dann nicht vollständig zerkleinert. Rosinen mit einem Löffel unterrühren und auf zwei Schüsselchen verteilen.

Tipp: *Richtig bunt wird es mit Gojibeeren usw.*

10731. Nutellakao, Februar 2017

Im Vitamix ca. 2,5 Min. auf höchster Stufe:

- 12 g Kakaonibs
- 15 g Nackthafer
- 3 Datteln Deglet Nour, entsteint
- 9 g frischer Ingwer
- 15 g Nussschokocreme, hier: Nussschokocreme Nutella-Alternative 10715
- auf 500 ml mit Wasser/kochendem Wasser 1:1 auffüllen.

10732. Jasmin-Mungbohnen, Februar 2017

2 Portionen

- 90 g Jasmin-Vollkornreis
- 70 g Mungbohnen
- 340 g Wasser

Im Topf 40 Min. auf kleiner Einstellung kochen.

10733. Spinat mit roten Rauten, Februar 2017

2 Portionen

- 55 g Wasser
- 10 g Sonnenblumenöl
- 90 g Zwiebel, gewürfelt
- 85 g rote Paprika, gewürfelt
- 230 g TK Spinat
- 1 TL Salz
- 3 EL Sahne

Wasser, Öl und Zwiebel als Gemüsepfanne (24 cm) 5 Min. vorgaren. Paprika und Spinat hinzufügen, 15 Min. auf mittlerer Einstellung garen, es muss warm genug für den Spinat sein aufzutauen. Salz und Sahne unterrühren.

10734. Pudding Jamaika, März 2017

2 Portionen

- 5 g Orangenschale, eingelegt in Rum/Honig (Minirumtopf 10565)
- 15 g Rum aus dem obigen Rumtopf
- 180 g Stützcreme
- 20 g Ahornsirup
- 10-15 g Rosinen
- 1-2 TL Mandelblättchen

Schale, Rum, Stützcreme und Ahornsirup mit einem kleinen Mixer so lange mixen, bis die Schale nicht mehr sichtbar ist. Auf zwei Schüsselchen verteilen, Rosinen in die Mitte legen und den Rand mit Mandelblättchen bestreuen.

10735. Heidelbeer-Bananen-FKG, März 2017

2 Portionen

- 2 EL Leinsamen
- 6 EL Nackthafer
- 10 g Zitronenfleisch
- 3 Bananen (290 g)
- 1 Apfel (200 g)
- 100 g TK Heidelbeeren
- 25 g Sahne
- 15 g Kokosstreifen

Leinsamen mit dem Getreide flocken, auf zwei Schüsselchen verteilen. Das Obst in grobe Stücke teilen und mit der Sahne im Hochleistungsmixer pürieren, über das Getreide geben. Mit Kokosstreifen bestreuen.

10736. Butterspirali, März 2017

1 gute Portion; keine Beilagen.

- 150 g Vollkorn-Spirali
- Wasser zum Kochen
- 1 TL Salz
- 20 g Butter
- 1/2 TL Pesto, hier Thymianwürze flüssig 10701

Nudeln in Salzwasser kochen, in einem Sieb abtropfen lassen. Butter im Nudeltopf erhitzen, Nudeln zugeben und Rühren, sie sollen ruhig etwas ansetzen. Herd abschalten und Pesto unterrühren, es soll nur ganz leicht Geschmack geben. Servieren.

Hinweis: *Ich hatte heute nur mich allein zu versorgen und war extrem unlustig. Selbst Nudeln mit Spinat waren mir zu viel Arbeit.*

10737. Fast-Kartoffelgulasch, März 2017

2 Portionen

- 100 g Wasser
- 40 g Zwiebel, gewürfelt
- 350 g Kartoffeln, in Scheiben
- 200 g Champignons, in Scheiben
- 250 g Tomaten, in Scheiben
- 1 x Gulaschsoße 10738

Ohne die Soße ähnlich wie eine Gemüsepfanne garen (24 cm, 20 Min), aber nicht ganz so niedrig stellen. Die Soße unterziehen und aufkochen.

10738. Markpudding mit Blopp, März 2017

2 Portionen

Im Vitamix pürieren:

- 150 g Stützcreme
- 100 g Apfelmark
- 20 g Ahornsiup
- 1 TL Flohsamenschalen

Auf zwei Schüsselchen verteilen, mit einem Teelöffel:

- 25 g Nussschokocreme

in die Mitte setzen. Kalt stellen.

10739. Gulaschsoße, März 2018

- 40 g gekochte rote Linsen
- 50 g Stützcreme
- 1 TL Paprika edelsüß
- 1 TL Salz
- 1 Prise Pfeffer
- 1/2 TL gem. Kümmel
- 50 g Kochflüssigkeit

Im Mixer pürieren und weiter verwenden.

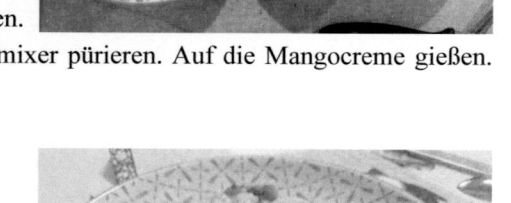

10740. Üppiges Freistagsfrühstück, März 2018

2 x Frühstück

- 6 EL Nackthafer
- 1 EL Leinsamen
- 50 g getr. Mango
- 30 g Cashewnüsse
- 305 g Wasser
- 1 Orange (165 g)
- 10 g Zitronenfleisch
- 1 Banane (105 g)
- 160 g frische Erdbeeren
- 20 g Sahne
- 1 Erdbeere, halbiert, als Dekoration

Leinsamen mit dem Getreide flocken, auf zwei Schüsselchen verteilen. Mangomasse im Vitamix pürieren, auf das Getreide geben. Obst in grobe Stücke teilen und mit der Sahne im Hochleistungsmixer pürieren. Auf die Mangocreme gießen. Eine halbe Erdbeere in die Mitte legen.

10741. Kartoffeln und Brokkoli, März 2017

2 Portionen

- 100 g Wasser
- 45 g Zwiebel, gewürfelt
- 225 g Kartoffel, in dünnen Scheiben
- 2 Tomaten (180 g) in Scheiben
- 220 g Brokkoli-Röschen
- 1 x Thymiansoße 10743

Ohne sie Soße als Gemüsepfanne (24 cm, 20 Min.) dünsten. Soße unterziehen und aufkochen:

10742. Erdbeerschüsselchen, März 2017

2 Desserts

- 145 g Erdbeeren
- 25 g Honig
- 25 g Sahne
- 130 g Stützcreme
- 1 gestr. TL Flohsamenschalen
- 5 g gehobelte Mandeln
- 15-20 g Nussschokocreme Nutella-alternative 10715

Obst, Honig, Sahne, Creme und Flohsamenschalen mixen (hier: starker Mixer). Auf zwei kleine Glasschüsselchen verteilen, mit Mandeln bestreuen. In die Mitte einen Teelöffel Nussschokocreme setzen.

10743. Thymiansoße, März 2017

- 75 g Stützcreme
- 1 TL Salz
- 5 g Thymianwürze flüssig 10701
- 1 TL Reismehl
- 10 g Sahne und
- 80 g Wasser im kleinen Mixer pürieren und weiter verwenden.

10744. Rot-auf-Blau-schmückt-die-Sau-FKG, März 2017

2 Portionen; Modedevise meiner Mutter :-)

- 2 EL Leinsamen
- 6 EL Nackthafer
- 10 g Zitronenfleisch
- 300 g Mango
- 2 Bananen (205 g)
- 105 g TK Heidelbeeren
- 20 g Sahne
- 3 Erdbeeren (60 g), halbiert
- 8 Mandeln
- 2 Paranüsse

Leinsamen mit dem Getreide flocken, auf zwei Schüsselchen verteilen. Das Obst in grobe Stücke teilen und mit der im Hochleistungsmixer pürieren, über das Getreide geben. Mit Erdbeerhälften und Nüssen dekorieren.

10745. Viermalfünfzehn-Kakao, März 2017

Im Vitamix ca. 2.5 Min. auf höchster Stufe schlagen:

- 15 g Kakaonibs
- 15 g Nackthafer
- 15 g Nussschokocreme, hier Nussschokocreme Nutella-Alternative 10715
- 15 g Cashewnüsse
- 4 Datteln Deglet Nour, entsteint
- 7 g frischer Ingwer
- auf 500 ml mit Wasser/kochendem Wasser 1:1 auffüllen.

10746. Stützcremevorrat trocken, März 2017

- 60 g Rundkorn-Naturreis
- 1 Prise Salz
- 15-20 g Cashewnüsse

Hinweis: *Wenn ich in Eile bin, passiert es mir hin und wieder, dass ich mich mit den Zutaten für die Stützcreme vertue, falsch abwiege usw., und dann wird es nicht richtig etwas. Für mehr Ruhe sorgt, wenn ich ein paar kleine Gläser vorbereitet habe, in die bereits in Ruhe die einzelnen Dinge abgewogen bereit liegen.*

10747. Sommergemüse im Winter, März 2017

2 Portionen

- 10 g Sonnenblumenöl
- 65 g Kichererbsenkochwasser
- 65 g Zwiebel, gewürfelt
- 120 g Zucchini, in Scheiben
- 95 g Brokkoli, Strunk in Halbscheiben, der Rest in Röschen
- 3 Tomaten (285 g), in Halbscheiben
- 75 g gekochte Kichererbsen
- 30 g Zitronensaft
- 1 TL Salz
- 1 Prise Pfeffer
- 10 g Mandelöl

Öl, Wasser und Gemüse als Gemüsepfanne (24 cm, Keramikpfanne) 13 Min. garen. Kichererbsen unterrühren. Zitronensaft, Salz, Pfeffer und Öl mit einem Löffel verrühren und unterheben.

Bei uns gab es dazu Jasmin-Vollkornreis.

10748. Nussschokocreme Nutella-Alternative 2, März 2017

Vorläufer: 10715; 1,5 Honiggläser voll.

- 125 g Haselnüsse
- 75 g Cashewnüsse
- 40 g Kakaopulver
- 200 g Honig
- 200 g Wasser
- 1/2 TL Flohsamenschalen

Alles in den Vitamix geben und mit dem Stößel gut durcharbeiten. Wird leicht warm, bis es wirklich glatt ist. In Honiggläser füllen.

Hinweis: Es war erst im Vitamix zu flüssig, deshalb habe ich nachträglich Flohsamenschalen zugegeben. Das würde ich nicht wiederholen, lieber 25 g mehr Cashewnüsse nehmen. Trotz reinem Kakaopulver ist es mir zu süß.

10749. Großer Puffer, März 2017

Vorläufer 1/106.

Flüssige Phase (Vitamix):

- 200 g Linsen
- 225 g Honig
- 160 g Stützcreme
- 80 g Apfelmark

Feste Phase:

- 200 g Haselnüsse, gem. (Thermomix 10 Sek./Stufe 8)
- 250 g Dinkelmehl (Mühle)
- 2 P Backpulver

Außerdem

- 500 g Kartoffeln, zerkleinert (Thermomix 5 Sek./Stufe 6)

Alle Zutaten in den Thermomix geben und mixen (20 Sek./Stufe 5, einmal durchrühren, 10 Sek./Stufe 5). Der Teig ist schön locker. Auf ein Backblech streichen und in den auf 190 °C (Heißluft) vorgeheizten Ofen geben, 25 Min. backen. Noch warm mit einem Silikonspatel in Stücke schneiden und lauwarm oder kalt vom Blech lösen.

Hinweis: Da der Kuchen so nass und flach ist, ist er zwar genießbar, aber es lohnt nicht, einen Schokoguss aufzutragen. Geschmacklich ist nichts daran zu meckern.

Der Kuchen ist lecker geworden, aber völlig zusammengefallen. Eigene Schuld, ich habe mich zeitlich verschätzt und so verbrachte er die letzten 5 Min. alleine im Ofen und kühlte dort dann auch ab. Vorher war er herrlich locker, konnte man sehen und ich hatte auch ein kleines Stückchen probiert. Ich wollte dann nur „zur Sicherheit" noch ein paar Min. nachbacken.

10750. Banane mit zwei Funktionen-Dessert, März 2017

2 Portionen

- 60 g Kuchen, hier Großer Puffer 10748
- 2 Bananen (220 g)
- 125 g Stützcreme
- 25 g Nussschokocreme, hier Nussschokocreme Nutella-Alternative 10715
- 1 Erdbeere, halbiert

Kuchen, eine Banane und Stützcreme im Vitamix mixen. Die zweite Banane in Stücke schneiden und mit der Masse verrühren. Auf zwei Schüsselchen verteilen. Mit Schokocreme und Erdbeerhälften garnieren.

10751. Viermalsiebzehn-Sonntagskakao, März 2017

Im Vitamix ca. 2,5 3 Min. auf höchster Stufe schlagen:

- 17 g Kakaonibs
- 17 g Nackthafer
- 17 g Nussschokocreme, hier Nussschokocreme Nutella-Alternative
- 17 g Cashewnüsse
- 4 Datteln Deglet Nour, entsteint
- 12 g frischer Ingwer
- auf 500 ml mit Wasser/kochendem Wasser 1:1 auffüllen.

10752. Bolognese-Soße Kohlrabi für Lasagne, März 2017

Für 2 Lasagne

- 1 große Zwiebel (100 g), geviertelt
- 1 Knoblauchzehe (5 g)
- 285 g Kohlrabi
- 30 g Rotkohl
- 1 EL Öl
- 210 g Wasser
- 1 große Tomate (175 g), in groben Stücken
- 1 TL Salz
- 1 gute Prise Pfeffer
- 25 g Tomatenmark
- 35 g Roggen, geflockt

Gemüse im TM zerkleinern (5 Sek./Stufe 6). Mit Öl und 80 g Wasser kurz angaren (5,5 Min./120 °C/Linkslauf/ Stufe 2). Tomaten und 80 g Wasser zufügen, im Thermomix zerkleinern (3 Sek./Stufe 5). Salz, Pfeffer und Tomatenmark zugeben und garen (20 Min./100 °C/Linkslauf/Rührstufe). Roggen einarbeiten (2 Sek./Stufe 7-10). In eine Schüssel umfüllen und 50 g Wasser einrühren. Das kann je nach Wassergehalt der Tomaten variieren. Bei mir reichten 50 g aus, um die Masse „geschmeidig" zu machen.

10753. Beerencreme, März 2017

1 gute Portion / mit etwas Deko auch 2.

- 100 g TK Beerenmischung, angetaut
- 50 g Kuchen, hier Großer Puffer 10749
- 40 g Pflanzenmilch
- 15 g Ahornsirup

In einem kleinen Mixer, hoch stehende Klinge, mixen.

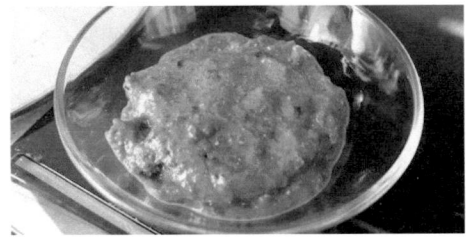

10754. Rumcreme, März 2017

- 3 g Schale aus dem Minirumtopf 10565
- 100 g Stützcreme
- 15 g Ahornsirup
- 15 g Rum aus dem Minirumtopf 10565
- 1/2 TL Flohsamenschalen

Mit einem kleinen Mixer, hochstehendes Messer, pürieren.

10755. Jetzt-ist-Schicht-Pudding, März 2017

2 Desserts

- 1 x Beerencreme 10753
- 1 x Rumcreme 10754
- 1-2 TL Kakaonibs

Beerencreme auf zwei Schüsselchen verteilen, mit Rumcreme bedecken. Kakaonibs in die Mitte streuen und mindestens eine Stunde kalt stellen.

10756. Bechamelsoße Hand Hirsemehl klein, März 2017

- 10 g Sahne
- 25 g Stützcreme
- 245 g Pflanzenmilch
- 45 g Wasser
- 1 TL Salz
- 1 Prise Muskatnuss
- 35 g Hirsemehl
- 20 g Butter
- 35 g Bergkäse, klein geschnitten
- 50 g Wasser

Zutaten bis auf den Käse in einen Topf geben und unter Rühren mit dem Schneebesen zum Kochen bringen, einige Min. ziehen lassen. Käse hinzufügen und unterrühren. Mir war die Soße dann noch zu dick, ich habe noch 50 g (Kichererbsen-)Kochwasser untergerührt.

10757. Lasagne Kohlrabi mit Kaufplatten, März 2017

2 Portionen; Vorläufer 10726

- 4 Lasagneplatten (Vollkorn, dennree)
- 1 x Bolognesesoße, z. B. Bolognese-Soße Kohlrabi für Lasagne 10572
- 1 x Bechamelsoße, z. B. Bechamelsoße Hand Hirsemehl klein 10756
- 90 g dünngeschnittener Bergkäse, in Streifen
- Etwas Öl für die Formen

Zwei rechteckige Lasagneformen mit Öl einpinseln. Den Boden mit einer dünnen Schicht Bolognesesoße bedecken. Je eine Teigplatte darauf legen, darauf Bolognesesoße streichen. Bechamelsoße darüber gießen (insgesamt etwa die Hälfte), wiederum eine Teigplatte darauf geben. Den Rest Bolognesesoße darüber verteilen, mit dem Rest Bechamelsoße übergießen. Mit dem Käse belegen. (Bei mir waren es übrigens für jede Form je 2 EL = 6 EL Bechamelsoße.). Ofen auf 180 °C (Heißluft) vorheizen, Form einschieben und 35 Min. bei 180 °C backen. 5-10 Min. abkühlen lassen.

10758. Käsebechamelkartoffeln, März 2017

2 Portionen

- 175 g Wasser
- 15 g Zwiebel, gehackt
- 450 g Kartoffeln, in Scheiben
- Käsebechamelsoße 10759

Zutaten ohne die Soße aufkochen und auf kleiner Einstellung bei geschlossenem Deckel 20 Min. kochen (die Zeit richtet sich nach der Kartoffelsorte). Soße einrühren und aufkochen.

Tipp: Bei uns gab es dazu Spinat superschlicht 10760.

10759. Käsebechamelsoße aus dem Vitamix, März 2017

- 10 g Sahne
- 40 g gekochte rote Linsen
- 1 TL Salz
- 1 Prise Muskatnuss
- 50 g Stützcreme
- 345 g Wasser (schneller mit heißem Wasser)
- 40 g Hirse
- 80 g Edamer, klein geschnitten

Alle Zutaten bis auf den Käse im Vitamix zum Kochen bringen (auf Höchststufe). Käse zugeben, nochmals gut mixen.

10760. Spinat super schlicht, März 2017

- 55 g Wasser
- 250 g Spinat, kleiner geschnitten als die Riesenblätter
- 1-2 Prisen Salz

Als Gemüsepfanne (24 cm, 10 Min.) garen und salzen.

10761. Spinat-Kartoffel-Auflauf, März 2017

2 Portionen

- 100 g Wasser
- 360 g Kartoffeln, in Scheiben
- 250 g Spinat, in schmale Streifen geschnitten
- 1 x Brotcremesoße 10762
- 75 g Edamer (wer keinen Käse essen will, bestreut mit Sonnenblumenkernen oder Sesam)

Wasser und Kartoffeln als Gemüsepfanne (ofenfeste 24-cm-Woll-
pfanne) 10 Min. garen. Spinat hinzufügen, erhitzen, bis Dampf unter
dem Deckel austritt und auf kleiner Einstellung 5 Min. garen. In der Kochzeit den Ofen auf 220 °C (Heißluft)
vorheizen. Soße über das Gemüse gießen, mit Käse belegen und ohne Deckel in den 200° C heißen Ofen schieben. Nach 15 Min. ist der Auflauf fertig.

10762. Brotcremesoße, März 2017

Im starken Mixer oder Vitamix pürieren:

- 95 g Stützcreme
- 90 g Brot (2 Scheiben)
- 250 g Wasser
- 1 TL Salz
- 1 Prise Pfeffer

10763. Milchreis mit Sahne, März 2017

- 300 g Rundkorn-Naturreis
- 50 g Sahne
- 850 g Wasser (Verhältnis Reis zu Flüssigkeit = 1 zu 3)
- 1 Prise Salz
- 1 Prise gem. Vanille
- 1-2 Prisen gem. Orangen- oder Zitronenschale

Reis mit den restlichen Zutaten im Schnellkochtopf 12 Min. auf
Stufe II kochen. Langsam abdampfen: 20 Min. Platte auf 1 (von 14)
und 10 Min. geschlossen stehen lassen.

10764. Nussschokocreme „Marzipan", März 2017

Vorläufer 10715; 1,5 Honiggläser voll.

- 200 g Mandeln
- 1 bitterer Aprikosenkern oder 1 bittere Mandel
- 50 g Cashewnüsse
- 30 g Kakaopulver
- 10 g Carob
- 175 g Honig
- 200 g Wasser

Alles in den Vitamix geben und mit dem Stößel gut durcharbeiten.
Wird leicht warm, bis es wirklich glatt ist. In Honiggläser füllen.

Fazit: *Der Honig ist immer noch reichlich. Sehr lecker!*

10765. Kuchen im Schlafreisrock, März 2017

2 Portionen

- 230 g Milchreis (hier: Milchreis mit Sahne 10763)
- 15 g Ahornsirup
- 30 g Kuchen (hier: Großer Puffer 10749)
- 35 g Orangeat

Zutaten mit einem Löffel verrühren und auf zwei Schüsselchen verteilen.

10766. Hirse + Kohlrabi, März 2017

2 Portionen

- 150 g Hirse
- 325 g Wasser
- 1 Prise Salz
- 1 Knoblauchzehe, in Scheiben (7 g)
- 90 g Apfel, fein gewürfelt
- 1 Kohlrabi (270 g), in Streifen
- Tamari-Thymian-Soße

Ohne die Soße als Gemüsepfanne (24 cm, 20 Min.) dünsten. Zum Schluss Tamari-Thymian-Soße unterrühren.

10767. Suppengemüse in Senfsoße, März 2017

2 Portionen

- 95 g Wasser
- 15 g Öl
- 305 g Kartoffeln, in Scheiben
- 105 g Zwiebeln, gewürfelt
- 130 g Sellerie, gewürfelt
- 130 g Möhren, in Scheiben
- Senfsoße mit Tamari 10769

Aus den Zutaten ohne die Senfsoße eine Gemüsepfanne (24 cm, Woll-Pfanne, 20 Min.) herstellen. Senfsoße unterziehen und aufkochen.

Tipp: *Sehr einfach und sehr lecker!*

10768. Tamari-Thymian-Soße, März 2017

- 50 g gekochte rote Linsen
- 50 g Stützcreme
- 50 g Wasser
- 20 g Öl
- 15 g Thymianwürze flüssig 10701
- 5 g Tamari
- 1 TL Salz

10769. Senfsoße mit Tamari, März 2017

In einem kleinen Mixer pürieren:

- 50 g gekochte rote Linsen
- 50 g Stützcreme
- 1 TL Salz
- 1 Prise Pfeffer
- 25 g Senf
- 20 g Apfelmark
- 10 g Tamari
- 50 g Wasser

10770. Marzipanreis, März 2017

2 Desserts

- 50 g Kuchen, hier Großer Puffer 10749
- 60 g Nussschokocreme „Marzipan" 10764
- 50 g Pflanzenmilchkakao (z. B. 10511)
- 15 g Ahornsirup
- 125 g gekochter Milchreis, hier: Milchreis mit Sahne
- 5 g Mandelblättchen

Kuchen, Creme, Kakao und Ahornsirup in einem kleinen Mixer mixen. Reis mit einem Löffel unterrühren. Auf zwei kleine Schüsselchen verteilen, mit Mandelblättchen bestreuen.

10771. Brot mit Bruschetta (Wildhefe), März 2017

Vorläufer: 10682

Stufe 1 (12 Std. vorher):
Sauerteigansatz:
- 400 g Roggen
- 420 g Wasser
- 150 g Sauerteig

Wildhefeansatz:
- 200 g Wildhefewasser
- 200 g Dinkel

Stufe 2 (Backen, bei mir am Morgen):
- 100 g Roggen
- 225 g Dinkel
- 20 g Salz
- 2 EL Bruschetta-Kräutermischung
- 100 g Sesamsaat, ungeschält
- 150 g Wasser
- Gesamter Wildhefeansatz
- 800 g Sauerteigansatz
- 20 g Butter für die Form

Stufe 1: Roggen fein mahlen, mit Wasser und altem Sauerteig mischen. In einer Plastiktüte über Nacht stehen lassen. 150 g von der Stufe 1 abnehmen und in einem gut schließenden Schraubglas in den Kühlschrank stellen für das nächste Backen. Wildhefezutaten mit einem Löffel verrühren. **Stufe 2:** Zutaten (außer der Butter) mit einem großen Löffel gründlich verrühren, bis kein Mehl mehr sichtbar ist. Eine 30-cm-Brotform, Profi-Email von Dr. Oetker, gut einfetten. Teig hineingeben, mit der nassen Hand herunterdrücken und glattstreichen. Mit einem scharfen Messer dreimal schräg einschneiden. Form in eine Plastiktüte geben und etwa 2,5 Std. gehen lassen. Brot in den kalten Ofen schieben und 90 Min. bei 190 °C (Heißluft) backen.

10772. Brokkolisuppe, März 2017

2 Portionen

- 50 g Zwiebel
- 70 g Kartoffel (eine kleinere)
- 260 g Brokkoli (vor allem Strunk)
- 500 g Wasser
- 1 TL Salz
- 1/2 TL gem. Cumin
- 45 g gekochte rote Linsen
- 50 g Stützcreme
- 15 g getr. Tomaten, in feinen Streifen

Gemüse und Wasser in den TM geben, 10 Sek./Stufe 5 zerkleinern, kochen (15 Min./100 °C/Stufe 2). Salz, Cumin, Linsen und Stützcreme zugeben und pürieren (10 Sek./Stufe 8). Tomatenstreifen zugeben, die werden von der Hitze der Suppe warm.

10773. Milchreis im Schlafrock, März 2017

2 Portionen

- 150 g gekochter Milchreis, hier: Milchreis mit Sahne 10763
- 70 g: Nussschokocreme „Marzipan" 10764
- 30 g Ahornsirup
- 10 g Orangeat

Aus dem Reis vier Kugeln formen, auf zwei Teller verteilen. Schokocreme mit dem Ahornsirup verrühren, damit die Reiskugeln bedecken. Mit Orangeat dekorieren.

10774. Hafertaler Möhre, März 2017

Vorlage: 10634; 2 Backbleche

- 200 g Honig
- 100 g Butter
- 200 g Dinkel, fein gemahlen
- 250 g Nackthafer, geflockt
- 1 P Weinsteinbackpulver
- 1 Prise Salz
- 1 geh. TL fein gem. Zitrusfruchtschale
- 125 g Möhren
- 50 g Mandeln
- 50 g Rosinen
- 50 g Apfelmark

Butter und Honig in einer Pfanne auf mittlerer Einstellung auflösen (Stufe 5/14, Induktion). Dinkel, Hafer, Backpulver, Salz und Schale miteinander mischen, in eine Rührschüssel geben. Möhren mit den Mandeln fein reiben (z.B. Speedy) und mit Butter-Honig-Flüssigkeit, Rosinen und Apfelmark zugeben und mit einem Handrührgerät, Rührbesen, zu einem Teig verarbeiten. 10-15 Min. quellen lassen. Mit einem Teelöffel Portionen abnehmen und zwischen den feuchten Händen zu kleinen Talern pressen. Nebeneinander auf PerfectClean-Bleche legen , in dieser Zeit den Ofen auf 160 °C vorheizen. Einschieben und 20 Min. backen.

10775. Nussschokocreme „Marzipan" V2, März 2017

Vorläufer 10764; 1,5 Honiggläser voll. Weniger süß.

- 200 g Mandeln
- 1 bitterer Aprikosenkern oder 1 bittere Mandel
- 50 g Cashewnüsse
- 30 g Kakaopulver
- 10 g Carob
- 150 g Honig
- 225 g Wasser

Alles in den Vitamix geben und mit dem Stößel gut durcharbeiten. Wird leicht warm, bis es wirklich glatt ist. In Honiggläser füllen.

Fazit: Der Honig ist immer noch reichlich. Bei Verarbeitung zu Nachtisch gebe ich noch Honig hinzu, weil ja ein „Sweet Tooth" mit am Tisch sitzt. So pur schmeckt es mir jetzt noch besser.

10776. Würziger Schokoladenkuchen, März 2017

24-cm-Springform

Flüssige Phase im Vitamix mischen:

- 225 g Nussschokocreme „Marzipan" V2 10775
- 25 g Kokosöl
- 175 g gekochte rote Linsen
- 200 g Stützcreme
- 100 g Apfelmark
- 125 g Honig
- 1 Prise Salz

Feste Phase (mit dem Löffel verrühren):
- 200 g Mandeln
- 150 g Datteln Deglet Nour, ohne Stein
- 1 EL Zimt
- 1/4 TL gem. Nelken
- 1/4 TL gem. Kardamom
- 1 P Weinsteinbackpulver
- 4 Zimtstangen
- 8 ganze Mandeln

Mandeln mahlen (TM 10 Sek./Stufe 8). Datteln zugeben und klein hacken (2 x 10 Sek./Stufe 5). Gewürze und Backpulver zugeben und die flüssige Phase obenauf gießen. Zu einem Teig verarbeiten (10 Sek./Stufe 3; 10 Sek./Stufe 4; 10 Stufe 5). (Hier müssten jetzt noch die gehackten Mandeln eingearbeitet werden, z.B. durch 10 Sek./Stufe 3/Linkslauf.) Eine Springform mit Backpapier auslegen, den Teig hineingießen. Mit Zimtstangen und Mandeln dekorieren. Ofen auf 160 °C (Heißluft) vorheizen und 40 Min. backen.

Tipp: Geschlagene Sahne oder eine entsprechende Stützcreme sollten gut dazu passen.

10777. Stangensellerie „Jumbo Edition", März 2017

2 Portionen

Eine Gemüsepfanne (24 cm Keramikpfanne, 15 Min.) aus:
- 110 g Bohnenkochwasser
- 50 g Zwiebel, gewürfelt
- 275 g Fenchel, in Ringen
- 75 g Roggen, geflockt

Nach dem Kochen die folgenden Zutaten unterrühren:
- 2 EL Mandelöl
- 1 TL Salz
- 1 Prise Pfeffer
- 225 g gekochte Jumbo-Bohnen (oder weiße Bohnen)
- 75 g Wasser

10778. Jetzt-ist-Schicht-Dessert, März 2017

2 Portionen

Untere Schicht (mit Löffel verrühren):
- 100 g gekochter Milchreis
- 20 g grüne Rosinen
- 20 g Apfelmark

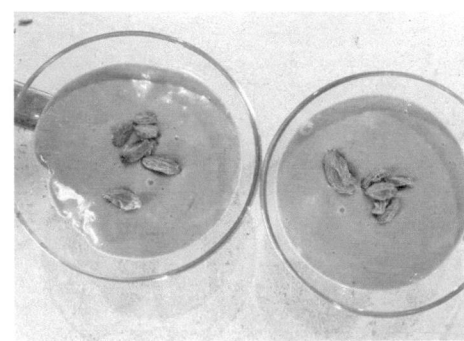

Obere Schicht (mit Vitamix pürieren):
- 90 g „Marzipancreme", hier Nussschokocreme „Marzipan" V2 10775
- 90 g Stützcreme
- 25 g flüssiger Honig

Dekoration:
- einige grüne Rosinen

Die Schichten übereinander in kleine Glasschüsselchen geben, mit Rosinen bestreuen.

10779. Zwei Erdbeeren auf Reis, März 2017

2 Portionen
- 140 g gekochter Milchreis
- 40 g Stützcreme
- 40 g Apfelmark
- 2 größere Erdbeeren (50 g)
- 15 g dünnflüssiger Honig

Milchreis mit Stützcreme und Apfelmark verrühren, auf zwei Schüsselchen verteilen. Erdbeeren in kleine Stücke teilen, auf den Milchreis legen. Den Honig darüber geben und kurz kalt stellen.

10780. Bolognese-Soße Möhre für Lasagne II

- 1 große Zwiebel (100 g), geviertelt
- 1 Knoblauchzehe (5 g)
- 35 g Rotkohl
- 40 g Sellerie
- 200 g Möhre
- 1 EL Öl
- 310 g Wasser
- 1 große Tomate (185 g), in groben Stücken
- 1 TL Salz
- 1 gute Prise Pfeffer
- 25 g Tomatenmark
- 35 g Roggen, geflockt

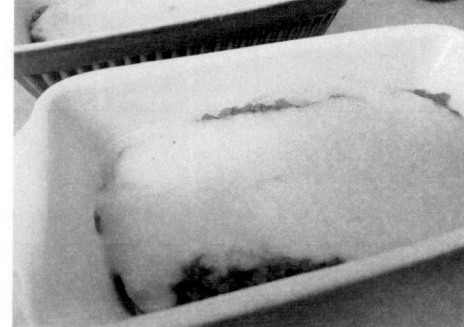

Gemüse im TM zerkleinern (5 Sek./Stufe 6). Mit Öl und 80 g Wasser kurz angaren (6 Min./120 °C/Linkslauf/Stufe 2). Tomaten und 80 g Wasser zufügen, im Thermomix zerkleinern (3 Sek./Stufe 5). Salz, Pfeffer, Tomatenmark und restliches Wasser zugeben und garen (20 Min./100 °C/Linkslauf/Rührstufe). Roggen einarbeiten (2 Sek./Stufe 7-10).

10781. Bechamelsoße per Hand ohne Milch, März 2017

- 10 g Sahne
- 75 g Stützcreme
- 290 g Wasser
- 1 TL Salz
- 1 Prise Muskatnuss
- 35 g Hirsemehl
- 20 g Butter
- 45 g Emmentaler, klein geschnitten
- 35 g Wasser

Zutaten bis auf den Käse in einen Topf geben und unter Rühren mit dem Schneebesen zum Kochen bringen, einige Min. ziehen lassen. Käse hinzufügen und unterrühren. Mir war die Soße dann noch zu dick, ich habe noch 35 g (Kichererbsen-)Kochwasser untergerührt.

10782. Lasagne Möhre mit Kaufplatten II, März 2017

2 Portionen; Vorläufer 10757

- 4 Lasagneplatten (Vollkorn, dennree)
- Bolognese-Soße Möhre für Lasagne 10780
- Bechamelsoße per Hand ohne Milch 10781
- 115 g dünngeschnittener Emmentaler, in Streifen
- Etwas Öl für die Formen

Zwei rechteckige Lasagneformen mit Öl einpinseln. Den Boden mit einer dünnen Schicht Bolognesesoße bedecken. Je eine Teigplatte darauf legen, darauf Bolognesesoße streichen. Bechamelsoße darüber gießen (insgesamt etwa die Hälfte), wiederum eine Teigplatte darauf geben. Den Rest Bolognesesoße darüber verteilen, mit dem Rest Bechamelsoße übergießen. Mit dem Käse belegen.

Ofen auf 180 °C (Heißluft) vorheizen, Form einschieben und 35 Min. bei 180 °C backen. (5-10 Min. abkühlen lassen, aber dafür war keine Zeit)

10783. Zwei Erdbeeren auf Schokocreme, März 2017

Vorläufer 10779; 2 Portionen

- 125 g Stützcreme
- 40 g Nussschokocreme „Marzipan" weniger süß 10764
- 1 TL Rum aus Minirumtopf 10565
- 15 g Ahornsirup
- 2 größere Erdbeeren (75 g)

Stützcreme mit Nussschokocreme, Rum und Sirup verrühren, auf zwei Schüsselchen verteilen. Erdbeeren in kleine Stücke teilen, auf die Creme legen.

10784. Haselnusscreme, März 2017

2 Portionen

- 125 g Stützcreme
- 2 kleinere, reife Bananen (190 g)
- 50 g Haselnüsse
- 1 Prise Zimt
- 1 Prise gem. Vanille
- 6 Haselnüsse (Dekoration)

Alle Zutaten bis auf die Deko im Vitamix mixen, auf zwei Schüsselchen verteilen und je drei Haselnüsse in die Mitte legen. Vor allem die Oberfläche dunkelt wegen der Bananen schnell nach.

Tipp: Etwa 200 g Wasser in den fast geleerten Vitamix geben und 1 Min. laufen lassen, schmeckt als Getränk und nichts ist verschwendet.

10785. Sellerieduett mit Haselnussaroma, März 2017

2 Portionen

- 80 g Wasser
- 10 g Sonnenblumenöl
- 30 g Zwiebel, gehackt
- 290 g Kartoffeln, in Scheiben
- 260 g Stangensellerie, in Halbringen
- 130 g Knollensellerie, gewürfelt
- Haselnusssoße

Ohne die Soße als Gemüsepfanne (24 cm, Woll-Pfanne, 20 Min.) dünsten. Soße unterrühren und kurz aufkochen.

10786. Haselnusssoße, März 2017

- 50 g gekochte rote Linsen
- 75 g Stützcreme
- 1 TL Salz
- 1 Prise gem. Gewürznelken
- 20 g Apfelmark
- 30 g Haselnüsse
- 15 g Balsamico-Essig
- 50 g Wasser
- Ca. 30 g Wasser zum Nachspülen

In einem kleinen Mixer, hoch stehendes Messer, zu einer glatten Creme mixen.

10787. Passtnichtzusammen, März 2017

2 Portionen; so auf Anhieb würde man vielleicht Broccoli (letzte Woche im Angebot) und Auberginen (diese Woche im Angebot) nicht kombinieren. Ich hab's gewagt, zusammen mit einer Soße, die auch nicht wirklich passt – und mir hat's gut geschmeckt .:-)

- 160 g Vollkorn-Spiralnudeln
- 1 Prise Salz
- 150 g Aubergine, in Scheiben bzw. Halbscheiben
- 170 g Broccoli, in Röschen geteilt
- 350 g Wasser
- 1 Senfpestosoße
- Ohne die Soße als Gemüsepfanne (24cm-Alugusspfanne) 15 Min. dünsten. Senfpestosoße einrühren und aufkochen.

10788. Senfpestosoße, März 2017

- 75 g Stützcreme
- 50 g gekochte rote Linsen
- 25 g Pesto, hier Thymianwürze flüssig 10701
- 1 TL Salz
- 1 Prise Pfeffer
- 15 g Senf
- 20 g Apfelmark
- 20 g Cashewnussmus
- 50 g Wasser

In einem kleinen Mixer, hoch stehendes Messer, pürieren.

10789. Nussschokocreme „Marzipan" Nussmus, März 2017

Vorläufer 10775; 1,5 Honiggläser voll

- 200 g Mandeln
- 1 bitterer Aprikosenkern oder 1 bittere Mandel
- 50 g Cashewnussmus
- 30 g Kakaopulver
- 10 g Carob
- 150 g Honig
- 225 g Wasser

Alles in den Vitamix geben und mit dem Stößel gut durcharbeiten. Wird leicht warm, bis es wirklich glatt ist. In Honiggläser füllen.

Hinweis: *Das Cashewnussmus macht es noch süßer. Da es aber ein Geschenk sein soll, ist das okay.*

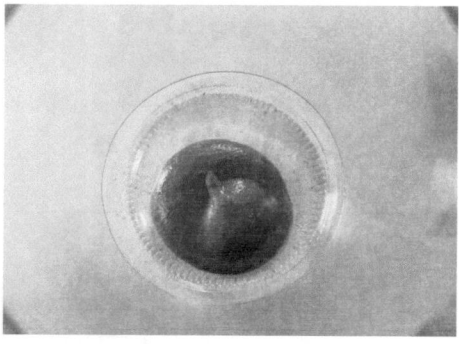

10790. O-Creme auf E-Beere, März 2017

2 Portionen

- 2 Erdbeeren (65 g)
- 1 TL gehobelte Mandeln
- 95 g Stützcreme
- 1 Saftorange (115 g)
- 1 Prise getr. Minze
- 15 g Sahne
- 1 g Flohsamenschalen
- 10 g Agavendicksaft
- 1 Keks (12 g), hier Hafertaler Möhre 10774

Erdbeeren klein schneiden, auf zwei Schüsselchen verteilen. Aus den restlichen Zutaten im Mixer eine glatte Creme herstellen. Früchte mit dieser Creme übergießen, mit Mandelblättchen bestreuen.

10791. Lorbeerreis, März 2017

2 Portionen

- 160 g Jasminvollkornreis
- 1 Prise Salz
- 200 g Bohnenkochwasser
- 110 g Wasser
- 10 g Sonnenblumenöl
- 1 Lorbeerblatt

In einem kleinen Topf den Reis 40 Min. garen. Nach dem Aufkochen auf kleiner Einstellung weiter köcheln bzw. quellen lassen. Das Lorbeerblatt liegt nach dem Kochen obenauf und lässt sich daher leicht entfernen.

10792. Cashewsoße, März 2017

- 50 g gekochte rote Linsen
- 50 g Stützcreme
- 35 g Cashewnussmus
- 1 TL Salz
- 5 g Tamari
- 4 g Essigpeperoni 7/4573 und
- 50 g Wasser in einem kleinen Mixer pürieren:

10793. Auberginen-Zwiebelgemüse in Cashewsoße, März 2017

2 Portionen

- 15 g Kokosöl
- 55 g Wasser
- 1 Zwiebel (120 g), in dünnen Halbscheiben
- 1 Aubergine (205 g), in Halbscheiben
- 1 Tomate (105 g), in Stücken
- 1 Cashewsoße 10792

Als Gemüsepfanne (24-cm-Keramikpfanne) 15 Min. ohne die Soße dünsten. Cashewsoße 10793 unterrühren und kurz aufkochen. Bei uns gab es dazu Reis.

10794. Nussschokocreme „Marzipan" Nussmus 2, März 2017

Vorläufer: 10789; 1,5 Honiggläser voll

- 200 g Mandeln
- 2 bittere Aprikosenkerne (s. Hinweis unten)
- 50 g Cashewnussmus
- 30 g Kakaopulver
- 10 g Carob
- 100 g Agavendicksaft
- 250 g Wasser

Alles in den Vitamix geben und mit dem Stößel gut durcharbeiten. Wird leicht warm, bis es wirklich glatt ist. In Honiggläser füllen.

Es sollte nur ein Kern sein, es waren noch ein paar Bruchstücke in der Tüte und ich dachte: Ach, wird schon gut gehen. Jaja.... also es ist genießbar, aber mit zwei Aprikosenkernen schon ein wenig zu intensiv (wobei es abgekühlt deutlich weniger intensiv ist).. Rücknahme des Süßungsmittel ist für mich zwar noch okay, mir ist das süß genug (den meisten wohl nicht), aber mit dem Mehr an Wasser schmeckt es nicht mehr so intensiv. Werde also einen Versuch mit 125 g Süßungsmittel und 225 g Wasser starten müssen. :-)

10795. Ofengemüse, März 2017

2 Portionen

- 310 g Kartoffeln
- 85 g Auberginen
- 2 Tomaten (250 g), oben Kreuz eingeschnitten
- 110 g Möhre, längs halbiert
- 130 g Zucchini
- 15-25 g Sonnenblumenöl
- 1 TL Salz

Kartoffeln, Auberginen und Zucchini in Scheiben schneiden. Mit Öl einpinseln und mit Salz bestreuen: Ein Backblech (hier PerfectClean) mit Gemüsescheiben füllen. In den kalten Ofen schieben und 27-30 Min. bei 230 °C (Heißluft) backen.

10796. Erdbeer-Fix, März 2017

2 Desserts

- 150 g Stützcreme
- 85 g Apfelmark
- 90 g Erdbeeren, gewürfelt
- 15 g Sonnenblumenkerne
- 10 g Agavendicksaft
- 20-24 grüne Rosinen

Creme und Mark verrühren, mit Erdbeerwürfeln und Kernen mischen. Mit Agavendicksaft abschmecken und auf zwei Schüsselchen verteilen. Rosinen am Rand entlang legen.

10797. Supercreamy Saturday Strawbs-FKG, März 2017

2 x Frühstück

- 2 EL Leinsamen
- 6 EL Nackthafer
- 210 g Erdbeeren
- 2 Bananen (205 g)
- 1 Apfel (185 g)
- 25 g Sahne
- 20 g Cashewmus
- 6 g Kokosraspel
- 8 Mandeln
- 2 Paranüsse

Leinsamen mit dem Getreide flocken, auf zwei Schüsselchen verteilen. Das Obst in grobe Stücke teilen und mit Sahne und Cashewmus im Hochleistungsmixer pürieren, über das Getreide geben. Mit Raspeln bestreuen und Nüssen belegen.

10798. Luxus pur-Kakao, März 2017

Im Vitamix ca. 2,5 Min. auf höchster Stufe schlagen:

- 10 g Kakaonibs
- 20 g Nackthafer
- 3 Datteln Deglet Nour, entsteint
- 9 g frischer Ingwer
- 20 g Cashewmus
- 20 g Nussschokocreme „Marzipan" Sorte Nussmus 10794
- auf 500 ml mit Wasser/kochendem Wasser 1:1 auffüllen.

10799. Musige Stützcreme, März 2017

Im Hochleistungsmixer bis zum Stocken schlagen:

- 120 g Rundkorn-Naturreis
- 30 Cashewmus
- 1 Prise Salz
- 700 g Wasser (halb Zimmertemperatur, halb kochend)

10800. Banana Crumble, März 2017

2 Desserts

- 100 g Stützcreme
- 10 g Agavendicksaft
- 1 Prise Zimt
- 1/2 Banane, in Scheiben (55 g)
- Hafer-Sonnen-Crumbletopping 10801

Stützcreme mit Agavendicksaft und Zimt verrühren, auf zwei Schüsselchen verteilen. Mit Bananenscheiben belegen und Crumble-Masse so bestreuen, dass die Bananen komplett bedeckt sind. 30-60 Min. kalt stellen.

10801. Hafer-Sonnen-Crumbletopping

- 10 g Butter
- 20 g Agavendicksaft
- 30 g Nackthafer, in Flocken
- 20 g Sonnenblumenkerne

In einer Keramikpfanne (20 cm) Butter und Agavendicksaft erhitzen auf Stufe 8 (von 14); diese Temperatur beibehalten. Haferflocken und Kerne einrühren und solange erhitzen, bis die Flüssigkeit aufgezogen und die Masse hellbraun gefärbt ist.

10802. Thymianaromatisiertes Vorratsdressing, März 2017

Im Vitamix mit dem Stößel mixen, bis ganz glatt:

- 125 g Sonnenblumenkerne
- 125 g Apfelessig
- 20 g Salz
- 1 g Pfeffer
- 45 g Thymianwürze flüssig 10701
- 50 g grüne Rosinen
- 1 Chilischote in Essig eingelegt (3 g) 10240
- 20 g Senf
- 20 g Tamari
- 250 g Wasser

10803. Auberginen-Spinatpfanne, März 2017

2 Portionen

- 50 g Wasser
- 20 g Sonnenblumenöl
- 260 g Kartoffeln in Scheiben
- 200 g Aubergine, in 1-cm-dicken Scheiben
- 200 g Babyspinat
- 1 Bananecremesoße 1803

Ohne die Soße als Gemüsepfanne (Keramikpfanne, 24 cm) 20 Min. garen. Bananencremesoße vorsichtig unterheben und eindicken lassen.

10804. Bananencremesoße, März 2017

Im kleinen Mixer pürieren:

- 50 g Stützcreme
- 1 TL Salz
- 1 Prise Muskatnuss
- 1 Prise Zimt
- 10 g Zitronenfleisch
- 45 g Banane
- 20 g Mandelmus
- 55 g Wasser

10805. Frisch & Frosty-FKG, März 2017

2 x Frühstück

- 2 EL Leinsamen
- 6 EL Nackthafer
- 250 g frische Erdbeeren (2 nicht zu große für die Deko beiseitelegen)
- 2 Bananen (215 g)
- 135 g tiefgekühlte Beerenmischung
- 30 g Sahne
- 8 Mandeln

Leinsamen mit dem Getreide flocken, auf zwei Schüsselchen verteilen. Das Obst ggf. in grobe Stücke teilen und mit der Sahne im Hochleistungsmixer pürieren, über das Getreide geben. Je eine Erdbeere in die Mitte stecken und 4 Mandeln an den Rand legen.

10806. Himbeerpudden, März 2017

2 Desserts

- 125 g Stützcreme
- 20 g Agavendicksaft
- 115 g TK Himbeeren
- 3 g Flohsamenschalen (1 geh. TL)
- 1 TL Kakaonibs

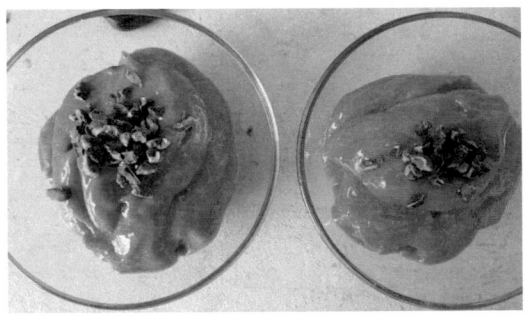

Alle Zutaten, bis auf die Kakaonibs, im Vitamix zu einer glatten Creme mischen. Mit Kakaonibs dekorieren.

10807. Luxus pur-Kakao Mandel, März 2017

Im Hochleistungsmixer, je nach Gerät, 2,5 bis 3 Min. auf höchster Stufe schlagen:

- 10 g Kakaonibs
- 20 g Nackthafer
- 2 Datteln Deglet Nour, entsteint
- 8 g frischer Ingwer
- 20 g Mandelmus
- 20 g Nussschokocreme „Marzipan" Sorte Nussmus 10794
- Auf 500 ml Wasser/kochendem Wasser 1:1 auffüllen.

10808. Würziger Schokoladenkuchen korrekt, März 2017

Vorläufer 10778; 26-cm-Springform

Flüssige Phase im Vitamix pürieren:

- 225 g Nussschokocreme „Marzipan" weniger süß 10794
- 25 g Kokosöl
- 175 g gekochte rote Linsen
- 200 g Stützcreme
- 100 g Apfelmark
- 125 g Honig
- 1 Prise Salz

Feste Phase:

- 200 g Mandeln
- 150 g Datteln Deglet Nour, ohne Stein
- 1 EL Zimt
- 1/4 TL gem. Nelken
- 1/4 TL gem. Kardamom
- 1/4 TL gem. Koriander
- 1 P Weinstein-Backpulver
- 1/2 TL Natron
- 100 g gehackte Mandeln
- 20 ganze Mandeln

Mandeln mahlen (TM 10 Sek./Stufe 8). Datteln zugeben und klein hacken (2 x 10 Sek./Stufe 5 + 10 Sek./Stufe 8; 10 Sek./Stufe 7 - diese Datteln waren sehr hart). Gewürze und Backpulver zugeben und die flüssige Phase obenauf gießen. Zu einem Teig verarbeiten (10 Sek./Stufe 3; 10 Sek./Stufe 4; 10 Stufe 5). Zum Schluss die Mandeln einarbeiten (5 Sek./Linkslauf/Stufe 4). Eine Springform mit Backpapier auslegen, den Teig hineingießen. Mit ganzen Mandeln dekorieren.

Ofen auf 160 °C (Heißluft) vorheizen und 40 Min. backen, im ausgestellten Ofen 5 Min. nachbacken.

10809. Bolognese-Soße Kohlrabi-Möhre, März 2017

- 1 große Zwiebel (100 g), geviertelt
- 1 Knoblauchzehe (8 g)
- 35 g Rotkohl
- 40 g Sellerie
- 70 g Möhre
- 130 g Kohlrabi
- 1 EL Öl
- 310 g Wasser
- 1 große Tomate (185 g), in groben Stücken
- 1 TL Salz
- 1 gute Prise Pfeffer
- 1 Prise gem. Kümmel
- 30 g Tomatenmark
- 35 g Roggen, geflockt

Gemüse im TM zerkleinern (5 Sek./Stufe 6). Mit Öl und 80 g Wasser kurz angaren (6 Min./120 °C/Linkslauf/ Stufe 2). Tomaten und 80 g Wasser zufügen, im Thermomix zerkleinern (3 Sek./Stufe 5). Salz, Pfeffer, Tomatenmark und restliches Wasser (150 g) zugeben und garen (20 Min./100 °C/Linkslauf/Rührstufe). Roggen einarbeiten (2 Sek./Stufe 7-10).

10810. Hafertaler Möhre-Zucchini, März 2017

Vorlage: 10774; 2 Backbleche

- 200 g Honig
- 100 g Butter
- 200 g Dinkel, fein gemahlen
- 250 g Nackthafer, geflockt
- 1 P Weinsteinbackpulver
- 1 Prise Salz
- 1 TL fein gem. Zitrusfruchtschale
- 50 g Möhren
- 75 g Zucchini
- 50 g Haselnüsse
- 50 g Rosinen
- 50 g Apfelmark

Butter und Honig in einer Pfanne auf mittlerer Einstellung auflösen (Stufe 5/14, Induktion). Dinkel, Hafer, Backpulver, Salz und Schale miteinander mischen, in eine Rührschüssel geben. Möhren und Zucchini mit den Haselnüssen fein reiben und mit Butter-Honig-Flüssigkeit, Rosinen und Apfelmark zugeben und mit einem Handrührgerät, Rührbesen, zu einem Teig verarbeiten. 10-15 Min. quellen lassen.

Mit einem Teelöffel Portionen abnehmen und zwischen den feuchten Händen zu kleinen Talern pressen. Nebeneinander auf PerfectClean-Bleche legen , in dieser Zeit den Ofen auf 160 °C vorheizen. Einschieben und 20 Min. backen.

10811. Bechamelsoße (Hirse- und Reismehl), März 2017

- 10 g Sahne
- 75 g Stützcreme
- 310 g Wasser
- 1 TL Salz
- 1 Prise Muskatnuss
- 15 g Hirsemehl
- 20 g Reismehl
- 15 g Butter
- 45 g Reibkäse Emmentaler
- 35 g Wasser

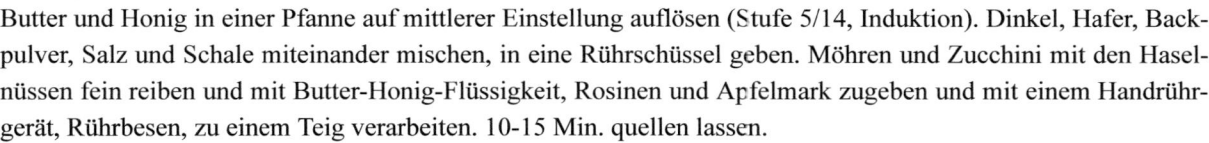

Zutaten bis auf den Käse in einen Topf geben und unter Rühren
mit dem Schneebesen zum Kochen bringen, einige Min. ziehen lassen. Käse hinzufügen und unterrühren.

10812. Lasagne Kohlrabi-Möhre, März 2017

2 Portionen; Vorläufer 10782

- 4 Lasagneplatten (Vollkorn)
- 1 Bolognese-Soße Kohlrabi-Möhre für Lasagne 10809
- 1 Bechamelsoße (Hirse- und Reismehl) 10812
- 100 g Reibkäse Emmentaler
- etwas Öl für die Formen

Zwei rechteckige Lasagneformen mit Öl einpinseln. Den Boden mit einer dünnen Schicht Bolognesesoße bedecken. Je eine Teig-
platte darauf legen, darauf Bolognesesoße streichen. Bechamelsoße darüber gießen (insgesamt etwa die Hälfte), wiederum eine Teigplatte darauf geben. Den Rest Bolognesesoße darüber verteilen, mit dem Rest Bechamelsoße übergießen. Mit dem Käse bestreuen. Ofen auf 180 °C (Heißluft) vorheizen (ab 16.15 Uhr), Form einschieben und 35 Min. bei 180 °C backen. 10 Min. abkühlen lassen.

10813. Nussschokocreme „Marzipan" Mandel x 2, März 2017

Vorläufer 10789; 2 Honiggläser voll.

- 200 g Mandeln
- 1 bitterer Aprikosenkern
- 100 g Mandelmus
- 40 g Kakaopulver
- 150 g Agavendicksaft (vorher: 100)
- 225 g Wasser (vorher: 250)

Alles in den Vitamix geben und mit dem Stößel gut durcharbeiten. Wird leicht warm, bis es wirklich glatt ist. In Honiggläser füllen.

10814. Erdbeerscheiben in Creme, März 2017

2 x Dessert

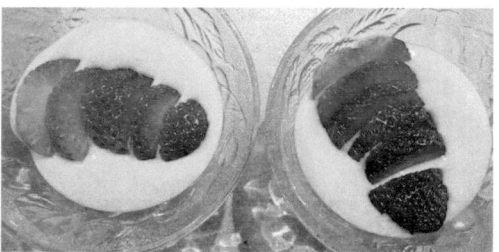

- 125 g Stützcreme
- 20 g Sahne
- 20 g Agavendicksaft
- 2 große Erdbeeren (100 g)

Stützcreme, Sahne und Agavendicksaft mit einem Löffel verrühren, auf zwei Schüsselchen verteilen. Je eine Erdbeere quer in Scheiben schneiden und die Scheiben an der Mittellinie entlang in die Creme stecken.

10815. Reis angebraten, März 2017

2 Portionen

- 10-12 g Butter
- 2 TL Panch Phoron (ind. Gewürzmischung) ungemahlen oder Fenchelsamen
- 1/4 TL mittelscharfer Curry
- 160 g Jasmin-Vollkornreis
- 320 g Wasser

In einem Topf Butter auf mittelhoher Einstellung zerlassen (8/14, Induktion). Gewürze darin anbraten, nach einer Weile Reis hinzufügen und mitanbraten. Wenn der Reis glasig wird, Wasser zugeben und aufkochen. Auf kleinster Einstellung 40 Min. garen lassen.

10816. Zucchini-Zwiebel-Gemüse, März 2017

2 Portionen

- 55 g Wasser
- 15 g Sonnenblumenöl
- 80 g Zwiebel, in feinen Ringen
- 15 g Knoblauch, in dünnen Scheiben
- 275 g Zucchini, in 4-5 mm-Scheiben
- 1 Tamarisoße

Ohne als Gemüsepfanne (24 cm Keramik, 15 Min.) garen. Soße unterrühren und aufkochen.

10817. Tamarisoße, März 2017

- 20 g gekochte rote Linsen
- 40 g Stützcreme
- 1/4 TL mittelscharfer Curry
- 1 TL Salz
- 1/4 TL gem. Kreuzkümmel
- 5 g Tamari und
- 65 g Wasser in einem kleinen Mixer pürieren.

10818. Sesamkakao 2017, März 2017

Im Vitamix ca. 2,5 Min. auf höchster Stufe schlagen:

- 10 g Kakaonibs
- 20 g Nackthafer
- 10 g Sesam, ungeschält
- 3 Datteln Deglet Nour, entsteint
- 8 g frischer Ingwer
- auf 500 ml mit Wasser/kochendem Wasser 1:1 auffüllen.

10819. Zitronenspeise, März 2017

2 Desserts

- 30 g Zitronenfleisch
- 3 g frischer Ingwer
- 60 g Orange
- 85 g Datteln (Deglet Nour)
- 125 g Stützcreme
- 1 TL Flohsamenschalen
- 2 Mandeln

Zitronen, Ingwer, Orange und Datteln im Vitamix zerkleinern, meine Datteln waren recht hart, da ist das schwierig. Stützcreme und Flohsamenschalen zugeben und nochmals gut mixen. Creme auf zwei Schüsselchen verteilen, in die Mitte je eine Mandel stecken.

10820. Kohlrabitaler, März 2017

2 Portionen

- 380 g Kohlrabi
- 15 g Sonnenblumenöl
- 1 TL Salz
- 1/2 TL Tandoorigewürz (oder Curry)

Die Kohlrabi in ca. 1 cm dicke Halbscheiben schneiden. Öl, Salz und Gewürz verrühren. Eine Seite der Scheiben mit einem Teil der Mischung einpinseln, mit der bestrichenen Seite nach unten auf ein Pizzablech (28 cm, PerfectClean) legen. Den Rest der Mischung auf die Oberseite pinseln. In den kalten Ofen schieben und bei 230 °C (Heißluft) 30 Min. backen.

10821. Baby-Zwiebelgemüse, März 2017

2 Portionen

- 50 g Wasser
- 255 g Zwiebeln, in Halbscheiben (4-5 mm)
- 1 Knoblauchzehe, gehackt (5 g)
- 100 g Babyspinat
- Mandelsoße

Eine Gemüsepfanne (Keramik, 24 cm) mit Wasser, Zwiebeln und Knoblauch zubereiten. Nach 15 Min. Dünstzeit (20 Min. wären besser gewesen) den Spinat hinzufügen und erneut als Gemüsepfanne 7 Min. garen. Mit Mandelsoße binden. Bei uns gab es dazu Kohlrabitaler.

10822. Mandelsoße, März 2017

- 25 g gekochte rote Linsen
- 75 g Stützcreme
- 1 TL Salz
- 1 MS Kümmel
- 20 g Mandelmus
- 50 g Wasser

In einem kleinen Mixer pürieren, evtl. den Becher mit 30-40 g Wasser nachspülen.

10823. Kartoffel-Lauch-Gratin, März 2017

2 Portionen

- 80 g Wasser
- 260 g Kartoffeln, in Scheiben
- 260 g Porree, in Ringen
- 1 Senf-Gratinsoße 10824
- 75 g Gouda, in dünnen Scheiben

Eine Gemüsepfanne (20 cm, Aluguss-Pfanne, 15 Min.) aus Wasser, Kartoffeln und Porree zubereiten. Sobald Dampf unter dem Deckelrand austritt, d. h. wenn die Kochzeit eingestellt wird, Ofen auf 230 °C (Heißluft) vorheizen. Gratinsoße darüber gießen und mit Gouda belegen. 15 Min. bei 230 °C backen, 5 Min. auskühlen lassen.

10824. Senf-Gratinsoße, März 2017

In einem kleinen Mixer pürieren:

- 125 g Stützcreme
- 1 TL Salz
- 10 g Senf
- 20 g Mandelmus
- 100 g Wasser

10825. Banane in Schokomantel, März 2017

2 Portionen

- 125 g Stützcreme
- 50 g Nussschokocreme „Marzipan" Sorte Nussmus 2; 10794
- 15 g Ahornsirup
- 70 g Banane, in kleineren Stücken
- 1 TL Kakaonibs

Cremes mit Sirup mischen (Löffel), Bananenstücke unterziehen. Auf zwei Schüsselchen verteilen und in der Mitte mit Kakaonibs bestreuen.

10826. Brot mit Kräutern (Wildhefe), März 2017

Vorläufer 10771.

Stufe 1 (12 Std. vorher):
Sauerteigansatz:

- 400 g Roggen
- 420 g Wasser
- 150 g Sauerteig

Wildhefeansatz:

- 200 g Wildhefewasser
- 200 g Dinkel gemahlen

Stufe 2 (Backen, bei mir am Morgen):

- 100 g Roggen
- 225 g Dinkel
- 20 g Salz
- 2 EL Kräutermischung Kräuterdip o. Ä.
- 100 g goldene Leinsamen, ungeschält
- 150 g Wasser
- Gesamter Wildhefeansatz
- 800 g Sauerteigansatz
- 20 g Butter für die Form

Stufe 1: Roggen fein mahlen, mit Wasser und altem Sauerteig mischen. In einer Plastiktüte über Nacht stehen lassen. 150 g von der Stufe 1 abnehmen und in einem gut schließenden Schraubglas in den Kühlschrank stellen für das nächste Backen. Wildhefezutaten mit einem Löffel verrühren.

Stufe 2: Zutaten (außer der Butter) mit einem großen Löffel gründlich verrühren, bis kein Mehl mehr sichtbar ist. Eine 30-cm-Brotform, Profi-Email von Dr. Oetker, gut einfetten. Teig hineingeben, mit der nassen Hand herunterdrücken und glattstreichen. Mit einem scharfen Messer dreimal schräg einschneiden. Form in eine Plastiktüte geben und etwa 2,5 Std. gehen lassen. Brot in den auf 190 °C (Heißluft) vorgeheizten Ofen schieben und 60 Min. bei 190 °C (Heißluft) backen.

10827. Goldene Erdbeer-FKG, März 2017

2 Portionen

- 40 g getr. Mango
- 30 g Cashewnüsse
- 300 g Wasser
- 2 EL goldener Leinsamen
- 6 EL Nackthafer
- 10 g Zitronenfleisch
- 190 g Erdbeeren
- 2 Bananen (380 g)
- 40 g Erdbeeren als Dekoration

Im Vitamix Mango, Cashewnüsse und Wasser zu einer Creme schlagen. Leinsamen mit dem Getreide flocken, auf zwei Schüsselchen verteilen. Die Creme darauf verteilen. Das Obst ggf. in grobe Stücke teilen und im Hochleistungsmixer pürieren, über das Getreide geben.

10828. Strawbs on the Soft Rock, März 2017

2 Portionen

- 150 g Stützcreme
- 45 g Nussschokocreme Marzipan 10764
- 15 g Ahornsirup
- 10 g Sahne
- 90 g Erdbeeren, gehackt

Cremes mit Sirup und Sahne verrühren (Löffel). Auf zwei Schüsselchen verteilen und mit gehackten Erdbeeren bestreuen.

10829. Blitzschokoladenkuchen, März 2017

Flüssige Phase (im Vitamix pürieren):

- 175 g Nussschokocreme Marzipan 10813
- 25 g Kakaobutter, fein abgeraspelt
- 200 g gekochte rote Linsen
- 160 g Stützcreme
- 80 g Apfelmark
- 200 g Agavendicksaft
- 1 Prise Salz

Feste Phase:

- 200 g Mandeln
- 1 P Weinstein-Backpulver
- 50 g Dinkel, fein gemahlen
- 1/2 TL Vanille

Mandeln mahlen (T; 10 Sek./Stufe 8). Mehl, Backpulver und Vanille zugeben und die flüssige Phase obenauf gießen. Zu einem Teig verarbeiten (10 Sek./Stufe 3; 10 Sek./Stufe 4; 10 Stufe 5). Zum Schluss evtl. einmal „mit der Hand" umrühren. Eine Springform (26 cm) mit Backpapier auslegen, den Teig hineingießen.

Ofen auf 140 °C (Heißluft) vorheizen und 40 Min. backen, im ausgestellten Ofen 5 Min. nachbacken.

10830. Mokkadessert winzig, März 2017

Eher eine Portion.

- 60 g Wasser
- 5 g Getreidekaffee instant
- 4 Datteln Medjool, entsteint (55 g)
- 65 g Stützcreme
- 15 g Chiasamen
- 2 TL Orangeat

Wasser, Getreidekaffee und Datteln im Vitamix gut schlagen. Stützcreme und Chiasamen einarbeiten, bis die Chiasamen nicht mehr als solche zu erkennen sind. Auf zwei kleine Schüsselchen verteilen und je 1 TL Orangeat darauf geben.

10831. Fenchel-dominierte Gemüsepfanne, März 2017

2 Personen

- 85 g Wasser
- 245 g Kartoffeln, in Scheiben
- 160 g Frühlingszwiebeln (1 Bund, in Ringen)
- 200 g Fenchel, gewürfelt
- Scharfe Mandelsoße (10832)

Ohne die Soße als Gemüsepfanne (24-cm-Keramikpfanne) 20 Min. dünsten. Die Soße unterziehen und kurz aufkochen. Becher evtl. mit Wasser nachspülen.

10832. Scharfe Mandelsoße, März 2017

- 50 g gekochte rote Linsen
- 1 TL Salz
- 1 Prise Pfeffer
- 1-2 Prisen Curry (mittelscharf)
- 1 eingelegte Aprikose (in Essig zusammen mit Chilischoten 10240)
- 10 g scharfer Essig 10240
- 20 g Mandelmus
- 30 g Wasser

In einem kleinen Mixer mischen, zum Gemüse geben. Becher evtl. mit Wasser nachspülen.

10833. Süße Zucchini-Flocken (FKG), März 2017

2 x Frühstück

- 2 EL goldener Leinsamen
- 6 EL Nackthafer
- 10 g Zitronenfleisch
- 1 Banane (110 g)
- 1 Orange (115 g)
- 1 Apfel (170 g)
- 145 g TK Himbeeren
- 70 g Zucchini
- 20 g Mandelmus
- 6 Mandeln
- 2 Paranüsse

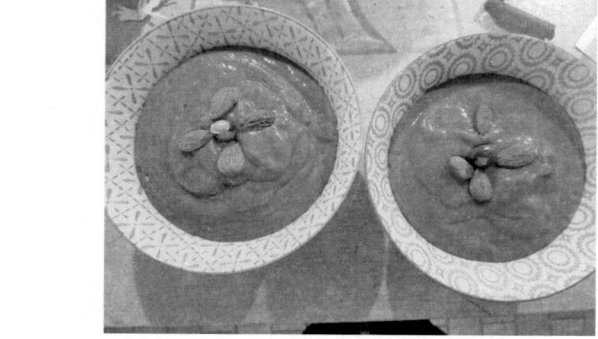

Leinsamen mit dem Getreide flocken, auf zwei Schüsselchen verteilen. Das Obst ggf. in grobe Stücke teilen und mit dem Mandelmus im Hochleistungsmixer pürieren, über das Getreide geben. Die Nüsse in Form einer kleinen Blüte in die Mitte der Obstcreme legen.

10834. Hafertaler Zucchini-Schoko, März 2017

Vorlage: 10809; 1,5 Backbleche

- 200 g Honig
- 100 g Butter
- 200 g Dinkel, fein gemahlen
- 250 g Nackthafer, geflockt
- 1 P Weinsteinbackpulver
- 1 Prise Salz
- 150 g Zucchini
- 50 g Sonnenblumenkerne
- 50 g Rosinen
- 50 g Kakaonibs

Butter und Honig in einer Pfanne auf mittlerer Einstellung auflösen (Stufe 5/14, Induktion). Dinkel, Hafer, Backpulver und Schale miteinander mischen, in eine Rührschüssel geben. Zucchini fein reiben (z.B. Speedy) und mit Butter-Honig-Flüssigkeit, Sonnenblumenkernen, Rosinen und Kakaonibs zugeben und mit einem Handrührgerät, Rührbesen, zu einem Teig verarbeiten. (Ich hatte keine 15 Min. Zeit, um den Teig quellen zu lassen.)

Mit einem Teelöffel Portionen abnehmen und zwischen den feuchten Händen zu kleinen Talern pressen. Nebeneinander auf PerfectClean-Bleche legen, in dieser Zeit den Ofen auf 160 °C vorheizen. Einschieben und 20 Min. backen.

10835. Nudelauflauf „Lasagneersatz", März 2017

2 Portionen

Nudelschicht:
- 135 g Vollkorn-Spiralnudeln
- 4 g Salz
- 350 g Wasser

10 Min. kochen, noch vorhandenes Wasser abgießen. Im geschlossenen Topf aufbewahren, damit sie nicht austrocknen.

Tomatenschicht:

Basis:
- 50 g Wasser
- 55 g Zwiebeln, gewürfelt
- 7 g Knoblauch, gewürfelt

Als Gemüsepfanne (20 cm) 10 Min.

Verfeinerung

(1) Im kleinen Mixer
- 125 g Stützcreme
- 1 TL Salz
- 1 Prise Pfeffer
- 1 TL Paprika edelsüß
- 100 g Wasser
- 20 g Öl
- 1 TL Ahornsirup
- 25 g Tomatenmark

(2) Ohne Mixer
- 30 g Roggen, geflockt
- 20 g Sonnenblumenkerne

(1) und (2) zur Basis geben, erhitzen.

Käseschicht
- 100 g Reibkäse Emmentaler

Fertigstellung: Ofen auf 230 °C (Heißluft) vorheizen. Nudeln in eine ofenfeste 20 cm-Pfanne (hier: Woll) geben. Tomatenschicht darüber gießen, mit Käse bestreuen. In den Ofen schieben und 15 Min. bei 230 °C backen.

Hinweis: Mir hat es besser geschmeckt als Lasagne, weil die schwere Käsesoße nicht dabei ist.

10836. Cassis, März 2017

2 Portionen.

- 12 g Zitronenschale aus Minirumtopf 10565
- 10 g Flüssigkeit aus Minirumtopf
- 15 g Agavendicksaft
- 75 g Wasser
- 170 g Stützcreme
- 2 g Flohsamenschalen (1 TL)
- 30 g grüne Rosinen
- 30 g Cashewkerne

Schale, Flüssigkeit, Dicksaft und Wasser im Vitamix pürieren, bis alle Schale aufgelöst ist. Stützcreme und Flohsamenschalen untermischen. Rosinen und Cashewkerne zugeben, mit Pulsen hacken. Auf zwei Schüsselchen verteilen und mindestens 1 Stunde kalt stellen, damit die Rosinen aufquellen können.

10837. Schafsspinat mit Kichererbsen, März 2017

2 Portionen

Stufe 1 (Gemüsepfanne, 24 cm, Woll-Pfanne, 15 Min.):
- 20 g Sonnenblumenöl
- 50 g Wasser
- 50 g Zwiebel, gehackt

Stufe 2:
- 250 g Spinat
- 85 g Wasser
- 330 g gekochte Kichererbsen
- 1 TL Salz
- 1 Prise Pfeffer
- 65 g Schafskäse, gewürfelt

Spinat und Wasser zur obigen Gemüsepfanne geben, nochmals stark erhitzen und wie für eine Gemüsepfanne fortfahren, nochmals 7 Min.. Kichererbsen mit Salz und Pfeffer mischen, unterrühren. Schafskäse nach 2 Min. ebenfalls zugeben und erhitzen, bis alles heiß ist.

Tipp: In Stufe 2 würde ich beim nächsten Mal nur 30 g Wasser nehmen, einfach für die Optik.

10838. Erdbeeren unter Fastcreme, März 2017

2 Desserts

- 90 g Erdbeeren, gewürfelt
- 125 g Stützcreme
- 50 g Apfelmark
- 10 g Agavendicksaft
- 10 g Sahne
- 1 Erdbeeren
- gehobelte Mandeln

Erdbeeren auf zwei Schüsselchen verteilen. Creme, Mark und Flüssigkeiten mit einem Löffel verrühren, über die Erdbeeren gießen. Gehobelte Mandeln in die Mitte streuen, Erdbeere in 6 dünne Scheibe schneiden und als Fächer mit 3 Blättern an eine Seite der gehobelten Mandeln legen.

10839. Erdbeercreme mit Walnuss, März 2017

2 Desserts

- 200 g Stützcreme
- 20 g Ahornsirup
- 1 TL Flohsamenschalen
- 30 g Walnüsse
- 75 g Erdbeeren, grob vorgeschnitten

Im Vitamix Creme, Sirup und Schalen gut durchmixen. Nüsse und Erdbeeren hinzugeben, „pulsen", bis die Walnüsse zerhackt sind. Auf zwei Schüsselchen verteilen und kalt stellen.

10840. Reisspinat überbacken, März 2017

2 Portionen

Reis:
- 160 g Jasmin-Vollkornreis
- 320 g Wasser

Spinat
- 55 g Wasser
- 275 g Spinat

Soße:
- 50 g gekochte rote Linsen
- 75 g Stützcreme
- 1 TL Salz
- 1-2 Prisen Pfeffer
- 2 Prisen gem. Koriander
- 75 g Wasser

Fertigstellung:
- 1 TL Öl
- 45 g Reibkäse

Reis im Topf mit 320 g Wasser 35 Min. garen und ggf. auf dem Herd lauwarm werden lassen. Spinat als Gemüsepfanne (24 cm, Keramik) 7 Min. garen.

Eine 20-cm-Alugusspfanne mit Öl einpinseln. Reis einfüllen, Spinat darüber schichten, mit Soße begießen und Käse bestreuen. Ofen auf 230 °C (Heißluft, vorheizen), Pfanne einschieben und 15 Min. bei 230 °C backen.

10841. Hirse-Gemüse-Pfanne schlicht, März 2017

2 Portionen

Als Gemüsepfanne (20 cm, Aluguss, 20 Min.):
- 120 g Hirse
- 185 g Lauchzwiebel, in Ringen
- 120 g Möhren, in Scheiben
- 90 g Kohlrabi, in feinen Stiften
- 280 g Wasser

Anschließend einrühren (vorher mit einem Löffel verrühren):
- 2 EL Apfelessig
- 2 EL Sonnenblumenöl
- 1 TL Salz
- 1 Prise Pfeffer
- 2 EL Wasser

10842. Trockenfruchtdessert, März 2017

2 Desserts
- 175 g Stützcreme
- 50 g Apfelmark
- 2 Datteln Medjool, entsteint, in Ringen
- 15 g grüne Rosinen

Stützcreme und Apfelmark verrühren, auf zwei Schüsselchen verteilen. Mit den Trockenfrüchten bestreuen.

10843. Gefüllte Datteln, März 2017

2 Portionen
- 3 Medjool-Datteln, entsteint
- 50 g Nussschokocreme „Marzipan" Sorte Doppelmandel 10813
- 10 getr. Gojibeeren
- 4 Cashewnüsse
- 2 Kokosstreifen

Datteln durchschneiden, je drei Hälften auf einen Teller legen. Mit Schokocreme füllen und jeweils mit Gojibeeren, Nüssen und Kokosstreifen dekorieren.

10844. Erdbeeren unter Schokocrema, März 2017

2 Desserts

- 175 g Stützcreme
- 35 g Sahne
- Nussschokocreme „Marzipan" Sorte Doppelmandel 10813
- 15 g Ahornsirup
- 125 g Erdbeeren, klein geschnitten
- 1/2-1 TL Kakaonibs

Stützcreme, Sahne, Schokocreme und Sirup verrühren. Erdbeeren auf zwei Schüsselchen verteilen, die Creme darüber gießen. Mit Kakaonibs dekorieren.

10845. Bataten mit Champs, März 2017

2 recht kleine Portionen.

- 55 g Wasser
- 80 g Zwiebel, gewürfelt
- 245 g Süßkartoffel, gewürfelt
- 225 g Champignons, in Scheiben
- Paranusssoße 10845

Als Gemüsepfanne (24 cm Keramikpfanne, 15 Min.) garen. Paranusssoße unterrühren und aufkochen.

10846. Paranusssoße, März 2017

In einem kleinen Mixer pürieren:

- 50 g gekochte rote Linsen
- 60 g Stützcreme
- 1 TL Salz
- 1 Prise Pfeffer
- 1 gute Prise gem. Kümmel
- 30 g Paranüsse
- 55 g Wasser

10847. Champignon-Zwiebeln, März 2017

2 Portionen

- 15 g Öl
- 2 EL Wasser
- 95 g Zwiebel, gehackt
- 240 g Champignons in Scheiben
- Erdnusssoße pikant

Erst die Zwiebeln als Gemüsepfanne 10 Min. (20 cm Keramik), Champignons zufügen und weiter 10 Min. dünsten. Soße unterrühren und aufkochen.

10848. Erdnusssoße pikant, März 2017

In einem kleinen Mixer:

- 45 g Erdnüsse, gesalzen und geröstet
- 45 g gekochte rote Linsen
- 45 g Apfelmus
- 1 Stück Essigpeperoni (4 g) 7/4573
- 10 g Peperoniessig
- 1 TL Salz
- 1 Prise Pfeffer
- 10 g Senf
- 10 g Tamari
- 75 g Wasser

10849. Nussschokocreme „Erdnuss-Touch", April 2017

Vorläufer 10813; 2 Honiggläser voll

- 200 g Mandeln
- 50 g Erdnüsse, geröstet & gesalzen
- 30 g Kakaopulver
- 10 g Carobpulver, Rohkost
- 100 g Agavendicksaft
- 245 g Wasser

Alles in den Vitamix geben und mit dem Stößel gut durcharbeiten. Wird leicht warm, bis es wirklich glatt ist. In Honiggläser füllen.

10850. Erdnusshäufchen auf Creme, April 2017

2 Desserts

- 125 g Stützcreme
- 40 g Nussschokocreme „Erdnuss-Touch" 10849
- 15 g Ahornsirup
- 25 g Erdnüsse, geröstet & gesalzen
- 1-2 TL Gojibeeren

Stützcreme, Nussschokocreme und Ahornsirup mit einem Löffel verrühren, auf zwei Schüsselchen verteilen. Erdnüsse mit Hilfe von Pulsen mit einem kleinen Mixer hacken. Das wird nicht sehr gleichmäßig, das macht aber nichts. Auf die Creme häufeln. Mit Gojibeeren dekorieren.

10851. Zucchini mit Kartoffeln in Ibi, April 2017

2 Portionen

- 75 g Wasser
- 245 g Kartoffeln, in Scheiben
- 65 g Möhren, in Scheiben
- 220 g Zucchini, in etwas dickeren Scheiben
- Ibi-Soße 10853

Wasser, Kartoffeln und Möhren 6 Min. als Gemüsepfanne (24 cm, Keramik) dünsten. Zucchini zufügen, nochmals wie eine neue Gemüsepfanne 15 Min. dünsten. Mit Ibi-Soße verrühren.

10852. Zitronencreme, April 2017

2 Desserts – vor vielen Jahren habe ich mal Nachtische gemacht, bei denen Zitronensaft irgendwie aufgekocht und Eigelb eingerührt wurde. An diese leckeren Nachspeisen hat mich diese Zitronencreme stark erinnert.

- 35 g Zitronenfleisch
- 150 g Stützcreme
- 40 g Agavendicksaft
- 20 g Sahne
- 1 TL Flohsamenschalen (2 g)
- 2 gestr. TL Nussschokocreme „Marzipan" Sorte Doppelmandel 10813

Zitronenfleisch, Stützcreme und Agavendicksaft mit einem kleinen Mixer, hoch stehendes Messer, 1 Min. schlagen. Sahne und Flohsamenschalen untermixen, auf zwei Schüsselchen verteilen und in die Mitte je einen Klecks Nussschokocreme geben (oder mit Gojibeeren / frischem Obst dekorieren).

10853. Ibi-Soße, April 2017

In einem kleinen Mixer mischen:

- 85 g Ibi-Bärlauchaufstrich (Lebe Gesund)
- 70 g Stützcreme
- 1/2 TL Salz
- 1 Prise Pfeffer
- 40 g Wasser

10854. Blitzschokoladenkuchen II, April 2017

Vorläufer 10829

Flüssige Phase im Vitamix pürieren:

- 175 g Nussschokocreme „Marzipan" Sorte Doppelmandel 10813
- 30 g Kakaobutter, fein abgeraspelt
- 105 g gekochte rote Linsen
- 95 g gekochte Kichererbsen (rote gekocht Linsen nicht genug)
- 160 g Stützcreme
- 80 g Apfelmark
- 190 g Agavendicksaft
- 1 Prise Salz

Feste Phase:

- 200 g Mandeln
- 1 bitterer Aprikosenkern
- 1 P Weinstein-Backpulver
- 1/2 TL Natron
- 60 g Dinkel, fein gemahlen
- 1/2 TL Vanille

Mandeln und Aprikosenkern im TM mahlen (10 Sek./Stufe 8). Mehl, Backpulver, Natron und Vanille zugeben und die flüssige Phase obenauf gießen. Zu einem Teig verarbeiten (10 Sek./Stufe 3; 10 Sek./Stufe 4; 10 Stufe 5). Zum Schluss evtl. einmal „mit der Hand" umrühren. Eine Springform (26 cm) mit Backpapier auslegen, den Teig hineingießen.

Ofen auf 140 °C (Heißluft) vorheizen und 40 Min. backen, im ausgestellten Ofen 10 Min. nachbacken.

10855. Bolognese-Soße Kohlrabi für Lasagne II, April 2017

- 1 große Zwiebel (80 g), geviertelt
- 1 Knoblauchzehe (6 g)
- 20 g Rotkohl
- 40 g Möhre
- 65 g Kohlrabi
- 1 EL Öl
- 100 g + 50 g + 50 g Wasser
- 1 Dose Tomaten, stückig (kleine Dose)
- 1 TL Salz
- 1 gute Prise Pfeffer
- 1 Prise gem. Kümmel
- 30 g Tomatenmark
- 35 g Roggen, geflockt

Gemüse im TM zerkleinern (5 Sek./Stufe 6). Mit Öl und 50 g Wasser kurz angaren (6 Min./120 °C/Linkslauf/Stufe 2). Tomaten und 100 g Wasser zufügen, im Thermomix zerkleinern (3 Sek./Stufe 5). Salz, Pfeffer, Tomatenmark und 50 g Wasser zugeben und garen (20 Min./100 °C/Linkslauf/Rührstufe). Roggen einarbeiten (2 Sek./Stufe 7-10).

10856. Bechamelsoße käsig ohne Käsig, April 2017

- 10 g Sahne
- 75 g Stützcreme
- 15 g Butter
- 200 g Wasser
- 50 g gekochte Kichererbsen
- 1 TL Salz
- 1 Prise Muskatnuss
- 1 Prise Schabziegerklee
- 40 g Hirsemehl
- 135 g Kichererbsenkochwasser

Sahne, Stützcreme und Butter in einen Topf geben. 200 g Wasser, Kichererbsen, Salz, Gewürze und Hirsemehl mit einem kleinen Becher mixen. In den Topf geben und unter Rühren mit dem Schneebesen zum Kochen bringen, Kichererbsenkochwasser hinzugeben, aufkochen und einige Min. ziehen lassen.

10857. Lasagne Kohlrabi II, April 2017

2 Portionen; Vorläufer 10812.

- 4 Lasagneplatten (Vollkorn, dennree)
- 1 x Bolognese-Soße Kohlrabi für Lasagne 10855
- 1 x Bechamelsoße ohne Käse 10856
- 50-55 g dünne Goudascheiben
- 30 g Sonnenblumenkerne
- Etwas Öl für die Formen

Zwei rechteckige Lasagneformen mit Öl einpinseln. Den Boden mit einer dünnen Schicht Bolognesesoße bedecken. Je eine Teigplatte darauf legen, darauf Bolognesesoße streichen. Bechamelsoße darüber gießen (insgesamt etwa die Hälfte), wiederum eine Teigplatte darauf geben. Den Rest Bolognesesoße darüber verteilen, mit dem Rest Bechamelsoße übergießen. Eine Form mit dem Käse belegen, die andere mit Kernen bestreuen.

Ofen auf 180 °C (Heißluft) vorheizen, Form einschieben und 35 Min. bei 180 °C backen. (5-10 Min. abkühlen lassen)

Hinweis: *Interessant: Mein Essensgast fand die Lasagne genauso lecker wie beim letzten Mal. Der Käse obendrauf reicht also offenbar völlig für den Käsegeschmack! Mir hat das mit den Kernen auch sehr lecker geschmeckt.*

10858. Kubakabana-Teller, April 2017

2 Desserts

- 100 g Ananas, gewürfelt
- 160 g Stützcreme
- 20 g Agavendicksaft
- 10 g Honig-Rum aus Minirumtopf 10565
- 10 g Kokosstreifen
- 5 g Gojibeeren

Ananas auf zwei Glasteller verteilen. Creme, Agavendicksaft und Rum mit einem Löffel verrühren und über die Ananaswürfel gießen. Mit Kokosstreifen und Gojibeeren dekorieren.

10859. Bruchspaghetti, April 2017

Wie Gemüsepfanne in 20-cm-Topf, 12 Min.;

- 1 knapper TL Salz
- 120 g Spaghetti, in Stücke gebrochen
- 300 g Wasser

Abtropfen. Nudeln bis Verwendung im geschlossenen Topf.

10860. Tandoori-Kichersoße, April 2017

In einem kleinen Mixer 1 Minute, hoch stehendes Messer:

- 110 g Stützcreme
- 1 TL Salz
- 1-2 Prisen Kreuzkümmel
- 1 TL Tandoori-Gewürzmischung
- 15 g Sonnenblumenöl
- 10 g Peperoniessig 7/4573
- 50 g gekochte Kichererbsen
- 75 g Wasser

10861. Brechbohnen mit Nudeln, April 2017

2 Portionen

Gemüsepfanne:

- 75 g Wasser
- 110 g Zwiebel, klein geschnitten
- 250 g Brechbohnen, in 3-4 cm Stücken

Bruchspaghetti 10859
Tandoori-Kichersoße 10860

Gemüsezutaten als Gemüsepfanne, 25 Min. in einer 24-cm-Kera-mikpfanne dünsten. Nudeln garen. Bohnengemüse mit restlichem Kochwasser zu den Spaghetti geben, Soße darüber gießen und unter Rühren aufkochen.

10862. Brot mit Aioli und Purpurweizen (Wildhefe), April 2017

Vorläufer: 10771

Stufe 1 (12 Std. vorher):
Sauerteigansatz:

- 400 g Roggen
- 420 g Wasser
- 150 g Sauerteig

Wildhefeansatz:

- 200 g Wildhefewasser
- 200 g Purpurweizen

Stufe 2 (Backen, bei mir morgens):

- 100 g Roggen
- 225 g Purpurweizen
- 20 g Salz
- 2 EL Aioli-Kräutermischung
- 60 g Sesamsaat, ungeschält
- 40 g Chiasamen
- 150 g Wasser
- gesamter Wildhefeansatz
- 800 g Sauerteigansatz
- 20 g Butter für die Form

Zubereitung **Stufe 1** siehe Vorläufer. **Stufe 2:** Zutaten (außer der Butter) mit einem großen Löffel gründlich ver-rühren, bis kein Mehl mehr sichtbar ist. Eine 30-cm-Brotform, Profi-Email von Dr. Oetker, gut einfetten. Teig hineingeben, mit der nassen Hand herunterdrücken und glattstreichen. Mit einem scharfen Messer dreimal schräg einschneiden. Form in eine Plastiktüte geben und etwa 2,5 Std. gehen lassen. Brot in den kalten Ofen schieben und 90 Min. bei 190 °C (Heißluft) backen.

10863. Hirse mit Kohlrabi, April 2017

2 Portionen

- 120 g Hirse
- 330 g Kohlrabi, gewürfelt
- 70 g Möhren in Scheiben
- 25 g getr. Tomaten, in Streifen
- 300 g Kichererbsenkochwasser
- Fruchtige Kokossoße 10865

Zutaten ohne die Soße in einer 24-cm-Alugusspfanne als Gemüsepfanne 20-25 Min. dünsten. Die Soße unterrühren und kurz aufkochen.

10864. Wildhefe, 8. Verlängerung, April 2017

- 135 g Wildhefewasser
- 4 getr. Datteln (Deglet Nour), ganz
- 1 TL Honig
- Ca. 750 g Wasser

In das Glas geben, Deckel so zudrehen, dass ein bisschen „Luft" reinkommen kann. Ab und an umrühren. Morgens angesetzt. Am Abend des nächsten Tages in den Kühlschrank.

10865. Fruchtige Kokossoße, April 2017

Mit einem kleinen Mixer glatt schlagen:

- 100 g Stützcreme
- 1 TL Salz
- 1 TL feingemahlene Zitrusfruchtschale
- 20 g Sonnenblumenöl
- 75 g Kichererbsenkochwasser
- 20 g Kokosraspel
- 25 g Wasser zum Nachspülen

10866. Ananas für Wildhefebesitzer, April 2017

2 Desserts

- 140 g Stützcreme
- 3 Datteln, mit denen Wildhefe angesetzt wurde (25 g)
- 20 g Agavendicksaft
- 1 MS gem. Vanille
- 100 g Ananas, gewürfelt
- 10 g Kokosstreifen, schon recht klein (unten aus der Tüte)

Stützcreme mit Datteln, Agavendicksaft und Vanille gut mixen (kleiner Mixer), auf zwei Glasteller verteilen. Mit Ananaswürfeln gleichmäßig bestreuen, in die Mitte die Kokosstreifen geben.

10867. First Rhubarb of the Year, April 2017

2 x Dessert

- 130 g Rhabarber, in Stücken
- 20 g Rosinen
- 25 g Einkorn, geflockt
- 30 g Wasser
- 40 g Honig
- 130 g Stützcreme

Rhabarber, Rosinen, Einkorn und Wasser in einem kleinen Topf wie eine Gemüsepfanne zubereiten (5 Min.)

Honig unterrühren und nochmals kurz aufkochen, abkühlen lassen. Stützcreme unterrühren und auf zwei Schüsselchen verteilen.

10868. Linsen mit Zuchten, April 2017

2 Portionen

- 250 g Wasser
- 120 g rote Linsen
- 235 g Zucchini, in Halbscheiben
- 160 g Batate (Süßkartoffel), gewürfelt
- 2 Knoblauchzehen, gewürfelt
- Saure Cremesoße

Ohne die Soße als Gemüsepfanne (24-cm-Alugusspfanne) 20 Min. dünsten. Anschließend eine saure Cremesoße unterrühren und kurz erhitzen.

10869. Saure Cremesoße, April 2017

- 85 g Stützcreme
- 30 g Cashewmus
- 15 g Zitronenfleisch
- 1 TL Salz
- 1/2 TL Ras-el-Hanout (oder Zitronenschale)
- 10 g Sonnenblumenöl
- 50 g Wasser

In einem kleinen Mixer pürieren. Evtl. mit 25-30 g Wasser nach-spülen.

10870. Rhabarberkaltschale, April 2017

2 Portionen

- 120 g Rhabarber, in Stücken
- 7 g frische Zitronenschale (Stücke, nicht gerieben)
- 2 g frischer Ingwer
- 250 g Wasser
- 25 g + 30 g Honig

Mit 25 g Honig wie eine Gemüsepfanne, aber in einem kleinen Topf (18 cm, 7 Min.) zubereiten. Gekochten Rhabarber abkühlen lassen. In einem starken Mixer mit 30 g Honig pürieren und auf zwei Schüsselchen verteilen. Sicher ließe sich das noch deko-rieren.

10871. Kokosspinat, April 2017

2 Portionen; passt gut zu Reis.

- 20 g Kokosöl
- 20 g Kokosraspel
- 210 g tiefgekühlter (hier: portionierter) Spinat
- 90 g Wasser
- 80 g Stützcreme
- 1 TL Salz
- Evtl. noch Wasser (hier: 70 g)

Kokosöl und Kokosraspel unter Rühren erhitzen, bis die Raspel eine hellbraune Farbe angenommen haben. Spinat und 90 g Wasser hinzugeben, auf mittlerer und dann kleiner Flamme den Spinat auftauen lassen, dabei gelegentlich umrühren. Stützcreme und Salz unterrühren. Je nach Verwendung des Gemüses noch mehr Wasser hinzufügen.

10872. Schokosoße Agnes, April 2017

2 Honiggläser; die Soße ist angelehnt an ein Nussschokocreme-rezept, das Agnes wohl im Mai vorstellen wird (Agnes' Rezepte werden in einem ‚Resteband' veröffentlicht). Ich konnte es schon lesen und musste sofort in die Küche eilen. Ich habe mich aller-dings in einigen Punkten nicht dran gehalten, genau wie im nächsten Rezept. Ich glaube, ihre Version wird besser sein.

- 210 g Honig
- 60 g Kakao
- 20 g Carob Rohkostqualität (wegen des Geschmacks)
- 1 TL Vanille
- 50 g geröstete, gesalzene Cashewkerne
- 50 g Cashewmus (gekauft)
- 350 g Wasser

Im Vitamix so lange mixen, bis die Masse sehr heiß ist. In zwei Honiggläser füllen und gut verschließen.

10873. Nussschokocreme „Cashew" (Agnes), April 2017

Vorläufer 10849; 2 Honiggläser voll.

- 155 g Cashewkerne
- 95 g Cashewkerne, geröstet & gesalzen
- 30 g Kakaopulver
- 10 g Carobpulver, Rohkost
- 100 g Agavendicksaft
- 300 g Wasser

Alles in den Vitamix geben und mit dem Stößel gut durcharbeiten. Wird leicht warm, bis es wirklich glatt ist. In Honiggläser füllen. Das letzte Mal war zu wenig Wasser, nun ist es ein bisschen zu viel.

10874. Rohrhabarbercreme, April 2017

2 Desserts.

- 105 g Rhabarber (1 mitteldicke Stange)
- 1 EL Honig (50 g)
- 10 g Zitronenfleisch
- 100 g Stützcreme
- 1 geh. TL Flohsamenschalen
- 80 g Erdbeeren, gehackt

Rhabarber, Honig, Zitronenfleisch und Stützcreme im Vitamix gut mixen, bis keine Rhabarberfasern mehr vorhanden sind. Nun die Flohsamenschalen einmischen, dabei langsam die Geschwindigkeit hochdrehen. Auf zwei Schüsselchen verteilen, mit den Erdbeeren bestreuen.

Tipp: *Der rohe Rhabarber schmeckt sehr lecker in der Nachspeise!*

10875. Buchweizen Nordafrika, April 2017

2 Portionen

- 10 g Sonnenblumenöl
- 290 g Wasser
- 1 Prise Salz
- 1 TL Maghreb-Mischung 12/9572 (oder eine andere nordafrikanische Gewürzmischung)
- 15 g neuer Knoblauch, in Stücken
- 140 g Buchweizen
- 360 g Süßkartoffeln, gewürfelt
- Nordafrikasoße 10877

Ohne Soße als Gemüsepfanne (24-cm-Alugusspfanne) 20 Min. dünsten. Die Soße unterrühren und kurz nochmals erhitzen.

10876. Nordafrikasoße, April 2017

- 35 g gekochte rote Linsen
- 55 g Stützcreme
- 1 TL Salz
- 1/2 TL Kreuzkümmel
- 1 Prise gem. Nelken
- 15 g Sahne
- 65 g Wasser

10877. Flüssigstützcreme, April 2017

Im Hochleistungsmixer bis zum Stocken schlagen:

- 180 g Rundkorn-Naturreis
- 45 Cashewnüsse
- 1050 g Wasser (970 g kochend)

10878. Blitzschokoladenkuchen III, April 2017

Vorläufer 10853

Flüssige Phase (im Vitamix pürieren):

- 175 g Schokosoße Agnes 10872
- 30 g Kokosöl
- 200 g gekochte rote Linsen
- 160 g Stützcreme
- 80 g Apfelmark
- 185 g Agavendicksaft
- 1 Prise Salz

Feste Phase:

- 200 g Mandeln
- 1 bitterer Aprikosenkern
- 1 P Weinstein-Backpulver
- 1/2 TL Natron
- 60 g Dinkel, fein gemahlen
- 40 g Purpurweizen, fein gemahlen
- 1/2 TL Vanille

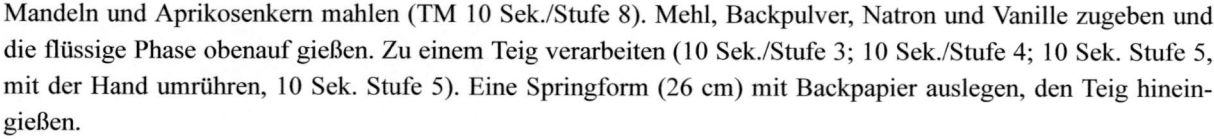

Mandeln und Aprikosenkern mahlen (TM 10 Sek./Stufe 8). Mehl, Backpulver, Natron und Vanille zugeben und die flüssige Phase obenauf gießen. Zu einem Teig verarbeiten (10 Sek./Stufe 3; 10 Sek./Stufe 4; 10 Sek. Stufe 5, mit der Hand umrühren, 10 Sek. Stufe 5). Eine Springform (26 cm) mit Backpapier auslegen, den Teig hineingießen.

Ofen auf 140 °C (Heißluft) vorheizen und 40 Min. backen, im ausgestellten Ofen 5 Min. nachbacken.

10879. Bohnenauflauf mit Gemüse, April 2017

2 Portionen

Gemüsepfanne (24 cm Keramik, *15 Min.*):

- 55 g Wasser
- 190 g Spitzkohl, in Streifen
- 140 g Süßkartoffeln, gewürfelt

Fertigstellung:

- Etwas Öl für die Formen
- 400 g gekochte Jumbobohnen
- Kalte Bechamelsoße 10879
- 70 g Schnittkäse (Emmentaler)
- 30 g Sonnenblumenkerne

Zwei Lasagneformen mit Öl einpinseln. Das Gemüse darauf verteilen, mit den Bohnen belegen. Soße darüber löffeln. Eine Form mit Käse belegen, die andere mit Kernen bestreuen. In den auf 200 C (Heißluft) vorgeheizten Ofen schieben, 15 Min. bei 200 °C backen und 5 Min. im ausgeschalteten Ofen nachbacken.

10880. Kalte Bechamelsoße, April 2017

- 140 g Stützcreme
- 2 gestr. TL Salz
- 1 Prise Pfeffer
- 30 g Cashewmus
- 10 g Zitronenfleisch
- 20 g Sonnenblumenöl
- 155 g Wasser

Im großen Becher eines kleinen Mixers pürieren.

10881. Schokosoßenchiakakao, April 2017

Im Vitamix ca. 2.5 Min. auf höchster Stufe schlagen:

- 10 g Kakaonibs
- 20 g Chiasamen
- 25 g Schokosoße Agnes 10872
- 20 g Honig
- 5 g frischer Ingwer
- auf 500 ml mit Wasser/kochendem Wasser 1:1 auffüllen.

10882. Schoko-Apfel-Creme, April 2017

- 125 g Stützcreme
- 40 g Schokoladensoße, hier Schokosoße Agnes 10872
- 10 g Agavendicksaft
- 65 g Apfel, gewürfelt
- 10 g gehobelte Mandeln
- 6 getr. Maulbeeren

Creme, Schokosoße und Agavendicksaft verrühren. Apfel unterziehen und auf 2 Schüsselchen verteilen. Mit Mandelblättchen bestreuen, in die Mitte je 3 Maulbeeren legen.

10883. Tutti-Frutti-Studentenfutter, April 2017

2 Desserts

Mit einem Löffel verrühren:

- 30 g grüne Rosinen
- 10 g Rosinen
- 20 g getr. Gojibeeren
- 30 g Sonnenblumenkerne
- 50 g Zitronat
- 125 g Stützcreme

10884. Tandoorireis, April 2017

2 Portionen

- 160 g Jasmin-Vollkornreis
- 1 TL Tandoori-Gewürzmischung (1 g)
- 10 g Butter
- 320 g Wasser

Im Topf aufkochen und auf kleiner Einstellung 40 Min. kochen/quellen lassen:

10885. Grüner Spargel in Tomatensoße, April 2017

2 Portionen

- 55 g Wasser
- 200 g Tomaten, in Stücken
- 220 g grüner Spargel, in 4-5 cm Stücken

Ohne Soße als Gemüsepfanne 20 Min. dünsten (in einer 24-cm-Keramikpfanne). Räuchertomatensoße unterrühren und aufkochen. Schmeckt gut zu Reis.

10886. Räuchertomatensoße, April 2017

Mit einem kleinen Mixer pürieren:

- 50 g gekochte rote Linsen
- 150 g Flüssigstützcreme 10877
- 1 TL Salz
- 1 TL Paprika
- 1 Prise Paprika geräuchert
- 25 g Tomatenmark

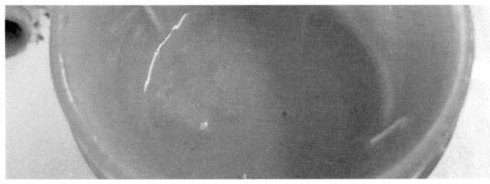

10887. Strawberry Mountain, April 2017

2 x Frühstück, sehr gut mit kleineren, aromatischen Erdbeeren!

- 2 EL Leinsamen
- 6 EL Nackthafer
- 1 Apfel (185 g)
- 1 Banane (95 g)
- 395 g kleine Erdbeeren
- 2 EL Sahne

Leinsamen mit dem Getreide flocken, auf zwei Schüsselchen verteilen. Apfel und Banane in grobe Stücke teilen und pürieren (bei mir: im kleinen Mixer), über das Getreide geben. Erdbeeren mit der Spitze nach oben auf den Obstbrei häufeln, Sahne darüber gießen.

10888. Frühlingsschichtler, April 2017

3-4 Portionen.

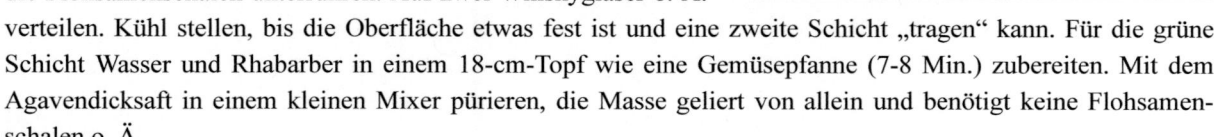

Rosa Schicht:
- 160 g Stützcreme
- 100 g Erdbeeren
- 20 g Agavendicksaft
- 5 g Flohsamenschalen

Deko: 2 kleine Erdbeeren

Grüne Schicht:
- 50 g Wasser
- 210 g Rhabarber, in Stücken
- 50 g Agavendicksaft

Für die rosa Schicht Creme, Erdbeeren und Dicksaft mit einem kleinen Mixer, hoch stehendes Messer, glatt rühren, zum Schluss die Flohsamenschalen unterrühren. Auf zwei Whiskygläser o. Ä. verteilen. Kühl stellen, bis die Oberfläche etwas fest ist und eine zweite Schicht „tragen" kann. Für die grüne Schicht Wasser und Rhabarber in einem 18-cm-Topf wie eine Gemüsepfanne (7-8 Min.) zubereiten. Mit dem Agavendicksaft in einem kleinen Mixer pürieren, die Masse geliert von allein und benötigt keine Flohsamenschalen o. Ä.

Die grüne Schicht auf die leicht fest gewordene rosa Schicht verteilen, in die Mitte je eine Erdbeere legen und kühlen.

10889. Grüne-Soße-Suppe, April 2017

Im TM ; 2 Portionen (wir hatten jeweils eine Scheibe Brot dazu).

- 80 g gekochte rote Linsen
- 260 g Stützcreme
- 20 g Sonnenblumenöl
- 30 g Cashewmus
- 1 TL Salz
- 1 Prise Pfeffer
- 15 g Senf
- 20 g Zitronensaft
- 500 g Wasser
- 50 g Kräuter „Grüne Soße"

Alle Zutaten außer den Kräutern im TM aufkochen (ca. 13 Min./100 °C/Stufe 2). Kräuter zugeben und so mixen, dass die Kräuter klein geschnitten, aber nicht püriert sind (18 Sek./Stufe 7). Auf zwei Schüsseln verteilen, fertig!

10890. Erdbeer-Sextett, April 2017

2 Desserts

- 130 g Stützcreme
- 30 g Nussschokocreme Cashew (Agnes) 10873
- 10 g Agavendicksaft
- 14 Erdbeeren (80 g)

Stützcreme, Nussschokocreme und Agavendicksaft mit dem Löffel verrühren, auf zwei Schüsselchen verteilen. Je eine Erdbeere in die Mitte setzen, die anderen sechs am Rand verteilen.

10891. Frühlingsnudeln, April 2017

2 Portionen

Nudeln:
- 140 g Vollkorn-Spiralnudeln
- 330 g Wasser
- 1 TL Salz

Gemüse:
- 50 g Wasser
- 125 g grüner Spargel, in 3-4 cm-Stücken
- 255 g Frühlingszwiebeln, in 3-4 cm-Stücken
- Apfelsoße 10891

Nudeln im Wasser und mit Salz nach Anweisung garen (hier: 12 Min). Falls noch Wasser vorhanden ist, abschütten und die Nudeln bis zur weiteren Verwendung im geschlossenen Topf stehen lassen. Gemüsezutaten ohne Soße als Gemüsepfanne 20 Min. garen. Soße unter das Gemüse rühren, aufkochen. Nudeln unterziehen.

10892. Apfelsoße, April 2017

- 105 g Stützcreme
- 50 g gekochte rote Linsen
- 50 g Wasser
- 1 TL Salz
- 1 Prise Pfeffer
- 1/2 TL Curry
- 60 g Apfel
- 20 g Sonnenblumenöl

In einem kleinen Mixer pürieren.

10893. Freihand-Kakao, April 2017

Im Vitamix ca. 2.5 Min. auf höchster Stufe schlagen:
- 2 leicht gehäufte TL Kakaonibs (10 g)
- 4 gestr. TL Nackthafer (20 g)
- 1 geh. TL Honig (20-25 g)
- 2 Scheiben frischer Ingwer (5-10 g)
- 1 geh. TL Cashewmus (20 g)
- auf 500 ml mit Wasser/kochendem Wasser 1:1 auffüllen.

10894. Thymian-Vorratsdressing mit Rhabarber, April 2017

Im Vitamix mit dem Stößel mixen, bis ganz glatt:
- 130 g Sonnenblumenkerne (Soll: 125 g)
- 125 g Apfelessig
- 45 g Rhabarber (Endstücke und Blätteransätze)
- 20 g Salz
- 1 g Pfeffer
- 75 g Thymianwürze flüssig 10701
- 70 g Honig
- 1 Chilischote in Essig eingelegt (6 g) 10240
- 20 g Tamari
- 250 g Wasser

10895. Creme mit Rhabarberstücken, April 2017

2 Desserts
- 30 g Wasser
- 75 g Rhabarber, in Stücken
- 125 g Stützcreme
- 25 g flüssiger Honig
- 1/2 TL Flohsamenschalen
- 1-2 TL getr. Gojibeeren

Wasser und Rhabarber in einer kleinen Pfanne wie eine Gemüse-pfanne 7 Min. dünsten. Abkühlen lassen. Stützcreme, Honig, abgegossene Rhabarberkochflüssigkeit und Flohsamenschalen mit einem Löffel verrühren, Rhabarberstücke vorsichtig unterziehen. Auf zwei Schüsselchen verteilen, mit Goji-beeren bestreuen.

10896. Gojireis Curry-Variante, April 2017

2 Portionen
- 15 g Gojibeeren
- 1/2 TL Curry
- 10 g Sonnenblumenöl
- 160 g Jasmin-Vollkornreis
- 320 g Wasser

Nach dem Aufkochen im Topf 40 Min. auf kleiner Einstellung.

10897. Aufgefruchteter Spitzkohl, April 2017

2 Portionen (mit Reis als Beilage)

- 50 g Wasser
- 160 g Spitzkohl, klein geschnitten
- 90 g gelbe Paprika, gewürfelt
- 160 g Tomate, grob in Stücke geschnitten
- Orangensauce 10898

Ohne die Soße als Gemüsepfanne (24 cm Keramik, 18 Min.) dünsten, die Orangensoße unterrühren.

10898. Orangensauce intensiv, April 2017

Im Mixer pürieren:

- 7 g Zitronenfleisch
- 1/2 Orange (70 g)
- 1 TL Salz
- 1/2 TL fein geriebene, getr. Zitrusfruchtschale
- 60 g gekochte rote Linsen
- 70 g Stützcreme
- 50 g Wasser

10899. Brot Purpurweizen pur (Wildhefe), April 2017

Vorläufer: 10862

Stufe 1 (12 Std. vorher):

Sauerteigansatz:
- 400 g Roggen
- 420 g Wasser
- 150 g Sauerteig

Wildhefeansatz:
- 200 g Wildhefewasser
- 200 g Purpurweizen

Stufe 2 (Backen, bei mir morgens):
- 100 g Roggen
- 225 g Purpurweizen
- 20 g Salz
- 1 gestr. TL Brecht Brotgewürz
- 150 g Wasser
- gesamter Wildhefeansatz
- 800 g Sauerteigansatz
- 20 g Butter für die Form

Stufe 1: Roggen fein mahlen, mit Wasser und altem Sauerteig mischen. In einer Plastiktüte über Nacht stehen lassen. 150 g von der Stufe 1 abnehmen und in einem gut schließenden Schraubglas in den Kühlschrank stellen für das nächste Backen. Wildhefezutaten mit einem Löffel verrühren. **Stufe 2:** Zutaten (außer der Butter) mit einem großen Löffel gründlich verrühren, bis kein Mehl mehr sichtbar ist. Eine 30-cm-Brotform, Profi-Email von Dr. Oetker, gut einfetten. Teig hineingeben, mit der nassen Hand herunterdrücken und glattstreichen. Mit einem scharfen Messer dreimal schräg einschneiden. Form in eine Plastiktüte geben und etwa 2,5 Std. gehen lassen. Brot in den kalten Ofen schieben und 90 Min. bei 190 °C (Heißluft) backen.

10900. O trifft E-FKG, April 2017

2 x Frühstück

- 2 EL Leinsamen
- 6 EL Nackthafer
- 2 kleine Bananen (130 g)
- 1 Orange (135 g)
- 205 g Erdbeeren
- 1 Apfel (180 g)
- 40 g Sahne
- 8 Mandeln
- 2 Erdbeeren (Deko)

Leinsamen mit dem Getreide flocken, auf zwei Schüsselchen verteilen. Das Obst wenn nötig in grobe Stücke teilen und mit der Sahne im Hochleistungsmixer pürieren, über das Getreide geben. Mit Mandeln und Erdbeeren dekorieren.

10901. Freihand-Kakao Chia-Variante, April 2017

Im Vitamix ca. 2,5 Min. auf höchster Stufe schlagen:

- 2 leicht geh. TL Kakaonibs (10 g)
- 4,5 TL Chiasamen
- 1 geh. TL Honig (20 g)
- 2 Scheiben frischer Ingwer (5-10 g)
- 1 geh. TL Cashewmus (20 g)
- auf 500 ml mit Wasser/kochendem Wasser 1:1 auffüllen.

10902. Stützcreme groß, April 2017

- 180 g Rundkorn-Naturreis
- 1 Prise Salz
- 45 g Cashewmus
- 450 g kaltes Wasser
- 600 g kochend heißes Wasser

Im 2-L-Vitamixbecher bis zum Stocken schlagen.

Tipp: Mit einem größeren Anteil kaltem Wasser wie hier, ist sie perfekt geworden!

10903. Milchreis mahlig gewürzt, April 2017

- 100 g Rundkorn Naturreis
- 1 gestr. TL gem. getr. Zitrusschalen
- 1/2 TL Zimt
- 1/2 TL gem. Vanille
- 300 g Pflanzenmilch

Reis mit den Gewürzen verrühren, Milch hinzugeben. Wie gewohnt im Schnellkochtopf (Herd: 10 Min. Stufe II, 4 von 14; 10 Min. 2 von 14; 10 Min. 1 von 14) garen.

10904. Abgedeckter Rhabarber, April 2017

2 Desserts

- 100 g Rhabarber
- 35 g Wasser
- 100 g Milchreis mahlig gewürzt 10903
- 100 g Stützcreme
- 20 g Agavendicksaft
- 3 TL Orangeat

Rhabarber mit Wasser als Gemüsepfanne garen (20 cm Keramik, 8 Min.). Abkühlen lassen. Reis, Stützcreme und Agavendicksaft verrühren. Rhabarber auf zwei Schüsselchen verteilen (evtl. vorhandene Flüssigkeit für etwas anderes verwenden, z.B. einfach trinken), mit je 1 TL Orangeat mischen. Milchreismischung auf dem Obst verteilen, in die Mitte etwas Orangeat klecksen.

10905. Bunte Kartoffelpfanne, April 2017

2 Portionen

- 75 g Wasser
- 15 g Sonnenblumenöl
- 375 g Kartoffeln, geschält und in Scheiben
- 1 Tomate (165 g), in Scheiben
- 1/2 rote Paprika (160 g), gewürfelt
- 120 g Spitzkohl, in Streifen
- 55 g Möhren, in Scheiben
- Leicht gewürzte Soße 10906

Ohne die Soße als Gemüsepfanne 20 Min. (24 cm, Woll-Pfanne). Soße unterrühren und aufkochen.

10906. Leicht gewürzte Soße, April 2017

In einem kleinen Mixer pürieren:

- 50 g gekochte rote Linsen
- 100 g Stützcreme
- 1 TL Salz
- 1 Prise Pfeffer
- 1/2 TL gem. Kümmel
- 5 g Senf
- 55 g Pflanzenmilch

10907. Frühlingssuppe roh, April 2017

Im Vitamix pürieren:

- 15 g Rhabarber
- 30 g Erdbeeren
- 105 g Möhren
- 205 g Wasser

10908. Einkorn-FKG, April 2017

2 x Frühstück

- 2 EL Leinsamen
- 6 EL Einkorn
- 10 g Zitronenfleisch
- 2 Bananen (185 g)
- 315 g Erdbeeren
- 10 g Honig (*weil Ostern ist :)*)
- 35 g Cashewmus
- 1/2 Apfel (125 g)
- 8 Mandeln
- 4 Paranüsse

Leinsamen mit dem Getreide flocken, auf zwei Schüsselchen verteilen. Das Obst ggf. in grobe Stücke teilen und mit Honig und Cashewmus im Hochleistungsmixer pürieren, über das Getreide geben. Mit den Nüssen dekorieren.

10909. Freihand-Kakao nelkig, April 2017

Im Vitamix ca. 2.5 Min. auf höchster Stufe schlagen:

- 2 leicht gehäufte TL Kakaonibs (10 g)
- 4 TL Nackthafer
- 1 stark geh. TL Honig (40 g)
- 2 Scheiben frischer Ingwer (10 g)
- 1 geh. TL Cashewmus (20 g)
- 1 Prise gem. Gewürznelke
- auf 500 ml mit Wasser/kochendem Wasser 1:1 auffüllen.

10910. Rhabarberkuchen, April 2017

24-26 cm Springform

Zwischenschicht:

- 100 g Sonnenblumenkerne

Sonnenblumenkerne in einer Keramikpfanne (24 cm) ohne Fett auf mittlerer Einstellung rösten, bis sie sich hellbeige verfärben und leicht durften.

Feste Phase in einer Rührschüssel mixen::

- 300 g Purpurweizen, fein gemahlen
- 1 P Weinstein-Backpulver
- 1 Prise Salz
- 1/2 TL gem. Vanille

Flüssige Phase (Vitamix):
- 200 g gekochte rote Linsen
- 175 g Honig
- 120 g Stützcreme
- 60 g Apfelmark

Fertigstellung:
- 625 g Rhabarber
- 40 g Honig
- 1 EL Agavendicksaft

Feste und flüssige Phase gut mischen (Handrührgerät) und in eine mit Backpapier ausgelegte Springform streichen. Mit gerösteten Kernen bestreuen. Rhabarber in ca. 2 cm lange Stücke schneiden, diese senkrecht dicht nebeneinander auf den Kuchen setzen. Mit Honig beträufeln. In den auf 160 °C vorgeheizten Backofen schieben und 40 Min. bei 160 °C backen.

10911. Rhascho-Dessert, April 2017

2 reichliche Portionen

Obstschicht:
- 100 g Rhabarber, in Stücken
- 0 g Wasser
- 75 g Erdbeeren, gewürfelt
- 10 g Agavendicksaft

Schokoreisschicht 10912

Dekoration
- 1 Erdbeere, halbiert

Rhabarber und Wasser als Gemüsepfanne (24 cm Keramik, 8 Min.) garen. Mit Erdbeeren und Agavendicksaft mischen und auf zwei Schüsselchen verteilen. Schokoschicht auf das Obst geben. Halbe Erdbeere in die Mitte der Schüsselchen legen.

10912. Schokoreis, April 2017

2 Portionen
- 100 g Stützcreme
- 100 g Milchreis, hier Milchreis mahlig gewürzt 10903
- 1 EL Schokosoße (40 g), hier Schokosoße Agnes 10872
- 25 g Agavendicksaft

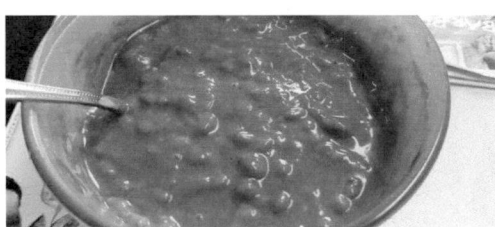

Mit dem Löffel verrühren.

10913. Tomaten-Paprika-Soße, April 2017

2 Portionen

Als Gemüsepfanne (20 Min, 24 cm Keramik):
- 45 g Wasser
- 15 g Sonnenblumenöl
- 80 g Zwiebel, gehackt
- 10 g Knoblauch, in Scheiben
- 85 g Spitzpaprika, in Halbringen
- 265 g Tomaten, in Stücken

Würzmischung:
- 1 TL Salz
- 1 TL Paprika edelsüß
- 1 Prise Pfeffer
- 1/2 TL gem. Kümmel
- 20 g Tomatenmark
- 25 g Wasser
- 15 g Ahornsirup

Mit einem Löffel verrühren. Zum Gemüse geben und unter Rühren aufkochen.

10914. Scharfer Reis Harissa, April 2017

2 Portionen

- 160 g Jasmin-Vollkornreis
- 1 TL Harissa, getr.
- 320 g Wasser

Im kleinen Topf aufkochen, 40 Min. dünsten bzw. quellen lassen.

10915. Fruchtsalat, April 2017

2 Portionen (reichte uns als Mittagessen mit einem kleinen Stück Kuchen hinterher).

- 1 Orange (165 g)
- 1 kleinere Banane (90 g)
- 210 g Honigmelone
- 1 Apfel (180 g)
- 20 g Sonnenblumenkerne
- 1 Soße für Fruchtsalat

Obst würfeln und mit den Kernen mischen. Soße für Fruchtsalat vorsichtig unterziehen und auf zwei Schüsselchen verteilen.

10916. Soße für Fruchtsalat, April 2017

In einem kleinen Mixer mischen:

- 25 g Zitronenfleisch
- 40 g flüssiger Honig
- 75 g Stützcreme
- 75 g Wasser

10917. Schokoblumen, April 2017

2 Portionen

- 75 g Milchreis, hier Milchreis mahlig gewürzt 10903
- 100 g Stützcreme
- 35 g Schokosoße, hier Schokosoße Agnes 10872
- 20 g Agavendicksaft
- 20 g grüne Rosinen
- 5 halbe Walnüsse, halbiert
- 2 getr. Gojibeeren

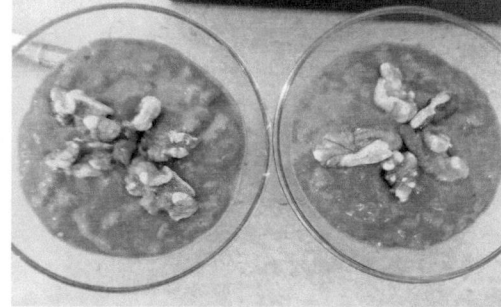

Reis, Creme, Schokosoße, Agavendicksaft und Rosinen verrühren, auf zwei Schüsselchen verteilen. Halbierte Walnusshälften zu einem Kreis legen, je eine Gojibeere in die Mitte stecken.

10918. Linsengesprosste Tomaten, April 2017

2 Portionen

- 35 g Wasser
- 350 g Tomaten, gewürfelt
- 110 g Spitzkohl, klein geschnitten
- 65 g Linsensprossen (recht lange Keime)
- Harissa-Soße

Ohne Soße als Gemüsepfanne 20 Min. dünsten. Harissa-Soße unterrühren und aufkochen.

10919. Harissa-Soße, April 2017

In einem kleinen Mixer pürieren:

- 75 g gekochte rote Linsen
- 100 g Stützcreme
- 25 g Apfelmark
- 1 TL Salz
- 1 Prise Pfeffer
- 1 TL Harissa (trocken)
- 45 g Wasser
- 20 g Sonnenblumenöl

10920. Melone on the Rice, April 2017

2 Desserts

- 75 g Milchreis, hier Milchreis mahlig gewürzt 10903
- 100 g Stützcreme
- 20 g Agavendicksaft oder flüssiger Honig
- 125 g Honigmelone, gewürfelt

Reis, Creme und Süßungsmittel verrühren und auf zwei Schüsselchen verteilen. Mit Melonenwürfeln belegen.

10921. Frühlingszwiebel-Allerlei, April 2017

2 Portionen

- 55 g Wasser
- 100 g Spitzkohl, fein geschnitten
- 145 g Tomate, gewürfelt
- 240 g Frühlingszwiebeln, in 2 cm Stücken
- Maghrebsoße

Ohne die Soße als Gemüsepfanne (24-cm-Keramikpfanne) 18 Min. dünsten. Maghrebsoße unterrühren und aufkochen.

10922. Maghrebsoße, April 2017

In einem kleinen Mixer pürieren:

- 50 g gekochte rote Linsen
- 100 g Stützcreme
- 15 g Zitronenfleisch
- 20 g Sonnenblumenöl
- 1 TL Salz
- 1 Prise Pfeffer
- 20 g Apfelmark
- 1 TL Maghreb-Mischung 12/9572

10923. Gesundheitstrunk für Zwo, April 2017

2 Becher

Im Vitamix 3-4 Min. pürieren und erhitzen:

- 40 g Zitronenfleisch
- 20 g frischer Ingwer
- 60 g Honig
- 290 g Wasser Raumtemperatur
- 300 g kochend heißes Wasser

10924. Kaltschale stückig, April 2017

2 Desserts

- 20 g Wasser
- 100 g Rhabarber, in Stücken
- 4 g Zitronenschale
- 50 g Stützcreme
- 5 g Zitronensaft
- 20 g Agavendicksaft
- 100 g Honigmelone, gewürfelt
- 60 g Erdbeeren, gewürfelt

Wasser, Rhabarber und Zitronenschale als Gemüsepfanne (20 cm Keramik, 7 Min.) garen und erkalten lassen. Stützcreme, Zitronensaft und Agavendicksaft verrühren. Inhalt der Pfanne inklusive Flüssigkeit und restliche Obstwürfel unterziehen. Auf zwei Schüsselchen verteilen und mindestens 30 Min. in den Kühlschrank stellen.

10925. Apfelcurryreis, April 2017

2 Portionen

- 70 g Apfel, relativ fein gewürfelt
- 1/2 TL Curry
- 160 g Jasmin-Vollkornreis
- 320 g Wasser

Im Topf aufkochen und 40 Min. auf kleiner Einstellung dünsten/ quellen lassen.

10926. Süßkohlrabi mit Superfood, April 2017

2 Portionen

- 55 g Wasser
- 75 g Zwiebel, gewürfelt
- 110 g Kohlrabi, in feinen Stiften
- 20 g Gojibeeren
- 215 g Süßkartoffel, in Scheiben / Halbscheiben
- Scharfe Koriandersoße 10927

In einer 24-cm-Keramikpfanne ohne die Soße als Gemüsepfanne 20 Min. dünsten. Scharfe Koriandersoße unterrühren und kurz erhitzen. Mit Apfelcurryreis 10925 servieren.

10927. Scharfe Koriandersoße, April 2017

- 60 g Stützcreme
- 50 g gekochte rote Linsen
- 1 TL Salz
- 10 g Essigpeperoni 7/4573
- 20 g Apfelmark
- 20 g Sonnenblumenöl
- 20 g Cashewmus
- 1-2 Prisen gem. Koriander
- 50 g Wasser

Mit einem kleinen Mixer, hoch stehendes Messer, mixen.

10928. Erdbeer-Rhabarber-FKG, April 2017

2 x Frühstück

- 2 EL Leinsamen
- 6 EL Nackthafer
- 2 kleine Bananen (155 g)
- 20 g Erdbeeren
- 25 g Rhabarber
- 215 g Apfel
- 30 g Sahne
- 15 g Sonnenblumenkerne

Leinsamen mit dem Getreide flocken, auf zwei Schüsselchen verteilen. Das Obst ggf. in grobe Stücke Teilen und mit der Sahne im Hochleistungsmixer pürieren, über das Getreide geben. In die Mitte die Sonnenblumenkerne streuen.

10929. Ehrgeizdessert, April 2017

2 Desserts; keine Lust auf Küche, aber Dessert ging.

- 1 kleine Banane (90 g), in Scheiben geschnitten
- 60 g Nussschokocreme Cashew (Agnes) 10872
- 8 große Heidelbeeren

Bananenscheiben als „Linie" auf 2 Teller verteilen, mit Schokosoße bestreichen. Mit Heidelbeeren dekorieren.

10930. Risi Bisi Batati, April 2017

2 Portionen

Reis:
- 165 g Jasmin-Vollkornreis
- 10 g Butter
- 30 g Wasser

Im kleinen Topf nach dem Aufkochen 40 Min. bei kleiner Einstellung dünsten.

Als Gemüsepfanne 20 Min.:

	Fertigstellung:
• 55 g Wasser	• 185 g Tiefkühlerbsen
• 45 g Zwiebel, gewürfelt	• 1 TL Salz
• 140 g Batate, gewürfelt	• 1-2 Prisen Pfeffer

Erbsen nach 10 Min. Garzeit zum Gemüse geben. Salzen, pfeffern und Reis unterheben.

10931. Brot Purpurweizen gewürzt (Wildhefe), April 2017

Vorläufer 10899

Stufe 1 (12 Std. vorher):

Sauerteigansatz:
- 400 g Roggen
- 420 g Wasser
- 150 g Sauerteig

Wildhefeansatz:
- 200 g Wildhefewasser
- 200 g Purpurweizen

Stufe 2 (Backen, bei mir am Morgen):
- 100 g Roggen
- 225 g Purpurweizen
- 20 g Salz
- 2 EL Bruschetta-Gewürzmischung
- 100 g Haselnüsse
- 150 g Wasser
- Gesamter Wildhefeansatz
- 800 g Sauerteigansatz
- 20 g Butter für die Form

Stufe 1: Roggen fein mahlen, mit Wasser und altem Sauerteig mischen. In einer Plastiktüte über Nacht stehen lassen. 150 g von der Stufe 1 abnehmen und in einem gut schließenden Schraubglas in den Kühlschrank stellen für das nächste Backen. Wildhefezutaten mit einem Löffel verrühren.

Stufe 2: Zutaten (außer der Butter) mit einem großen Löffel gründlich verrühren, bis kein Mehl mehr sichtbar ist. Eine 30-cm-Brotform, Profi-Email von Dr. Oetker, gut einfetten. Teig hineingeben, mit der nassen Hand herunterdrücken und glattstreichen. Mit einem scharfen Messer dreimal schräg einschneiden. Form in eine Plastiktüte geben und etwa 2,5 Std. gehen lassen. Brot in den kalten Ofen schieben und 70 Min. (sollten sein 90, ist dennoch lecker und Kruste gut) bei 190 °C (Heißluft) backen.

10932. Schokosoße Haselshew, April 2017

Vorläufer 10872; 2 Honiggläser
- 200 g Honig
- 60 g Kakao
- 20 g Carob Rohkostqualität
- 1 TL Vanille
- 50 g Cashewkerne
- 50 g Haselnüsse
- 330 g Wasser

Im Vitamix so lange mixen, bis die Masse sehr heiß ist. In zwei Honiggläser füllen und gut verschließen.

10933. Apfel-Rhabarber-FKG, April 2017

2 x Frühstück

- 2 EL Leinsamen
- 6 EL Nackthafer
- 20 g Zitronenfleisch
- 1 kleinere Banane (95 g)
- 1 Apfel (185 g)
- 80 g Rhabarber
- 20 g Sahne
- 95 g Heidelbeeren (= Deko)
- 15 g Haselnüsse

Leinsamen mit dem Getreide flocken, auf zwei Schüsselchen verteilen. Das Obst ohne die Deko ggf. in grobe Stücke teilen und mit der Sahne im Hochleistungsmixer pürieren, über das Getreide geben. Mit Heidelbeeren und Haselnüssen bestreuen.

10934. Tutti Frutti Di Chocolati, April 2017

2 Desserts

- 1 Spalte Honigmelone (125 g)
- 100 g Stützcreme
- 40 g Schokosoße, hier Nussschokocreme Cashew (Agnes) 10872
- 10 g Agavendicksaft
- 10 g grüne getr. Gojibeeren
- 20 g grüne Rosinen
- 2 Haselnüsse

Die Honigmelone in vier sehr dünne Spalten teilen, diese jeweils halbieren. So auf einen Teller legen (oben und unten je eine Hälfte, darauf links und rechts), dass sich eine kleine Vertiefung zeigt. Creme, Soße, Dicksaft und Trockenfrüchte verrühren, in die Höhlung füllen. In die Mitte je eine Haselnuss setzen.

10935. Kürbissuppe mit Einlage, April 2017

2 Portionen; im Thermomix beschrieben.

- 10 g Knoblauch
- 50 g Zwiebel
- 335 g Kürbis (Hokkaido)
- 8 g Ingwer
- 50 g Apfel
- 610 g Wasser
- 95 g gekochte rote Linsen
- 1 geh. TL Salz
- 1/3 TL gem. Kreuzkümmel
- 100 g Tiefkühlerbsen
- 100 g gekochte Kichererbsen

Knoblauch, Zwiebel, Kürbis, Ingwer und Apfel TM zerkleinern (6 Sekunden/Stufe 5). Wasser hinzufügen und kochen (17 Min./100 °C/Stufe 1). Pürieren (10 Sek./Stufe 8). Linsen, Salz und Kreuzkümmel zufügen und nochmals pürieren (10 Sek./Stufe 8). Beide Erbsensorten zugeben und erhitzen (1,5 Min./80 °C/Linkslauf/Stufe 1).

10936. Blitzschokoladenkuchen schnell, April 2017

Vorläufer 10877; Versuch, den Kuchen auch ohne vorhandene Schokosoße zu backen. Dafür habe ich die Schokosoße Agnes prozentual exakt umgerechnet. Wenn das funktioniert, wäre ein nächster Schritt, die Zutaten alle gleich in einer flüssigen Phase zu vereinen.

Flüssige Phase 1 (Schokosoße) im Vitamix heiß mixen:

- 50 g Honig
- 15 g Kakao

- 5 g Carob
- 1 MS gem. Vanille
- 25 g Cashewmus
- 80 g Wasser

Flüssige Phase 2:
- Flüssige Phase 1
- 30 g Kokosöl
- 200 g gek. rote Linsen
- 160 g Stützcreme
- 80 g Apfelmark
- 195 g Honig
- 1 Prise Salz

Feste Phase:
- 200 g Mandeln
- 1 bitterer Aprikosenkern
- 1 P Weinstein-Backpulver
- 1/2 TL Natron
- 100 g Purpurweizen, gem.
- 1/2 TL Vanille

Flüssige Phase 2-Zutaten im Vitamix pürieren. Mandeln und Aprikosenkern mahlen (TM 10 Sek./Stufe 8). Mehl, Backpulver, Natron und Vanille zugeben und flüssige Phase obenauf gießen. Zu einem Teig verarbeiten (10 Sek./Stufe 3; 10 Sek./Stufe 4; 10 Sek. Stufe 5, mit der Hand umrühren, 10 Sek. Stufe 5). Eine Springform (26 cm) mit Backpapier auslegen, den Teig hineingießen.

Ofen auf 140 °C (Heißluft) vorheizen und 40 Min. backen, im ausgestellten Ofen 5 Min. nachbacken. Er ist weniger eingerissen an der Oberfläche als die vorherigen Kuchen. Wir fanden ihn noch besser als die anderen Blitzschokoladenkuchen.

10937. Hirsevanillepudding, April 2017

2 Desserts
- 200 g Wasser
- 50 g Stützcreme
- 25 g Agavendicksaft
- 50 g Hirse, fein gemahlen
- 1 Msp. gem. Vanille
- 30 g Schokosoße, hier Nussschokocreme Cashew (Agnes) 10873
- Einige Kakaonibs

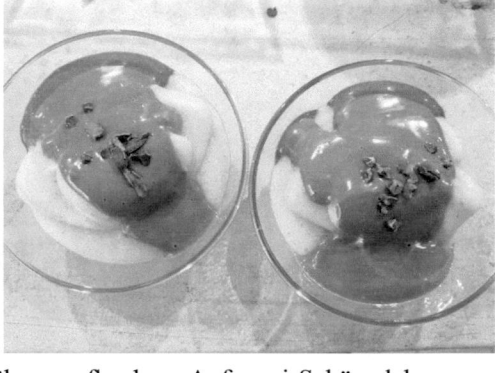

Wasser, Stützcreme und Agavendicksaft mit einem Schneebesen

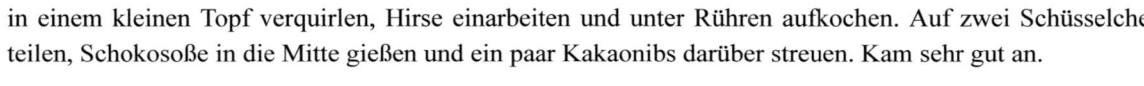

in einem kleinen Topf verquirlen, Hirse einarbeiten und unter Rühren aufkochen. Auf zwei Schüsselchen verteilen, Schokosoße in die Mitte gießen und ein paar Kakaonibs darüber streuen. Kam sehr gut an.

10938. Risi Bisi mal anders, April 2017

2 Portionen

Reis:
- 150 g Jasmin Vollkornreis
- 15 g Mandelöl
- 300 g Wasser

Im kleinen Topf nach dem Aufkochen 40 Min. bei kleiner Einstellung dünsten.

Gemüsepfanne (24-cm-Keramikpfanne, 18 Min.:)
- 55 g Wasser
- 20 g Sonnenblumenöl
- 105 g Zwiebel, fein gewürfelt
- 310 g Hokkaido, gewürfelt
- 25 g Rosinen

Fertigstellung
- 1 TL Salz
- 20 g Butter

Salz unter das Gemüse rühren, dann den Reis gleichmäßig unterheben.

Hinweis: *Die orange Farbe vom Reis hat einen Grund: Ich habe eine rohe Möhrensuppe zubereitet und den Vitamix mit Wasser gesäubert und dieses Wasser zum Kochen weiterverwendet.*

10939. Apfelpudding, April 2017

2 Desserts

- 100 g Stützcreme
- 15 g Zitronenfleisch
- 1 mittelgroßer Apfel (200 g)
- 15 g Agavendicksaft
- 1 TL Flohsamenschalen
- Deko: 2 TL Gojibeeren

Im Vitamix pürieren. Auf zwei Schüsselchen verteilen, Beeren in die Mitte geben.

10940. Nussschokocreme „Cashewman", April 2017

Vorläufer 10873; 1 3/4 Honiggläser voll.

- 125 g Cashewkerne
- 125 g Mandeln
- 30 g Kakaopulver
- 10 g Carobpulver, Rohkost
- 100 g Agavendicksaft
- 275 g Wasser

Alles in den Vitamix geben und mit dem Stößel gut durcharbeiten. Wird leicht warm, bis es wirklich glatt ist. In Honiggläser füllen. Die Wassermenge scheint gut.

10941. Nudel-Kürbis-Auflauf, April 2017

2 Portionen

Nudeln:

- 115 g Spiralnudeln
- 290 g Wasser (Großteil Bohnenkochwasser)
- 2 Prisen Salz

Gemüse:

- 50 g Wasser
- 230 g Hokkaido, gewürfelt
- 50 g rote Spitzpeperoni, in Streifen

Fertigstellung

- Etwas Öl für die Formen
- Kalte Bechamelsoße II 10942
- 70 g Schnittkäse (Gouda)
- 30 g Sonnenblumenkerne

10942. Kalte Bechamelsoße II

- 25 g gekochte rote Linsen
- 140 g Stützcreme
- 1 gestr. TL Salz
- 1 Prise Pfeffer
- 20 g Cashewmus
- 15 g Zitronenfleisch
- 15 g Sonnenblumenöl
- 100 g Wasser (60 g davon Rest Nudelkochwasser)

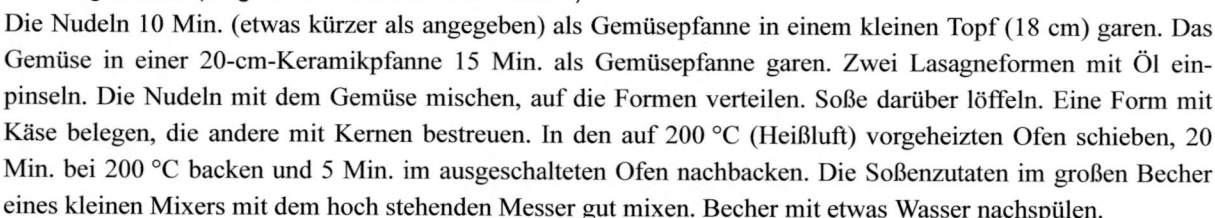

Die Nudeln 10 Min. (etwas kürzer als angegeben) als Gemüsepfanne in einem kleinen Topf (18 cm) garen. Das Gemüse in einer 20-cm-Keramikpfanne 15 Min. als Gemüsepfanne garen. Zwei Lasagneformen mit Öl einpinseln. Die Nudeln mit dem Gemüse mischen, auf die Formen verteilen. Soße darüber löffeln. Eine Form mit Käse belegen, die andere mit Kernen bestreuen. In den auf 200 °C (Heißluft) vorgeheizten Ofen schieben, 20 Min. bei 200 °C backen und 5 Min. im ausgeschalteten Ofen nachbacken. Die Soßenzutaten im großen Becher eines kleinen Mixers mit dem hoch stehenden Messer gut mixen. Becher mit etwas Wasser nachspülen.

10943. Apfel-Rhabarber-Rohspeise, April 2017

2 Portionen

70 g Rhabarber

- 1 Apfel (190 g)
- 40 g Honig (könnte ruhig weniger sein)
- 1 gestr. TL Flohsamenschalen (Rohkostqualität)
- 2 Cashewnüsse

Obst, Honig und Flohsamenschalen im Vitamix pürieren, auf zwei Schüsselchen verteilen und in die Mitte je eine Cashewnuss legen.

Fazit: *Einfach und sehr lecker!*

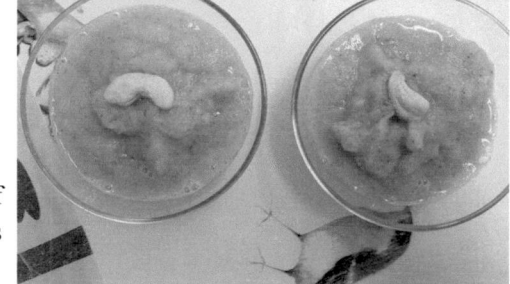

10944. Cremekartoffeln mit Erbsen, April 2017

2 Portionen.

Als Gemüsepfanne 20 Min. (24 cm Keramik-Pfanne):

- 25 g Sonnenblumenöl
- 60 g Wasser
- 45 g Zwiebel, in Halbscheiben
- 460 g Kartoffeln, in Scheiben (geschält wegen schrumpliger Schale etc.)

Fertigstellung

- 100 g tiefgekühlte Erbsen
- Schlichte Cremesoße (10945)

Erbsen und Cremesoße unterziehen. Wer hat, bestreut noch mit fein gehackter Petersilie.

10945. Schlichte Cremesoße, April 2017

In einem kleinen Mixer pürieren:

- 60 g gekochte rote Linsen
- 75 g Stützcreme
- 50 g Wasser
- 1 TL Salz
- 1 Prise Pfeffer
- 5 g Senf

10946. Rhabarberkomplott, April 2017

3-4 Portionen. Achtung: So ist es ungesüßt.

- 30 g Wasser
- 260 g Rhabarber, in Stücken
- 1/2 Zimtstange

Als „Gemüsepfanne" in einem kleinen Topf (18 cm) 7-9 Min. garen, je nachdem wie weich man es möchte.

10947. Butterkartoffeln, April 2017

2 kleine Portionen

Als Gemüsepfanne (28 cm-Keramikpfanne, 20 Min.):

- 25 g Sonnenblumenöl
- 75 g Wasser
- 85 g Zwiebel, in Halbringen
- 600 g Kartoffeln, in Scheiben (hier geschält)

Fertigstellung:

- 20 g Butter
- 1-2 TL Salz

Butter auflegen, salzen, mit einem Pfannenwender sanft mischen, nochmals salzen.

10948. Rhabananenspeise, April 2017

2 Desserts

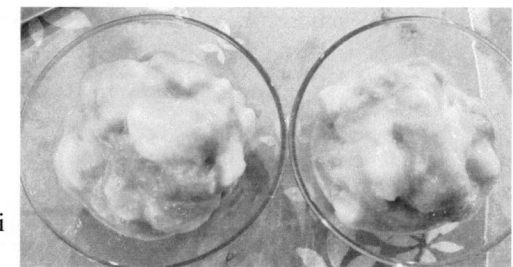

- 100 g gekochte Rhabarberstücke
- 1 Banane (100 g), in Halbscheiben
- 50 g Stützcreme
- 10 g Agavendicksaft

Alle Zutaten vorsichtig mit einem Löffel mischen und auf zwei Schüsselchen verteilen.

10949. Keine-Zeit-Abendessen, April 2017

1 Portion; es war zu spät geworden, Eric wollte nur noch Kuchen und Banane. Das ist für mich kein Tagesabschluss, ich hatte keine gekochten roten Linsen da (prima für eine ganz schnelle Suppe), aber es gab eine erträgliche und leckere Lösung. :-)

- 120 g Spaghetti, in Stücke gebrochen
- 1/2 TL Salz
- 300 g Wasser
- 65 g Bärlauchaufstrich „Ibi" (Lebegesund)
- 100 g gekochte weiße Jumbobohnen

Spaghetti, Salz und Wasser wie eine Gemüsepfanne zubereiten (18 cm Topf, 10 Min.). Bärlauchaufstrich einrühren, Bohnen unterheben und erhitzen.

10950. Rhabarberfixette, April 2017

Mit einem Löffel verrühren:

- 125 g gekochter Rhabarber, mit Kochflüssigkeit (vom Vortag)
- 10 g Agavendicksaft
- 10 g Sahne
- 10 g Sonnenblumenkerne

10951. Kokosrhabarber, April 2017

2 Portionen

- 20 g Wasser
- 100 g Rhabarber, in Stücken
- 125 g Stützcreme
- 20 g Agavendicksaft
- 20 g Kokosraspel

Rhabarber im Wasser wie eine Gemüsepfanne (18 cm Topf, 7 Min.) dünsten. Rhabarber bis auf zwei Stückchen auf zwei Schüsselchen verteilen. Stützcreme, Agavendicksaft und Kokos-raspel verrühren, auf den Rhabarber löffeln. Mit je einem Stück Rhabarber dekorieren.

10952. Kohlrabi indisch inspiriert, April 2017

2 Portionen

- 20 g Sonnenblumenöl
- 2 TL Panchphoran (ind. Gewürzmischung ungemahlen)
- 1 Knoblauchzehe, gehackt (8 g)
- 1/2 TL scharfer Curry
- 1/2 TL Salz
- 340 g Kohlrabi, in Stiften
- 75 g Wasser
- 300 g gekochte Kichererbsen
- 1 Löffelcremesoße 10953

Öl erhitzen (24 cm Keramikpfanne), Panchphoran darin anbraten. Knoblauch hinzufügen, sobald er beige ist, die Gewürze einrühren. Kurz erhitzen, in der Mischung die Kohlrabi anschwitzen, bis sie komplett von der „Farbe" bedeckt sind. Wasser zugießen und als Gemüsepfanne 17 Min. garen. Kichererbsen miterhitzen, Soße unterrühren und aufkochen. Etwa 20 Min. auf kleiner Flamme kochen lassen.

Tipp: *Eine Dekoration mit ein bisschen Petersilie bietet sich ebenfalls an.*

10953. Löffelcremesoße, April 2017

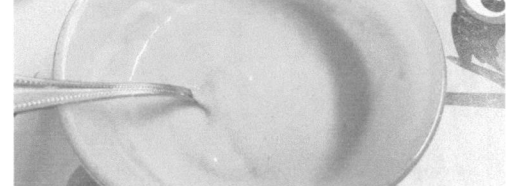

Mit einem Löffel verrühren:
- 75 g Stützcreme
- 30 g Cashewmus
- 1/2 TL Salz
- 30 g Kichererbsenkochwasser oder Wasser

10954. Brot Purpurweizen-Hafer gewürzt (Wildhefe), Apr, 2017

Vorläufer 10931

Stufe 1 (12 Std. vorher):
Sauerteigansatz:
- 400 g Roggen
- 420 g Wasser
- 150 g Sauerteig

Wildhefeansatz:
- 200 g Wildhefewasser
- 200 g Purpurweizen

Stufe 2 (Backen, bei mir am Morgen):
- 100 g Roggen
- 125 g Purpurweizen
- 100 g Nackthafer
- 20 g Salz
- 2 EL Aioli-Gewürzmischung
- 100 g Sonnenblumenkerne
- 150 g Wasser
- Gesamter Wildhefeansatz
- 800 g Sauerteigansatz
- 20 g Butter für die Form

Stufe 1: Roggen fein mahlen, mit Wasser und altem Sauerteig mischen. In einer Plastiktüte über Nacht stehen lassen. 150 g von der Stufe 1 abnehmen und in einem gut schließenden Schraubglas in den Kühlschrank stellen für das nächste Backen. Wildhefezutaten mit einem Löffel verrühren.

Stufe 2: Zutaten (außer der Butter) mit einem großen Löffel gründlich verrühren, bis kein Mehl mehr sichtbar ist. Eine 30-cm-Brotform, Profi-Email von Dr. Oetker, gut einfetten. Teig hineingeben, mit der nassen Hand herunterdrücken und glattstreichen. Mit einem scharfen Messer dreimal schräg einschneiden. Form in eine Plastiktüte geben und etwa 2,5 Std. gehen lassen. Brot in den kalten Ofen schieben und 70 Min. (sollten sein 90, ist dennoch lecker und Kruste gut) bei 190 °C (Heißluft) backen.

10955. Schokorhabarber, April 2017

2 Portionen
- 10 g Wasser
- 100 g Rhabarber, in Stücken
- 135 g Stützcreme
- 20 g Agavendicksaft
- 40 g Schokosoße Haselshew 10932

Rhabarber im Essen wie eine Gemüsepfanne (20 cm Keramikpfanne, 8 Min.) garen. Rhabarber bis auf zwei Stückchen auf zwei Schüsselchen verteilen. Stützcreme, Agavendicksaft und Schokosoße verrühren, auf den Rhabarber löffeln. Mit je einem Stück Rhabarber dekorieren.

10956. Einkorn-Erdbeer-FKG, April 2017

2 x Frühstück

- 40 g getr. Mango
- 30 g Cashewnüsse
- 290 g Wasser
- 1 EL Leinsamen
- 6 EL Einkorn
- 20 g Zitronenfleisch
- 300 g Erdbeeren brutto, zwei als Deko
- 2 Bananen (220 g)
- 45 g Sahne

Im Vitamix Mango, Cashewnüsse und Wasser zu einer Creme schlagen. Leinsamen mit dem Getreide flocken, auf zwei Schüsselchen verteilen. Die Creme darauf verteilen. Das Obst ggf. in grobe Stücke teilen und mit der Sahne im Hochleistungsmixer pürieren, über das Getreide geben. Erdbeeren längs vierteln und die Viertel mit der Spitze zueinander in die Mitte legen.

10957. Rote Linsensuppe, April 2017

2 Portionen (mit etwas Brot); beschrieben für den TM.

Linsenteil:

- 150 g rote Linsen
- 360 g Kichererbsenkochwasser
- 190 g Wasser (oder insgesamt 550 g Wasser)
- 1 Zwiebel (75 g), geachtelt

Fertigstellung

- 1 TL Salz
- 1 Prise Pfeffer
- 1 sehr kleine Prise gem. Gewürznelken
- 120 g Pflanzenmilch
- 75 g Tiefkühlerbsen
- 2 EL Sahne

Linsenzutaten in den Mixtopf geben und garen (20 Min./100 °C/Stufe 1; sobald es kocht, auf 98 °C stellen). Salz, Pfeffer, Nelken und Pflanzenmilch zugeben, 10 Sek. bei Stufe 8 pürieren. Erbsen zugeben und auftauen (5 Min./85 °C/Linkslauf/Stufe 2). Auf zwei Schüsseln oder Suppenteller verteilen, mit je einem EL Sahne ein Muster ziehen.

10958. Curryblattreis, April 2017

2 Portionen

- 1 TL getr. Curryblätter, etwas zerkleinert
- 160 g Jasmin-Vollkornreis
- 320 g Wasser
- 15 g Sonnenblumenöl

Im kleinen Topf aufkochen, dann eine Dünstzeit/Quellzeit von 40 Min.

10959. Allerlei-Surprise-Dessert, April 2017

2 Desserts

- 55 g Möhre
- 40 g Rhabarber
- 5 g Zitronensaft
- 55 g Apfel
- 15 g Agavendicksaft
- 105 g Stützcreme
- 1 TL Flohsamenschalen (2 g)
- 2 TL grüne Rosinen

Alle Zutaten bis auf die grünen Rosinen im Vitamix zu einer Creme mixen. Auf zwei Schüsselchen verteilen, Rosinen in die Mitte geben (wer Geduld hat, legt ein Muster) und kalt stellen.

10960. Süßkartoffel-Zwiebelgemüse in Kokos, April 2017

2 Portionen

- 25 g Kokosöl
- 110 g Zwiebeln, klein geschnitten
- 235 g Süßkartoffel, in Halbscheiben
- 50 g Wasser
- Kokos-Tamari-Soße 10961

Kokosöl in einer Pfanne (24 cm, Keramik) auf mittlerer Einstellung zerlassen, dann mäßig erhitzen (8 von 14, Induktion). Zwiebeln zugeben, 5 Min. dünsten bei derselben Einstellung. Süßkartoffeln und Wasser zugeben, als Gemüsepfanne 15 Min. garen. Soße unterziehen und aufkochen.

10961. Kokos-Tamari-Soße, April 2017

- 30 g Kokosraspel
- 100 g Stützcreme
- 5 g Tamari
- 2 Prisen gem. Koriander
- 1 TL Salz
- 1/2 TL Harissa, getrocknet
- 75 g Wasser, + evtl. 25 g zum Nachspülen

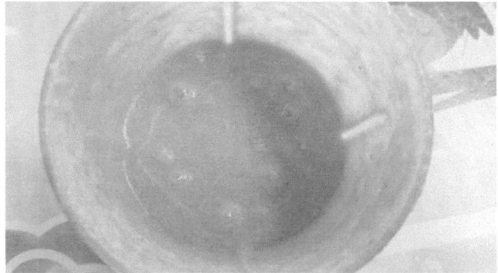

Mit einem kleinen Mixer zu einer glatten Soße pürieren.

10962. Sonntagsstandardkakao Frühjahr, April 2017

Im Vitamix ca. 2.5 Min. auf höchster Stufe schlagen:

- 2 TL Kakaonibs (10 g)
- 3 TL Nackthafer (27 g)
- 2 Deglet-Nour-Datteln, entsteint (18 g)
- Ca. 8 g frischer Ingwer
- 1 TL Cashewmus (20 g)
- (evtl. ein Teil Pflanzenmilch)
- auf 500 ml mit Wasser/kochendem Wasser 1:1 auffüllen.

10963. Sättigender Salat, April 2017

Dressing:
- 10 g Balsamico-Essig
- 10 g Sonnenblumenöl
- 20 g Wasser
- 1/2 TL Salz
- 1 Prise Pfeffer

Feste Zutaten:
- 100 g gekochte Kichererbsen
- 95 g Eisbergsalat, klein geschnitten
- 1 Tomate, gewürfelt (145 g)
- 75 g Gurke, in Halbscheiben
- 35 g Feta, gewürfelt

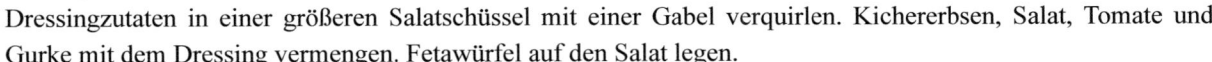

Dressingzutaten in einer größeren Salatschüssel mit einer Gabel verquirlen. Kichererbsen, Salat, Tomate und Gurke mit dem Dressing vermengen. Fetawürfel auf den Salat legen.

10964. Scharfer Butterreis, April 2017

2 Portionen

- 1/2-1 TL getr. Harissa
- 20 g Butter
- 160 g Jasmin-Vollkornreis
- 320 g Wasser

40 Min. nach dem Aufkochen im Topf auf kleiner Einstellung dünsten.

10965. Blitzschokoladenkuchen schnellschnell, April 2017

10935; Versuch, den Kuchen auf zwei Phasen zu beschränken.

Flüssige Phase (im Vitamix pürieren):

- 250 g Honig
- 25 g Cashewmus
- 70 g Wasser
- 30 g Sonnenblumenöl
- 200 g gekochte rote Linsen
- 160 g Stützcreme
- 80 g Apfelmark

Feste Phase:

- 200 g Mandeln
- 1 bitterer Aprikosenkern
- 1 P Weinstein-Backpulver
- 1/2 TL Natron
- 125 g Purpurweizen, fein gemahlen
- 1/2 TL Vanille
- 20 g Kakao
- 5 g Carob
- 1 Prise Salz

Mandeln und Aprikosenkern mahlen (TM 10 Sek./Stufe 8). Mehl, Backpulver, Natron und Vanille zugeben und flüssige Phase obenauf gießen. Zu einem Teig verarbeiten (20 Sek./Stufe 4; 10 Sek. Stufe 5, mit der Hand umrühren, 10 Sek. Stufe 5). Eine Springform (26 cm) mit Backpapier auslegen, den Teig hineingießen. Ofen auf 140 °C (Heißluft) vorheizen und 40 Min. backen, im ausgestellten Ofen 5 Min. nachbacken.

10966. Apfelmarkcreme, April 2017

2 Portionen

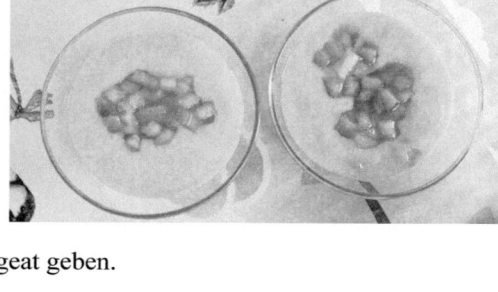

- 125 g Stützcreme
- 75 g Apfelmark
- 10 g Agavendicksaft
- 20 g grüne Rosinen
- 40 g Orangeat

Stützcreme, Mark, Dicksaft und Rosinen mit einem Löffel verrühren und auf zwei Schüsselchen verteilen, in die Mitte das Orangeat geben.

10967. Tomatensoße mit Zwiebeln, Mai 2017

2 Portionen; bei uns zu Reis.

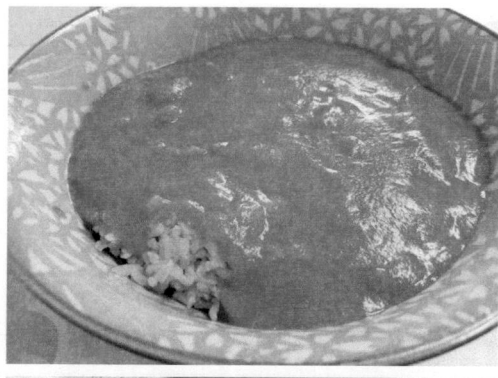

- 20 g Sonnenblumenöl
- 75 g Zwiebel, gewürfelt
- 10 g Knoblauch, fein gewürfelt
- 1 Dose Tomatenstücke (400 g Inhalt)
- 50 g gekochte rote Linsen
- 100 g Stützcreme
- 1 geh. TL Salz
- 1 Prise Pfeffer
- 1 Stück Essigpeperoni (7 g) 7/4573
- 10 g Peperoniessig
- 20 g Apfelmark
- 1 Prise Kümmel
- 40 g Honig

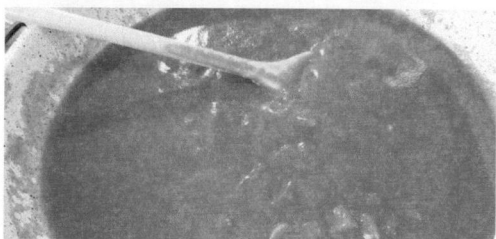

Zwiebeln und Knoblauch im Öl als Gemüsepfanne 5 Min. (24 cm Keramik-Pfanne) garen. Die restlichen Zutaten im Vitamix zu einer glatten Soße verarbeiten, zu den Zwiebeln geben und aufkochen. Erst dann abschmecken.

10968. Hafertaler Purpurnuss, Mai 2017

Vorlage: 10577

- 200 g Honig
- 100 g Butter
- 200 g Purpurweizen, fein gemahlen
- 250 g Nackthafer, geflockt
- 1 P Weinsteinbackpulver
- 1 Prise Salz
- 1 gestr. TL gem. Vanille
- 100 g gehackte Haselnüsse

Butter und Honig in einer Pfanne auf mittlerer Einstellung auflösen (Stufe 5/14, Induktion), einmal aufkochen. Die trockenen Zutaten miteinander mischen, in eine Rührschüssel geben. Butter-Honig-Flüssigkeit zugeben und mit einem Handrührgerät, Rührbesen, zu einem Teig verarbeiten. 15 Min. ruhen lassen.

Mit einem Teelöffel Portionen abnehmen und zwischen den Händen zu kleinen Talern pressen. Die Hände ab und an befeuchten. Nebeneinander auf ein PerfectClean-Blech legen, in dieser Zeit den Ofen auf 160 °C vorheizen. Einschieben und 20 Min. backen.

10969. Risi Bisi Yet Again, Mai 2017

2 Portionen

Reis:
- 160 g Jasmin-Vollkornreis
- 25 g getr. Tomaten, in feine Streifen geschnitten
- 320 g Wasser

Gemüse:
- 50 g Kichererbsenkochwasser
- 125 g Zwiebel, gewürfelt
- 130 g Möhre, in Viertelscheiben
- 125 g Tiefkühlerbsen

Fertigstellung:
- 1 TL Salz
- 1 Prise Pfeffer
- 20 g Butter

Reiszutaten nach Aufkochen im kleinen Topf 40 Min. auf kleiner Einstellung dünsten. Gemüsezutaten als Gemüsepfanne (24-cm-Keramikpfanne) 20 Min. dünsten, Tiefkühlerbsen erst zum Schluss einfügen. Salz, Pfeffer und Butter unter das Gemüse rühren, Reis unterheben.

10970. Genibter Rhabarber, Mai 2017

2 Desserts

- 1 TL Wasser
- 100 g Rhabarber, in Stücken
- 115 g Stützcreme
- 20 g Agavendicksaft
- 10 g Plätzchenkrümel (hier vom Blech von Hafertaler Purpurnuss 10968)
- 10 g Kakaonibs

Rhabarber mit dem Wasser als „Gemüsepfanne" 8 Min. in einer 20-cm-Keramikpfanne garen. Die restlichen Zutaten verrühren, dann den Rhabarber unterheben. Auf zwei Schüsselchen verteilen.

10971. Stützcreme 80 g Reis, April 2017

Im Vitamix bis zum Stocken:

- 80 g Rundkorn-Naturreis
- 1 Prise Salz
- 20 g Cashewnüsse
- 465 g Wasser, davon etwa die Hälfte RT, die andere kochend heiß

10972. Rhabarberschichtcreme, Mai 2017

2 Portionen

Puddingschicht:

- 105 g Stützcreme
- 1 Prise Zimt
- 15 g Agavendicksaft

Rhabarberschicht

- 100 g Rhabarber
- 2 EL Honigwasser (Wasser zum Auflösen von Resthonig im Glas)
- 10 g Agavendicksaft
- 1 Prise getr. geriebene Zitrusschalen
- 1 TL Flohsamenschalen
- 6 Mandeln

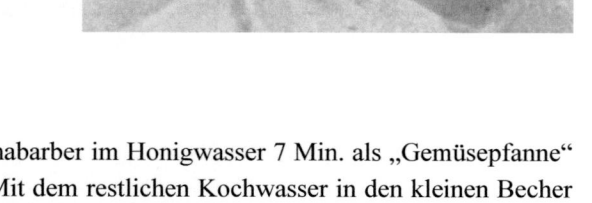

Zutaten der Puddingschicht mit einem Löffel verrühren. Rhabarber im Honigwasser 7 Min. als „Gemüsepfanne" (20 cm Keramikpfanne) dünsten. Etwas abkühlen lassen. Mit dem restlichen Kochwasser in den kleinen Becher eines kleinen Mixers geben, Agavendicksaft, Zitrusschale und Flohsamenschalen hinzufügen, durchmixen. Pudding auf zwei Schüsselchen verteilen, mit Rhabarber bedecken. Je 3 Mandeln in die Mitte legen.

10973. Zucchini-Tomaten-Gemüse, Mai 2017

2 Portionen

- 60 g Kichererbsenkochwasser (oder Wasser)
- 255 g Zucchini, in Halbscheiben
- 1 Tomate (115 g), gewürfelt
- Fettfreie Thymiansoße 10974

Zutaten ohne Soße in einer 24-cm-Keramikpfanne als Gemüsepfanne 15 Min. dünsten. Soße unter das Gemüse rühren und einmal kurz aufkochen.

10974. Fettfreie Thymiansoße, Mai 2017

- 50 g gekochte rote Linsen
- 75 g Stützcreme
- 1 TL Salz
- 1 Prise Pfeffer
- 40 g Thymianwürze flüssig 10701
- 50 g Kichererbsenkochwasser

Mithilfe eines kleinen Mixers pürieren.

10975. Grüner Spargel in Zitronensoße, Mai 2017

2 Portionen

- 65 g Wasser
- 55 g Zwiebeln, gewürfelt
- 220 g grüner Spargel, unten geschält, 2-3 cm lange Stücke
- 1 Tomate (120 g), gewürfelt
- Zitronensoße 10976

Als Gemüsepfanne 25 Min. garen. Zitronensoße unterrühren und aufkochen.

10976. Zitronensoße III, Mai 2017

Mit einem kleinen Mixer pürieren:

- 30 g gekochte rote Linsen
- 50 g Stützcreme
- 1 Prise getr. Zitronenschalen, fein gerieben
- 10 g Zitronenfleisch
- 10 g Cashewnüsse
- 55 g Wasser

Hinweis: Für unser Abendessen habe ich Reis damit gemischt. Das war keine gute Idee bzw. dafür war die Zitronensoße viel zu schwach im Geschmack, es war ein bisschen fade.

10977. Erdbeerschaum mit Dattelkrönchen, Mai 2017

2 x Dessert

- 105 g Erdbeeren
- 120 g Stützcreme
- 5 g Zitronensaft
- 1 TL Flohsamenschalen
- 20 g Agavendicksaft
- 2 Datteln Deglet Nour, je in 8 Ringe geschnitten

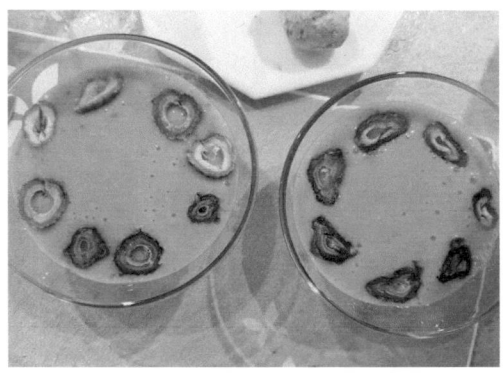

Erdbeeren, Stützcreme, Zitronensaft, Flohsamenschalen und Agavendicksaft im Vitamix zu einer dickflüssigen Creme verarbeiten. Auf zwei Schüsselchen verteilen und am Rand mit Dattelringen belegen.

10978. Rhabarbermus, Mai 2017

2 Portionen

- 100 g Wasser
- 200 g Rhabarber, in Stücken
- 1/2 TL getr. ger. Zitronenschalen
- 25 g Agavendicksaft
- 1 geh. TL Flohsamenschalen
- 2 TL Orangeat

Wasser und Rhabarber als „Gemüsepfanne" (18-cm-Topf) 9 cm garen. Abkühlen lassen und mit Schalen, Dicksaft und Flohsamenschalen mit einem kleinen Mixer pürieren. Auf zwei Schüsselchen verteilen und in die Mitte Orangeat geben. Gut kühlen.

10979. Rhabarbergewürzpudding, Mai 2017

2 Desserts

- 120 g Rhabarber, in Stücken
- 15 g Wasser
- 110 g Stützcreme
- 25 g Agavendicksaft
- 1 Prise Zimt
- 1 Prise gem. Kardamom
- 1 gem. Prise Gewürznelke
- 1 TL Flohsamenschalen
- 1-2 TL getr. Gojibeeren

Rhabarber im Wasser wie eine Gemüsepfanne (20 cm-Keramikpfanne, 9 Min.) zubereiten, abkühlen lassen und restliche Kochflüssigkeit zur Creme geben. Creme, Dicksaft, Gewürze und Flohsamenschalen mit einem Löffel verrühren. Rhabarber auf zwei Schüsselchen verteilen, mit Creme bedecken und mit Gojibeeren dekorieren.

10980. Spargel à la Diabetesratgeber, Mai 2017

2 Portionen; nach dem Rezept „Pasta mit Spargel und Ziegenkäse", Diabetes Ratgeber 5/2017, Seite 66 (das Rezept lachte mich unwiderstehlich an und so habe ich dann Ziegenfrischkäse gekauft, was ich sonst nie tue. Aber ich muss auch gestehen: Es hat sich gelohnt!

Gemüsepfanne:

- 15 g Sonnenblumenöl
- 2 Frühlingszwiebeln, in Ringen (100 g)
- 170 g grüner Spargel, in Stücken
- 25 g Thymianwürze flüssig 10701 (sie ist nicht mehr flüssig)
- 100 g Wasser
- 1 TL flüssiger Honig (10 g)
- 4 Rispentomaten, geviertelt (150 g)

Ohne die Tomaten in einer Keramikpfanne, 24 cm, 20 Min. dünsten. 6 Min. vor Ende der Garzeit Tomaten zugeben.

Nudeln:

- 155 g Vollkornnudeln (gemischt Spirali und gebrochene Spaghetti)
- 380 g Wasser

10 Min. kochen, es bleibt nur noch wenig Wasser übrig, das ich zur Weiterverwendung abgeseiht habe. Im warmen Topf warmhalten.

Fertigstellung:

- 1 geh. EL Sonnenblumenkerne
- 1 gestr. TL Salz
- 1-2 Prisen Pfeffer
- 1/2 TL getr. fein geriebene Zitrusschalen
- 100 g Ziegenfrischkäse

Kerne in einer 20-cm.-Keramikpfanne goldgelb rösten. Salz, Pfeffer, Zitrusschalen und Käse zum Gemüse geben. Rühren und aufkochen. Erhitzen, bis der Käse sich gelöst hat und die Soße dickt. Nudeln unterheben.
Auf zwei Teller verteilen, geröstete Kerne in die Mitte streuen.

10981. Linsenreis 2017, Mai 2017

2 Portionen

- 120 g Jasmin-Vollkornreis
- 40 g schwarze Beluga-Linsen
- 320 g Wasser

Wie Jasmin-Vollkornreis in einem kleinen Topf (18 cm Durchmesser) aufkochen und 40 Min. dünsten.. Etwas mehr Wasser wäre besser gewesen.

10982. Zucchini à la Diabetes Ratgeber „Spargel", Mai 2017

2 Portionen; mit Linsenreis 2017; 10981.

Gemüsepfanne (24-cm-Keramikpfanne), 15 Min.

- 15 g Sonnenblumenöl
- 100 g Wasser (bei mir: 65 g Nudelkochwasser + 35 g Kichererbsenkochwasser)
- 25 g Thymianwürze flüssig 10701
- 1 TL flüssiger Honig (10 g)
- 2 Lauchzwiebeln (50 g), in Ringen
- 1 Zucchini (275 g), in Halbscheiben
- 1/2 rote Paprikaschote (85 g), gewürfelt

5 Min. vor Ende der Garzeit

- 2 Rispentomaten, geviertelt (80 g)

Fertigstellung

- 1 gestr. TL Salz
- 1-2 Prisen Pfeffer
- 15 g Zitronensaft
- 30 g Cashewmus
- 70 g Stützcreme

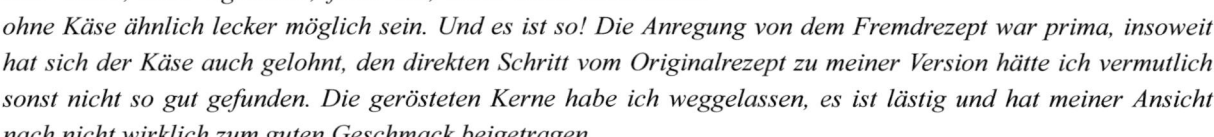

Salz, Pfeffer, Zitronensaft und Cashewmus zum Gemüse geben. Rühren und aufkochen, bis sich das Mus gelöst hat. Stützcreme unterziehen. Erhitzen, bis die Soße dickt.

Hinweis: Das Gericht gestern mit Spargel und Ziegenkäse war sehr lecker, aber irgendwie, finde ich, muss doch auch etwas ohne Käse ähnlich lecker möglich sein. Und es ist so! Die Anregung von dem Fremdrezept war prima, insoweit hat sich der Käse auch gelohnt, den direkten Schritt vom Originalrezept zu meiner Version hätte ich vermutlich sonst nicht so gut gefunden. Die gerösteten Kerne habe ich weggelassen, es ist lästig und hat meiner Ansicht nach nicht wirklich zum guten Geschmack beigetragen.

10983. Milchreis aus dem normalen Topf, Mai 2017

- 100 g Rundkorn-Naturreis
- 1/2 TL Sonnenblumenöl
- 1 Stück Zitronenschale
- 1/2 Stange Zimt
- 2 grüne Kardamomkapseln
- 1 Prise Salz
- 200 g Pflanzenmilch
- 100 g Wasser

Zusammen aufkochen, auf kleiner Flamme 40 Min. kochen. Auf der Platte abkühlen lassen. Gewürze entfernen.

Hinweis: Ist ein wenig fester als mit dem Schnellkochtopf. Evtl. 30 g Wasser mehr nehmen und 5 Min. länger kochen? Ist aber auch so schon prima.

10984. Möhrenkuchen nach Ostern

26-cm-Springform; beschrieben für den TM. Ist eine absolute Empfehlung!

Feste Phase

- 250 g Mandeln, ungeschält
- 300 g Möhren, in Stücken
- 300 g Purpurweizen, fein gemahlen
- 2 P Weinsteinbackpulver
- 1/2 TL Natron
- 1/2 TL Zimt
- 2 Prisen Nelkenpulver
- 1 Prise Salz

Flüssige Phase im Vitamix:

- 300 g Honig
- 200 g gekochte rote Linsen
- 160 g Stützcreme
- 80 g Apfelmark

Feste Phase: Mandeln mahlen (10 Sek./Stufe 8). Möhrenstücke zugeben und feinst raspeln (10 Sek./Stufe 6, 10 Sek./Stufe 7; 10 Sek./Stufe 8). Die restlichen Zutaten mit einem Löffel mischen und zu dem Möhrengemisch geben. Flüssige Phase zugeben. Zutaten in den TM füllen und mischen (10 Sek./Stufe 3; 10 Sek./Stufe 4; 20 Sek./Stufe 5, einmal mit dem Löffel durchrühren; 20 Sek./Stufe 5). Springformboden mit Backpapier überziehen, Teig hineingeben. Glattstreichen. Ofen (Heißluft) auf 160 °C vorheizen, 50 Min. bei 160 °C backen und 10 Min. im ausgeschalteten Ofen nachbacken. Frühestens am nächsten Tag anschneiden.

10985. Restemilch: ein Beispiel, Mai 2017

Bei der Herstellung des Möhrenkuchens nach Ostern hatte ich Reste in den Geräten. Ich bin wie folgt vorgegangen:

- Leeres Glas Apfelmark mit Wasser aufgefüllt
- Apfelwasser in den Thermomix, leer von Teig gefüllt, 1 Min./Stufe 10
- Thermomix-Wasser in den Vitamix geben, leer von flüssiger Phase, gut durchmixen.

Die Geräte waren danach fast sauber! Gibt immer ein leckeres Getränk oder eine Grundlage für den nächsten Kakao. Was ich auch mag: mit kaltem Wasser verdünnt als Durstlöscher trinken.

10986. Kleine Milchreisfantasie, Mai 2017

2 Desserts

- 100 g gekochter Milchreis
- 110 g Stützcreme
- 20 g Agavendicksaft
- 20 g grüne Rosinen

Mit einem Löffel verrühren und auf zwei Schüsselchen verteilen.

10987. Spaghetti-Spargel, Mai 2017

Gemüsepfanne (24 cm), 25 Min.:

- 75 g Wasser
- 5 g Honig
- 20 g Thymianwürze flüssig 10701
- 1 Lauchzwiebel (15-20 g), in Ringen
- 1 Stück rote Paprikaschote (55 g), gewürfelt
- 1 kleine Tomate (40 g), geachtelt
- 170 g Spargel, in Stücke geschnitten

Fertigstellung

- 1 TL Salz
- 1 Prise Pfeffer
- 5 g Zitronensaft
- 65 g Stützcreme
- 15 g Cashewmus
- Harissa-Spaghetti

Pfanne mit Salz, Pfeffer und Zitronensaft würzen. Stützcreme und Cashewmus einrühren, aufkochen. Die Spaghetti unterheben.

10988. Harissa-Spaghetti, Mai 2017

- 80 g Vollkornspaghetti
- 1 Prise Salz
- 165 g Wasser
- 1/2 TL getr. Harissa

In einem 18-cm-.Topf aufkochen, bei kleiner Einstellung 10 Min. kochen. Bei mir war kein Wasser übrig.

10989. Mangoessig süß, Mai 2017

In ein leeres Honigglas geben:

- Schalen, in Stücke geschnitten, von einer Bio-Mango (65 g)
- 25 g Honig
- 235 g Essig

Im Kühlschrank aufbewahren.

10990. Wildsalatsalat, Mai 2017

Dressing:
- 5 g Zitronensaft
- 10 g Sonnenblumenöl
- 4 g Salz

Feste Zutaten:
- 55 g Wildkräuter, fertig gekauft, klein geschnitten
- 35 g rote Paprika, gewürfelt
- 75 g Tomaten, geachtelt
- 70 g gekochte Kichererbsen

Dressingzutaten mit einer Gabel vermischen. Feste Zutaten hinzugeben und mischen.

10991. Rinatura-Knäcke, Mai 2017

Für 1 Pizzaform, 28 cm.
- 5 g Chiasamen
- 30 g Sonnenblumenkerne
- 25 g Sesamsaat, ungeschält
- 125 g Purpurweizen, fein gemahlen
- 10 g Nackthafer
- 10 g Nacktgerste
- 5 g Leinsamen (mit Hafer & Gerste grob gemahlen, 4/10 Hawos Novum)
- 1 TL Trockenhefe
- 1 Prise Salz
- 100 g Wasser

Samen und Kerne mischen. Weizen, Hafer-Mischung, Trockenhefe und Salz in den TM geben. Hälfte der Samenmischung und Wasser hinzufügen, kneten (Knetstufe, 2,5 Min.). Abgedeckt 30 Min. gehen lassen. Mit Hilfe von immer wieder nassgemachten Händen in der Pizzaform (PerfectClean) gleichmäßig ausstreichen. In den kalten Ofen schieben und 40 Min. bei 140 °C (Heißluft) backen. 50 Min. wären auch einen Test wert!

Hinweis: *Nachempfunden dem Rinatura-Knäcke. Ist sehr lecker geworden! Jedoch war es mir nicht knusprig genug. Das könnte daran liegen, dass ich es zu lange in der Form gelassen habe, weil ich 2 Std. weggehen musste. Geschmacklich absolut gelungen!*

10992. Spargel mit Kartoffel, Mai 2017

2 Portionen; Thermomix in einem Schwung.
- 610 g Wasser
- 5 g Butter
- 5 g Honig
- 1 TL Salz
- 345 g Kartoffeln
- 20 g Butter
- 425 g Spargel

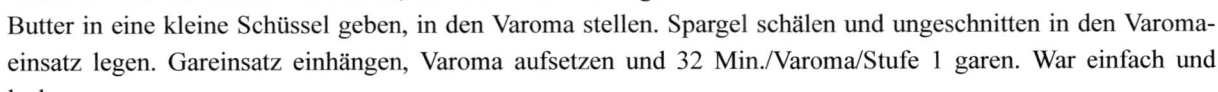

Wasser, Butter, Honig und Salz in den Mixtopf geben. Kartoffeln waschen und in Stücke schneiden, in den Gareinsatz geben. Butter in eine kleine Schüssel geben, in den Varoma stellen. Spargel schälen und ungeschnitten in den Varomaeinsatz legen. Gareinsatz einhängen, Varoma aufsetzen und 32 Min./Varoma/Stufe 1 garen. War einfach und lecker.

10993. Karamellisierter Rhabarber

- 35 g Honig
- 100 g Rhabarber in Stücken

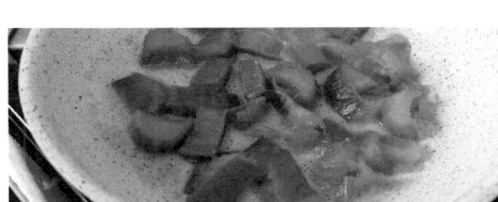

Honig zum Kochen bringen, Rhabarber hinzufügen und 9 Min. auf kleiner Einstellung kochen.

10994. Apfelreis, Mai 2017

2 Desserts

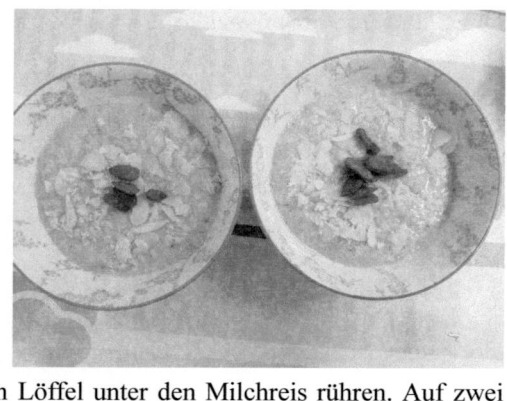

- 100 g Stützcreme
- 20 Agavendicksaft
- 10 g Zitronenfleisch
- 1 Prise Zimt
- 1 kleiner Apfel (135 g)
- 100 g gekochter Milchreis
- 20 g Mandelblätter
- 1 TL Gojibeeren

Stützcreme, Agavendicksaft, Zitronenfleisch, Zimt und klein geschnittenen Apfel mit einem kleinen Becher mixen. Mit einem Löffel unter den Milchreis rühren. Auf zwei Schüsselchen verteilen, mit Mandelblättern und Gojibeeren dekorieren.

10995. Spargelpestocreme, Mai 2017

Im Vitamix zu einer glatten Creme schlagen:

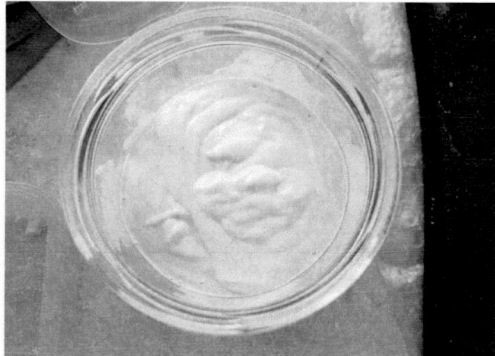

- 3 Knoblauchzehen, geschält (13 g)
- 150 g Cashewnüsse, geröstet und gesalzen
- 130 g Spargel, ungeschält, nur 1 cm jeweils unten abgeschnitten
- 10 g Salz
- 1 gute Prise Pfeffer
- 20 g Honig
- 80 g Zitronenessig (von einer Zitrone, in Essig eingelegt)
- 35 g Sonnenblumenöl

10996. Spargelpestodressing, Mai 2017

Im Vitamix gut glatt pürieren:

- 125 g Spargelpestocreme 10995
- 40 g Thymianwürze flüssig 10701
- 110 g Sonnenblumenkerne
- 50 g grüne Rosinen
- 20 g Zitronenscheiben (aus in Essig eingelegter Zitrone)
- 125 g Apfelessig
- 30 g Salz
- 1 g Pfeffer
- 200 g Wasser

10997. Chiareiscreme, Mai 2017

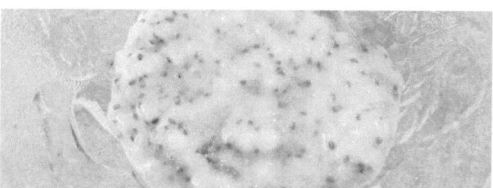

- 75 g gekochter Milchreis
- 95 g Stützcreme
- 10 g Agavendicksaft
- 10 g Chiasamen

Mit einem Löffel verrühren und kalt stellen.

10998. Kartoffel mit roten Zwiebeln in Creme, Mai 2017

2 Portionen

- 115 g Wasser
- 110 g rote Zwiebeln, in Halbringen
- 500 g Kartoffeln, in Scheiben
- 100 g Süßkartoffeln, in Scheiben, ähnlich wie die Kartoffeln
- Cremesoße mit Spargelhauch 11005

Ohne die Soße als Gemüsepfanne (Alugusspfanne, 20 Min.) zubereiten. Unter das Gemüse rühren und aufkochen.

10999. Rhabarber-Superfood, Mai 2017

2 Portionen

- 1 Portion Chiareiscreme 10997
- 1 Portion Karamelisierter Rhabarber 10993

Reiscreme auf zwei Schüsselchen verteilen, Rhabarber so darüber geben, dass noch ein Rand von der Reiscreme zu sehen ist.

11000. 11000-Mango-FKG mit Heideldach, Mai 2017

2 x Frühstück

- 2 EL Leinsamen
- 6 EL Nackthafer
- 15 g Zitronenfleisch
- 350 g Mango
- 1 Banane (115 g)
- 1 Apfel (120 g)
- 30 g Sahne
- Deko: 125 g Heidelbeeren

Leinsamen mit dem Getreide flocken, auf zwei Schüsselchen verteilen. Das Obst ggf. in grobe Stücke teilen und mit der Sahne im Hochleistungsmixer pürieren, über das Getreide geben. Mit Heidelbeeren bestreuen.

11001. Gemüsepfanne mit Spargelaroma, Mai 2017

2 (kleine) Portionen

Als Gemüsepfanne (24-cm-Alugusspfanne, 20 Min.):

- 100 g Kichererbsenkochwasser
- 310 g Kartoffeln, in Scheiben
- 1 Lauchzwiebel, in Ringen
- 100 g Süßkartoffel, gewürfelt
- 100 g rote Paprika, gewürfelt
- 120 g Zucchini, in Halbscheiben
- 100 g Spargelpestocreme 10995

Ohne das Pesto in eine 24-cm-Alugusspfanne geben und als Gemüsepfanne 20 Min. garen. Creme unterrühren und aufkochen.

11002. Gesüßter Rhabarber, Mai 2017

- 15 g Wasser
- 20 g Honig
- 100 g Rhabarber, in Stücken

Als Gemüsepfanne (20-cm-Keramikpfanne) 9 Min. dünsten. Der Rhabarber bleibt stückig und wird nicht matschig.

11003. Zitronenreiscreme, Mai 2017

Mit einem Löffel verrühren:

- 65 g Milchreis
- 100 g Stützcreme
- 20 g Agavendicksaft
- 15 g frisch ausgepresster Zitronensaft mit dem Fruchtfleisch

11004. Lemon-Rice-On-Rhubarb, Mai 2017

2 Desserts

- Gesüßter Rhabarber 11001
- Zitronenreiscreme 11002
- 1 TL Orangeat oder Zitronat

Rhabarber auf zwei Schüsselchen verteilen, vorher zwei Stück zur Seite legen. Zitronenreiscreme darüber geben, je ein Stück Rhabarber in die Mitte stecken und etwas Orangeat daneben legen.

11005. Cremesoße mit Spargelhauch, Mai 2017

In einem kleinen Mixer pürieren:

- 35 g gekochte rote Linsen
- 50 g Spargelpestocreme 10995
- 50 g Stützcreme
- 1/2 TL Salz
- 55 g Wasser

11006. Nassflocken-FKG, Mai 2017

- 3 EL Nackthafer
- 1 EL Sahne
- 5 EL Wasser
- 1 Banane (100 g), gewürfelt
- 1 Apfel (110 g), gewürfelt
- 20 g Cashewnüsse

Getreide flocken. Mit Sahne und Wasser verrühren, gewürfeltes Obst und Cashewnüsse mit den nassen Flocken mischen.

11007. Heidelbeerkranz-Rhabarber, Mai 2017

2 Desserts

- 1 x Gesüßter Rhabarber 11002
- 100 g Stützcreme
- 10 g Agavendicksaft
- 1 gestr. TL Flohsamenschalen
- Ca. 50 g Heidelbeeren

Rhabarber mit der Kochflüssigkeit, Stützcreme, Dicksaft und Flohsamenschalen verrühren (Löffel). Auf zwei Schüsselchen verteilen. Den Rand eng mit Heidelbeeren belegen.

11008. Pesto-Reis, Mai 2017

2 Portionen

- 315 g Wasser
- 40 g Pesto, hier Spargelpestocreme 10995
- 160 g Reis

In einem kleinen Topf (18 cm) Wasser mit Pesto verrühren, Reis zugeben und aufkochen. Auf kleiner Einstellung 40 Min. kochen/ quellen lassen.

11009. Paprikapfanne in Creme, Mai 2017

2 Portionen; Reis passt gut dazu.

- 75 g Wasser
- 1 rote Zwiebel (100 g), gewürfelt
- 1 rote Paprikaschote (195 g), gewürfelt
- 75 g Möhren, in Halbscheiben
- Standardcremesoße

Ohne die Soße als Gemüsepfanne (24 cm Keramik-Pfanne) 20 Min.. Soße unter das Gemüse rühren und aufkochen.

11010. Standardcremesoße, Mai 2017

In einem kleinen Mixer pürieren:

- 50 g gekochte rote Linsen
- 75 g Stützcreme
- 20 g Cashewmus
- 1 TL Salz
- 1 Prise Pfeffer
- 10 g Zitronenfleisch
- 50 g Wasser

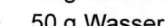

11011. Rhabarbergrütze, Mai 2017

2 Desserts

- 100 g Rhabarber, in Stücken
- 50 g Honig
- 105 g Wasser
- 50 g Erdbeeren, zerkleinert
- 50g Himbeeren
- 50 g Blaubeeren
- 2 gestr. TL Flohsamenschalen

Rhabarber, Honig und Wasser wie eine Gemüsepfanne (18-cm-Topf) 9 Min. dünsten. Beeren und Schalen hinzufügen und unter Rühren zwei Min. weiter erhitzen. Auf zwei Schüsselchen verteilen und kühl stellen, sie wird fest. Vor dem Servieren nach Geschmack je einen Esslöffel Sahne darüber gießen.

11012. Nussschokocreme „Cashewcashewman", Mai 2017

Vorläufer 10940; 1 3/4 Honiggläser voll.

- 150 g Cashewkerne, geröstet und gesalzen
- 100 g Cashewbruch
- 30 g Kakaopulver
- 10 g Carobpulver, Rohkost
- 100 g Agavendicksaft
- 275 g Wasser

Alles in den Vitamix geben und mit dem Stößel gut durcharbeiten. Wird leicht warm, bis es wirklich glatt ist. In Honiggläser füllen. Die Wassermenge scheint gut.

11013. Rote Zwiebeln mit Spiralnudeln, Mai 2017

2 Portionen

- 50 g Wasser
- 215 g rote Zwiebeln, klein geschnitten
- 1 rote Spitzpaprika (50 g), klein geschnitten
- Spiralnudeln von Birkel 11014

Standardcremesoße mit Spargelhauch 11015

Wasser, Zwiebeln und Paprika in einer 24-cm-Keramikform als Gemüsepfanne 20 Min. dünsten. Soße unter das Gemüse rühren. Nudelkochwasser in den Becher geben, durchschütteln und ebenfalls zum Gemüse geben. Nudeln unterheben, kurz zusammen erhitzen.

11014. Spiralnudeln von Birkel, Mai 2017

2 Portionen

- 150 g Spiralnudeln Vollkorn
- 1 Prise Salz
- 335 g Wasser

In einem kleinen Topf (18 cm) unter gelegentlichem Rühren kochen; Birkel sagt 6 Min., ich fand sie nach 8 Min. gerade okay.

11015. Standardcremesoße mit Spargelhauch, Mai 2017

- Standardcremesoße, siehe Standardcremesoße mit Cashewmus 11010
- 40 g Spargelpesto, siehe Spargelpestocreme 10995
- 70 g Nudelkochwasser

Standardsoße gleich mit dem Pesto zusammen zubereiten.

11016. Milchreis aus normalem Topf ohne Milch, Mai 2017

- 40 g Stützcreme
- 285 g Wasser
- 100 g Rundkorn-Naturreis
- 1 Stück Zitronenschale
- 1 Prise Salz

Zusammen aufkochen, auf kleiner Flamme 45 Min. kochen. Auf der Platte abkühlen lassen. Schale entfernen.

11017. Nudeln mit Linsen, Mai 2017

- 100 g Vollkorn-Spiralnudeln
- 1 Prise Salz
- 225 g Wasser
- 40 g Linsensprossen
- Scharf-ölige Cremesoße 11018

Nudeln mit Salz und Wasser aufkochen, 8 Min. auf kleiner Einstellung kochen lassen. Linsensprossen unterrühren und Topf 1 Min. geschlossen stehen lassen. Soße unterrühren, einmal aufkochen und servieren.

11018. Scharf-ölige Cremesoße, Mai 2017

In einem kleinen Mixer pürieren:

- 40 g gekochte rote Linsen
- 100 g Stützcreme
- 7 g Essigpeperoni 7/4573
- 10 g Peperoniessig
- 1/2 TL Salz
- 20 g Sonnenblumenöl
- 75 g Nudelkochwasser (war übrig)

11019. Banabeeren-Dessert, Mai 2017

- 125 g Stützcreme
- 2 kleine Bananen (155 g)
- 1 kleine Prise Zimt
- 35 g Himbeeren

Stützcreme, Bananen und Zimt pürieren (starker Mixer). Himbeeren oben drauf legen.

Hinweis: *Da das Dessert nur für mich war, habe ich es arbeitssparend direkt aus dem Becher gegessen.*

11020. Creme mit Beeren-FKG, Mai 2017

- 3 EL Nackthafer, grob gemahlen (Stufe 4/9, Hawos Novum)
- 2 Bananen (245 g)
- 20 g Sahne
- 5-10 g Zitronensaft
- 45 g Himbeeren
- 45 g Heidelbeeren
- 45 g Erdbeeren
- 10 g Cashewnüsse

Hafer mit Bananen, Sahne und Zitronensaft im Vitamix pürieren, in eine Schüssel füllen, Beeren und Cashewnüsse darauf verteilen.

11021. Hafertaler Purpursonne, Mai 2017

Vorläufer: 10968

- 200 g Honig
- 100 g Butter
- 100 g Sonnenblumenkerne
- 200 g Purpurweizen, fein gemahlen
- 250 g Nackthafer, geflockt
- 1 P Weinsteinbackpulver
- 1 Prise Salz
- 1 gestr. TL gem. Vanille

Honig, Butter und Sonnenblumenkerne in einer Pfanne auf mittlerer Einstellung auflösen (Stufe 6/14, Induktion) und etwas kochen lassen. Die trockenen Zutaten miteinander mischen, in eine Rührschüssel geben. Butter-Honig-Flüssigkeit zugeben und mit einem Handrührgerät, Rührbesen, zu einem Teig verarbeiten. 5-10 Min. ruhen lassen.

Mit einem Teelöffel Portionen abnehmen und zwischen den Händen zu kleinen Talern pressen. Die Hände ab und an befeuchten. Nebeneinander auf ein PerfectClean-Blech legen, in dieser Zeit den Ofen auf 160 °C vorheizen. Einschieben und 20 Min. backen.

11022. Rinatura-Knäcke II, Mai 2017

Vorläufer 10991; nächster Versuch fürs Rinatura-Knäcke.

- 15 g Chiasamen
- 30 g Sonnenblumenkerne
- 25 g Sesamsaat, ungeschält
- 125 g Purpurweizen, fein gemahlen
- 5-10 g Leinsamen (mit dem Purpurweizen gemahlen)
- 10 g Nackhafer
- 10 g Nacktgerste (mit dem Hafer grob gemahlen, 4/10 Hawos Novum)
- 1 TL Trockenhefe
- 1 Prise Salz
- 170 g Wasser
- (10 g Öl - vergessen)

Samen und Kerne mischen. Weizen, Hafer-Mischung, Trockenhefe, Salz und die Hälfte der Samenmischung mit einem Löffel verrühren. Wasser einrühren. Abgedeckt 30 Min. gehen lassen. Mit Hilfe von immer wieder nassgemachtem Teigschaber und Händen auf einem Backblech (PerfectClean) gleichmäßig ausstreichen. In den kalten Ofen schieben, 45 Min. bei 140 °C (Heißluft) backen.

Hinweis: Der Teig war nach der Gehzeit nicht wirklich leicht streichfähig, ich würde die Wassermenge also noch erhöhen.

11023. All-In-One-Spaghetti-Champignons, Mai 2017

- 15 g Sonnenblumenöl
- 110 g rote Zwiebel, gewürfelt
- 190 g Champignons, in Scheiben
- 100 g Spaghetti, in Stücke gebrochen
- 1 Prise Salz
- 200 g Wasser
- Standardcremesoße Cashewmus Essig 11024

Öl und Zwiebel als Gemüsepfanne (24-cm-Keramikpfanne) 10 Min. dünsten. Restliche Zutaten ohne die Soße hinzufügen, wiederum als Gemüsepfanne 11 Min. dünsten (einmal umrühren). Unter das Gemüse rühren und aufkochen.

11024. Standardcremesoße Cashewmus Essig, Mai 2017

In einem kleinen Mixer pürieren:

- 50 g gekochte rote Linsen
- 75 g Stützcreme
- 20 g Cashewmus
- 1 TL Salz
- 1 Prise Pfeffer
- 10 g Essig (hier: Aceto Balsamico)
- 50 g Wasser

11025. Reissahnecreme mit Erdbeeren, Mai 2017

- 65 g Stützcreme
- 55 g Milchreis gekocht
- 10 g Sahne
- 10 g Agavendicksaft
- 50 g Erdbeeren, in kleine Stücke geschnitten

Mit einem Löffel verrühren, die Erdbeerstücke können durchaus teilweise zerdrückt werden.

11026. Mitbringseldessert, Mai 2017

- 40 g Stützcreme
- 60 g Milchreis
- 20 g Sahne
- 20 g Agavendicksaft
- 75 g Heidelbeeren

Mit einem Löffel verrühren, Heidelbeeren erst zum Schluss unterrühren.

11027. Weltschnellste Linsensuppe, Mai 2017

- 200 g gekochte rote Linsen
- 100 g Stützcreme
- 1 TL Salz
- 1/2 TL getr. Harissa
- 1 Prise Pfeffer
- 300 g Wasser

Im TM kochen 8 Min./100 °C/Stufe 2,5; dann pürieren 10 Sek./Stufe 8.

11028. Schokobananenreis, Mai 2017

- 55 g Stützcreme
- 80 g Milchreis gekocht
- 45 g Schokosoße, hier Nussschokocreme „Cashewcashew-man" 11012
- 1 Banane (100 g), in Stücke geschnitten

Mit einem Löffel verrühren.

11029. Blaugrün-FKG, Mai 2017

- 3 EL Einkorn, geflockt, verrührt mit
- 50 g Wasser
- 20 g Sahne. Darüber streuen
- 10 g Sonnenblumenkerne
- 1 Banane (100 g), in Stücken
- 80 g Heidelbeeren
- 50 g grüne kernlose Trauben

11030. Hafer-Chia-Stützkakao, Mai 2017

Im Vitamix ca. 2.5 Min. auf höchster Stufe schlagen:

- 2 TL Kakaonibs
- 1 TL Chiasamen
- 2 TL Nackthafer
- 2 Medjool-Datteln, entsteint
- 12 g frischer Ingwer
- 55 g Stützcreme
- auf 500 ml (Markierung im Becher) mit Wasser/kochendem Wasser 1:1 auffüllen.

11031. Adzukipfanne, Mai 2017

- 15 g Sonnenblumenöl
- 265 g Tomaten (gewürfelt)
- 40 g Nacktgerste, geflockt
- 1 TL Salz
- 1 Prise Pfeffer
- 1/2 TL Maghrebgewürz 12/9572
- 15 g Essig (Balsamico)
- 45 g Linsensprossen
- 40 g Wasser
- 160 g gekochte Adzu-kibohnen

Tomaten mit Gerste im Öl als Gemüsepfanne andünsten (20 cm Keramik, 10 Min.). Restliche Zutaten hinzufügen und zusammen 5 Min. kochen.

11032. Sonniger Rosinenreis, Mai 2017

Mit einem Löffel verrühren:

- 100 g Milchreis
- 50 g Stützcreme
- 10 g Sonnenblumenkerne
- 20 g grüne Rosinen

11033. Milchreis aus dem normalen Topf mit Sahne, Mai 2017

- 45 g Sahne
- 265 g Wasser
- 100 g Rundkorn-Naturreis
- 1 Stück Zitronenschale
- 1 Prise Salz

Zusammen im Topf aufkochen, auf kleiner Flamme 45 Min. kochen. Auf der Platte abkühlen lassen. Schale entfernen.

11034. Melonenmilchreis, Mai 2017

Dessert

- 95 g Stützcreme
- 45 g Reis
- 10 g Agavendicksaft
- 75 g Melonenstücke (Honigmelone)

Creme, Reis und Agavendicksaft mit einem Löffel verrühren, Melonenstücke auflegen.

11035. Sahnekakao, Mai 2017

Im Vitamix etwa 2,5 Min. auf höchster Stufe:

- 10 g Kakaonibs
- 20 g Nackthafer
- 2 Medjool-Datteln, entsteint (35 g)
- 7 g frischer Ingwer
- Auf 500 ml mit Wasser/kochendem Wasser 1:1 auffüllen. In eine Tasse füllen und
- 25 g Sahne auftröpfeln.

11036. All-in-one-Aubergine mit Nudeln, Mai 2017

In eine Pfanne (20 cm, Aluguss) geben:

- 20 g Sonnenblumenöl
- 100 g Vollkorn-Spiralnudeln (Birkel, Kochzeit 6 Min.)
- 250 g Tomaten, in Stücken
- 150 g Aubergine, in Stücken
- 1 Prise Salz
- 215 g Wasser

Als Gemüsepfanne 15 Min., abschmecken mit_

- 2 Prisen Salz
- 1 Prise Pfeffer
- 1 EL Zitronensaft

Hinweis: Die Nudeln waren keineswegs zu weich.

11037. Bananenshake mit Sahne, Mai 2017

Im Vitamix pürieren:

- 1 Banane (120 g)
- 2 g Zitronensaft
- 45 g Stützcreme

Tipp: Vorgekühltes Wasser wäre besser gewesen.

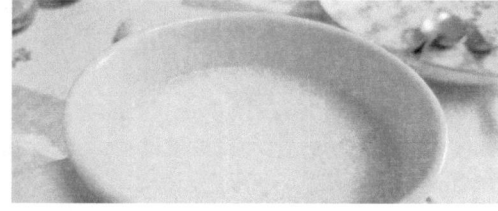

11038. Reis auf Fruchtspiegel, Mai 2017

Dessert

Im kleinen Mixer pürieren und auf einen Teller geben:

- 100 g Honigmelone, in Stücken
- 100 g Nektarine, in Stücken

Mit Löffel verrühren und in die Mitte der Früchte geben:

- 15 g Agavendicksaft
- 50 g Milchreis
- 25 g Stützcreme

11039. Einbeer-FKG, Mai 2017

Frühstück

Abends:

- 3 EL Einkorn flocken, mit
- 1 EL Chiasamen mischen und mit
- 120 g Wasser übergießen. Abgedeckt über Nacht (mindestens 4 Std.) bei Raumtemperatur stehen lassen.

Morgens:

- 155 g Erdbeeren
- 20 g Sahne
- 1 Banane (100 g), in Scheiben
- 15 g Cashewnüsse

Erdbeeren mit Sahne pürieren, über das Getreide geben. Bananenscheiben und Cashewnüsse darüber streuen.

11040. Rhabarber-Apfel-Kompott, Mai 2017

- 20 g Wasser
- 10 g Honig
- 100 g Rhabarber, in Stücken
- 55 g Apfel, klein geschnitten
- 1 Stück Zitronenschale
- 10 g Sahne
- 2 Erdbeeren, halbiert (40 g)

Wasser, Honig, Rhabarber und Apfel mit der Zitronenschale als Gemüsepfanne (20 cm, 9 Min.) garen. Zitronenschale entfernen, in eine Schüssel umfüllen und Sahne darüber gießen. Mit den Erdbeerhälften belegen.

11041. Persischer Gemüsereis, Mai 2017

- 90 g Jasmin-Vollkornreis
- 20 g Butter
- 185 + 60 g Wasser
- 135 g Aubergine, klein geschnitten
- 1 Tomate (135 g), gewürfelt
- 85 g Zucchini, in Halbscheiben
- Salz

Zubereitung in einer 20-cm-Alugusspfanne. Reis, Butter und 185 g Wasser in die Pfanne geben. Aufkochen und auf kleiner Einstellung 20 Min. kochen. Gemüse zugeben, 20 weitere Min. als Gemüsepfanne. Salzen, 60 g Wasser zufügen und auf hoher Einstellung 10 Min. garen, einige Min. ohne Deckel, sodass das Wasser verdampfen und der Reis unten eine Kruste bilden kann.

Tipp: Um nicht nur den Reis persisch zuzubereiten, sondern auch geschmacklich ein wenig exotischer zu gestalten, kann man etwas Zitronenschale mitgaren.

11042. Melonengetränktes Hafer-FKG, Mai 2017

- 3 EL Nackthafer
- 80 g Honigmelone
- 10 g Zitronenfleisch
- 30 g Wasser
- 1 Banane (105 g)
- 125 g Erdbeeren
- 55 g Blaubeeren
- 15 g Sonnenblumenkerne

Hafer flocken. Melone, Zitronenfleisch und Wasser zu einer Flüssigkeit mixen und mit den Flocken verrühren. Abgedeckt ca. 2 Std. stehen lassen. Banane und Erdbeeren mixen, über das Getreide gießen. Blaubeeren und Kern als Deko.

11043. Halbgötterspeise Rhabarber, Mai 2017

- 100 g Rhabarber, in Stücken
- 80 g Wasser
- 10 g Honig
- 5 g Agavendicksaft
- 1 geh. TL Flohsamenschalen (ca. 3-4 g)

Rhabarber mit Wasser und Honig als Gemüsepfanne (20 cm-Keramikpfanne, 10 Min.) dünsten. Mit Agavendicksaft und Flohsamenschalen pürieren. In ein Schüsselchen füllen und 1-2 Stunden in den Kühlschrank stellen.

11044. Getränkter Purpurweizen, Mai 2017

Frühstück

- 3 EL Purpurweizen
- 1 EL Chiasamen
- 80 g Honigmelone
- 125 g Erdbeeren
- 10 g Zitronenfleisch
- 30 g Wasser
- 1 Banane (105 g), in Scheiben
- 55 g Trauben
- 4 Paranüsse

Purpurweizen flocken und mit Chia mischen. Melone, Erdbeeren, Zitronenfleisch und Wasser zu einer Flüssigkeit mixen und mit den Flocken verrühren. Abgedeckt ca. 2-3 Std. stehen lassen. Mit Bananenstücken, Trauben und Paranüssen bestreuen.

11045. Nussschokocreme 11012 Honey Type, Mai 2017

Vorläufer 11012; 1 3/4 Honiggläser voll

- 150 g Cashewkerne, geröstet und gesalzen
- 100 g Cashewbruch
- 30 g Kakaopulver
- 10 g Carobpulver, Rohkost
- 150 g Honig
- 250 g Wasser

Alles in den Vitamix geben und mit dem Stößel gut durcharbeiten. In Honiggläser füllen. Die Wassermenge scheint gut.

11046. Bananenkuchen, Mai 2017

30-cm-Kastenform

Feste Phase (mit einem Löffel mischen):
- 350 g Purpurweizen, gemahlen
- 50 g Reis, fein gemahlen
- 2 P Weinsteinbackpulver
- 200 g Walnüsse, gemahlen, mit ein paar Stücken

Flüssige Phase (im Vitamix pürieren):
- 200 g Bananen (weich)
- 250 g gekochte rote Linsen
- 205 g Honig
- 50 ml Pflanzenmilch
- 160 g Stützcreme
- 80 g Apfelmark

Für die Form:
- 20 g Butter

20 g Butter für die Form

Flüssige Phase zur festen Phase geben und mit dem Handrührgerät zu einem luftigen Teig verarbeiten. Kastenform einfetten, Teig einfüllen und einmal längs durchschneiden. Ofen auf 180 °C (Heißluft) vorheizen und 50 Min. bei 180 °C backen.

11047. Rhabarber auf Cremespiegel, Mai 2017

- 75 g Rhabarber, in Stücken
- 13 g Wasser
- 10 g Honig
- 55 g Stützcreme
- Kochflüssigkeit vom Rhabarber (10 g)
- 10 g Nussschokocreme „Cashewcashewman" Honey Type

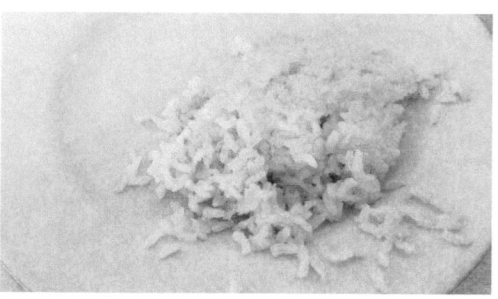

Rhabarber in Wasser und Honig als Gemüsepfanne (20-cm-Keramikpfanne) 8 Min. dünsten. Obst abtropfen lassen, Stützcreme mit der Kochflüssigkeit verrühren und auf einem Dessertteller ausstreichen. Die Rhabarberstücke in einem Kreis, mit der Rundung in dieselbe Richtung, auf den Cremespiegel setzen. In die Mitte die Schokocreme klecksen.

11048. Persischer Bratreis, Mai 2017

- 10 g Sonnenblumenöl
- 90 g Jasmin-Vollkornreis
- 180 g Wasser

Reis wie gewohnt 40 Min. garen, aber in einer Keramikpfanne. Zum Schluss die Hitze hochstellen und 5-10 Min. braten. Bei mir ist es nicht richtig braun geworden. Ist Butter da vielleicht besser?

11049. Pseudopersisches Gemüse, Mai 2017

- 30 g Wasser
- 1 Tomate, in Stücken (105 g)
- 135 g Zucchini, in Halbscheiben
- 1 rote Spitzpaprika, in Streifen (55 g)
- Maghrebinische Zitronensoße 11050

Ohne die Soße als Gemüsepfanne (20 cm, Alusgusspfanne) 20 Min. dünsten. Soße unter das Gemüse rühren, aufkochen.

11050. Maghrebinische Zitronensoße, Mai 2017

In einem kleinen Mixer pürieren:
- 15 g gekochte rote Linsen
- 15 g Stützcreme
- 15 g Zitronenfleisch
- 1 TL Salz
- 1 gute Prise Pfeffer
- 1/2 TL Maghreb-Gewürzmischung 12/9572
- 15 g Sonnenblumenöl
- 30 g Wasser
- 1/2 TL getr. geriebene Zitrusfruchtschalen

11051. Grapefruitbasis-FKG, Mai 2017

- 3 EL Nackthafer
- 1/2 Grapefruit (55 g)
- 1 Banane (100 g)
- 60 g Trauben
- 60 g Heidelbeeren
- 10 g Sonnenblumenkerne

Getreide flocken, in ein Schüsselchen geben. Grapefruit mit der Banane im Hochleistungsmixer pürieren, über das Getreide geben. Mit Trauben, Beeren und Kernen bestreuen.

11052. Nektarinenschlamassel, Mai 2017

Dessert
- 100 g Stützcreme
- 10 g Agavendicksaft
- 1 kleine Nektarine (90 g), gewürfelt
- 2 große + 4 kleine Heidelbeeren

Creme und Dicksaft verrühren, Nektarinenstücke einrühren. Mit den Heidelbeeren in Form eines Smiley dekorieren.

11053. Rasante Fruchtcreme, Mai 2017

- 55 g Rhabarber, in Stücken
- 105 g Blaubeeren
- 15 g Agavendicksaft

Im Vitamix pürieren. In eine kleine Schüssel umfüllen. 30-45 Min. kalt stellen, wird von alleine fest.

11054. Haselnussreis, Mai 2017

- 90 g Jasmin-Vollkornreis
- 10 g Butter
- 1/2 TL getr. Harissa
- 15 g Haselnüsse
- 180 g Wasser

Im Topf nach dem Aufkochen 40 Min. auf kleiner Einstellung dünsten.

11055. Spitzpaprikagemüse ölgedünstet, Mai 2017

Als Gemüsepfanne (Keramik, 20 cm, 20 Min.):

- 20g Sonnenblumenöl
- 100 g rote Zwiebel, in dünnen Halbscheiben
- 1 Tomate (95 g), gewürfelt
- 150 g rote Spitzpaprika, in Streifen

Würzen:

- 2 gute Prisen Salz
- 1 Prise Pfeffer
- 10 g Zitronensaft

11056. Grapanana-FKG, Mai 2017

- 3 EL Nackthafer
- 1/2 Grapefruit (170 g)
- 2 Bananen (220 g)
- 15 g Cashewnussbruch

Getreide flocken, auf zwei Schüsselchen verteilen. Das Obst ggf. in grobe Stücke teilen und im Hochleistungsmixer pürieren, über das Getreide geben. Mit Nüssen bestreuen.

11057. Kakao mit Kick, Mai 2017

Im Vitamix ca. 2.5 Min. auf höchster Stufe schlagen:

- 10 g Kakaonibs
- 20 g Nackthafer
- 2 Datteln Deglet Nour (20 g), entsteint
- 15 g frischer Ingwer
- 25 g Nussschokocreme 11012 Honey Type 11045
- auf 500 ml mit Wasser/kochendem Wasser 1:1 auffüllen.

11058. Spirali gemüsio e olio, Mai 2017

Als Gemüsepfanne 20 Min. (20 Keramik-Pfanne):

- 20 g Sonnenblumenöl
- 35 g Zwiebeln, gewürfelt
- 60 g rote Spritzpaprika, in Streifen
- 160 g Zucchini, in Halbscheiben
- Nudeln wie eine Gemüsepfanne nach Anweisung. Warm halten:
- 115 g Nudeln
- 300 g Wasser
- 1 Prise Salz

Fertigstellung (Gemüse würzen, Nudeln unterheben:

- 1 gestr. TL Salz
- 2 Prisen Pfeffer (nach Geschmack)

Tipp: Wer es fettiger möchte, gibt am Ende noch etwas Öl oder Butter zu.

11059. Heidelpurpur-FKG, Mai 2017

- 3 EL Purpurweizen
- 1 Banane (105 g)
- 15 g Zitronenfleisch
- 125 g Heidelbeeren
- 10 g Cashewnüsse

Getreide flocken. Das Obst ggf. in grobe Stücke teilen und im Hochleistungsmixer pürieren, über das Getreide geben. Mit den Nüssen bestreuen.

11060. Heidelbeerpudding, Mai 2017

2 Desserts

- 190 g Heidelbeeren
- 1 Banane (120 g)
- 10 g Zitronenfleisch
- 25 g Nussschokocreme 11021 Honey Type, 11045

Obst im Vitamix pürieren, auf zwei Schüsselchen verteilen. Schokocreme in die Mitte klecksen, etwa 45 Min. kalt stellen - es wird ein fester Pudding, da die Beeren gelieren.

11061. Ofenkartoffeln geschüttelt, Mai 2017

2 Portionen

- 20 g Sonnenblumenöl
- 20 g Balsamico Aceto
- 1 TL Salz
- 1 Prise Pfeffer
- 470 g Kartoffeln

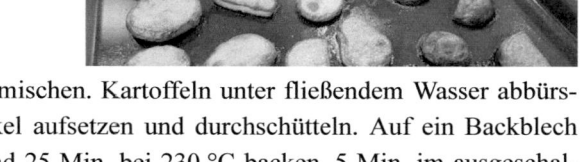

Öl, Essig, Salz und Pfeffer in einer größeren Tupperdose mischen. Kartoffeln unter fließendem Wasser abbürsten, in Scheiben schneiden und in die Dose geben. Deckel aufsetzen und durchschütteln. Auf ein Backblech (hier: PerfectClean) legen, in den kalten Ofen schieben und 25 Min. bei 230 °C backen, 5 Min. im ausgeschalteten Ofen nachbacken.

11062. Kohlrabi in dunkler Soße, Mai 2017

2 Portionen

- 25 g Essig-Öl-Mischung (Rest von 11061)
- 1 Tomate, in Scheiben (175 g)
- 230 g Kohlrabi, in dünnen Scheiben
- 25 g Cashewmus
- 1 TL Salz
- 2 EL Wasser

Essig-Öl-Mischung und Gemüse als Gemüsepfanne (20 cm Keramik) 20 Min. garen. Cashewmus, Salz und Wasser einrühren und aufkochen.

11063. Rhabarber, cashew-gesprenkelt, Mai 2017

2 Desserts

- 130 g Rhabarber, Stücke
- 20 g Honig
- 20 g Wasser
- 80 g Stützcreme
- 10 g Agavendicksaft
- 20 g Cashewnüsse
- 10 g getr. Maulbeeren

Rhabarber mit Honig und Wasser in einer 20-cm-Keramikpfanne 9 Min. als Gemüsepfanne garen. Stützcreme, Agavendicksaft und Cashewnüsse in der angegebenen Reihenfolge in den Becher eines kleinen Mixers geben und mixen. Achtung: Hochleistungsmixer schlagen die Cashews vermutlich komplett glatt. Auf zwei Schüsselchen verteilen und Maulbeeren in die Mitte streuen.

11064. Rosmarinreis, Mai 2017

2 Portionen

- 160 g Jasmin-Vollkornreis
- Blätter von einem Zweig Rosmarin (1 g)
- 320 g Wasser

In einem kleinen Topf aufkochen und 40 Min. auf kleinster Einstellung dünsten/quellen lassen.

11065. Ofenkartoffeln, mit Öl beschlampt, Mai 2017

2 Portionen

- 450 g Kartoffeln, in Scheiben
- 1/2 TL Salz
- 15 g Sonnenblumenöl

Kartoffelscheiben nebeneinander in eine 28-cm-Pizzaform (PerfectClean) legen. Mit Salz bestreuen und mit Öl mehr oder weniger besprenkeln, es war recht unregelmäßig. In den kalten Ofen schieben und 25 Min. bei 220 °C (Heißluft) backen, 5 Min. im ausgestellten Ofen nachbacken.

11066. Spitzpaprikagemüse in Röstcashewsoße, Mai 2017

2 Portionen; bei uns gab es dazu Ofenkartoffeln.

Als Gemüsepfanne (20 cm Keramik) 20 Min. dünsten:

- 15 g Sonnenblumenöl
- 15 g Wasser
- 40 g Zwiebeln, klein geschnitten
- 1 gute Prise Salz
- 1 Tomate (190 g), in Stücken
- 2 kleine rote Spitzpaprikaschoten, in feinen Streifen (125 g)

11067. Röstcashewsoße, Mai 2017

- 40 g geröstete und gesalzene Cashewkerne
- 40 g Apfelmark
- 60 g Stützcreme
- 1 TL Salz

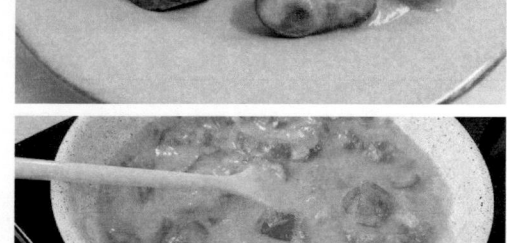

Mit einem kleinen Mixer, hoch stehendes Messer, verquirlen. Unter das Gemüse rühren, muss nicht aufkochen.

11068. Erdbeermarkspeise, Mai 2017

2 Portionen

- 110 g + 2 kleine Erdbeeren
- 50 g Apfelmark
- 75 g Stützcreme
- 10 g Agavendicksaft
- 1 Prise Pfeffer
- 5 g Senf
- 10 g Zitronenfleisch
- 40 g Wasser

Zutaten bis auf die zwei kleinen Erdbeeren mit einem kleinen Mixer, hoch stehendes Messer, pürieren. Auf zwei Schüsselchen verteilen, je eine Erdbeere in die Mitte setzen und kalt stellen.

11069. Purpurbolognese, Mai 2017

2 Portionen

- 20 g Sonnenblumenöl
- 50 g Purpurweizen, geflockt
- 25 g Sonnenblumenkerne
- 40 g Zwiebel, gewürfelt

Öl in einer Pfanne (24-cm-Keramikpfanne) erhitzen (Stufe 10/14), Öl, Flocken, Kerne und Zwiebelwürfel zufügen und bei dieser Einstellung unter gelegentlichem Umrühren rösten.

- 35 g rote Paprika, in feinen Streifen
- 2 große Tomaten (360 g), gewürfelt
- 100 g Wasser
- Cremesoße rot 11070
- 3-4 Blättchen frischer Basilikum, gehackt

Zutaten ohne Soße und Basilikum zu der Bolognese geben und 13 Min. als Gemüsepfanne dünsten. Soße zur Pfanne geben und unterrühren. Zur Beilage auf den Teller geben und mit gehacktem Basilikum bestreuen.

11070. Cremesoße rot, Mai 2017

- 90 g Stützcreme
- 1 TL Salz
- 1 TL Paprika edelsüß
- 1/2 TL getr. Harissa (oder 1-2 Prisen Chilipulver)
- 1 Prise gem. Kümmel
- 5 g Agavendicksaft
- 30 g Wasser

Zutaten für die Soße mit einem kleinen Mixer, hoch stehendes Messer, verquirlen.

Tipp: Die Soße ist relativ „fest", wer z.B. Nudeln dazu möchte, sollte noch 50-100 g Wasser zufügen.

11071. Nussschokocreme Honey Type II, Mai 2017

Vorläufer 11045; 1 1/2 Honiggläser voll

- 150 g Cashewkerne, geröstet und gesalzen
- 100 g Cashewbruch
- 30 g Kakaopulver
- 10 g Carobpulver, Rohkost
- 150 g Honig
- 225 g Wasser

Alles in den Vitamix geben und mit dem Stößel gut durcharbeiten. Wird leicht warm, bis es wirklich glatt ist. In Honiggläser füllen. Die Wassermenge könnte noch weiter gesenkt werden, damit es eine nutellaartige Konsistenz bekommt.

11072. Hafertaler Purpurmandeln, Mai 2017

Vorläufer: 11021

- 200 g Honig
- 100 g Butter
- 100 g geh. Mandeln
- 200 g gem. Purpurweizen
- 250 g Nackthaferflocken
- 1 P Weinsteinbackpulver
- 1 Prise Salz
- 1 gestr. TL gem. Vanille

Honig, Butter und Mandeln in einer Pfanne auf höherer Einstellung auflösen (Stufe 8/14, Induktion) und etwas kochen lassen. Die trockenen Zutaten miteinander mischen, in eine Rührschüssel geben. Butter-Honig-Flüssigkeit zugeben und mit einem Handrührgerät, Rührbesen, zu einem Teig verarbeiten. 5-10 Min. ruhen lassen. Mit einem Teelöffel Portionen abnehmen und zwischen den Händen zu kleinen Talern pressen. Die Hände ab und an befeuchten. Nebeneinander auf ein PerfectClean-Blech legen, in dieser Zeit den Ofen auf 160 °C vorheizen. Einschieben und 20 Min. backen.

11073. Traubenkränzchen, Mai 2017

2 Desserts

- 125 g Stützcreme
- 10 g Agavendicksaft
- 15 g Kuchen- oder Plätzchenkrümel
- 85 g kleine grüne kernlose Trauben

Stützcreme, Dicksaft und Krümel verrühren, auf zwei Schüsselchen verteilen. Je eine besonders kleine Traube in die Mitte stecken, die anderen dicht-an-dicht an den Rand legen.

11074. Kartoffelpott porrerisiert, Mai 2017

2 Portionen

- 20 g Sonnenblumenöl
- 50 g Wasser
- 300 g Kartoffeln, in Scheiben
- 170 g Porree, vorwiegend grüner Teil, in Ringen
- 240 g Süßkartoffeln, in Halbscheiben
- Rosmarinsaftsoße

Ohne die Soße als Gemüsepfanne (24 cm Woll-Pfanne) 20 Min. dünsten. Soße hinzufügen, Becher mit ca. 30 g Wasser nachspülen.

11075. Rosmarinsanftsoße, Mai 2017

- 50 g gekochte rote Linsen
- 75 g Stützcreme
- 10 Rosmarinblättchen, frisch
- 1 TL Salz
- 50 g Wasser
- 20 g Cashewmus

Mit einem kleinen Mixer mischen und mit ca. 30 g Wasser nachspülen.

11076. Doppelgründessert, Mai 2017

2 Portionen

- 100 g Stützcreme
- 145 g grüne kernlose Trauben
- 20 g Agavendicksaft
- 20 g grüne Rosinen

Creme, Trauben und Agavendicksaft mit einem kleinen Mixer pürieren. Auf zwei Schüsselchen verteilen und mit Rosinen bestreuen.

11077. Kartoffel-Kartoffel-Gratin, Mai 2017

2 Portionen; Vorläufer 10823.

- 10 g Sonnenblumenöl
- 70 g Wasser
- 275 g Kartoffeln, in Scheiben
- 255 g Süßkartoffeln, in Scheiben oder Halbscheiben
- 1 Senf-Gratinsoße Variante 11078
- 100 g Emmentaler-Reibkäse

Eine Gemüsepfanne (20 cm, Woll-Pfanne, 15 Min.) aus Wasser, Kartoffeln und Süßkartoffeln zubereiten. Sobald Dampf unter dem Deckelrand austritt Ofen auf 230 °C (Heißluft) vorheizen. Gratinsoße darüber gießen und mit Käse bestreuen. 15 Min. bei 230 °C backen, 5 Min. auskühlen lassen.

11078. Senf-Gratinsoße Variante, Mai 2017

- 125 g Stützcreme
- 25 g gekochte rote Linsen
- 1 TL Salz
- 10 g Senf
- 20 g Cashewmus
- 100 g Wasser

In einem kleinen Mixer pürieren.

11079. Nektakosetti, Mai 2017

2 Desserts

- 1 Nektarine (100 g), in Stücken
- 1 Aprikose (60 g), in Hälften
- 20 g Agavendicksaft
- 50 g Stützcreme
- 15 g Nussschokocreme Honey Type II, 11071

Obst und Agavendicksaft mit einem kleinen Mixer, hoch stehendes Messer, pürieren. Stützcreme unterschlagen und auf zwei Schüsselchen verteilen. In die Mitte etwas Schokocreme klecksen.

11080. Spargel mit Kartoffel und Dip, Mai 2017

2 Portionen; Vorläufer 10992

- 600 g Wasser
- 5 g Butter
- 10 g Honig
- 1 TL Salz
- 310 g Kartoffeln
- 8 Stangen Spargel (= 365 g), geschält

Wasser, Butter, Honig und Salz in den Mixtopf geben. Kartoffeln waschen, in Stücke Schneiden und in den Gareinsatz geben. Spargel schälen und als Ganzes in den Varomaeinsatz legen.

Gareinsatz einhängen, Varoma aufsetzen und 33 Min./Varoma/Stufe 1 garen. Dazu gab es den Rosmarindip.

11081. Rosmarindip, Mai 2017

- 40 g Kichererbsen
- 1/2-1 gestr. TL Salz
- 35 g gekochte rote Linsen
- 50 g Stützcreme
- 3 Basilikumblätter
- 10 Rosmarinnadeln
- 25 g Kichererbsenkochwasser
- 10 g Sonnenblumenöl

Mit einem kleinen Mixer, hoch stehendes Messer, zu einer viskösen Creme schlagen. Evtl. in ein Schüsselchen umfüllen und mit einer Rosmarinspitze dekorieren.

Tipp: *Ich habe 1 TL genommen, weil das gesamte andere Essen ja ungesalzen ist, dann ist der Dip allerdings sehr salzig.*

11082. Zwei-auf-einen-Streich-FKG, Mai 2017

2 x Frühstück

- 2 EL Leinsamen
- 6 EL Nackthafer
- 2 Bananen (250 g)
- 155 g Erdbeeren
- 1/2 Grapefruit (160 g)
- 20 g Cashewnussbruch
- 2 Erdbeeren

Leinsamen mit dem Getreide flocken, auf zwei Schüsselchen verteilen. Das Obst ggf. in grobe Stücke teilen. Erdbeeren und eine Banane mit einem kleinen Mixer im größeren Becher, hoch stehendes Messer, pürieren und in eine Schüssel umfüllen. In den möglichst geleerten, aber nicht gespülten Becher die zweite Banane mit der halben Grapefruit pürieren und in die zweite Schüssel geben. Mit Cashewnussbruch am Rand und je einer Erdbeere in der Mitte dekorieren.

11083. Nektarine-guckt-raus-Dessert, Mai 2017

2 Portionen

Rote Schicht

- 70 g Erdbeeren
- 50 g Stützcreme
- 15 g Ahornsirup

Nektarinenschicht

- 1 kleine Nektarine (90 g), vorgeschnitten
- 10 g Ahornsirup
- 20 g Stützcreme

Dekoration: 2 Erdbeeren

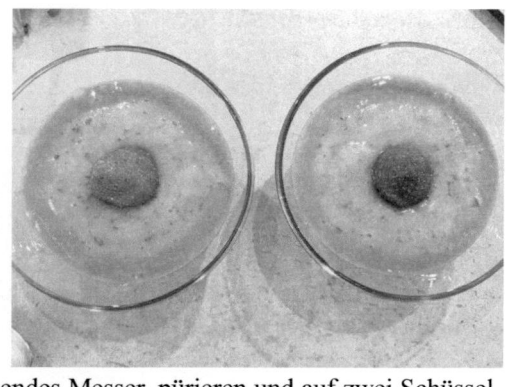

Die Zutaten der roten Schicht mit einem kleinen Mixer, hoch stehendes Messer, pürieren und auf zwei Schüsselchen verteilen. Die Zutaten der Nektarinenschicht mit einem kleinen Mixer, hoch stehendes Messer, pürieren und so in die Mitte der Erdbeerschicht rutschen lassen, dass ein breiter Erdbeerrand stehen bleibt. Je eine Erdbeere in die Mitte geben.

11084. Spargelschalenpesto, Mai 2017

Vorläufer 10995

Im Vitamix zu einer glatten Creme schlagen:

- 150 g Sonnenblumenkerne
- Schalen und Endstücke von 16 Stangen Spargel = insgesamt 200 g
- 10 g Salz
- 1 gute Prise Pfeffer
- 20 g Honig
- 80 g Mangoessig 10989
- 40 g Sonnenblumenöl

11085. Spargel mit Kartoffeln und Soße

2 Portionen; Vorläufer 11080

550 g Wasser

5 g Sonnenblumenöl

10 g Ahornsirup

1 TL Salz

385 g Kartoffeln

8 Stangen Spargel (= 310 g)

Wasser, Öl, Sirup und Salz in den Mixtopf geben. Kartoffeln waschen und in Stücke schneiden, in den Gareinsatz geben. Spargel schälen und ungeschnitten in den Varomaeinsatz geben.

Gareinsatz einhängen, Varoma aufsetzen und 33 Min./Varoma/Stufe 1 garen. Dazu gab's eine helle Soße.

11086. Gelbe Soße zu Spargel (Pseudo Hollandaise), Mai 2017

- 50 g gekochte rote Linsen
- 75 g Stützcreme
- 55 g Kichererbsenkochwasser
- 15 g Sonnenblumenöl
- 5 g Zitronenfleisch
- 5 g Senf
- 1 gestr. TL Salz

Mit einem kleinen Mixer, hoch stehendes Messer, zu einer viskösen Creme schlagen. In einer kleinen Pfanne auf kleiner Einstellung erhitzen, ohne die Soße zu kochen.

11087. Brot Purpurweizen-Gerste gewürzt (Wildhefe), Mai 2017

Vorläufer 10954

Stufe 1 (12 Std. vorher):

Sauerteigansatz:

- 400 g Roggen
- 420 g Wasser
- 150 g Sauerteig

Wildhefeansatz:

- 170 g Wildhefewasser
- 30 g Wasser
- 200 g gem. Purpurweizen

Stufe 2 (Backen, bei mir am Morgen):

- 100 g Roggen
- 125 g Purpurweizen
- 100 g Nacktgerste
- 20 g Salz
- 2 EL Aioli-Gewürzmischung
- 125 g Cashewnüsse, geröstet und gesalzen
- 150 g Wasser
- Gesamter Wildhefeansatz
- 800 g Sauerteigansatz
- 20 g Butter für die Form

Stufe 1: Roggen fein mahlen, mit Wasser und altem Sauerteig mischen. In einer Plastiktüte über Nacht stehen lassen. 150 g von der Stufe 1 abnehmen und in einem gut schließenden Schraubglas in den Kühlschrank stellen für das nächste Backen. Wildhefezutaten mit einem Löffel verrühren.

Stufe 2: Zutaten (außer der Butter) mit einem großen Löffel gründlich verrühren, bis kein Mehl mehr sichtbar ist. Eine 30-cm-Brotform, Profi-Email von Dr. Oetker, gut einfetten. Teig hineingeben, mit der nassen Hand herunterdrücken und glattstreichen. Mit einem scharfen Messer dreimal schräg einschneiden. Form in eine Plastiktüte geben und etwa 2,5 Std. gehen lassen. Brot in den kalten Ofen schieben und 80 Min. bei 190 °C (Heißluft) backen.

11088. Wildhefe, 9. Verlängerung, Mai 2017

- 100 g Wildhefewasser
- 4 getr. Datteln (Deglet Nour), ganz
- 1 TL Honig
- Ca. 750 g Wasser

In das Glas geben, Deckel so zudrehen, dass ein bisschen „Luft" reinkommen kann. Ab und an umrühren. Morgens angesetzt. Abends waren noch keine Bläschen zu sehen.

11089. Erdikosencreme, Mai 2017

2 Desserts

- 95 g Erdbeeren
- 1 Aprikose (60 g)
- 65 g Stützcreme
- 25 g Ahornsirup
- 1 TL Flohsamenschalen
- 1 TL Kokosraspel

Obst vorschneiden und mit einem kleinen Mixer, hoch stehendes Messer, zusammen mit Creme, Ahornsirup und Flohsamenschalen pürieren. Auf zwei Schüsselchen verteilen und in der Mitte mit Kokosraspeln bestreuen.

11090. Spargelsuppe mit Süßkick, Mai 2017

Mit etwas Brot: 2 Portionen

- 100 g Süßkartoffel, in Halbscheiben geschnitten
- 400 g Spargelkochwasser (Reste von zwei Tagen vorher)
- 125 g Kichererbsenkochwasser
- 50 g gekochte rote Linsen
- 50 g Stützcreme
- 75 g Spargelschalenpesto
- Ggf. etwas Salz
- 2-3 Blättchen Basilikum, klein geschnitten

Süßkartoffel, Spargel- und Kichererbsenkochwasser in den Mixtopf geben und garen (16 Min./100 °C/Stufe 1). Linsen, Stützcreme und Pesto zugeben und pürieren (10 Sek./Stufe 8). Salzen muss man nur, wenn das Spargelkochwasser ungesalzen war, was es bei mir nicht war und ich leider vergessen hatte. Es war aber noch lecker, aber wer nicht gerne salzig isst, hätte sich daran nicht erfreut. Auf zwei Schüsseln verteilen und mit Basilikum bestreuen.

11091. Mangowürfel in rosa Creme, Juni 2017

2 Desserts

- 95 g Stützcreme
- 20 g Agavendicksaft (Menge richtet sich auch nach dem Süßegrad der Erdbeeren)
- 90 g Erdbeeren, vorgeschnitten
- 2 g Flohsamenschalen
- 95 g fein gewürfelte Mango

Creme, Dicksaft, Erdbeeren und Flohsamenschalen pürieren. Mit den Mangowürfeln mischen und auf zwei Schüsselchen verteilen. Kalt stellen.

11092. Grüner Spargel in Hirse, Juni 2017

2 Portionen

- 125 g Hirse
- 280 g Wasser
- 195 g grüner Spargel, in 2-4 cm Stücke geschnitten
- 10 g Zitronensaft
- 10 g Sonnenblumenöl
- 1 TL Salz
- 10 g Wasser
- 20 g Kokosstreifen

Hirse, Wasser und Spargel als Gemüsepfanne (24 cm-Keramikpfanne, 20 Min.) garen. Zitronensaft, Öl, Salz und Wasser verrühren und aufträufeln, unterheben. Kokosstreifen derweil hellbeige in einer trockenen Pfanne rösten. Hirsemasse auf zwei Teller verteilen, Kokosstreifen darüber geben.

11093. Obstler-Kakao, Juni 2017

Im Vitamix ca. 2.5 Min auf höchster Stufe schlagen:

- 10 g Kakaonibs
- 30 g Obstmischung von der Frühstückszubereitung (hier: Mango-Inside-And-Outside-FKG 11093)
- 20 g Nackthafer
- 2 Datteln Deglet Nour, entsteint (15 g)
- 4 Datteln Deglet Nour, aus Wildhefezubereitung
- 10 g frischer Ingwer
- Auf 500 ml (Markierung im Becher) mit Wasser/kochendem Wasser 1:1 auffüllen.

11094. Mango-Inside-And-Outside-FKG, Juni 2017

2 x Frühstück

- 40 g getr. Mango
- 30 g Cashewnussbruch
- 290 g Wasser
- 6 EL Nackthafer
- 10 g Zitronenfleisch
- 240 g + 2 Erdbeeren
- 1 Banane (110 g)
- 75 g Mangostreifen

Getreide flocken, auf zwei Schüsselchen verteilen. Mango, Cashewnüsse und Wasser im Vitamix pürieren und auf das Getreide geben. Zitrone, 240 g Erdbeeren und Banane im Vitamix pürieren und vorsichtig auf die Mangomasse geben, ein wenig soll am Rand noch zu sehen sein. Erdbeeren vierteln, je vier Streifen in die Mitte legen und die Mangostreifen am Rand entlang legen.

11095. Hafertaler Purpurmandeln mit Dinkelhauch, Juni 2017

Vorläufer: 11072

- 200 g Honig
- 100 g Butter
- 100 g gehackte Mandeln
- 130 g Purpurweizen, fein gemahlen
- 70 g Dinkel, fein gemahlen
- 250 g Nackthafer, geflockt
- 1 P Weinsteinbackpulver
- 1 Prise Salz
- 1 gestr. TL gem. Vanille

Honig, Butter und Mandeln in einer Pfanne auf höherer Einstellung auflösen (Stufe 8/14, Induktion) und etwas kochen lassen. Die trockenen Zutaten miteinander mischen, in eine Rührschüssel geben. Butter-Honig-Flüssigkeit zugeben und mit einem Handrührgerät, Rührbesen, zu einem Teig verarbeiten. 10-15 Min. ruhen lassen. Mit einem Teelöffel Portionen abnehmen und zwischen den Händen zu kleinen Talern pressen. Die Hände ab und an befeuchten. Nebeneinander auf ein PerfectClean-Blech legen, in dieser Zeit den Ofen auf 160 °C vorheizen. Einschieben und 20 Min. backen.

11096. Milchreis aus dem Topf ohne Milch, Vanille, Juni 2017

Vorläufer 11016

- 40 g Stützcreme
- 285 g Wasser
- 100 g Rundkorn-Naturreis
- 1 gute Prise gem. Vanille
- 1 Prise Salz

Im Topf zusammen aufkochen, auf kleiner Flamme 45 Min. kochen. Auf der Platte abkühlen lassen.

11097. Gekrümelter Mangoreis, Juni 2017

2 Desserts

- 100 g Milchreis
- 75 g Stützcreme
- 7 g feine Plätzchen- oder Kuchenkrümel
- 10 g Agavendicksaft
- 120 g Mango, in kleine Stücke geschnitten
- 5 g Kokosstreifen

Reis, Creme, Krümel und Agavendicksaft mit einem Löffel verrühren. Mangostücke unterziehen und auf zwei Schüsselchen verteilen. In die Mitte Kokosstreifen geben.

11098. Pilzargelpfanne, Juni 2017

2 Portionen

- 15 g Sonnenblumenöl
- 70 g Wasser
- 325 g Kartoffeln, in Scheiben
- 215 g braune Champignons, in Scheiben
- 145 g grüner Spargel, 2-3 cm-Stücke
- Käsesahnesoße

Zutaten ohne die Soße als Gemüsepfanne (24 cm-Wollpfanne) 20 Min. garen. Käse-Sahne-Soße unterrühren und aufkochen.

11099. Käse-Sahne-Soße, Juni 2017

- 50 g gekochte rote Linsen
- 75 g Stützcreme
- 1 gestr. TL Salz
- 1 Prise Pfeffer
- 5 Rosmarinnadeln
- 20 g Sahne
- 55 g Wasser
- 40 g Reibkäse (Emmentaler) unterrühren.

Ohne den Reibkäse mit einem kleinen Mixer pürieren. Käse mit einem Löffel unterrühren.

11100. Grissini, Juni 2017

Nach einem Rezept aus der Mixx (4/2017).

- 1/2 Würfel Bio-Hefe (21 g)
- 150 g lauwarmes Bohnenkochwasser
- 1/2 TL Honig
- 20 g Butter
- 300 g Purpurweizen, fein gemahlen
- 1 TL Salz
- Sesam, Chiasamen, Schwarzkümmel

Hefe in Kochwasser und Honig lösen (2 Min./37 °C/Rührstufe). Butter zugeben und erwärmen (1 Min./37 °C/Rührstufe). Weizen und Salz zugeben und kneten (2 Min./Knetstufe). Auf einer glatten Fläche in zwei Portionen 5 mm dick ausrollen, dabei möglichst schon darauf achten, dass eine Kantenlänge unter 15 cm bleibt. Mit einer Teigkarte in ca. 7 mm breite Streifen schneiden. Rollen, halb in Wasser tauchen und in Sesam, Chiasamen oder/und Schwarzkümmel wälzen. Nebeneinander auf zwei Backbleche legen. Ofen auf 160 °C vorheizen, 20 Min. bei 160 °C backen, 5 Min. im ausgeschalteten Ofen nachbacken.

Die Backzeit ist ein Witz, nach 15 Min. waren meine Grissini noch fast roh. Nach 2 Min. + 5 Min. nachbacken waren sie frisch sehr kross und lecker. Drei Std. später aber schon ein bisschen weich.

11101. Apfelreiscreme, Juni 2017

2 Desserts

- 10 g Zitronenfleisch
- 1 Apfel (130 g, Elstar), gewürfelt
- 75 g Stützcreme
- 10 g Ahornsirup
- 100 g Milchreis gekocht
- 1-2 TL Gojibeeren

Zitrone, Apfel, Stützcreme und Sirup mit einem kleinen Mixer pürieren. Mit dem Reis verrühren und auf zwei Schüsselchen verteilen. Gojibeeren in die Mitte streuen.

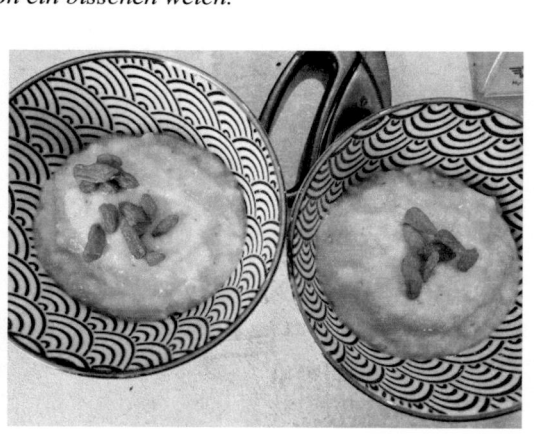

11102. Ungewöhnliche Spargelspeise, Juni 2017

2 Portionen

- 75 g Wasser (hier: Kochwasser von weißen Bohnen)
- 50 g grüner Spargel, in Stücken
- 155 g Porree, in 5 mm-Ringen (weißer Teil)
- 2 Knoblauchzehen, in Scheiben (8 g)
- 1 Tomate (90 g), gewürfelt
- 70 g grüne Trauben
- Senfspargelsoße

Ohne die Soße als Gemüsepfanne dünsten (24-cm-Keramik-pfanne) 18 Min. dünsten. Senfspargelsoße unterrühren und aufkochen.

11103. Senfspargelsoße, Juni 2017

Mit einem kleinen Mixer, hoch stehendes Messer, mixen:

- 40 g gekochte rote Linsen
- 60 g Stützcreme
- 1 TL Salz
- 25 g Spargelschalenpesto 11084
- 5 g Senf
- 1 Prise Pfeffer
- 80 g Wasser

11104. Nussschokocreme Honey Type III, Juni 2017

Vorläufer 11071; 1 1/2 Honiggläser voll

- 150 g Cashewkerne, geröstet und gesalzen
- 100 g Cashewbruch
- 30 g Kakaopulver
- 10 g Carobpulver, Rohkost
- 150 g Honig
- 200 g Wasser

Alles in den Vitamix geben und mit dem Stößel gut durcharbeiten. Wird leicht warm, bis es wirklich glatt ist. In Honiggläser füllen. Die Konsistenz des Vorgängers war nach mehreren Tagen Kühlschrank dem Ideal schon sehr nahe. Das könnte es jetzt getroffen haben.

11105. Hafertaler Purpurmandeln mit Zitrushauch, Juni 2017

Vorläufer: 11095

200 g Honig
100 g Butter
100 g gehackte Mandeln
40 g Purpurweizen, fein gemahlen
160 g Dinkel, fein gemahlen
250 g Nackthafer, geflockt
2 TL getr. ger. Zitrusfruchtschalen
1 P Weinsteinbackpulver
1 Prise Salz

Honig, Butter und Mandeln in einer Pfanne auf höherer Einstellung auflösen (Stufe 8/14, Induktion) und etwas kochen lassen. Die trockenen Zutaten miteinander mischen, in eine Rührschüssel geben. Butter-Honig-Flüssigkeit zugeben und mit einem Handrührgerät, Rührbesen, zu einem Teig verarbeiten. 10-15 Min. ruhen lassen.

Mit einem Teelöffel Portionen abnehmen und zwischen den Händen zu kleinen Talern pressen. Die Hände ab und an befeuchten. Nebeneinander auf zwei PerfectClean-Bleche legen, in dieser Zeit den Ofen auf 160 °C vorheizen. Einschieben und 20 Min. backen.

11106. Weintraubender Milchreis, Juni 2017

2 Desserts

Milchreisschicht:

- 100 g Milchreis gekocht
- 50 g Stützcreme
- 10 g Agavendicksaft
- 75 g grüne kernlose Trauben, je nach Größe halbiert oder geviertelt

Weintraubenschicht:

- 75 g grüne kernlose Trauben
- 2 g Flohsamenschalen

Milchreisschicht mit einem Löffel verrühren. Auf zwei Schüsselchen verteilen. Trauben und Flohsamenschalen mit einem kleinen Mixer pürieren. Auf den Milchreis löffeln, jeweils 1 Traube oder Rosine in die Mitte geben und ca. 1 Stunde in den Kühlschrank stellen.

11107. Zitronenkuchentorte, Juni 2017

26-cm-Springform

Feste Phase:

- 200 g Purpurweizen, fein gemahlen
- 50 g Rundkorn-Naturreis, feinst gemahlen
- 1 Prise Salz
- 1 P Weinstein-Backpulver
- 1 TL getr. geriebene Zitrusfruchtschalen

Flüssige Phase (Vitamix):

- 210 g gekochte rote Linsen
- 40 g gekochte weiße Jumbobohnen
- 250 g Honig
- 1 Zitrone (Schale + Fruchtfleisch)
- 160 g Stützcreme
- 80 g Apfelmark

Guss:

- 25 g Zitronenfleisch (neue Zitrone!)
- 20 g Honig
- 15 g Agavendicksaft

Feste und flüssige Phase mit dem Handrührgerät vermischen. Es gibt einen lockeren, schaumigen Teig. Springform mit Backpapier überziehen, Teig hineingeben. In der Zwischenzeit den Ofen auf 150 °C (Umluft) vorheizen. 45 Min. bei 150 °C backen und 10 Min. im ausgeschalteten Ofen nachbacken.

Gusszutaten mit einem kleinen Mixer pürieren. Mit einem Holzspieß oder ähnlichem Löcher in den heißen Kuchen bohren und mit dem Saft beträufeln, mit einem Pinsel immer wieder verstreichen, bis Risse und Löcher gefüllt sind.

11108. Spargel mit Kartoffeln und Paprika-Soße, Juni 2017

2 Portionen; Vorläufer 11085

- 500 g Wasser
- 5 g Ahornsirup
- 1 TL Salz
- 400 g Kartoffeln
- 10 Stangen Spargel (= 365 g)
- Paprika-Soße 11109

Wasser, Sirup und Salz in den Mixtopf geben. Kartoffeln waschen, in Stücke Schneiden und in den Gareinsatz füllen. Spargel schälen und intakt in den Varomaeinsatz legen. Gareinsatz einhängen, Schüssel mit der Paprika-Soße auf den unteren Boden, Spargel-Schale aufsetzen, 33 Min./Varoma/Stufe 1 garen.

11109. Paprika-Soße, Juni 2017

- 90 g rote Paprika, gewürfelt
- 1 Tomate (80 g), gewürfelt
- 15 g Balsamicoessig
- 10 g Walnussöl
- 3 g Salz
- 1 Prise Pfeffer
- 1/2 TL Paprikapulver
- 5 g Agavendicksaft
- 35 g gekochte Jumbo-Bohnen

Mit einem Mixer, hoch stehendes Messer, zu einer viskösen Creme schlagen, die aber nicht ganz glatt ist. Schmeckt kalt und warm.

11110. Krümeliger Schokoreis, Juni 2017

2 Desserts

- 70 g Milchreis
- 70 g Stützcreme
- 45 g Nussschokocreme
- 15 g Plätzchenkrümel (vom Backblech usw.)
- 10 g Ahornsirup

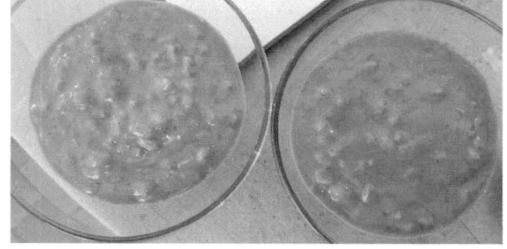

Mit einem Löffel verrühren und auf zwei Schüsselchen verteilen.

11111. Spargelwürze, Juni 2017

Im Vitamix zu einer glatten Creme verarbeiten, der Spargel wird roh verarbeitet:

- 120 g Reste von weißem Spargel (Schalen, Endstücke)
- 105 g Reste von grünem Spargel (Schalen, Endstücke)
- 105 g Sonnenblumenöl
- 20 g Salz

11112. Spargelwürzwasser, Juni 2017

- 125 g Kichererbsenkochwasser
- 100 g Spargelkochwasser
- 60 g Spargelwürze 11111

Im Vitamix verquirlen. Eignet sich als Nudel- oder Reiskochwasser.

11113. Spargelisierte Spirali, Juni 2017

2 Portionen

- 150 g Vollkorn-Spiralnudeln
- 285 g Spargelwürzwasser 11112
- 30 g Wasser

Ähnlich wie eine Gemüsepfanne nach dem Aufkochen 10 Min. garen (auf der Packung steht 8 Min.). Das Wasser ist dann komplett aufgesogen.

11114. Nisi Bisi, Juni 2017

2 Portionen

Als Gemüsepfanne 15 Min.:

- 40 g Wasser
- 15 g Spargelwürze 11111
- 35 g Zwiebel, gewürfelt
- 1 kleinere Tomate (60 g), gewürfelt
- 90 g Süßkartoffel, in Streifen geschnitten

Fertigstellung

- 125 g Tiefkühl-Erbsen
- Spargelisierte Spirali 11113

Erbsen in die Pfanne geben, kurz miterhitzen. Dann die Nudeln unterheben (bei mir waren sie noch heiß).

11115. Erdbeercreme Surprise, Juni 2017

2 Desserts

- 100 g Erdbeeren, halbiert oder geviertelt
- 50 g Stützcreme
- 10 g Sahne
- 10 g Agavendicksaft
- 1-1,5 TL Zitronat oder Orangeat
- 1-1,5 TL Nussschokocreme 11104

Erdbeeren, Creme, Sahne und Dicksaft mit einem kleinen Mixer pürieren. Auf zwei Schüsselchen verteilen, in die Mitte das Zitronat geben, das etwas einsinkt. Mit der Nussschokocreme abdecken und kalt stellen.

11116. Wirsingaußenblätter kokosotisch, Juni 2017

2 Portionen

Wirsing:

- 100 g Wasser
- 20 g Kokosöl
- 175 g Wirsingaußenblätter, ohne Mittelrippe, in Streifen geschnitten
- 1 Tomate (165 g), gewürfelt
- 1 Knoblauchzehe (5 g), in Scheiben

Andere Zutaten:

- 25 g Kokosstreifen
- 370 g Kartoffeln, in Scheiben
- Orangensoße 11117

Wirsingzutaten 10 Min. (15 Min. wären vermutlich besser) als Gemüsepfanne (24-cm-Alugusspfanne). Kartoffeln und Kokosstreifen zugeben, unterrühren und 20 Min. als Gemüsepfanne dünsten. Orangensoße unterrühren und aufkochen.

11117. Orangensoße, Juni 2017

- 45 g gekochte rote Linsen
- 45 g Stützcreme
- 1/2 Apfelsine (65 g)
- 10 g Zitronenfleisch
- 1 gestr. TL Salz
- 1 MS indischer Curry oder nach Geschmack

Mit einem kleinen Mixer pürieren.

11118. Bruschetta-Erbsen, Juni 2017

- 250 g Kichererbsen
- Wasser
- 1,5 TL Bruschetta-Gewürzmischung (Maiers Genusswelt)

Kichererbsen über Nacht in reichlich Wasser einweichen. Mit dem Einweichwasser in einen Schnellkochtopf geben, so viel Wasser abgießen, dass der Rest etwa 1-1,5 cm übersteht. Gewürzmischung zufügen. Auf Einstellung II 40 Min. kochen, langsam abdampfen lassen.

11119. Bananen-Heidelbeer-FKG, Juni 2017

2 x Frühstück

Mangomischung im Vitamix pürieren::

- 30 g Cashewnussbruch
- 40 g getr. Mango, in Stücken
- 280 g Wasser

Getreide flocken und auf 2 Schüsseln:

- 4 EL Nackthafer
- 2 EL Roggen
- Flocken und auf zwei Schüsseln verteilen.

Obstpüree im Vitamix herstellen:

- 2 Bananen (215 g)
- 125 g Heidelbeeren
- 50 g Mangomischung (Rest im Vitamix)
- 1/2 Orange (80 g)

Dekoration:

- 8 Mandeln
- 2 Paranüsse

Mangomischung auf das Getreide geben, darauf Obstpüree gießen. Mit den Nüssen dekorieren.

11120. Himbeercreme auf Mangostücken, Juni 2017

2 Desserts

- 125 g Himbeeren
- 80 g Stützcreme
- 15 g Agavendicksaft
- 50 g Mango, fein gewürfelt

2 Himbeeren zur Seite legen. Restliche Himbeeren mit Stützcreme und Agavendicksaft im kleinen Becher eines kleinen Mixers, hoch stehendes Messer, pürieren. Mangowürfel auf zwei Schüsselchen verteilen, mit Himbeercreme bedecken und in die Mitte je eine Himbeere stecken.

11121. Bruschetta-Reis, Juni 2017

2 Portionen

- 5 g Bruschetta-Gewürzmischung (Maiers Genusswelt)
- 145 g Jasmin-Vollkornreis
- 2 TL Walnussöl (knapp 10 g)
- 290 g Wasser

Zutaten in einen kleinen Topf geben. Nach dem Aufkochen auf kleiner Einstellung 40 Min. kochen bzw. quellen lassen.

11122. Wirsing mit Banane, Juni 2017

2 Portionen; bei uns gab es Reis dazu.

- 100 g Kichererbsenkochwasser
- 50 g Zwiebel, gewürfelt
- 265 g Wirsing, in Streifen
- 1 Banane (110 g), in Scheiben
- Süßscharfe Cremesoße 11123

Eine Gemüsepfanne mit Wasser, Zwiebel und Wirsing zubereiten (24-cm-Alugusspfanne, 25 Min.). Süßscharfe Cremesoße unterziehen, aufkochen. Bananenscheiben zufügen, unterheben und einige Min. mit erhitzen.

11123. Süßscharfe Cremesoße, Juni 2017

- 1 TL Salz
- 40 g gekochte rote Linsen
- 60 g Stützcreme
- 5 g Essigpeperoni 7/4573
- 10 g Peperoniessig
- 30 g Apfelmark oder Apfel
- 20 g Cashewmus
- 30 g (Kichererbsenkoch-)Wasser

Pürieren im kleinen Mixer, kleinen Becher, mit dem hochstehenden Messer.

11124. Freitagskakao, Juni 2017

Im Hochleistungsmixer, je nach Gerät, 2,5 bis 3 Min. auf höchster Stufe schlagen:

- 10 g Kakaonibs
- 20 g Nackthafer
- 3 Datteln Deglet Nour, entsteint
- 6 g frischer Ingwer
- 10 g Cashewmus
- 20 g Schokonusscreme 11125
- 100 g Pflanzenmilch
- auf 500 ml mit kochendem Wasser 1:1 auffüllen.

11125. Nussschokocreme Cashew pur, Juni 2017

Vorläufer 11104; fast 2 Honiggläser.

- 250 g Cashewbruch
- 30 g Kakaopulver
- 10 g Carobpulver, Rohkost
- 150 g Honig
- 260 g Wasser
- 1 Prise Salz

Alles in den Vitamix geben und mit dem Stößel gut durcharbeiten. Wird leicht warm, bis es wirklich glatt ist. In Honiggläser füllen.

Hinweis: *Die Konsistenz des Vorgängers war nach mehreren Tagen Kühlschrank dem Ideal schon sehr nahe. Das könnte es jetzt getroffen haben.*

11126. Milchbuchweizen vegan, Juni 2017

- 30 g Stützcreme
- 200 g Wasser
- 100 g Buchweizen
- 1 Prise Salz
- 1 Stück Zitronenschale

In einem Topf Creme und Wasser verquirlen, restliche Zutaten zugeben und aufkochen. Auf kleiner Einstellung 25 Min. kochen/quellen lassen.

11127. Mangonachtisch, Juni 2017

2 Portionen

- 100 g Stützcreme
- 50 g Milchbuchweizen 11126 (wahlweise Milchreis)
- 10 g Agavendicksaft
- 100 g Mango, gewürfelt und 6 Streifen

Stützcreme, Buchweizen und Agavendicksaft verrühren, Mangowürfel unterziehen. Auf zwei Schüsselchen verteilen und je 3 Streifen Mango als Deko auflegen.

11128. Leichte Salatmayo, Juni 2017

Mit einem kleinen Mixer, flaches Messer:

- 20 g gekochte rote Linsen
- 50 g Stützcreme
- 15 g Würze (z. B. Spargelwürze 11111) oder 1/2 TL Salz
- 1/2 TL Salz
- 25 g Apfel oder Apfelmark
- 15 g Cashewnussbruch
- 40 g Wasser
- 10 g Essig

11129. Roter Kichererbsensalat, Juni 2017

- *1 Hauptmahlzeit*
- 1 Tomate (135 g), gewürfelt
- 1/2 rote Paprikaschote (85 g), gewürfelt
- 200 g gekochte Kichererbsen (hier Bruschetta-Kichererbsen)
- 1 x leichte Salatmayo 11128

Zutaten in einer Schüssel mixen.

11130. Mango-Zitronen-Kuchen, Juni 2017

Springform 26 cm

Feste Phase (Löffel):
- 300 g Dinkel, fein gemahlen
- 60 g Reis, sehr fein gemahlen
- 1/4 TL gem. Vanille
- 1 Prise Salz
- 1,5 P Weinstein-Backpulver

Flüssige Phase (Vitamix):
- 150 g gekochte rote Linsen
- 50 g Walnussöl
- 200 g Honig
- ger. Zitronenschale von 1 Zitrone
- 60 g Zitronenfleisch
- 160 g Stützcreme
- 80 g Apfelmark

Fertigstellung:
- 1 Mango (brutto ca. 400 g)

Mango schälen, in Scheiben schneiden und würfeln. Feste und flüssige Phase mit dem Handrührgerät, Rührbesen, gründlich mixen. Mangowürfel mit einem Rührlöffel unterheben. Backofen auf 150 °C (Heißluft) vorheizen. Springformboden mit Backpapier überspannen, Teig hineingeben und glatt streichen. In den heißen Ofen schieben und 45 Min. bei 150 °C backen.

11131. Schokobuchweizen, Juni 2017

2 Desserts
- 65 g Milchbuchweizen 11126
- 90 g Stützcreme
- 40 g Nussschokocreme 11125
- 15 g Agavendicksaft
- 1-2 TL Kakaonibs

Alle Zutaten, bis auf die Kakaonibs, mit einem Löffel verrühren und auf zwei Schüsselchen verteilen. Kakaonibs in die Mitte streuen.

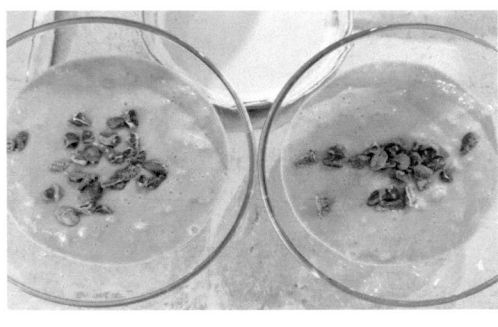

11132. Hafertaler Purpurmandeln mit Nibs, Juni 2017

Vorläufer: 11105
- 200 g Honig
- 100 g Butter
- 100 g gehackte Mandeln
- 160 g Purpurweizen, fein gemahlen
- 40 g Dinkel, fein gemahlen
- 250 g Nackthafer, geflockt
- 1/2 TL gem. Vanille
- 1 P Weinsteinbackpulver
- 1 Prise Salz
- 50 g Kakaonibs

Zubereitung siehe Vorläufer 11105.

11133. Wirsing mit roten Linsen, Juni 2017

2 Portionen

- 275 g Wasser
- 65 g Zwiebel, gehackt
- 345 g Wirsing, in feinen Streifen
- 120 g rote Linsen
- 125 g Tomaten, in Scheiben
- Scharfe Knoblauchsoße 11133

Als Gemüsepfanne (24-Aluguss-Pfanne) 25 Min. dünsten. Soße auf das Gemüse geben, kurz miterhitzen, ohne zu rühren.

11134. Scharfe Knoblauchsoße, Juni 2017

- 45 g gekochte rote Linsen
- 90 g Stützcreme
- 1 TL Salz
- 1 Knoblauchzehe (4 g)
- 25 g Sonnenblumenöl
- 55 g Wasser

In einem kleinen Mixer zu einer glatten Creme pürieren.

11135. Schlichtes Mangodessert, Juni 2017

2 Portionen

- 295 g Mango, vorgeschnitten
- 10 g Zitronenfleisch
- 15 g Ahornsirup

Mit einem kleinen Mixer, größerer Becher und hoch stehendes Messer, mixen. Auf zwei Schüsselchen verteilen und ggf. nach Wunsch dekorieren.

11136. Mangobunto, Juni 2017

1 Dessert

- 180 pürierte, frische Mango
- 35 g Milchbuchweizen 11126
- 15 g getr. Gojibeeren

Mit einem Löffel verrühren und ggf. in eine Schüssel umfüllen oder auf einem Glasteller servieren.

11137. Mango in Schichten, Juni 2017

2 Desserts

- 180 g schlichtes Mangodessert 11135
- 1 x Mangobunto 11136

Schlichtes Mangodessert auf zwei Schüsselchen verteilen, Mangobunto in die Mitte geben.

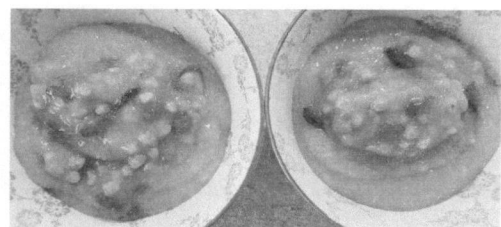

11138. Pizzasoße weiß für Singles, Juni 2017

Mit einem kleinen Mixer, kleiner Becher, hoch stehendes Messer:

- 30 g gekochte rote Linsen
- 70 g Stützcreme
- 1 gestr. TL Salz
- 10 g Zitronenfleisch
- 10 g Cashewnussbruch
- 35 g Wasser

Hinweis: Die Soße hätte etwas weniger flüssig sein dürfen.

11139. Kartoffelpizza, Juni 2017

2 Personen; eine mit Käse, eine mit veganer Soße.

- 50 g Wasser
- 360 g Kartoffeln, in Scheiben
- 35 g Zwiebel, in feinen Scheiben
- 50 g rote Paprika, in dünnen Streifen
- 1 Tomate (140 g)
- 65 g Bergkäse, in Scheiben
- 1 Pizzasoße weiß für Singles 11140
- Öl für die Formen

Kartoffeln im Wasser als Gemüsepfanne (12 Min., 20-cm-Keramikpfanne) dünsten; sie sind dann noch nicht ganz weich. Zwei 18-cm-Quicheformen mit Öl einpinseln, gegarte Kartoffelscheiben auf dem Boden verteilen. Bei mir reichte es, um die „Löcher" zwischen den Scheiben nochmals abzudecken. Zwiebeln, Paprika und Tomate darauf verteilen. Die eine mit Käse abdecken (auf dem Foto, auf die andere die Soße gießen. 13 Min. im auf 230 °C (Heißluft) vorgeheizten Ofen backen, 2 Min. im ausgeschalteten Ofen nachbacken.

11140. Bananango-FKG, Juni 2017

2 x Frühstück

- 2 EL Leinsamen
- 6 EL Nackthafer
- 10 g Zitronenfleisch
- 260 g Mango
- 3 Bananen (315 g)
- 1/2 Apfel (70 g)
- Nüsse (nach Geschmack, 1 gestr. EL)

Leinsamen mit dem Getreide flocken, auf zwei Schüsselchen verteilen. Das Obst ggf. in grobe Stücke teilen und im Hochleistungsmixer pürieren, über das Getreide geben. Mit Nüssen dekorieren.

11141. Krümelmonster-To-Go, Juni 2017

Im Vitamix ca. 2,5 Min. auf höchster Stufe schlagen:

- 10 g Kakaonibs
- 20 g Nackthafer
- 3 Datteln Deglet Nour, entsteint
- 7 g frischer Ingwer
- 15 g Plätzchenkrümel (hier vom Backblech usw. von Hafertaler Purpurmandeln mit Nibs 11132)
- 140 g Pflanzenmilch
- 55 g Honigwasser (Honigglas „gereinigt")
- auf 500 ml (Markierung im Becher) mit Wasser / kochendem Wasser 1:1 auffüllen.
-

11142. Annabelle mit Wirsing, Juni 2017

2 Portionen

- 25 g Sonnenblumenöl
- 50 + 60 g Wasser
- 430 g kleinere Frühkartoffeln „Annabelle", längs halbiert
- 310 g Wirsing, in feinen Streifen
- Standardcremesoße mit Cashewnussbruch 11143

Sonnenblumenöl und 50 g Wasser in eine 24-cm-Woll-Pfanne geben. Kartoffeln nebeneinander bzw. in eine zweite Schicht legen, mit der Schnittfläche nach unten. Mit Wirsing bedecken. Auf höchster Einstellung zum Kochen bringen, auf eine untermittlere Einstellung drehen (7-8 von 14 bei mir) und ca. 12 Min. dünsten. 60 g Wasser nachgießen, nochmals zum Kochen bringen und weitere 13 Min. auf kleinster Einstellung dünsten. Soße unterrühren und aufkochen.

11143. Standardcremesoße mit Cashewnussbruch, Juni 2017

Vorgänger: 11010

In einem kleinen Mixer pürieren:

- 50 g gekochte rote Linsen
- 75 g Stützcreme
- 20 g Cashewnussbruch
- 1 TL Salz
- 1 Prise Pfeffer
- 10 g Zitronenfleisch
- 50 g Wasser

Hinweis: *Mir schmeckt die Soße mit dem Nussmus besser. Vielleicht liegt es daran, dass diese Nussmuse aus gerösteten Nüssen hergestellt werden.*

11144. Erdbeeren mit Softbuchweizen, Juni 2017

2 Desserts

- 105 g Stützcreme
- 15 g Ahornsirup
- 50 g Milchbuchweizen 11126
- 90 g Erdbeeren, in Stücke geschnitten

Zutaten ohne Erdbeeren mit einem Löffel verrühren, Erdbeeren vorsichtig einarbeiten und auf zwei Schüsselchen verteilen.

11145. FKG auf Erdbeerbasis, Juni 2017

2 x Frühstück

- 2 EL Leinsamen
- 6 EL Nackthafer
- 200 g Erdbeeren (2 für die Deko beiseitelegen)
- 275 g Mango
- 1 kleiner Apfel (100 g)
- 1 Banane (90 g)
- 10 g Sahne
- 10 g Zitronenfleisch
- 3 TL Sonnenblumenkerne

Leinsamen mit dem Getreide flocken, auf zwei Schüsselchen verteilen. Das Obst ggf. in grobe Stücke teilen und im Hochleistungsmixer pürieren, über das Getreide geben. Je eine Erdbeere in die Mitte setzen.

11146. Obstsalat-Hauptmahlzeit, Juni 2017

2 Portionen

- 260 g Mango
- 1 Orange (150 g)
- 1 Banane (125 g)
- 1 Nektarine (90 g)
- 1 Apfel (165 g)
- 115 g Erdbeeren
- 35 g Zitronensaft
- 1 EL Ahornsirup
- 30 g Cashewnüsse

Obst klein schneiden, ich mag es nicht so sehr fein. Zitronensaft und Ahornsirup verrühren, über das Obst gießen, Nüsse hinzufügen und gut verrühren. 30-60 Min. ziehen lassen. Auf zwei Schüsseln verteilen.

11147. Ofen-Annabelle, Juni 2017

2 Portionen (mit je einer Schüssel Salat)

- 500 g kleine neue Kartoffeln, festkochend; Sorte Annabelle
- 20 g Sonnenblumenöl
- 1 gestr. TL Salz
- 1 gestr. TL Paprikapulver edelsüß

Kartoffeln unter fließendem Wasser gut abbürsten, in einem Küchentuch antrocknen. Öl, Salz und Paprika verrühren. Kartoffeln längs halbieren, in eine verschließbare Kunststoffdose oder einen entsprechenden Gefrierbeutel geben. Ölmischung zufügen, gut verschließen und durchschütteln, bis alle Kartoffeln von der Ölmischung bedeckt sind. Ich habe dann noch mit der Hand nachgeholfen. Mit der Schnittfläche nach unten nebeneinander auf eine 28-cm-Pizzaform (PerfectClean) legen. In den kalten Ofen geben und 30 Min. bei 220 °C backen.

11148. Orange County Buckwheat, Juni 2017

2 Desserts

- 1 Orange (160 g), vorgeschnitten
- 20 g Honig
- 70 g Stützcreme
- 5 g Flohsamenschalen
- 60 g Milchbuchweizen 11126
- 7 g getr. Gojibeeren

Orange, Honig, Stützcreme und Flohsamenschalen mit einem kleinen Mixer glatt pürieren. Buchweizen mit einem Löffel gut unterrühren und auf zwei Schüsselchen verteilen. In die Mitte Gojibeeren geben und gut kalt stellen.

11149. Salatherzsalat, Juni 2017

2 größere Portionen

- 100 g Salatherzen, klein geschnitten
- 190 g Tomaten, in Halbscheiben
- 110 g Möhren, in dünnen Halbscheiben
- 40 g Linsensprossen, gemischt von roten und schwarzen Linsen
- 85 g Salatgurke, in Viertelscheiben
- 1 x Süßlich-Klassisches Dressing
- 30 g Kokosstreifen

Gemüse und Dressing miteinander mischen, gut durchziehen lassen (ca. 10-15 Min.). Auf zwei Schüsseln verteilen und am Rand mit Kokosstreifen bestreuen.

11150. Nektarinensalat, Juni 2017

2 Desserts

- 2 Nektarinen (190 g)
- Nektarinen-Soße 11151
- 2 TL geh. Haselnüsse

Nektarinen in kleine Stücke schneiden. Mit Soße mischen und im Kühlschrank 30-60 Min. ziehen lassen. Auf zwei Schüsselchen verteilen und mit geh. Nüssen bestreuen.

11151. Nektarinen-Soße, Juni 2017

Mit einem kleinen Mixer, hoch stehendes Messer:

- 35 g Nektarine, vorgeschnitten
- Ca. 1 g Ingwer, dünne Scheiben
- 15 g Honig
- 30 g Wasser

Falls der Honig sich nicht löst, umrühren und etwas stehen lassen.

11152. Süßlich-klassisches Dressing, Juni 2017

Für 2 größere Portionen Salat

- 25 g Walnussöl
- 25 g Aceto Balsamico-Essig
- 1/2 TL Salz
- 1 Prise Pfeffer
- 35 g Honigwasser (Wasser, das in ein fast leeres Honigglas gefüllt war, um den Resthonig zu lösen)

Mit einer Gabel verquirlen.

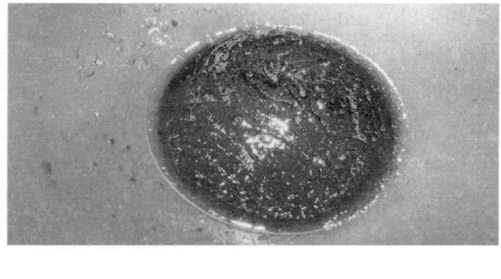

11153. Apricot Aliens, Juni 2017

2 x Frühstück

- 6 EL Nackthafer
- 2 Bananen (240 g)
- 25 g Sahne
- 355 g Aprikosen
- 1 Aprikose als Deko
- 8 Mandeln
- 2 Paranüsse
- 2 TL getr. Gojibeeren

Getreide flocken, auf zwei Schüsselchen verteilen. Das Obst ggf.

in grobe Stücke teilen und im Hochleistungsmixer pürieren, über das Getreide geben. Aprikose vierteln und mit den Nüssen und den Gojibeeren zu einem Gesicht legen.

11154. Pudding-Kakao, Juni 2017

Konsistenz fast puddingartig, lecker!

3 Min. Vitamix Höchststufe:

- 10 g Kakaonibs
- 20 g Nackthafer
- 8 g Ingwer
- 4 Datteln Deglet Nour (22 g)
- 30 g Milchbuchweizen 11126
- 130 g Stützcreme
- Auf 500 ml mit kochendem Wasser auffüllen.

11155. Standarddressing Nobel Quality, Juni 2017

1 Glas mit 750 ml Volumen, nicht ganz voll

250 mg Balsamico-Essig

- 200 mg Sonnenblumenöl (kalte Pressung)
- 50 g Walnussöl (kalte Pressung)
- 1 EL Honig (40 g)
- 20 g Salz
- 1/4 TL gem. Pfeffer
- 1/2 TL getr. Rosmarin

Im Vitamix zu einer cremigen Masse schlagen. In ein größeres Schraubglas füllen. Glas mit dem Schraubdeckel verschließen

und in den Kühlschrank stellen. Vor der ersten Entnahme möglichst 12 Stunden ziehen lassen. Bei der Entnahme jeweils nochmal durchrühren, damit sich die getrennten „Phasen" wieder vermischen. Verdünnen 1:1 oder 1:2.

11156. Ofen-Annabelle Rosmarin, Juni 2017

2 Portionen (mit je einer Schüssel Salat)

- 495 g kleine neue Kartoffeln, festkochend, Sorte Annabelle
- 15 g Sonnenblumenöl
- 1 gestr. TL Salz
- 1/2 TL getr. Rosmarin

Kartoffeln unter fließendem Wasser gut abbürsten, in einem Küchentuch antrocknen. Öl, Salz und Rosmarin in eine Plastik-Gefriertüte (3 Liter) geben. Dafür die Tüte in einen kleinen Behälter stellen, den Tütenrand über den Gefäßrand ziehen, umrühren. Kartoffeln längs halbieren, in den Gefrierbeutel geben und durcharbeiten, bis alle Kartoffeln von der Ölmischung bedeckt sind. Mit der Schnittfläche nach unten nebeneinander auf eine 28-cm-Pizzaform (PerfectClean) legen. In den kalten Ofen geben und 28 Min. bei 220 °C backen, 2 Min. im ausgeschalteten Ofen nachbacken.

11157. Salat mit Cashew-Top, Juni 2017

2 Portionen (mit Ofenkartoffeln)

- 3 EL eines Standarddressings
- 3 EL Wasser
- 50 g Salatherz
- 1 Tomate (160 g)
- 45 g Salatgurke
- 35 g Sellerie
- 90 g Möhre
- 65 g Pastinake
- 20 g Cashewbruch
- 25 g gekeimte Linsen (rote und schwarze)

Flüssigkeiten in einer Schüssel verrühren. Gemüse klein schneiden, unter das Dressing rühren und gut durchziehen lassen. Cashewbruch in einer trockenen Pfanne rösten, bis sie beige sind. Salat auf zwei Schüsseln verteilen, geröstete Cashews in die Mitte geben und an je zwei Seiten Linsensprossen legen. (Ich habe mir noch eine Tomate zusätzlich gegeben.)

11158. Ofen-Annabelle Thymian, Juni 2017

2 Portionen (mit je einer Schüssel Salat)

- 500 g kleine neue Kartoffeln, festkochend, Sorte Annabelle
- 20 g Sonnenblumenöl
- 1/2 TL Salz
- 1/2 TL getr. Thymian

Kartoffeln unter fließendem Wasser gut abbürsten, trocknen. Öl, Salz und Thymian in eine Plastik-Gefriertüte (3 Liter) geben. Dafür die Tüte in einen kleinen Behälter stellen, den Tütenrand über den Gefäßrand ziehen, umrühren. Kartoffeln längs halbieren, in den Gefrierbeutel geben und durcharbeiten, bis alle Kartoffeln von der Ölmischung bedeckt sind. Mit der Schnittfläche nach unten nebeneinander auf eine 28-cm-Pizzaform (PerfectClean) legen. In den kalten Ofen geben und 25 Min. bei 220 °C backen, 5 Min. im ausgeschalteten Ofen nachbacken.

11159. Kohlrabisalat mittig, Juni 2017

2 Portionen

- 3 EL einer Standardsalatsoße
- 2 EL Sahne
- 1 Kohlrabiknolle (310 g)
- 1 Tomate (115 g), in Halbscheiben
- 35 g Salatgurke, in Halbscheiben
- 20 g gekeimte rote und schwarze Linsen

Salatsoße und Sahne gut mischen. Kohlrabi vorschneiden und mit der Salatsoße raffeln (hier: Speedy). Aus Tomaten und Gurken einen Kranz am Rand eines Desserttellers legen. Kohlrabi in die Mitte häufeln, den Rand mit Linsensprossen bestreuen.

11160. Apribeerencreme, Juni 2017

2 Desserts

- 2 Aprikosen, vorgeschnitten (135 g)
- 70 g Erdbeeren, halbiert oder geviertelt
- 15 g Agavendicksaft
- 25 g Sahne
- 4 Cashewnüsse

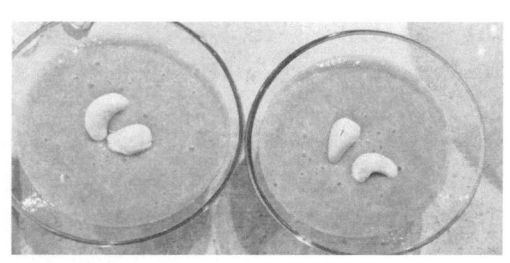

Obst mit Dicksaft und Sahne mithilfe eines kleinen Mixers pürieren und auf zwei Schüsselchen verteilen. In die Mitte je zwei Cashewnüsse legen.

11161. Sahnerestkakao, Juni 2017

Im Vitamix ca. 2.5 Min. auf höchster Stufe schlagen:

- 10 g Kakaonibs
- 20 g Nackthafer
- 50 g Stützcreme
- 4 Datteln Deglet Nour, entsteint (25 g)
- 7 g frischer Ingwer
- 15 g Sahne
- 150 g Wasser
- auf 500 ml (Markierung im Becher) mit kochendem Wasser auffüllen.

11162. Aprikosen-Zitronella-Kuchen, Juni 2017

Vorläufer 11130; Springform 26 cm

Feste Phase (Löffel):

- 300 g Dinkel, fein gemahlen
- 60 g Reis, sehr fein gemahlen
- 1/4 TL gem. Vanille
- 1 TL gem. getr. Zitrusschalen
- 1 Prise Salz
- 1,5 P Weinsteinbackpulver

Flüssige Phase (Vitamix):

- 250 g gekochte rote Linsen
- 200 g Honig
- 5 g Schale von unbehandelter Bio-Zitrone (dünn abgeschält)
- 30 g Zitronenfleisch
- 160 g Stützcreme
- 80 g Apfelmark

Belag:

- 365 g Aprikosen, geviertelt

Feste und flüssige Phase mit dem Handrührgerät, Rührbesen, gründlich mixen. Backofen auf 150 °C (Heißluft) vorheizen. Springformboden mit Backpapier überspannen, Teig hineingeben und glatt streichen. Aprikosenviertel auf die Oberfläche legen, leicht eindrücken. In den heißen Ofen schieben und 45 Min. bei 150 °C backen.

11163. Flüssigphasen-Milch, Juni 2017

1 Honigglas

- 80 g flüssige Phase eines Kuchens (Rest im Vitamix), hier von Aprikosen-Zitronella-Kuchen 11162
- 250 g Wasser

Kräftig im Vitamix durchmixen, das ist gleichzeitig eine Reinigung.

11164. Milchhirse, Juni 2017

- 63 g Hirse (ich hatte nicht mehr, wollte es eigentlich mit 100 g herstellen)
- 190 g Pflanzenmilch, hier Flüssigphasen-Milch 11163 (also 1:3 im Verhältnis)

Hirse einrühren, aufkochen und bei sehr kleiner Einstellung 20 Min. kochen lassen. Auf dem Herd (Induktion) auskühlen und ausquellen lassen.

11165. Aprikosenhirse, Juni 2017

2 Desserts

- 50 g gekochte Hirse, z. B. Milchhirse 11165
- 45 g Stützcreme
- 3 g + 15 g Agavendicksaft
- 3 Aprikosen, halbiert (180 g)
- 6 getr. Maulbeeren

Hirse, Stützcreme und 3 g Agavendicksaft verrühren und auf den Boden von zwei kleinen Glasschüsseln geben. Aprikosen und 15 g Agavendicksaft mit einem kleinen Mixer pürieren, über die Hirse gießen. Mit je drei Maulbeeren (oder anderen Beeren bzw. Nüssen) dekorieren.

11166. Salat statt Suppe, Juni 2017

2 Portionen (Hauptspeise mit etwas Knäckebrot)

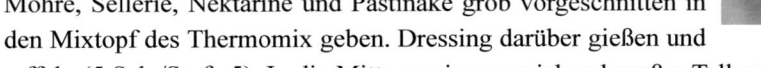

- 205 g Möhre
- 75 g Sellerie
- 1 Nektarine (85 g)
- 75 g Pastinake
- 35 g Standarddressing
- 120 g Salatgurke
- 10-15 g Linsensprossen

Möhre, Sellerie, Nektarine und Pastinake grob vorgeschnitten in den Mixtopf des Thermomix geben. Dressing darüber gießen und

raffeln (5 Sek./Stufe 5). In die Mitte zweier ausreichend großer Teller häufeln. Gurke in dünne Scheiben schneiden und an den Rand legen, die Linsensprossen als Deko auf das geraffelte Gemüse geben.

Hinweis: *Auf dem Foto fehlt eine Gurkenscheibe. Nach ihr fiel mir erst auf, dass ich noch kein Foto gemacht hatte.*

11167. Kümmel-Annabelle aus dem Ofen, Juni 2017

2 Portionen (mit je einer Schüssel Salat)

- 500 g kleine neue Kartoffeln, festkochend, Sorte Annabelle
- 15 g Sonnenblumenöl
- 5 g Ahornsirup
- 1/2 TL Salz
- 1 gestr. TL Kümmel

Kartoffeln unter fließendem Wasser gut abbürsten, in einem Küchentuch antrocknen. Öl, Ahornsirup, Salz und Kümmel in eine Plastik-Gefriertüte (3 Liter) geben. Dafür die Tüte in einen kleinen Behälter stellen, den Tütenrand über den Gefäßrand ziehen, umrühren. Kartoffeln längs halbieren, in den Gefrierbeutel geben und durcharbeiten, bis alle Kartoffeln von der Ölmischung bedeckt sind. Mit der Schnittfläche nach unten nebeneinander auf eine 28-cm-Pizzaform (PerfectClean) legen. In den kalten Ofen geben und 25 Min. bei 220 °C backen, 5 Min. im ausgeschalteten Ofen nachbacken.

11168. Eingekornte Aprikongo, Juni 2017

2 x Frühstück

- 2 EL Leinsamen
- 6 EL Einkorn
- 1 Mango (230 g)
- 3 Aprikosen (185 g)
- 1 Banane (125 g)
- 1 Nektarine (85 g)
- 6 Mandeln
- 8 Gojibeeren
- 3 TL Buchweizen

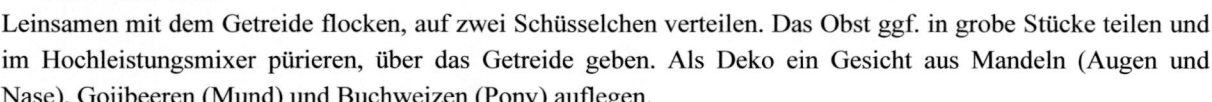

Leinsamen mit dem Getreide flocken, auf zwei Schüsselchen verteilen. Das Obst ggf. in grobe Stücke teilen und im Hochleistungsmixer pürieren, über das Getreide geben. Als Deko ein Gesicht aus Mandeln (Augen und Nase), Gojibeeren (Mund) und Buchweizen (Pony) auflegen.

11169. Aufnibte Hirsecreme, Juni 2017

2 x Dessert

- 100 g Milchhirse 11164
- 75 g Stützcreme
- 10 g Ahornsirup
- 10 g Kakaonibs
- 15 g Zitronat / Orangeat

Hirse mit einem Löffel zerdrücken, falls die Körnchen aneinanderkleben. Mit Stützcreme, Ahornsirup und Kakaonibs verrühren und auf zwei Schüsselchen verteilen. Die Mitte leicht eindrücken und das Zitronat in die Dellen füllen.

11170. Stadtorfsalat, Juni 2017

Thermomix; 2 Portionen

- 115 g Sellerie
- 1 Apfel (125 g)
- 2 Möhren (150 g)
- 1 Stück Pastinake (35 g)
- 35 g Walnusskerne + 2 Walnusshälften als Deko
- 3 EL eines Standarddressings
- 1 EL Sahne
- 1 TL Ahornsirup
- 25 g gekeimte Linsen (rot und schwarz)

Gemüse, Apfel, 35 g Walnusskerne und die Flüssigkeiten in den Mixtopf geben und zerkleinern (6 Sek./Stufe 5; wer es grober möchte, muss eine kürzere Zeit nehmen). Auf zwei Schüsseln verteilen, die Linsen in die Mitte geben und darauf je eine Walnusshälfte legen.

11171. Mango-Nektarinen-FKG, Juni 2017

- *2 Portionen*
- 6 EL Nackthafer
- 1 Mango (230 g)
- 2 Nektarinen (190 g)
- 2 Bananen (190 g)
- 2 EL Sahne
- Diverse Nüsse nach Geschmack, ca. 20-40 g

Leinsamen mit dem Getreide flocken, auf zwei Schüsselchen verteilen. Das Obst ggf. in grobe Stücke teilen und im Hochleistungsmixer pürieren, über das Getreide geben. Je einen Esslöffel Sahne darüber gießen und mit Nüssen belegen.

11172. Scharfe Dattelpeperoni, Juni 2017

In ein leeres Honigglas geben:

- 70 g Peperoni, in Stücken
- 90 g Datteln, Deglet Nour, entsteint
- 195 g Apfelessig (d. h. ich habe das Glas mit Essig aufgefüllt)

11173. Schokohirse mit Mangoauflage, Juni 2017

2 Desserts

- 70 g Stützcreme
- 70 g Milchhirse 11164
- 15 g Ahornsirup
- 5 g Kakaopulver
- 60 g Mango, gewürfelt

Stützcreme, Hirse, Ahornsirup und Kakao mit einem Löffel verrühren. Auf zwei Schüsselchen verteilen und mit Mangowürfeln bestreuen.

11174. Pestodressing, Juni 2017

- 50 g Thymianwürze flüssig 10701
- 100 g Spargelwürze 11111
- 100 g Spargelschalenpesto 11084
- 20 g Essigpeperoni 7/4573
- 50 g Sonnenblumenkerne
- 50 g grüne Rosinen
- 75 g Apfelessig
- 100 g Wasser

Im Vitamix pürieren. Verdünnen etwa 1:1.

11175. Verfrühlingte Kartoffeln, Juni 2017

2 Portionen (vorher ein Teller klein geschnittenes Obst)

- 95 g Wasser
- 10 g Sonnenblumenöl
- 1 gestr. TL Salz
- 500 g Kartoffeln, in Scheiben (Annabelle, festkochend)
- 185 g Frühlingszwiebeln, klein geschnitten
- 10 Rosmarin-Nadeln

Als Gemüsepfanne (24 cm Woll-Pfanne, 25 Min.) zubereiten. Die Hitze nicht ganz auf die niedrigste Stufe stellen, damit das Wasser trotz Deckel ein wenig verdunstet.

Hinweis: *Wir fanden das Essen sehr lecker. Hängt natürlich von guten Kartoffeln ab.*

11176. Orangen-Mango-FKG, Juni 2017

2 Portionen

- 6 EL Nackthafer
- 1 Mango (265 g)
- 1 Banane (145 g)
- 1 Orange (160 g)
- 1/2 Apfel (60 g)
- 20 g Sahne
- 20 g Kokosstreifen
- getr. Gojibeeren nach Belieben

Leinsamen mit dem Getreide flocken, auf zwei Schüsselchen verteilen. Das Obst ggf. in grobe Stücke teilen und mit der Sahne im Hochleistungsmixer pürieren, über das Getreide geben. Kokosstreifen in die Mitte streuen, darauf ein paar Gojibeeren geben – für den, der mag.

11177. Hafertaler Haseldinkel, Juni 2017

Vorlage: 11134

- 200 g Honig
- 100 g Butter
- 100 g gehobelte Haselnüsse
- 200 g Dinkel, fein gemahlen
- 250 g Nackthafer, geflockt
- 1/2 TL gem. Vanille
- 1 P Weinsteinbackpulver
- 1 Prise Salz

Honig, Butter und Haselnüsse in einer Pfanne auf höherer Einstellung auflösen (Stufe 8/14, Induktion) und etwas kochen lassen. Die restlichen trockenen Zutaten miteinander mischen, in eine Rührschüssel geben. Butter-Honig-Flüssigkeit zugeben und mit einem Handrührgerät, Rührbesen, zu einem Teig verarbeiten. 10-15 Min. ruhen lassen. Mit einem Teelöffel Portionen abnehmen und zwischen den Händen zu kleinen Talern pressen. Die Hände ab und an befeuchten. Eng nebeneinander auf ein PerfectClean-Blech legen, in dieser Zeit den Ofen auf 160 °C vorheizen. Einschieben und 20 Min. backen.

11178. Kartoffelsalat sommerlich, Juni 2017

2 Portionen

- 4 festkochende Kartoffeln (430 g brutto, netto 495 g)
- 1/2 rote Paprikaschote (140 g)
- 1 Tomate (135 g)
- Salatmayonnaise leicht und leicht scharf 11179
- 15 g Linsensprossen

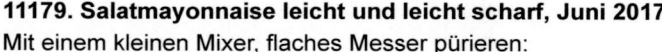

Kartoffeln als Pellkartoffeln garen (TM: Gareinsatz, 30 Min., Varoma, Stufe 1). Kalt und abkühlen lassen, Schale abziehen. Kartoffeln in Scheiben schneiden, Paprika und Tomate würfeln. Mit der Salatmayonnaise vorsichtig mischen und mindestens 1 Std. kalt stellen. Nochmals abschmecken. Auf zwei Schüsseln oder Teller verteilen und mit Linsensprossen dekorieren.

11179. Salatmayonnaise leicht und leicht scharf, Juni 2017

Mit einem kleinen Mixer, flaches Messer pürieren:

- 30 g gekochte rote Linsen
- 60 g Stützcreme
- 20 g Spargelwürze 11111 oder 1/2 TL Salz
- 1/2 TL Salz
- 20 g Sonnenblumenkerne
- 40 g Wasser
- 10 g Peperoniessig
- 20 g Balsamico-Essig
- 6 g Essigpeperoni 7/4573
- 10 g Ahornsirup
- 1 kleine Knoblauchzehe (3 g)
- 1 Prise Pfeffer

11180. Summer Drink, Juni 2017

2 Portionen

- 1 Mango (260 g)
- 1 größere Banane (115 g)
- 10 g Zitronenfleisch
- 1 g frischer Ingwer und
- 200 g kaltes Wasser im Vitamix.

11181. Ananas schnell, Juni 2017

2 Desserts

- 2 Scheiben Ananas (200 g)
- 65 g Stützcreme
- 15 g Kokosraspel
- 10 g Agavendicksaft
- 145 g Erdbeeren

Ananasscheiben würfeln und „in Form" jeweils auf einen Dessertteller schieben. Stützcreme, Kokosraspeln und Agavendicksaft mit einem Löffel verrühren, je einen Teelöffel voll an 4 Ecken „setzen". Jeweils vier Erdbeeren dazwischen setzen, die dickste Erdbeere in die Mitte der Ananasscheibe.

11182. Blitzschokoladenkuchen Haselnuss, Juni 2017

Vorläufer 10963; Versuch, den Ölgehalt zu verringern.

Flüssige Phase (Vitamix):

- 250 g Honig
- 25 g Cashewmus
- 80 g Pflanzenmilch (+ 10, vorher Wasser)
- 20 g Sonnenblumenöl (- 10)
- 210 g gekochte rote Linsen (+10)
- 160 g Stützcreme
- 80 g Apfelmark

Feste Phase:

- 200 g Haselnüsse
- 1 bitterer Aprikosenkern
- 1 P Weinstein-Backpulver
- 1/2 TL Natron
- 125 g Dinkel, fein gemahlen
- 1/2 TL Vanille
- 25 g Kakao (+ 5)
- 5 g Carob
- 1 Prise Salz

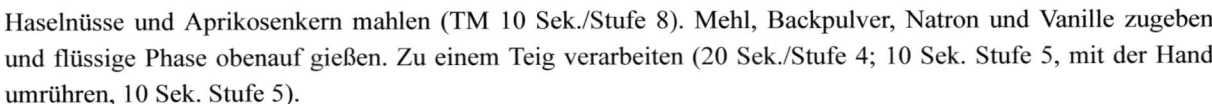

Haselnüsse und Aprikosenkern mahlen (TM 10 Sek./Stufe 8). Mehl, Backpulver, Natron und Vanille zugeben und flüssige Phase obenauf gießen. Zu einem Teig verarbeiten (20 Sek./Stufe 4; 10 Sek. Stufe 5, mit der Hand umrühren, 10 Sek. Stufe 5).

Eine Springform (26 cm) mit Backpapier auslegen, den Teig hineingießen.

Ofen auf 140 °C (Heißluft) vorheizen und 40 Min. backen, im ausgestellten Ofen 5 Min. nachbacken.

11183. Rosmarinreis frisch II, Juni 2017

Vorläufer 11067; 2 Portionen

- 160 g Jasmin-Vollkornreis
- Blätter von einem Zweig Rosmarin (1 g)
- 320 g Kichererbsenkochwasser
- 10 g Peperoniessig 7/4573

Aufkochen im kleinen Topf und 40 Min. auf kleinster Einstellung dünsten/quellen lassen.

11184. Kohlrabi-Zwiebel-Gemüse, Juni 2017

2 Portionen

- 40 g Kichererbsenkochwasser
- 95 g Zwiebel, gehackt
- 1 Kohlrabiknolle (180 g), gewürfelt
- Soße Kunterbunt-durch-den-Kühlschrank

Ohne die Soße als Gemüsepfanne (20 cm, Keramikpfanne) 25 Min. dünsten. Soße Kunterbunt unterrühren und aufkochen. Evtl. noch etwas Wasser hinzufügen. Bei uns gab es Reis dazu.

11185. Soße Kunterbunt-durch-den-Kühlschrank, Juni 2017

Kleiner Mixer, hoch stehendes Messer:

- 30 g gekochte rote Linsen
- 60 g Stützcreme
- 30 g Spargelpesto 10995
- 1 gestr. TL Salz
- 25 g Cashewmus
- 6 g Essigpeperoni 7/4573
- 25 g Apfelmark
- 40 g Wasser

11186. Mangotriade, Juni 2017

2 Desserts

Carobschicht (kleiner Mixer):

- 115 g Mango, vorgeschnitten
- 5 g Carob
- 10 g Ahornsirup

Mangocremeschicht (kleiner Mixer):

- 90 g Mango, vorgeschnitten
- 50 g Stützcreme

Fertigstellung:

- 50 g Mango, gewürfelt

Carobschicht auf zwei Schüsselchen verteilen. Mangocremeschicht darüber geben und mit Mangowürfeln bestreuen.

11187. Obstteller Juni 2017

2 Portionen – Im Gegensatz zu meinen üblichen Rezepten gebe ich hier keine Mengen an. Die sind im Grunde völlig gleichgültig. Die Zusammenstellung der Obstsorten war jedoch sehr lecker, daher nehme ich das Rezept hier auf. Pro Person habe ich einen Essteller gerechnet:

- 1 Mango, in Stücken
- 1/4 Wassermelone, in Stücken
- 6 Erdbeeren
- 1 Scheibe Ananas, in Ecken geschnitten

Tipp: *Wenn das Obst reif und aromatisch ist: einfach ein Genuss!*

11188. Heidelcremebeeren, Juni 2017

2 Desserts

- 100 g Stützcreme
- 10 g Agavendicksaft
- 125 g Heidelbeeren

Mit einem Löffel verrühren. Schmeckt sehr cremig!

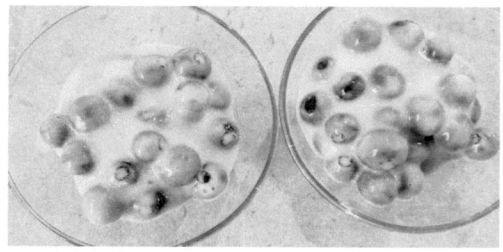

11189. Pseudoflorentiner schokolos (Hafertaler), Juni 2017

Vorläufer: 11177

- 200 g Honig
- 100 g Butter
- 100 g gehobelte Mandeln
- 200 g Dinkel, fein gemahlen
- 250 g Nackthafer, geflockt
- 1/2 TL gem. Vanille
- 1 P Weinsteinbackpulver
- 1 Prise Salz

Honig, Butter und Mandeln in einer Pfanne auf höherer Einstellung auflösen (Stufe 8/14, Induktion) und etwas kochen lassen. Die restlichen trockenen Zutaten miteinander mischen, in eine Rührschüssel geben. Butter-Honig-Flüssigkeit zugeben und mit einem Handrührgerät, Rührbesen, zu einem Teig verarbeiten. 10-15 Min. ruhen lassen sollte sein, bei mir waren es heute aber nur 2 Min.. Mit einem Teelöffel Portionen abnehmen und zwischen den Händen zu kleinen Talern pressen. Die Hände ab und an befeuchten. Eng nebeneinander auf ein PerfectClean-Blech legen, in dieser Zeit den Ofen auf 160 °C vorheizen. Einschieben und 20 Min. backen.

11190. Knuspercracker, Juni 2017

- 100 g Dinkel, fein gemahlen
- 40 g Sesamsaat, ungeschält
- 25 g Buchweizen
- 50 g Sonnenblumenkerne
- 1/2 TL Salz
- 1/2 TL Paprikapulver, edelsüß
- 20 g Sonnenblumenöl
- 150 g kochendes Wasser

Im TM: Dinkel, Körner, Salz, Paprika und Öl in den Mixtopf geben. Wasser zum Kochen bringen, 150 g abwiegen, in den Mixtopf geben und 1 Min. kneten (Knetstufe). Ein feuchtes Küchentuch auf ein Backblech legen, darauf Dauerbackfolie. Den Teig darauf verteilen. Nicht vergessen, das feuchte Tuch unter der Folie wegzuziehen (es verhindert anfängliches Rutschen). Den Teig ruhen lassen, während der Ofen auf 150 °C (Heißluft) vorheizt. Einschieben und 35 Min. bei 150 °C backen.

Hinweis: *Nach einem Rezept aus der Thermomix-Sammlung von Vorwerk. Angegeben waren 1,5 TL Salz. Ups, selbst 1/2 TL war schon grenzwertig viel!*

11191. Potatoes for a Lazy Sunday, Juni 2017

2 Portionen

- 25 g Sonnenblumenöl
- 100 g Kichererbsenkochwasser
- 1/2 TL Salz
- 50 g Zwiebel, in Ringen
- 10 g Knoblauch, in dünnen Scheiben
- 550 g Kartoffeln, in Scheiben (festkochend; Annabelle)
- 1 große Tomate (200 g), in dünnen Scheiben
- Etwas frischer Rosmarin
- Etwas Pfeffer
- 150 g Gouda, in Scheiben

Öl, Kochwasser und Salz in eine 24-cm-Pfanne (ofenfest) geben. Zwiebel, Knoblauch und Kartoffeln einfüllen und 15 Min. als Gemüsepfanne garen. Mit Tomatenscheiben belegen, Rosmarin und Pfeffer drauf streuen. Mit Käse abdecken. In den auf 230 °C (Heißluft) vorgeheizten Ofen geben und 13 Min. bei 230 °C backen. 2 Min. im ausgeschalteten Ofen nachbacken.

11192. Schokosoße puristisch, Juni 2017

Im Vitamix, bis es sehr heiß ist (kocht?), habe leider die Zeit nicht gemessen, 0,9-Liter-Becher:

- 250 g Honig
- 310 g Wasser
- 70 g Kakao
- 30 g Carob
- 1 Prise Salz
- 1/2 TL gem. Vanille

11193. Mango-Überschuss-FKG, Juni 2017

2 Portionen

- 6 EL Nackthafer
- 1 Mango (245 g + ca. 80 g für die Deko)
- 2 Bananen (205 g)
- 125 g Heidelbeeren
- 60-70 g Ananas, in Stücken

Getreide flocken, auf zwei Schüsselchen verteilen. Das Obst ohne die Heidelbeeren ggf. in grobe Stücke teilen und im Hochleistungsmixer pürieren, über das Getreide geben.

Mit Heidelbeeren bestreuen, Mango- und Ananasstücke an den Rand stecken.

11194. Mango unter Schokowelle, Juni 2017

2 Desserts

- 1 Mango (235 g)
- 70 g Stützcreme
- 65 g Schokosoße (hier: Schokosoße puristisch 11192)
- 15 g Ahornsirup

Mango in Stücke schneiden, auf zwei Schüsselchen verteilen. Creme, Soße und Sirup verrühren, über die Mango gießen.

11195. Ofengemüse mit Nudeln, Juni 2017

2 Portionen; nach einem Rezept von Agnes aus dem Juni 2017

- 15 g Öl
- 1 TL Salz
- 1 Prise Pfeffer
- 10-15 frische Rosmarinnadeln
- 20 g Wasser
- 35 g Zwiebel, in feinen Scheiben
- 1 Knoblauchzehe, fein gehackt
- 190 g Champignons, in dickeren Scheiben
- 60 g Paprika, rot, in feinen Streifen
- 170 g Zucchini, in Halbscheiben
- 1 Tomate (170 g)
- 120 g Nudeln
- 280 g Salzwasser

Öl, Salz, Pfeffer und Rosmarinnadeln in einer größeren Schüssel mischen. Gemüse ohne die Tomate hinzufügen und gründlich mischen. Ofen auf 220 °C (Heißluft) vorheizen. Gemüse in eine flache Form geben, so dass nicht zu viel übereinander liegt. In den Ofen schieben und 20 Min. backen. Mit Tomatenstücken bestreuen und nochmals 5-10 Min. backen. In der Zwischenzeit die Nudeln (bei mir Spirali, Kochzeit 7-9 Min.) garen. Mit dem Gemüse mischen.

11196. Brot schlicht für Ariane (Wildhefe), Juni 2017

Vorläufer 11087

Stufe 1 (12 Std. vorher):

Sauerteigansatz:
- 500 g Roggen
- 520 g Wasser
- 150 g Sauerteig

Wildhefeansatz:
- 200 g Wildhefewasser
- 200 g gem. Dinkel

Stufe 2 (Backen, bei mir am Morgen):
- 100 g Roggen
- 225 g Dinkel
- 20 g Salz
- 1 TL Brotgewürz (Brecht)
- 50 g Sonnenblumenkerne
- 150 g Wasser
- Gesamter Wildhefeansatz
- ca. 800 g Sauerteigansatz
- 20 g Butter für die Form

Stufe 1: Roggen fein mahlen, mit Wasser und altem Sauerteig mischen. In einer Plastiktüte über Nacht stehen lassen. 150 g von der Stufe 1 abnehmen und in einem gut schließenden Schraubglas in den Kühlschrank stellen für das nächste Backen. 200 g abnehmen und an eine Freundin schicken. Wildhefezutaten mit einem Löffel verrühren.

Stufe 2: Zutaten (außer der Butter) mit einem großen Löffel gründlich verrühren, bis kein Mehl mehr sichtbar ist. Eine 30-cm-Brotform, Profi-Email von Dr. Oetker, gut einfetten. Teig hineingeben, mit der nassen Hand herunterdrücken und glattstreichen. Mit einem scharfen Messer dreimal schräg einschneiden. Form in eine Plastiktüte geben und etwa 2,5 Std. gehen lassen. Brot in den kalten Ofen schieben und 80 Min. bei 190 °C (Heißluft) backen.

11197. Wenig-Apri-viel-Erdbeer-FKG, Juni 2017

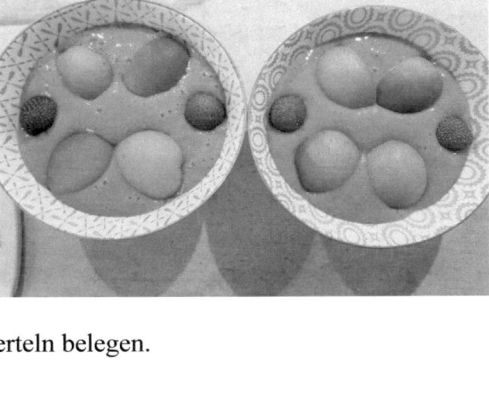

2 Portionen
- 6 EL Nackthafer
- 335 g Erdbeeren
- 2 Bananen (210 g)
- 1 Aprikose (70 g)
- 30 g Sahne
- 2 Erdbeeren zur Deko
- 2 Aprikosen, geviertelt, zur Deko

Getreide flocken, auf zwei Schüsselchen verteilen. Das Obst ggf. in grobe Stücke teilen und mit der Sahne im Hochleistungsmixer pürieren, über das Getreide geben. Mit Erdbeeren und Aprikosenvierteln belegen.

11198. Nussschokocreme Nibs, Juni 2017

Vorläufer 11125; fast 2 Honiggläser.
- 250 g Cashewbruch
- 30 g Kakaopulver
- 30 g Kakaonibs
- 150 g Ahornsirup
- 250 g Wasser
- 1 Prise Salz

Alles in den Vitamix geben und mit dem Stößel gut durcharbeiten. Wird leicht warm, bis es wirklich glatt ist. In Honiggläser füllen.

Fazit: *Nicht süß genug, obwohl selbe Menge Ahornsirup wie Honig, und irgendwie streng im Geschmack.*

11199. Kakao auf Basis, Juni 2017

Im Hochleistungsmixer, je nach Gerät, 2,5 bis 3 Min.ten auf höchster Stufe schlagen:

- 70 g Nussschokocreme Nibs 11198
- 20 g Nackthafer
- 3 Datteln Deglet Nour, entsteint (19 g)
- 8 g frischer Ingwer
- auf 500 ml (Markierung im Becher) mit Wasser/kochendem Wasser 1:1 auffüllen.

11200. Frutti Not Di Mari, Juni 2017

4-6 Portionen als Nachspeise; 2 Hauptspeisen.

- 2 Scheiben Melone (200 g)
- 2 Scheiben Ananas (125 g)
- 220 g Mango
- 1 Nektarine (100 g)
- 6 Erdbeeren (120 g)
- 125 g Heidelbeeren
- 30 g Walnüsse

Die Schale von den Melonenscheiben entfernen. Je eine Scheibe auf einen Teller legen und wie eine Torte in acht Stücke schneiden. Ananasscheiben ähnlich durchschneiden und vorsichtig in die Mitte legen.

Mango in Streifen schneiden, am Rand entlang legen. Nektarine in 6 Stücke schneiden und regelmäßig auf dem Aufbau verteilen, genauso mit den Erdbeeren vorgehen. Heidelbeeren an den Rand streuen, Walnüsse auf die Mangostücke legen.

11201. Mango in Marinade, Juni 2017

2 Portionen

- 100 g Wassermelone
- 10 g Zitronenfleisch
- 10 g Agavendicksaft
- 260 g Mango

Für die Marinade Melone, Zitronenfleisch und Agavendicksaft mixen (kleiner Mixer, hoch stehendes Messer). Mango würfeln und auf zwei Schüsselchen verteilen, mit der Marinade begießen und mindestens eine Stunde kalt stellen.

11202. Ofenkartoffeln halb gedünstet, Juni 2017

2 Portionen

- ca. 500 g festkochende Kartoffeln (hier: Annabelle)
- 15 g Sonnenblumenöl
- 1 knapper TL Salz
- 1 g Rosmarinnadeln
- 50 g Wasser

Kartoffeln längs halbieren. Die restlichen Zutaten mit einem kleinen Mixer mixen. Kartoffeln nebeneinander auf ein 28-cm-Pizzablech (PerfectClean) legen, mit der Flüssigkeit bepinseln. Den Rest der Soße über die Kartoffeln gießen. In den kalten Ofen schieben und 25 Min. bei 220 °C backen, 5 Min. im ausgestellten Ofen nachbacken.

11203. Möhren-Pastinaken-Salat mit Walnusskick, Juni 2017

2 Portionen, im TM

- 80 g Pastinake
- 160 g Möhren
- 90 g Eisbergsalat
- 1 Nektarine (90 g)
- 20 g Walnussöl
- 1 gestr. TL Salz
- 20 g Walnüsse
- 25 g Aceto-Balsamico-Essig
- 25 g Wasser

Gemüse grob vorschneiden und alle Zutaten im Thermomix mixen (5 Sek./Stufe 5). Auf zwei Schüsselchen (Müslischüsseln) verteilen.

11204. Knuspercracker doppelt, Juni 2017

- 200 g Dinkel, fein gemahlen
- 80 g Sesamsaat, ungeschält
- 50 g Buchweizen
- 100 g Sonnenblumenkerne
- 1/2 TL Salz
- 1 TL Paprikapulver, edelsüß
- 40 g Sonnenblumenöl
- 400 g kochendes Wasser

Im TM: Dinkel, Körner, Salz, Paprika und Öl in den Mixtopf geben. Wasser zum Kochen bringen, 400 g abwiegen, in den Mixtopf geben und 1 Minute kneten (Knetstufe). Ein feuchtes Küchentuch auf ein Backblech legen, darauf Dauerbackfolie. Den halben Teig darauf verteilen. Ein weiteres Backblech nehmen. Nicht vergessen, das feuchte Tuch unter der Folie wegzuziehen (es verhindert anfängliches Rutschen). Den Teig ruhen lassen, während der Ofen auf 150 °C (Heißluft) vorheizt. Einschieben und 40-70 Min. bei 150 °C backen.

11205. Curryreis klassisch, Juni 2017

2 Portionen; klassisch bedeutet hier: so wie ich den Reis früher vor der Vollwertzeit zubereitet habe.

- 20 g Sonnenblumenöl
- 1 TL Currypulver
- 1 kleine Knoblauchzehe, gewürfelt
- 200 g Jasmin-Vollkornreis
- 400 g Kichererbsenkochwasser
- 25 g Rosinen

In einem kleinen Topf Öl erhitzen, Curry darin kurz anbraten. Knoblauchwürfel anbraten, Reis einrühren und gut erhitzen. Mit Wasser ablöschen, Rosinen hinzufügen und zum Kochen bringen. Auf kleinster Einstellung 38 Min. kochen und quellen lassen.

11206. Lauchzwiebelpfännchen, Juni 2017

2 kleine Portionen.

Als Gemüsepfanne (20-cm-Keramikpfanne) 15 Min. dünsten:

- 55 g Wasser
- 20 g Spargelwürze 11111 (oder ein beliebiges Pesto)
- 1 Bund Lauchzwiebeln, in kurzen Röhrchen (180 g)

Tipp: Dies ist eine schöne kleine Beilage z. B. zu gedünsteten Kartoffeln.

11207. Schicker Beerenteller, Juni 2017

2 Desserts

- 30 g Heidelbeeren
- 55 g Erdbeeren
- 40 g rote Johannisbeeren
- 20 + 5 g Agavendicksaft
- 125 g Stützcreme
- 20 g Sahne
- 2 Erdbeeren (Deko)

Beeren und 20 g Agavendicksaft mit einem kleinen Mixer pürieren. Stützcreme, Sahne und 5 g Agavendicksaft mit einem Löffel verrühren. Auf zwei Glasteller verteilen. Beerenmasse in die Mitte gießen und mit einer Gabel Spiralen ziehen. In die Mitte je eine Erdbeere setzen.

11208. Reispfanne Curry-Art, Juni 2017

2 Portionen

- Lauchzwiebelpfännchen 11206
- Curryreis klassisch 11205

Curryreis unter die Lauchzwiebeln heben und gut mischen.

Tipp: *Das schmeckt sicher auch mit einfachem Reis.*

11209. Mango-und-Mango-FKG, Juni 2017

2 Portionen

- 6 EL Nackthafer
- 40 g getr. Mango
- 30 g Cashewbruch
- 285 g Wasser
- 1 Mango (260 g)
- 180 g Erdbeeren
- 90 g Heidelbeeren

Getreide flocken, auf zwei Schüsselchen verteilen. Mango, Cashewbruch und Wasser im Vitamix pürieren, frisches Fruchtfleisch mit mixen. Mangopudding über das Getreide geben. Rand dicht mit Erdbeeren belegen, Heidelbeeren in die Mitte streuen.

11210. Ohne-Nibs-Kakao, Juni 2017

Im Vitamix ca. 2.5 Min. auf höchster Stufe schlagen:

- 20 g Chiasamen
- 70 g Nussschokocreme, hier Nussschokocreme Nibs 11098
- 3 Dattel Deglet Nour, entsteint (ca. 22 g)
- 10 g frischer Ingwer
- 140 g Pflanzenmilch
- Auf 500 ml (Markierung im Becher) mit kochendem Wasser 1:1 auffüllen.

11211. Melonencocktail, Juni 2017

2 Portionen

- 285 g Wassermelone
- 1 Banane (115 g)
- 10 g Zitronenfleisch
- Etwas Agavendicksaft oder ähnliches (muss flüssig sein)
- Etwas Kokosraspel
- 1 dünne Scheibe Ananas

Melone, Banane und Zitrone im Vitamix pürieren. Zwei Whiskygläser am oberen Rand mit Agavendicksaft einreiben, Kokosraspeln (Glas seitlich halten) darüber rieseln lassen, so dass sie am ganzen Glasrand hängen bleiben. Mit Melonensaft füllen. Ananasscheibe halbieren, jede Hälfte bis zur Mitte einschneiden und über den Rand hängen.

11212. Annabelle die Köstliche mit Paprika, Juni 2017

2 Portionen

Eine Gemüsepfanne (24-cm-Keramikpfanne, 20 Min.):

- 85 g Wasser
- 20 g Kokosöl
- 20 g Spargelwürze 11111 oder ein anderes Pesto usw.
- 550 g Kartoffeln, in Scheiben (festkochend, hier Annabelle)
- 1 orangefarbene Paprikaschote (245 g), gewürfelt

Abschmecken mit:

- Salz
- Pfeffer

11213. Rosa-nicht-von-Erdbeeren-FKG, Juli 2017

2 Portionen

- 6 EL Nackthafer
- 2 Bananen (190 g)
- 1 Mango (250 g)
- 110 g Rote Johannisbeeren
- 25 g Sahne
- 160 g Erdbeeren

Getreide flocken, auf zwei Schüsselchen verteilen. Banane und Mango in grobe Stücke teilen und mit Johannisbeeren und Sahne im Hochleistungsmixer pürieren, über das Getreide geben. Erdbeeren halbieren oder vierteln und auf die Oberfläche legen.

11214. Ohne-Nibs-Kakao ohne Zusatzsüße, Juli 2017

Im Vitamix ca. 2.5 Min. auf höchster Stufe schlagen:

- 20 g Nackthafer
- 70 g Nussschokocreme, hier Nussschokocreme Nibs 11098
- 8 g frischer Ingwer
- 140 g Pflanzenmilch
- Auf 500 ml (Markierung im Becher) mit kochendem Wasser 1:1 auffüllen.

11215. Ofenkartoffeln halb gedünstet V1, Juli 2017

2 Portionen

- ca. 500 g festkochende Kartoffeln (hier: Annabelle)
- 15 g Sonnenblumenöl
- 1 knapper TL Salz
- 1 TL Paprikapulver, edelsüß
- 5 g Zitronensaft
- 50 g Wasser

Kartoffeln längs halbieren. Die restlichen Zutaten mit einem kleinen Mixer mixen. Kartoffeln nebeneinander auf ein 28-cm-Pizzablech (PerfectClean) legen, mit der Flüssigkeit bepinseln. Den Rest der Soße über die Kartoffeln gießen. In den kalten Ofen schieben und 25 Min. bei 220 °C backen, 5 Min. im ausgestellten Ofen nachbacken.

11216. Knuspercracker doppelt II, Juli 2017

- 200 g Dinkel, fein gemahlen
- 80 g Sesamsaat, ungeschält
- 50 g Buchweizen
- 100 g Sonnenblumenkerne
- 1,5 TL Salz
- 1 TL Paprikapulver, edelsüß
- (40 g Sonnenblumenöl -- vergessen!)
- 400 g kochendes Wasser
- 100 g kaltes Wasser

Im TM: Dinkel, Körner, Salz, Paprika (und Öl) in den Mixtopf geben. Wasser zum Kochen bringen, 400 g abwiegen, in den Mixtopf geben, kneten geht dann nicht, kaltes Wasser hinzufügen und 1 Min. kneten (Knetstufe). Zwei Bleche wie folgt zubereiten: Ein feuchtes Küchentuch auf ein Backblech legen, darauf Dauerbackfolie. Den halben Teig darauf verteilen. Nicht vergessen, das feuchte Tuch unter der Folie wegzuziehen (es verhindert anfängliches Rutschen). Den Teig ruhen lassen, während der Ofen auf 150 C (Heißluft) vorheizt.

Einschieben und 60 Min. bei 150 °C backen.

Tipp: Liegt es am vergessenen Öl oder dass das Mehl nicht ausreichend mit dem kochenden Wasser vermengt wurde, die Konsistenz ist nicht ganz so zufriedenstellend wie die letzten beiden Male.

11217. Johanns Pudding, Juli 2017

2 Portionen; erstaunlich, wie wenig das nach dem Pürieren ist!

- 140 g Rote Johannisbeeren
- 10 g Zitronenfleisch
- 1 Banane (90 g)
- 10 g Agavendicksaft oder Honig (je nach Größe und Süßkraft der Banane)

Im Vitamix pürieren und auf zwei Schüsselchen verteilen und kalt stellen. Dazu schmeckt gut etwas flüssige Sahne.

11218. Möhren-Pastinaken-Schüsseln, Juli 2017

2 Portionen

- 15 g Spargelwürze 11111 (oder 2 EL Standarddressing)
- 185 g Möhre, vorgeschnitten
- 80 g Pastinake, vorgeschnitten
- 2 TL Walnussöl
- 2 dünne Scheiben Ananas (130 g)
- 15 g Kokosstreifen

Würze und Gemüse raffeln (hier: im Zerkleinerer) und auf zwei passende Schüsseln verteilen. Das Öl drüber träufeln. Die Ananasscheiben achteln und auf den Salat legen. In die Mitte die Kokosstreifen streuen.

11219. Jonga-FKG, Juli 2017

2 Portionen

- 6 EL Nackthafer
- 1 Mango (235 g)
- 2 Bananen (200 g)
- 175 g rote Johannisbeeren
- 35 g Sahne
- 8 Erdbeeren
- 8 Mandeln
- 2 Paranüsse

Getreide flocken, auf zwei Schüsselchen verteilen. Mango und Bananen in grobe Stücke teilen und mit Johannisbeeren und Sahne im Hochleistungsmixer pürieren, über das Getreide geben. Mandeln und Erdbeeren abwechselnd auf den Rand legen, je eine Paranuss in die Mitte.

11220. Ohne-Nibs-Kakao mit Schokosoße, Juli 2017

Im Hochleistungsmixer, je nach Gerät, 2,5 bis 3 Min. auf höchster Stufe schlagen:

- 25 g Nackthafer
- 50 g Schokosoße, hier Schokosoße puristisch 1192
- 10 g frischer Ingwer
- 3 Datteln Deglet Nour (20 g)
- auf 500 ml (Markierung im Becher) mit kochendem Wasser 1:1 auffüllen.

11221. Blitzschokoladenkuchen Cashewkern, Juli 2017

Vorläufer 11182; hier ganz ohne Öl.

Flüssige Phase im Vitamix pürieren:

- 250 g Honig
- 25 g Cashewmus
- 90 g Pflanzenmilch (+ 10)
- (ohne Öl, -20)
- 220 g gekochte rote Linsen (+10)
- 160 g Stützcreme
- 80 g Apfelmark

Feste Phase:

- 200 g Cashewnussbruch
- 1 P Weinsteinbackpulver
- 1/2 TL Natron
- 125 g Dinkel, fein gemahlen
- 1/2 TL Vanille
- 30 g Kakao (+ 5)
- (ohne Carob, -5)
- 1 Prise Salz

Cashewkerne im TM mahlen (10 Sek./Stufe 7). Die restlichen trockenen Zutaten zugeben und flüssige Phase obenauf gießen. Zu einem Teig verarbeiten (20 Sek./Stufe 4; 10 Sek. Stufe 5, mit der Hand umrühren, 10 Sek. Stufe 5). Eine Springform (26 cm) mit Backpapier auslegen, den Teig hineingießen.

Ofen auf 140 °C (Heißluft) vorheizen und 40 Min. backen, im ausgestellten Ofen 5 Min. nachbacken.

11222. Schokosoßenextrakt, Juli 2017

Im Vitamix bis zur „Glätte" laufen lassen, bleibt aber „sandig":

- 250 g Honig
- 300 g Wasser (zu viel!)
- 90 g Kakaonibs
- 10 g Kakaopulver
- 1 Prise Salz
- 1/2 TL gem. Vanille

Hinweis: *Der Versuch, vorwiegend mit Kakaonibs zu arbeiten, schmeckt mir nicht.*

11223. Fruchtmischungspudding, Juli 2017

2-3 Portionen

- 25 g Rote Johannisbeeren
- 275 g Wassermelone
- 95 g Mango
- 20 g Cashewnüsse
- 90 g Ananas
- 10 g Agavendicksaft
- 4 g Flohsamenschalen
- 1-2 TL gehobelte Mandeln

Obst pürieren. Je nach Süße des Obsts, Agavendicksaft hinzufügen, Flohsamenschalen untermixen. Auf zwei Schüsselchen verteilen und mit gehobelten Mandeln bestreuen.

11224. Kartoffel-Zucchini-Auflauf, Juli 2017

2 Portionen

- 80 g Wasser
- 425 g Kartoffeln, in Scheiben
- 170 g Zucchini, in Scheiben
- Gratinlikesößchen
- 150 g dünn geschnittener Gouda

Als Gemüsepfanne (20-cm-Alugusspfanne, 15 Min.) ohne Soße und Käse dünsten. Soße darüber gießen. Mit dem Käse belegen und in den kalten Ofen schieben. 23 Min. bei 200 °C backen, 1-2 Min. abkühlen lassen.

11225. Gratinlikesößchen, Juli 2017

- 55 g gekochte rote Linsen
- 85 g Stützcreme
- 1 TL Salz
- 1 Prise Pfeffer
- 25 g Apfelmark
- 20 g Sonnenblumenöl
- 100 g Wasser

Im Mixer pürieren.

11226. Schokobananencreme, Juli 2017

2 Portionen

- 1 Banane (160 g), in Stücken
- 60 g Schokoladensoße, hier Schokosoße puristisch
- 65 g Stützcreme

Im kleinen Mixer, großer Becher, hoch stehendes Messer pürieren. Größere Mengen im Vitamix herstellen. Ohne Deko.

11227. Kartoffeln mit alten Zwiebeln, Juli 2017

2 Portionen; die Zwiebeln hatten im Kühlschrank gekeimt, waren aber sonst noch okay.

- 20 g Sonnenblumenöl
- 90 g Wasser
- 455 g festkochende Kartoffeln (Annabelle), in Scheiben
- 40 g Zwiebelsprossen (im Kühlschrank), klein geschnitten
- 250 g Zwiebeln, in Halbscheiben
- 1 TL Salz
- Pfeffer
- Etwas Butter

Aus Öl, Wasser, Kartoffeln, Zwiebeln und Salz eine Gemüsepfanne zubereiten (24-cm-Keramikpfanne, 20 Min.). Mit Pfeffer würzen und einen Stich Butter zugeben.

11228. Unregionales Frühstück, Juli 2017

2 Portionen

- 6 EL Nackthafer
- 2 EL Chiasamen
- 200 g Wasser
- 2 Bananen (280 g)
- 1 Mango (230 g)
- 45 g Ananas
- 1 Nektarine (90 g)
- 15 g Kokosstreifen
- 20 getr. Gojibeeren

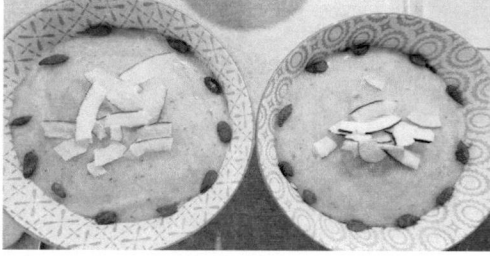

Getreide flocken, mit Chiasamen und Wasser verrühren und auf zwei Schüsselchen verteilen. Das Obst ggf. in grobe Stücke teilen und im Hochleistungsmixer pürieren, über das Getreide geben. Kokosstreifen in die Mitte legen, Gojibeeren „ordentlich" an den Rand legen.

11229. Knuspercracker doppelt III, Juli 2017

- 200 g Dinkel, fein gemahlen
- 80 g Sesamsaat, ungeschält
- 50 g Buchweizen
- 100 g Sonnenblumenkerne
- 2 TL Salz
- 1 TL Paprikapulver, edelsüß
- 40 g Sonnenblumenöl
- 600 g kochendes Wasser

Dinkel, Körner, Salz, Paprika und Öl in eine Rührschüssel einwiegen. Wasser zum Kochen bringen, 550 g abwiegen, zu den trockenen Zutaten geben und mit dem Handrührgerät (Rührbesen) verarbeiten. Wenn der Teig noch nicht wirklich streichfähig ist, weiteres kochend heißes Wasser zugeben - bei mir waren es 600 g (genau genommen 595 g). Ich würde aber bei einem nächsten Mal wieder vorsichtig mit 550 g beginnen.

Zwei Bleche wie folgt zubereiten: Ein feuchtes Küchentuch auf ein Backblech legen, darauf Dauerbackfolie, sodass das Tuch noch 10 cm an der Seite herausschaut, dann kann man es nicht so leicht vergessen. Mit einem Teigspatel den halben Teig darauf verteilen. Das feuchte Tuch unter der Folie wegzuziehen und den Teig ruhen lassen, während der Ofen auf 150 °C (Heißluft) vorheizt.

Einschieben und 60 Min. bei 150 °C backen.

Hinweis: Die Zeit war wohl doch etwas zu lang. Die Cracker sind lecker, aber noch nicht ideal. Nachdem Agnes mir berichtet hatte, dass sie die Cracker gebacken hat und beim Zubereiten des Teigs mit dem Handrührgerät keine Probleme hatte, stand eine neue Version an. Agnes nahm 460 g Wasser und fand das noch zu wenig. Ich habe letztendlich 600 g kochendes Wasser verwendet. Ein anderer Tipp von Agnes, damit man das Küchentuch nicht vergisst, wegzuziehen: Ein Backblech anfeuchten, Backpapier auflegen und dann fertig auf das trockene Blech ziehen. Das klappt allerdings bei mir mit der Dauerbackfolie nicht so gut. Vielleicht bin ich mutig und probiere es demnächst direkt auf den PerfectClean-Blechen.

11230. Zitronenspeise schlicht, Juli 2017

2 Desserts

- 145 g Stützcreme
- 20 g Zitronensaft und Fruchtfleisch (war von einer kleinen Zitrone)
- 20 g Agavendicksaft
- 4 g Flohsamenschalen
- 15 g Orangeat

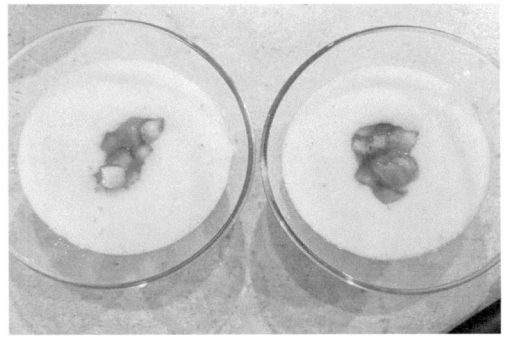

Stützcreme, Zitronensaft, Agavendicksaft und Flohsamenschalen mit einem Löffel verrühren. Auf zwei Schüsselchen verteilen und Orangeat in die Mitte geben.

11231. Kartrabi-Pfanne, Juli 2017

2 Portionen

- 70 g Wasser
- 15 g Sonnenblumenöl
- 450 g Kartoffeln, in Scheiben
- 60 g Zwiebel, gewürfelt
- 1 Kohlrabi (190 g), in feinen Stiften
- Nusslastige Soße

Ohne Soße als Gemüsepfanne (24-cm-Keramikpfanne) 20 Min. dünsten. Soße unterrühren und kurz aufkochen.

11232. Nusslastige Soße, Juli 2017

Im kleinen Mixer, hoch stehendes Messer:

- 75 g Stützcreme
- 30 g Cashewmus
- 1 TL Salz
- 6 g Essigpeperoni 7/4573
- 10 g Peperoniessig
- 75 g Wasser

11233. Hafertaler mit Einkorn, Juli 2017

Vorlage: 11188; diese Kekse sind so beliebt, dass ich sie quasi ununterbrochen backen muss; Einkorn könnte da eine besondere Note geben.

- 200 g Honig
- 100 g Butter
- 100 g gehackte Mandeln
- 200 g Einkorn, fein gemahlen
- 250 g Nackthafer, geflockt
- 1/2 TL gem. Vanille
- 1 P Weinsteinbackpulver
- 1 Prise Salz

Honig, Butter und Mandeln in einer Pfanne auf höherer Einstellung auflösen (Stufe 8/14, Induktion) und etwas kochen lassen. Die restlichen trockenen Zutaten miteinander mischen, in eine Rührschüssel geben. Butter-Honig-Flüssigkeit zugeben und mit einem Handrührgerät, Rührbesen, zu einem Teig verarbeiten. 10-15 Min. ruhen lassen.

Mit einem Teelöffel Portionen abnehmen und zwischen den Händen zu kleinen Talern pressen. Die Hände ab und an befeuchten. Eng nebeneinander auf ein PerfectClean-Blech legen, in dieser Zeit den Ofen auf 160 °C vorheizen. Einschieben und 20 Min. backen.

11234. Nektarine in Nektarinencreme, Juli 2017

2 Desserts

- 115 g Stützcreme
- 2 kleine Nektarinen (je 80 g)
- 15 g Agavendicksaft
- 2 g Flohsamenschalen

Stützcreme, eine vorgeschnittene Nektarine und Agavendicksaft mit einem kleinen Mixer, hoch stehendes Messer, pürieren. Flohsamenschalen untermischen. Die zweite Nektarine fein würfeln, unterrühren. Den Becherinhalt auf zwei Schüsselchen verteilen.

11235. Ofenkartoffeln halb gedünstet V2, Juli 2017

2 Portionen; Vorläufer 11217

- ca. 500 g festkochende Kartoffeln (hier: Annabelle)
- 15 g Sonnenblumenöl
- 1 knapper TL Salz
- 1/2 EL frische Rosmarinnadeln (locker gelegt)
- 55 g Wasser

Kartoffeln längs halbieren. Die restlichen Zutaten mit einem kleinen Mixer mixen. Kartoffeln nebeneinander auf ein 28-cm-Pizzablech (PerfectClean) legen, mit der Flüssigkeit bepinseln. Den Rest der Soße über die Kartoffeln gießen. In den kalten Ofen schieben und 23 Min. (ich arbeite mich langsam nach unten) bei 220 °C backen, 5 Min. im ausgestellten Ofen nachbacken.

11236. Süß-Spitz-Salat, Juli 2017

2 Portionen; Zubereitung im Thermomix.

- 2 EL Walnussöl (15 g)
- 25 g Aceto Balsamico
- 40 g Wasser
- 160 g Süßkartoffel
- 1 Apfel (100 g)
- 175 g Zucchini
- 72 g Spitzkohl (zwei Außenblätter)
- 16 Cashewnüsse (25 g) (Deko)
- 10 g Rosinen (Deko)

Außer der Deko in der angegebenen Reihenfolge in den TM geben. Raffeln mit 5 Sek./Stufe 5. Auf zwei Schüsselchen verteilen, mit Nüssen und Rosinen dekorieren.

11237. Ein-Körnchen-Frühstück, Juli 2017

2 Portionen

- 6 EL Einkorn
- 2 EL Chiasamen
- 200 g Wasser
- 1 Bananen (125 g)
- 1 Mango (165 g)
- 210 g Heidelbeeren
- 1/2 Apfel (95 g)
- 10 g Zitronenfleisch
- 20 g Cashewnüsse

Getreide flocken, mit Chiasamen und Wasser verrühren und auf zwei Schüsselchen verteilen. Das Obst ggf. in grobe Stücke teilen und im Hochleistungsmixer pürieren, über das Getreide geben. Cashews in die Mitte legen.

11238. Nougatcreme, Juli 2017

2 Desserts

- 140 g Stützcreme
- 10 g Agavendicksaft
- 40 g Schokosoßenextrakt 11222
- 20 g Cashewmus
- 2 Walnusshälften

Mit einem Löffel Creme, Dicksaft, Schokosoßenextrakt und Cashewmus verrühren. Auf zwei Schüsselchen verteilen und je eine Walnusshälfte in die Mitte stecken.

11239. Champignon-Bratpfanne, Juli 2017

2 Portionen

- 30 g Sonnenblumenöl
- 90 g Zwiebel, gehackt
- 210 g Champignons, in Scheiben
- 1 große Tomate (210 g), in Viertelscheiben
- 1 TL Salz
- 1 Prise Pfeffer
- 15 g Butter

Öl in einer 24-cm-Keramikpfanne erhitzen. Zwiebel darin 5 Min. anbraten, Champignons zugeben und auf hoher, aber nicht höchster Einstellung 10 Min. ohne Deckel garen. Die Tomate zugeben, ebenso Salz, Pfeffer und Butter und immer noch auf höherer Einstellung offen garen (weitere 5-10 Min.).

Tipp: *Gut passt Reis dazu.*

11240. Rosmarinreis frisch III, Juli 2017

Vorläufer 11183; 2 Portionen

- 190 g Jasmin-Vollkornreis
- 3 x 2 cm Spitzen einer Rosmarinpflanze
- 380 g Wasser

Rosmarin mit einem kleinen Mixer im Wasser „auflösen". In einem kleinen Topf dem Reis aufkochen und 39 Min. auf kleinster Einstellung dünsten/quellen lassen.

Hinweis: *Der Rosmarineffekt war deutlich geringer als erwartet.*

11241. Freitag-mit-Chia-FKG, Juli 2017

2 Portionen

- 6 EL Nackthafer
- 2 EL Chia
- 200 g Wasser
- 40 g getr. Mango
- 30 g Cashewbruch
- 295 g Wasser
- 1/2 Apfel (95 g)
- 1 Orange (135 g)
- 1 Banane (115 g)
- 1 Nektarine (95 g)
- 5 g Zitronenfleisch
- 12 g getr. Maulbeeren
- 8 g Walnüsse

Getreide flocken, mit Chia mischen und auf zwei Schüsselchen verteilen. Mit 200 g Wasser verrühren und quellen lassen. Mango, Cashewbruch und 295 g Wasser im Vitamix pürieren. Mangopudding über das Getreide geben. Obst im Vitamix pürieren, über das Getreide geben. Mit Maulbeeren (eine Schüssel) und Walnüssen (die andere Schüssel) dekorieren.

11242. Johannas Pudding, Juli 2017

2 Desserts

- 150 g Rote Johannisbeeren
- 130 g Stützcreme
- 25 g Agavendicksaft
- 1 TL Flohsamenschalen (2 g)
- einige Johannisbeeren als Dekoration

Johannisbeeren mit dem Vitamix pürieren, Stützcreme, Agavendicksaft und Flohsamenschalen zugeben und nochmals pürieren, bis die Kerne nicht mehr feststellbar sind. Auf zwei Schüsselchen verteilen und Johannisbeeren in die Mitte geben.

11243. Berglinsen mit etwas Gemüse, Juli 2017

2 Portionen

- 200 g Berglinsen
- 180 g Frühlingszwiebeln (Lauchzwiebeln) in Ringen
- 1 Tomate (185 g), gewürfelt
- 400 g Wasser
- 1 TL Salz
- 1 Prise Pfeffer

Als Gemüsepfanne (24-cm-Alugusspfanne) 30 Min. garen. Ohne Deckel ca. 5 Min. stark erhitzen, sodass noch Flüssigkeit verdampft. Mit Salz und Pfeffer abschmecken.

11244. Sommersalatteller joghurtartiges Dressing, Juli 2017

2 Portionen

- 2 große Tomaten (320 g), in Halbscheiben
- 80 g Salatgurke, in Halbscheiben
- 1 mittelgroße Möhre (105 g), in feinen Halbscheiben
- 25 g Zwiebel, fein gehackt
- Helles Salatdressing

Tomatenhälften aufgeschnitten an je zwei Ränder legen, Gurke in die Mitte, Möhren oben und unten. Die Zwiebelwürfel über den Tomaten verteilen. Getrennt mit dem Dressing servieren.

11245. Helles Salatdressing, Juli 2017

Im kleinen Mixer herstellen, flaches Messer:

- 100 g Stützcreme
- 15 g Sonnenblumenöl
- 5 g Agavendicksaft
- 1 gestr. TL Salz
-
- 1 Prise Pfeffer
- 10 g Apfelessig
- 5 g Senf
- 30 g Wasser

11246. Nektarinentrümmer-FKG, Juli 2017

2 Portionen

- 6 EL Nacktgerste
- 2 EL Chiasamen
- 200 g Wasser
- 1 Banane (145 g)
- 1 Apfel (170 g)
- 105 g Rote Johannisbeeren
- 2 Nektarinen (255 g brutto)
- 20 g Cashewnüsse
- 8 Mandeln
- 2 Paranüsse

Getreide flocken, mit Chiasamen und Wasser verrühren und auf zwei Schüsselchen verteilen. Banane und Apfel in grobe Stücke teilen und mit den Johannisbeeren im Hochleistungsmixer pürieren, über das Getreide geben. Nektarinen einfach vom Kern abschneiden und die Stücke auf das Obstpüree legen. Mit den Nüssen dekorieren.

11247. Marmorkuchen klassisch 5, Juli 2017

Vorläufer: 12/9401

Trockene Phase (Löffel):

- 400 g Weizen
- 2 P. Weinstein-Backpulver
- 1 Prise Salz

Flüssige Phase (im Vitamix pürieren):

- 200 g gekochte rote Linsen
- 250 g Honig
- 160 g Stützcreme
- 80 g Apfelmark
- 2 EL Rum (20 g)
- 150 g Wasser

Fertigstellung

- 40 g Kakao
- 50 g Honig
- 50 g Wasser
- Ca. 20 g Butter für die Form

Getreide fein mahlen, mit Backpulver (gesiebt) und Salz verrühren. Flüssige Phase hinzufügen und mit einem Handrührgerät (Rührbesen) gut mixen, bis der Teig „schaumig" ist. Zwei Drittel des Teigs (575 g) in eine gefettete Gugelhupfform geben. Unter den Rest des Teiges den Kakao mit 50 g Honig und 50 g Wasser rühren. Den dunklen Teig auf dem hellen verteilen. Für das Marmormuster mit einer Gabel Spiralen durch die Teigschichten ziehen.

Ofen auf 160 °C (Heißluft) vorheizen und 45 Min. backen. Auf ein nasses Tuch auf ein Kuchengitter stellen, 10 Min. stehen lassen. Umdrehen, vorsichtig die Form abnehmen und auf einem Gitterrost auskühlen lassen. Mit Schokoladenguss (hier: Extrakt-Schokoguss) überziehen.

11248. Knuspercracker doppelt IV, Juli 2017

Vorläufer 11229

- 180 g Dinkel, fein gemahlen
- 20 g Nackthafer, fein gemahlen
- 80 g Sesamsaat, ungeschält
- 50 g Buchweizen
- 100 g Sonnenblumenkerne
- 1 geh. TL Salz
- 1 TL Paprikapulver, edelsüß
- 40 g Sonnenblumenöl
- 500 g kochendes Wasser
- 100 g Wasser

Dinkel, Hafer, Körner, Salz, Paprika und Öl in eine Rührschüssel einwiegen. Wasser zum Kochen bringen, 500 g abwiegen, zu den trockenen Zutaten geben und mit dem Handrührgerät (Rührbesen) verarbeiten. Kaltes Wasser einarbeiten, der Teig wird dann recht angenehm streichfähig. Teig auf zwei Bleche (PerfectClean) verteilen und mit einem Teigspatel gleichmäßig ausstreichen. Ofen auf 150 °C (Heißluft) vorheizen, der Teig ruht derweil. Einschieben und 55 Min. bei 150 °C backen. 5 Min. im ausgestellten Ofen nachbacken (vielleicht ziehe ich ein Blech beim nächsten Mal 5 Min. früher heraus).

11249. Extrakt-Schokoguss, Juli 2017

Reicht aus für einen Gugelhupf.

- 50 g Kakaobutter in Stücken
- 35 g Honig
- 40 g Schokosoßenextrakt 11222
- 1 TL Kakaopulver

Kakaobutter in Stücken mit dem Honig in einer kleinen Pfanne erhitzen, mit einem Schneebesen mischen. Schokosoßenextrakt und Kakaopulver einrühren.

11250. Brot mit etwas Einkorn (Wildhefe), Juli 2017

Vorläufer 11196

Stufe 1 (12 Std. vorher):   Wildhefeansatz:
Sauerteigansatz:
- 400 g Roggen
- 415 g Wasser
- 150 g Sauerteig

- 200 g Wildhefewasser
- 200 g gem. Dinkel

Stufe 2 (Backen, bei mir am Morgen):
- 100 g Roggen
- 125 g Einkorn
- 100 g Dinkel
- 20 g Salz
- 1 TL Brotgewürz (Brecht)
- 100 g Sonnenblumenkerne
- 150 g Wasser
- Gesamter Wildhefeansatz
- ca. 800 g Sauerteigansatz
- 20 g Butter für die Form

Stufe 1: Roggen fein mahlen, mit Wasser und altem Sauerteig mischen. In einer Plastiktüte über Nacht stehen lassen. 150 g von der Stufe 1 abnehmen und in einem gut schließenden Schraubglas in den Kühlschrank stellen für das nächste Backen. 200 g abnehmen und an eine Freundin schicken. Wildhefezutaten mit einem Löffel verrühren. *Stufe 2:* Zutaten (außer der Butter) mit einem großen Löffel gründlich verrühren, bis kein Mehl mehr sichtbar ist. Eine 30-cm-Brotform, Profi-Email von Dr. Oetker, gut einfetten. Teig hineingeben, mit der nassen Hand herunterdrücken und glattstreichen. Mit einem scharfen Messer dreimal schräg einschneiden. Form in eine Plastiktüte geben und etwa 2,5 Std. gehen lassen. Brot in den kalten Ofen schieben und 80 Min. bei 190 °C (Heißluft) backen.

11251. Helles Salatdressing V1, Juli 2017

Für 2 Portionen Salat; Vorläufer 11245

Im kleinen Mixer herstellen, flaches Messer:

- 100 g Stützcreme
- 10 g Sonnenblumenöl
- 10 g Zitronensaft
- 5 g Agavendicksaft
- 1 gestr. TL Salz
- 1 Prise Pfeffer
- 3 g Senf
- 30 g Wasser

11252. Kuchencreme, Juli 2017

2 Portionen – es geht hier darum, etwas Kuchen sonntäglich auf-zumotzen.

- 95 g Stützcreme
- 20 g Cashewmus
- 10 g Agavendicksaft
- 1 Nektarine (130 g)
- 2 Stücke Blitzschokoladenkuchen Cashewkern 11221

Creme, Mus und Agavendicksaft mit einem Löffel verrühren. Kuchenstücke auf einen Dessertteller legen, auf eine Seite die Creme häufeln. Nektarine in Spalten schneiden und dachziegelartig auf die Creme legen.

11253. Nektarine unter Creme, Juli 2017

2 Desserts

- 125 g Stützcreme
- 50 g Apfelmark
- 1/2 Nektarine (die ganze Nektarine wog brutto 175 g)
- 2 TL gehobelte Mandeln

Creme und Apfelmark verrühren. Nektarine würfeln, auf zwei Schüsselchen verteilen und die Creme darüber geben. Mit Mandeln bestreuen.

Tipp: Wie lecker der Nachtisch ist, hängt stark von der Qualität der Nektarine ab. Diese war absolut köstlich!

11254. Bananerina-FKG, Juli 2017

2 Portionen

- 6 EL Nackthafer
- 2 EL Chiasamen
- 200 g Wasser
- 2 Bananen (165 g)
- 4 Nektarinen (435 g)
- 25 g Walnüsse

Getreide flocken, mit Chiasamen und Wasser verrühren und auf zwei Schüsselchen verteilen. Obst in grobe Stücke teilen und im Hochleistungsmixer pürieren, über das Getreide geben. Walnüsse in die Mitte streuen.

11255. Flache Bohnen mit Nudeln, Juli 2017

2 Portionen

Als Gemüsepfanne (24 cm Keramikpfanne, 15 Min.) dünsten:

- 90 g Kichererbsenkochwasser
- 30 g Zwiebel
- 250 g flache Bohnen, in 1-1,5 cm langen Stücken
- 40 g getrocknete Tomaten, in feinen Streifen

Fertigstellung:

- 30 g Cashewnussbruch
- 150 g Spiralnudeln Vollkorn
- 1 gestr. TL Salz
- 320 g Kichererbsenkochwasser
- 2 EL Mandelöl

Cashewnussbruch in einer trockenen Pfanne hellbraun rösten. Nudeln mit Salz im Wasser in einem kleinen Topf wie eine Gemüsepfanne garen (Zeit nach Vorgabe). Geröstete Cashews und Nudeln mit dem Öl unter das Gemüse rühren.

11256. Extrakt-Kakao, Juli 2017

Im Vitamix ca. 2.5 Min. auf höchster Stufe:

- 30 g Schokosoßenextrakt 11222
- 25 g Nackthafer
- 2 Datteln Deglet Nour, entsteint (15 g)
- 5 g frischer Ingwer
- auf 500 ml (Markierung im Becher) mit Wasser/kochendem Wasser 1:1 auffüllen.

11257. Kartoffelbohnen, Juli 2017

2 Portionen

Als Gemüsepfanne 20 Min.:

- 20 g Sonnenblumenöl
- 80 g Wasser
- 420 g Kartoffeln, Scheiben
- 20 g Knoblauch, gewürfelt
- 1 Prise Salz
- 240 g flache Bohnen, Stücke

Hinweis: *Schmeckte mir auch ohne Soße, nur mit Kochflüssigkeit ausgezeichnet.*

11258. Nougatnektarine, Juli 2017

2 Desserts

- 100 g Stützcreme
- 20 g Schokosoßenextrakt 11222
- 10 g Agavendicksaft
- 25 g Cashewmus
- 1 Nektarine (155 g brutto)
- 4 Kokosstreifen

Creme, Extrakt, Dicksaft und Mus mit einem Löffel verrühren.

Nektarine würfeln, auf zwei Schüsselchen verteilen und die Creme darüber gießen. Je zwei Kokosstreifen wie gekreuzte Schwerte in die Masse stecken.

11259. Nektarine für Erwachsene, Juli 2017

2 Desserts

In einem kleinen Mixer pürieren, auf zwei Schüsselchen verteilen:

- 60 g Stützcreme
- 1 Nektarine (105 g), vorgeschnitten
- 12 g Zitronenschalen aus Minirumtopf
- 1 kleine Banane (70 g), vorgeschnitten

11260. Ofengemüse dünstig, Juli 2017

2 Portionen

- 1 kleine Kohlrabi (130 g), in vier Scheiben
- 3 Scheiben Batate (165 g)
- 290 g Kartoffeln, entsprechend klein geschnitten
- 2 große Knoblauchzehen, in Spalten oder dicken Scheiben
- 20 g Sonnenblumenöl
- 1 gestr. TL Salz
- 1/2 TL gem. Kümmel
- 50 g Wasser

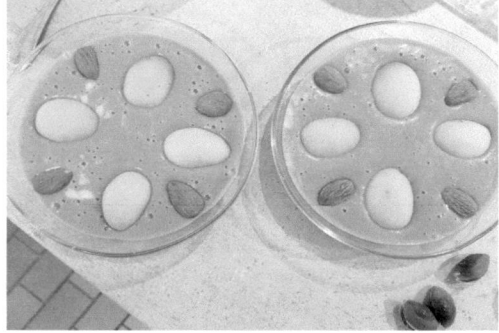

Gemüse in gut 1 cm-dicke Scheiben schneiden, so dass es auf ein 28-cm-Pizzablech passt. Öl, Gewürze und Wasser im kleinen Mixer mischen, das Gemüse damit einpinseln. Den Rest Soße über alles gießen. In den kalten Ofen schieben, 25 Min. bei 220 °C backen und 5 Min. im ausgeschalteten Ofen nachbacken.

11261. Schokoaprikosen, Juli 2017

2 Desserts

- 30 g Schokosoßenextrakt 11222
- 100 g Stützcreme
- 10 g Agavendicksaft
- 150 g Wasser
- 6 g Flohsamenschalen
- 4 Zuckeraprikosen, halbiert (80 g)
- 8 Mandeln

Extrakt, Creme, Dicksaft, Wasser und Flohsamenschalen im Vitamix glatt schlagen. Auf zwei Glasteller verteilen, die Aprikosenhälften an 3, 6, 9 und 12 Uhr legen, die Mandeln daneben. Vor dem Servieren mindestens 30 Min. kalt stellen.

11262. Berglinsen aus dem Schnellkochtopf, Juli 2017

2 Portionen

- 200 g Berglinsen
- 450 g Wasser
- 2 Prisen Salz

Im Schnellkochtopf Berglinsen im Wasser 10 Min. garen, langsam abdampfen lassen. Erst dann salzen.

Tipp: Ein nächstes Mal würde ich 440 g Wasser versuchen.

11263. Süßkartoffel mit Feta, Juli 2017

2 Portionen; wir hatten Berglinsen dazu.

- 10 g Öl
- 60 g Wasser
- 65 g Zwiebel, gewürfelt
- 1 große Knoblauchzehe (11 g), in Scheiben
- 200 g Süßkartoffel, in Würfeln
- 1 Tomate (145 g), gewürfelt
- 25 g Sahne
- 50 g Stützcreme
- 1 gestr. TL Salz
- 1 Prise Pfeffer
- 85 g Feta, fein gewürfelt

Aus Öl, Wasser, Zwiebel und Knoblauch eine Gemüsepfanne (20 cm Alugusspfanne, 5 Min.) herstellen. Süßkartoffel und Tomate zugeben, nochmals 12 Min. als Gemüsepfanne garen. Sahne, Stützcreme, Salz und Pfeffer unterrühren. Feta zufügen und unter vorsichtigem Rühren kurz aufkochen.

11264. Freitag-mit-Chia-FKG 2, Juli 2017

2 x Frühstück

- 6 EL Emmer
- 2 EL Chia
- 200 g Wasser
- 40 g getr. Mango
- 25 g Cashewbruch
- 285 g Wasser
- 1 Banane (80 g)
- 3 Nektarinen (ca. 430 g; eine ist für die Dekoration)
- 20 g Sahne

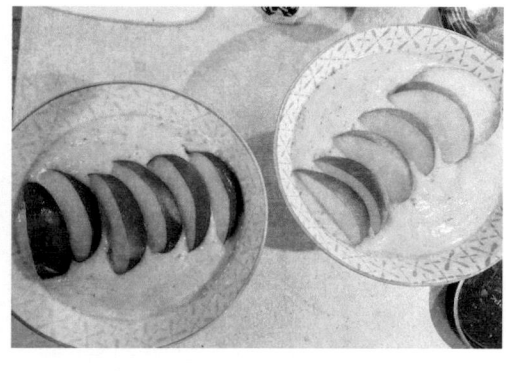

Getreide flocken, mit Chia mischen und auf zwei Schüsselchen verteilen. Mit 200 g Wasser verrühren und quellen lassen. Mango, Cashewbruch und Wasser im Vitamix pürieren. Mangopudding über das Getreide geben. Obst (ohne Deko-Obst) im Vitamix pürieren, über das Getreide geben. Nektarine halbieren, je in 6 Spalten schneiden und diese der Mittellinie entlang legen.

11265. Juli-Fruchtsalat in Cremesoße, Juli 2017

2 Desserts

- 1 Nektarine (130 g), gewürfelt
- 2 Aprikosen (95 g), gewürfelt
- 60 g Rote Johannisbeeren
- Cremesoße für Fruchtsalat

Obst mit der Soße mischen, kalt stellen. Erst kurz vor dem Servieren nochmals mischen und auf zwei Schüsselchen verteilen.

11266. Cremesoße für Fruchtsalat, Juli 2017

Mit einem Schneebesen glatt rühren:

- 50 g Stützcreme
- 10 g Zitronensaft
- 25 g Agavendicksaft
- 1 MS gem. Vanille

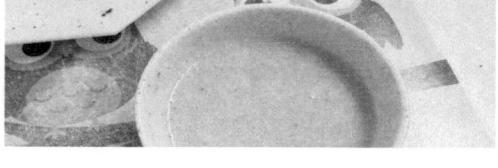

11267. Berglinsen-Reis, Juli 2017

2 Portionen

- 180 g Jasmin-Vollkornreis
- 20 g Berglinsen
- 400 g Wasser

Im kleinen Topf nach dem Aufkochen auf kleiner Einstellung 40 Min. kochen/dünsten.

11268. Johanatarise-FKG, Juli 2017

2 Portionen

- 6 EL Nackthafer
- 2 EL Chiasamen
- 200 g Wasser
- 125 g Rote Johannisbeeren
- 1 Banane (85 g)
- 1 Nektarine (155 g)

- 2 Aprikosen (120 g)
- 20 g Sahne
- 8 Mandeln
- 8 Cashewkerne
- 2 Paranüsse
-

Getreide flocken, mit Chiasamen und Wasser verrühren und auf zwei Schüsselchen verteilen. Obst in grobe Stücke teilen und mit der Sahne im Hochleistungsmixer pürieren, über das Getreide geben. Mandeln und Cashews „abwechselnd" an den Rand, Paranuss in die Mitte legen.

11269. Champ-Kokospfanne, Juli 2017

2 Portionen

- 20 g Kokosöl
- 60 g Kichererbsenkochwasser (oder Wasser)
- 185 g Lauchzwiebeln, in Ringen
- 225 g weiße Champignons, geviertelt (wenn groß, achteln)
- 10 g Kokosraspel
- Überkreuzte Kokossoße

Ohne die Soße als Gemüsepfanne (24-cm-Keramikpfanne) 15 Min. dünsten. Soße unterziehen und kurz aufkochen.

11270. Überkreuzte Kokossoße, Juli 2017

Im kleinen Mixer, hoch stehendes Messer:

- 20 g Kokosraspel
- 60 g Stützcreme
- 6 g Essigpeperoni 7/4573
- 1 gestr. TL Salz
- 1/2 TL gem. Kreuzkümmel
- 100 g Kichererbsenkochwasser

11271. Hafertaler mit Emmer, Juli 2017

Vorläufer: 11233

- 200 g Honig
- 100 g Butter
- 100 g gehackte Haselnüsse
- 200 g Emmer, fein gemahlen
- 250 g Nackthafer, geflockt
- 1/2 TL gem. Vanille
- 1 P Weinsteinbackpulver
- 1 Prise Salz

Honig, Butter und Nüsse in einer Pfanne auf höherer Einstellung auflösen (Stufe 8/14, Induktion) und etwas kochen lassen. Die restlichen trockenen Zutaten miteinander mischen, in eine Rührschüssel geben. Butter-Honig-Flüssigkeit zugeben und mit einem Handrührgerät, Rührbesen, zu einem Teig verarbeiten. 10-15 Min. ruhen lassen.

Mit einem Teelöffel Portionen abnehmen und zwischen den Händen zu kleinen Talern pressen. Die Hände ab und an befeuchten. Eng nebeneinander auf ein PerfectClean-Blech legen, in dieser Zeit den Ofen auf 160 °C vorheizen. Einschieben und 20 Min. backen.

11272. Knuspercracker doppelt V, Juli 2017

Vorläufer 11248

- 200 g Dinkel, fein gemahlen
- 50 g Nackthafer, geflockt
- 80 g Sesamsaat, ungeschält
- 100 g Sonnenblumenkerne
- 1 geh. TL Salz
- 1 TL Paprikapulver, edelsüß
- 40 g Sonnenblumenöl
- 500 g kochendes Wasser
- 100 g Wasser

Dinkel, Körner, Haferflocken, Salz, Paprika und Öl in eine Rührschüssel geben. Wasser zum Kochen bringen, 500 g abwiegen, zu den trockenen Zutaten geben und mit dem Handrührgerät (Rührbesen) verarbeiten. Kaltes Wasser einarbeiten, der Teig wird dann recht angenehm streichfähig. Teig auf zwei Bleche (PerfectClean) verteilen und mit einem Teigspatel gleichmäßig ausstreichen. Ofen auf 150 °C (Heißluft) vorheizen, der Teig ruht derweil. Einschieben und 50 Min. bei 150 °C backen. 10 Min. im ausgestellten Ofen nachbacken.

11273. Beeren-Intarsien, Juli 2017

2 Desserts

- 135 g Stützcreme
- 20 g Agavendicksaft
- 130 g Erdbeeren
- 1 TL Flohsamenschalen (2 g)
- 50 g Rote Johannisbeeren

Stützcreme, Agavendicksaft, Erdbeeren und Flohsamenschalen pürieren (kleiner Mixer, hoch stehendes Messer). Auf zwei Schüsselchen verteilen und mit Johannisbeeren bestreuen, sie sinken halb ein.

11274. Bunte Hirse, Juli 2017

2 Portionen

- 160 g Hirse
- 25 g getr. Tomate, klein geschnitten
- 25 g Rosinen
- Rosmarinnadeln von einem 5-cm-Ästchen
- 320 g Wasser

Als Gemüsepfanne 20 Min. garen.

11275. Tomaten in eigenem Saft, Juli 2017

2 Portionen; wir hatten dazu Bunte Hirse 11274.

- 20 g Sonnenblumenöl
- 1 große Knoblauchzehe (5 g), klein geschnitten
- 3 große Tomaten (540 g), klein geschnitten
- 1 TL Salz
- 15 g Honig
- 20 g Cashewmus

Aus Sonnenblumenöl, Gemüse, Salz und Honig eine Gemüsepfanne herstellen (15 Min., 24-cm-Keramikpfanne). Dann nochmals auf hoher Einstellung 5 Min. kochen, falls es sehr feste Tomaten sind. Cashewmus unterrühren und auf kleiner Einstellung kochen, bis es sich gelöst hat.

11276. Blitzschokoladenkuchen Aprikosen, Juli 2017

Vorläufer 11221

Flüssige Phase:

- 250 g Honig
- 25 g Cashewmus
- 90 g Pflanzenmilch
- 220 g gekochte rote Linsen
- 160 g Stützcreme
- 80 g Apfelmark

Fertigstellung

- 450 g Aprikosen, halbiert und in Spalten

Feste Phase:

- 200 g Cashewnussbruch
- 1 P Weinstein-Backpulver
- 1/2 TL Natron
- 175 g Dinkel, fein gemahlen (+50 g)
- 1/2 TL Vanille
- 30 g Kakao
- 1 Prise Salz

Zutaten der flüssigen Phase im Vitamix pürieren. Cashewkerne mahlen (TM 10 Sek./Stufe 7). Die restlichen trockenen Zutaten zugeben und flüssige Phase obenauf gießen. Zu einem Teig verarbeiten (20 Sek./Stufe 4; 10 Sek. Stufe 5, mit der Hand umrühren, 10 Sek. Stufe 5). Eine Springform (26 cm) mit Backpapier auslegen, den Teig hineingießen. Den Teig mit Aprikosen belegen.

Ofen auf 140 °C (Heißluft) vorheizen und 40 Min. backen, im ausgestellten Ofen 5 Min. nachbacken.

11277. Erd-Johannis-Beer-FKG, Juli 2017

2 x Frühstück

- 6 EL Nackthafer
- 2 EL Chiasamen
- 200 g Wasser
- 165 g Rote Johannisbeeren
- 300 g Erdbeeren
- 2 Bananen (195 g)
- 20 g Sahne
- 8 Mandeln
- 8 Cashewkerne
- 2 Paranüsse

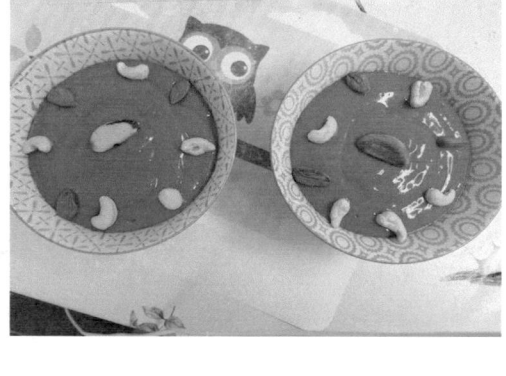

Getreide flocken, mit Chiasamen und Wasser verrühren und auf zwei Schüsselchen verteilen. Obst in grobe Stücke teilen und mit der Sahne im Hochleistungsmixer pürieren, über das Getreide geben. Mandeln und Cashews „abwechselnd" an den Rand, Paranuss in die Mitte legen.

11278. Nektabeeren-Schüsselchen, Juli 2017

2 Desserts

- 1 Nektarine (150 g)
- 50 g Rote Johannisbeeren
- 75 g Stützcreme
- 15 g Agavendicksaft
- 1-2 TL gehobelte Mandeln

Nektarine vorschneiden, mit den restlichen Zutaten außer den gehobelten Mandeln im kleinen Becher eines kleinen Mixers (hoch stehendes Messer) pürieren. Auf zwei Schüsselchen verteilen, in der Mitte mit gehobelten Mandeln bestreuen.

11279. Ofengemüse dünstig V1, Juli 2017

Vorläufer 11260; 2 Portionen

- 115 g Süßkartoffel
- 85 g Zwiebel (geviertelt)
- 2 große Knoblauchzehen (20 g), unzerkleinert
- 1 große Tomate, halbiert (160 g)
- 290 g Kartoffeln, entsprechend klein geschnitten
- 85 g Möhre, längs halbiert
- 20 g Sonnenblumenöl
- 1 gestr. TL Salz
- 1/2 TL gem. Kreuzkümmel
- 15 g gekochte rote Linsen
- 60 g Wasser

Gemüse in gut 1 cm-dicke Scheiben schneiden, so dass es auf ein 28-cm-Pizzablech passt. Öl, Salz, Kümmel, Linsen und Wasser im kleinen Mixer pürieren. Gemüse damit einpinseln, den Rest Soße darüber gießen.

In den kalten Ofen schieben, 25 Min. bei 220 °C backen und 5 Min. im ausgeschalteten Ofen nachbacken.

11280. Schokextranana-Pudding, Juli 2017

2 Desserts

- 2 kleinere Bananen, reif (185 g)
- 40 g Schokosoßenextrakt 11222
- 50 g Stützcreme
- 2 TL gehobelte Mandeln
- 2 Prisen Kakaonibs

Banane, Extrakt und Stützcreme pürieren (kleiner Mixer, hoher Becher, hoch stehendes Messer) und auf zwei Schüsselchen verteilen. In die Mitte gehobelte Mandeln streuen, Kakaonibs darauf geben.

11281. Ofenpommes, Juli 2017

2 Portionen

- 500-510 g Kartoffeln, in Pommes geschnitten
- 2 Prisen Salz
- 15 g Sonnenblumenöl
- 60 g Wasser
- 1 gestr. EL Rosmarinnadeln, frisch

Ein 28-cm-Pizzablech (PerfectClean) dicht mit den Kartoffeln belegen und mit Salz bestreuen. Öl, Wasser und Rosmarin pürieren (kleiner Mixer) und gleichmäßig über die Kartoffeln gießen. In den kalten Ofen schieben und 25 Min. bei 220 °C backen, 5 Min. im ausgestellten Ofen nachbacken.

11282. Spitzkohl-Möhren-Salat (Thermomix), Juli 2017

2 Portionen

- 2 EL eines Standarddressings
- 2 EL Sahne
- 1/2 TL Salz
- 20 g grob gehackte Walnüsse
- 250 g Spitzkohl, grob vorgeschnitten
- 180 g Möhren, grob vorgeschnitten
- 3 Zuckeraprikosen, jeweils in 6 Spalten geschnitten

Zutaten außer den Aprikosen in der angegebenen Reihenfolge in den Mixtopf geben und raffeln (5 Sek./Stufe 5,5). Auf zwei Schüsselchen verteilen, die Aprikosenspalten am Rand in die Rohkost stecken.

11283. Ausgerechnet-Melone-FKG, Juli 2017

2 Portionen

- 6 EL Nackthafer
- 2 EL Chiasamen
- 200 g Wasser
- 10 g Zitronenfleisch
- 2 Bananen (265 g)
- 275 g Wassermelone
- 2 halbe Nektarinen (140 g)
- 1 EL Sonnenblumenkerne

Getreide flocken, mit Chiasamen mischen und mit Wasser verrühren. Auf zwei Schüsselchen verteilen. Das Obst – 1/2 Nektarine zur Seite legen – ggf. in grobe Stücke teilen und im Hochleistungsmixer pürieren, über das Getreide geben. Restliche Nektarinenhälfte halbieren, in Stücke schneiden, auf das Obst legen. An den Rand locker Sonnenblumenkerne streuen.

11284. Zitronencreme II, Juli 2017

Vorläufer 10854; 2 Desserts

- 40 g Zitronensaft
- 135 g Stützcreme
- 45 g Ahornsirup
- 15 g Sahne
- 2 TL Flohsamenschalen (4 g)
- 1 TL Kakaonibs

Zitronensaft, Stützcreme, Ahornsirup, Sahne und Flohsamenschalen mit einem Schneebesen verschlagen. Auf zwei Schüsselchen verteilen und in die Mitte einige Kakaonibs geben.

11285. Berglinsen, eingeweicht, Juli 2017

2 Portionen
- 190 g Berglinsen
- 400 g Wasser
- 10 g Knoblauch, gehackt
- 1-2 Prisen Salz

Linsen im Wasser 7-8 Std. einweichen. Knoblauch zugeben, zum Kochen bringen und auf kleiner Einstellung 20 Min. kochen. Salzen und servieren.

11286. Spitzkohl mit Tomate, Juli 2017

2 Portionen; bei uns gab es dazu Berglinsen.
- 45 g Wasser
- 1 große Tomate (190 g), gewürfelt
- 215 g Spitzkohl, in Streifen
- 1 Ästchen Rosmarin
- 2 EL Sahne
- 1 gestr. TL Salz
- 1 Prise Pfeffer

Eine Gemüsepfanne (24-cm-Keramikpfanne; 15 Min.) mit Wasser, Tomate, Spitzkohl und Rosmarin zubereiten. Rosmarin anschließend herausnehmen, Sahne, Salz und Pfeffer unterrühren und kurz aufkochen.

11287. Erdbeercreme mit Schokospritzer, Juli 2017

2 Desserts
- 160 g Erdbeeren, vorgeschnitten
- 15 g Agavendicksaft
- 80 g Stützcreme
- 3 g Flohsamenschalen
- 10 g Schokosoßenextrakt 11222
- 10 g Sahne

Erdbeeren, Agavendicksaft, Stützcreme und Flohsamenschalen pürieren (kleiner Mixer, kleiner Becher, hoch stehendes Messer) und auf zwei Schüsselchen verteilen. Schokosoßenextrakt mit Sahne verrühren und in die Mitte der Erdbeermasse gießen.

11288. Gelber Jasminreis, Juli 2017

2 Portionen
- 160 g Vollkorn-Jasminreis
- 1 Prise / MS Kurkuma
- 320 g Wasser

Im kleinen Topf aufkochen. Nach dem Aufkochen 35 Min. dünsten.

11289. Melonen-Aprikosen-Creme, Juli 2017

2 Portionen
- 190 g Wassermelone
- 3 Zuckeraprikosen (70 g)
- 5 g Agavendicksaft
- 3 g Flohsamenschalen
- 2 TL Kokosraspel (Deko)

Alle Zutaten außer der Deko im Vitamix pürieren. Auf zwei Schüsselchen verteilen, mit Kokosraspeln bestreuen und kalt stellen.

11290. Bohnenpaprika mit Reis, Juli 2017

2 Portionen

- 25 g Kokosöl
- 50 g Wasser
- 10 g Knoblauch, gehackt
- 75 g Zwiebel, gewürfelt
- 225 g Buschbohnen, in kurzen Stücken
- 90 g rote Paprika, gewürfelt
- 10 g Zitronensaft
- 1 TL Salz
- 1-2 Prisen Pfeffer

Eine Gemüsepfanne (24-cm-Keramikpfanne) auf Öl, Wasser und Gemüse 20 Min. dünsten. Mit Zitronensaft, Salz und Pfeffer abschmecken. Zwei Portionen Reis unterheben (hier: Gelber Jasminreis 11288)

11291. Kartoffel-Bohnen-Pfanne, Juli 2017

2 Portionen

- 20 g Sonnenblumenöl
- 80 g Wasser
- 65 g Zwiebel, gehackt
- 10 g Knoblauch, gehackt
- 420 g Kartoffeln, in Scheiben
- 200 g Buschbohnen, in 2-cm-Stücken
- 1 TL Salz
- 1-2 Prisen Pfeffer
- 15 g Zitronensaft

Öl, Wasser und Gemüse als Gemüsepfanne (24-cm-Keramikpfanne) 20 Min. dünsten. Abschmecken mit Salz, Pfeffer und Zitronensaft.

11292. Abendflocken, Juli 2017

2 Desserts; wir hatten mittags auswärts sehr reichlich gegessen, da war nur noch Platz für ein Fast-Frühstück

- 2 EL Nackthafer
- 2 EL Emmer
- 2 EL Roggen
- 2 EL Chiasamen
- 200 g Wasser
- 220 g Ananas, gewürfelt

- 145 g Blaubeeren
- 45 g Sahne
- 100 g Stützcreme
- 1 Nektarine (90 g)
- 20 g grüne Rosinen
- 5 g Kokosstreifen

Getreide flocken, mit Chia mischen und auf zwei Schüsselchen verteilen. Je 110 g Wasser darauf gießen. Ananas darüber geben.

Blaubeeren mit Sahne, Stützcreme und vorzerkleinerter Nektarine mit einem kleinen Mixer, hoch stehendes Messer, großer Becher, über die Ananasstücke geben. In die Mitte Rosinen und Kokosstreifen streuen.

11293. Brombeer-Ruf-FKG, Juli 2017

2 Portionen

- 6 EL Nackthafer
- 2 EL Chiasamen
- 200 g Wasser
- 1 Banane (115 g)

- 135 g Brombeeren
- 2 kleine Äpfel 240 g)
- 145 g Ananas
- 30 g Cashewmus

Getreide flocken, mit Chiasamen mischen und mit Wasser verrühren. Auf zwei Schüsselchen verteilen. Das Obst ggf. in grobe Stücke teilen und im Hochleistungsmixer pürieren, über das Getreide geben. In die Mitte je einen Klecks Cashewmus geben.

11294. Nussschokocreme sonnige Cashew, Juli 2017

Vorläufer 11125; 1,5 Honiggläser

- 200 g Cashewbruch
- 50 g Sonnenblumenkerne
- 30 g Kakaopulver
- 10 g Carobpulver, Rohkost
- 150 g Honig
- 240 g Wasser
- 1 Prise Salz

Alles in den Vitamix geben und mit dem Stößel gut durcharbeiten. Wird leicht warm, bis es wirklich glatt ist. In Honiggläser füllen. Gute Konsistenz.

11295. Hafertaler mit Cashemmer, Juli 2017

Vorläufer: 11271

- 200 g Honig
- 100 g Butter
- 100 g Cashewbruch
- 200 g Emmer, fein gemahlen
- 250 g Nackthafer, geflockt
- 1/2 TL gem. Vanille
- 1 P Weinsteinbackpulver
- 1 Prise Salz

Honig, Butter und Nüsse in einer Pfanne auf höherer Einstellung auflösen (Stufe 8/14, Induktion) und etwas kochen lassen. Die restlichen trockenen Zutaten miteinander mischen, in eine Rührschüssel geben. Butter-Honig-Flüssigkeit zugeben und mit einem Handrührgerät, Rührbesen, zu einem Teig verarbeiten. 10-15 Min. ruhen lassen.

Mit einem Teelöffel Portionen abnehmen und zwischen den Händen zu kleinen Talern pressen. Etwas größer machen als gewohnt, weil der Cashewbruch gröber ist als gehackte Nüsse und sonst alles zerfällt. Die Hände ab und an befeuchten. Eng nebeneinander auf ein PerfectClean-Blech legen, in dieser Zeit den Ofen auf 160 °C vorheizen. Einschieben und 17 Min. backen und 3 Min. im ausgestellten Ofen nachbacken.

11296. Standarddressing Nobel Quality II, Juli 2017

Vorläufer 11153; 1 Glas mit 750 ml Volumen, nicht ganz voll.

- 200 mg Balsamico-Essig
- 200 mg Sonnenblumenöl (kalte Pressung)
- 100 g Wasser
- 1 EL Honig (40 g)
- 20 g Salz
- 1/4 TL gem. Pfeffer
- 3 g frische Rosmarinnadeln

Im Vitamix zu einer cremigen Masse schlagen. In ein größeres Schraubglas füllen. Glas mit dem Schraubdeckel verschließen und in den Kühlschrank stellen. Vor der ersten Entnahme möglichst 12 Stunden ziehen lassen. Bei der Entnahme jeweils nochmal durchrühren, damit sich die getrennten „Phasen" wieder vermischen. Unverdünnt verwenden.

11297. Rosmarin-Jumbobohnen, Juli 2017

- 250 g große weiße Bohnen
- Wasser
- 1 Ästchen Rosmarin

Bohnen über Nacht in reichlich Wasser einweichen. In einem Schnellkochtopf mit dem ganzen Ästchen Rosmarin mit so viel Wasser 30 Min. kochen, dass das Wasser 1 cm über den Bohnen steht. Nach dem Abdampfen den Rosmarin herausnehmen.

11298. Copacabananas, Juli 2017

2 Desserts

- 100 g Stützcreme
- 40 g Nussschokocreme 11294
- 20 g Kokosraspel
- 10 g Agavendicksaft
- 1 TL Flohsamenschalen (nicht wirklich nötig)
- 2 dünne Scheiben Ananas, geachtelt wie eine Torte (150 g)
- 10 g Kokosstreifen

Stütz- und Nussschokocreme mit Raspeln, Agavendicksaft und Flohsamenschalen im kleinen Becher eines kleinen Mixers pürieren. Auf zwei Glasteller ausstreichen, die Ananasscheiben „ordentlich" zusammengelegt auf die Oberfläche legen und in die Mitte einige Kokosstreifen streuen.

11299. Fetige Kartoffelbohnenpfanne, Juli 2017

2 Portionen

- 25 g Sonnenblumenöl
- 105 g Wasser
- 1 gestr. TL Salz
- 1-2 Prisen Pfeffer
- 395 g Kartoffeln, in Scheiben
- 235 g Buschbohnen, in Stücken
- 1 rote Spitzpaprika (95 g), gewürfelt
- 150 g Feta (Schafskäse), in dünnen Streifen

Ohne den Käse als Gemüsepfanne (20-cm-Alugusspfanne) 15 Min. dünsten (nicht auf ganz kleiner Einstellung). Wenn die 15 Min. anfangen zu zählen, Ofen auf 230 °C (Heißluft) vorheizen. Mit Feta belegen und in den vorgeheizten Ofen schieben. 13 Min. bei 230 °C backen.

11300. Ananas on the Roggs, Juli 2017

2 x Frühstück

- 6 EL Roggen
- 2 EL Chiasamen
- 200 g Wasser
- 1 Banane (115 g)
- 2 Nektarinen (185 g)
- 1 Apfel (120 g)
- 240 g Ananas, gewürfelt
- 15 g grüne Rosinen

Getreide flocken, mit Chiasamen mischen und mit Wasser verrühren. Auf zwei Schüsselchen verteilen. Banane, Nektarinen und Apfel ggf. in grobe Stücke teilen und im Hochleistungsmixer pürieren, über das Getreide geben. Ananaswürfel darüber geben und mit Rosinen bestreuen.

11301. Rosinenreis (Milchreis ohne Milch), Juli 2017

- 40 g Stützcreme
- 295 g Wasser
- 100 g Rundkorn-Naturreis
- 30 g Rosinen
- 1/2 TL gem. Vanille
- 1 gestr. TL gem. getr. Zitrusschalen
- 1 Prise Salz

Im kleinen Topf zusammen aufkochen, auf kleiner Flamme 40 Min. kochen bzw. quellen lassen. Auf der Platte abkühlen lassen.

11302. Knuspercracker doppelt VI, Juli 2017

Vorläufer 11272

- 200 g Dinkel, fein gemahlen
- 80 g Sesamsaat, ungeschält
- 150 g Nussmix (50 % Sonnenblumenkerne, 35 % Kürbiskerne, 15 % Pinienkerne)
- 1 geh. TL Salz
- 1 TL Paprikapulver, edelsüß
- 35 g Sonnenblumenöl
- 500 g kochendes Wasser
- 100 g Wasser

Dinkel, Körner, Salz, Paprika und Öl in eine Rührschüssel geben. Wasser zum Kochen bringen, 500 g abwiegen, zu den trockenen Zutaten geben und mit dem Handrührgerät (Rührbesen) verarbeiten. Kaltes Wasser einarbeiten, der Teig wird dann recht angenehm streichfähig. Teig auf zwei Bleche (PerfectClean) verteilen und mit einem Teigspatel gleichmäßig ausstreichen. Ofen auf 150 °C (Heißluft) vorheizen, der Teig ruht derweil.

Einschieben und 45 Min. bei 150 °C backen. 10 Min. im ausgestellten Ofen nachbacken.

***Tipp:** An dickeren Stellen war der Teig noch weich, also geht nur mit 50 Min.*

11303. Ananasreis, Juli 2017

2 Desserts

- 100 g Rosinenreis (Milchreis ohne Milch) 11301
- 50 g Stützcreme
- 10 g Agavendicksaft
- 65 g gewürfelte Ananas

Zutaten ohne Ananas mit einem Löffel verrühren, dann Ananas unterheben und auf zwei Schüsselchen verteilen. Ich fand nicht, dass es einer Deko bedurfte.

11304. Paprika-Rosmarin-Pesto, Juli 2017

Für 2 Personen; bei uns gab es dazu Kartoffelspalten aus dem Ofen 11305; nach einem Rezept von Agnes (Juli 2017).

- 2 rote Spitzpaprika (225 g), in Streifen
- 1 EL Rosmarinnadeln (von ca. 2-3 Ästchen)
- 100 g Wasser
- 35 g Öl
- 1 Knoblauchzehe (7 g)
- 1 TL Salz
- 1 Prise Pfeffer
- 1 TL Paprikapulver edelsüß
- 35 g geröstete, gesalzene Cashewkerne
- 10 g Honig

Paprika, Rosmarin, Wasser, Öl, Knoblauch, Salz und Gewürze in den Mixtopf geben und garen (15 Min./100 °C/Stufe 1). Cashewkerne und Honig zugeben, pürieren (10 Sek./Stufe 6).

11305. Kartoffelspalten aus dem Ofen, Juli 2017

2 Portionen

- 500 g Kartoffeln
- 15 g Sonnenblumenöl
- 60 g Wasser
- 1 TL Salz
- 1 TL Paprikapulver edelsüß

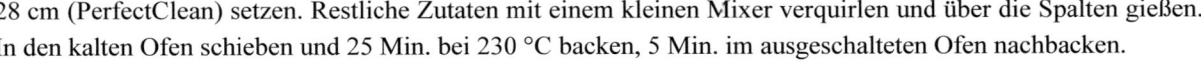

Kleinere Kartoffeln einmal längs und einmal quer durchschneiden; größere eventuell nochmals teilen. Die Stücke mit den „offenen" Flächen nach oben nebeneinander auf ein Pizzablech von 28 cm (PerfectClean) setzen. Restliche Zutaten mit einem kleinen Mixer verquirlen und über die Spalten gießen. In den kalten Ofen schieben und 25 Min. bei 230 °C backen, 5 Min. im ausgeschalteten Ofen nachbacken.

11306. Nektarinenreis, Juli 2017

Vorläufer 11303; 2 Portionen

- 100 g Rosinenreis (Milchreis ohne Milch) 11301
- 50 g Stützcreme
- 5 g Agavendicksaft
- 1 Nektarine (180 g)

Zutaten ohne Nektarine mit einem Löffel verrühren, 130 g der Nektarine würfeln, unterheben und die Mischung auf zwei Schüsselchen verteilen. Restliches Nektarinenstück in Scheiben schneiden und als Deko auflegen.

11307. Kartoffelspalten aus dem Ofen mit Sesam, Juli 2017

2 Portionen

- 500 g Kartoffeln
- 15 g Sonnenblumenöl
- 65 g Wasser
- 1 TL Salz
- 2 TL Sesamsaat ungeschält (20 g)

Kleinere Kartoffeln einmal längs und einmal quer durchschneiden; größere eventuell nochmals teilen. Die Stücke mit den „offenen" Flächen nach oben nebeneinander auf ein Pizzablech von 28 cm (PerfectClean) setzen. Öl, Wasser und Salz mit einem Löffel verrühren und über die Spalten gießen. Sesam darüber streuen. In den kalten Ofen schieben und 25 Min. bei 230 °C backen, 5 Min. im ausgeschalteten Ofen nachbacken.

11308. Gewachste Zwiebelbohnen, Juli 2017

2 Portionen

- 55 g Bohnenkochwasser
- 210 g Wachsbohnen, in Stücken (2-4 cm)
- 145 g Frühlingszwiebeln (in Stücken, 3-5 cm)
- 20 g Butter
- 1 TL Salz
- 1 Prise Pfeffer
- 20 g Zitronensaft

Wasser, Wachsbohnen und Zwiebeln als Gemüsepfanne (20-cm-Keramikpfanne, 20 Min.). Mit restlichen Zutaten abschmecken.

11309. Nektarinen-Wunderland, Juli 2017

2 x Frühstück

- 6 EL Nackthafer
- 2 EL Chiasamen
- 200 g Wasser
- 15 g Zitronenfleisch
- 3 Nektarinen (480 g)
- 1 Banane (130 g)
- 10 g Sonnenblumenkerne

Getreide flocken, mit Chiasamen mischen und mit Wasser verrühren. Auf zwei Schüsselchen verteilen. Das Obst ggf. in grobe Stücke teilen und im Hochleistungsmixer pürieren, über das Getreide geben. Kerne in die Mitte streuen.

11310. Hafertaler mit sonnigem Cashemmer, Juli 2017

Vorläufer 11295

- 200 g Honig
- 100 g Butter
- 75 g Cashewbruch
- 25 g Sonnenblumenkerne
- 200 g Emmer, fein gem.
- 250 g Nackthafer, geflockt
- 1/2 TL gem. Vanille
- 1 P Weinsteinbackpulver
- 1 Prise Salz

Honig, Butter und Nüsse bzw. Kerne in einer Pfanne auf höherer Einstellung auflösen (Stufe 8/14, Induktion) und etwas kochen lassen. Die restlichen trockenen Zutaten miteinander mischen, in eine Rührschüssel geben. Butter-Honig-Flüssigkeit zugeben und mit einem Handrührgerät, Rührbesen, zu einem Teig verarbeiten. 10-15 Min. ruhen lassen.

Mit einem Teelöffel Portionen abnehmen und zwischen den Händen zu kleinen Talern pressen. Etwas größer machen als gewohnt, weil der Cashewbruch gröber ist als gehackte Nüsse und sonst alles zerfällt. Die Hände ab und an befeuchten. Eng nebeneinander auf ein PerfectClean-Blech legen, in dieser Zeit den Ofen auf 160 °C vorheizen. Einschieben und 15 Min. backen und 5 Min. im ausgestellten Ofen nachbacken.

11311. Kümmel-Kartoffelspalten aus dem Ofen, Juli 2017

2 Portionen

- 500 g Kartoffeln
- 15 g Sonnenblumenöl
- 60 g Wasser
- 1 TL Salz
- 2 TL Kümmel, ganz

Kleinere Kartoffeln einmal längs und einmal quer durchschneiden; größere eventuell nochmals teilen. Die Stücke mit den „offenen" Flächen nach oben nebeneinander auf ein Pizzablech von 28 cm (PerfectClean) setzen. Öl, Wasser und Salz mit einem Löffel verrühren und über die Spalten gießen. Kümmel darüber streuen. In den kalten Ofen schieben und 25 Min. bei 230 °C backen, 5 Min. im ausgeschalteten Ofen nachbacken.

11312. Milchreis mit Obstdeckel, Juli 2017

2 Desserts

- 100 g Milchreis, hier Rosinenreis (Milchreis ohne Milch)
- 50 g Stützcreme
- 10 g Agavendicksaft
- 1 reife Nektarine (145 g)
- 10 g Agavendicksaft
- 10 g Zitronenfleisch
- 16 Heidelbeeren

Milchreis, Stützcreme und 10 g Agavendicksaft mit einem Löffel verrühren, auf zwei Schüsselchen verteilen. Für die Obstcreme in einem kleinen Mixer Nektarine mit 10 g Agavendicksaft und Zitronenfleisch pürieren, über den Reis gießen. Je 8 Heidelbeeren am Rand entlang legen.

11313. Zucchini mit Tomate schlicht, Juli 2017

2 Portionen

- 20 g Sonnenblumenöl
- 20 g Wasser
- 1 Prise Salz
- 1 große Tomate (180 g), geviertelt
- 220 g Zucchini, in dicken Scheiben
- Zitronensaft zum Abschmecken

In der angegebenen Reihenfolge eng in eine 20-cm-Keramikpfanne geben. Deckel auflegen und ankochen, bis Dampf unter dem Deckel austritt. Auf nicht zu kleiner Einstellung 12 Min. dünsten. Abschmecken mit Salz und Zitronensaft. Bei uns gab es dazu Kartoffelspalten.

11314. Das-hat-sich-gesalzen-FKG, Juli 2017

2 Portionen

- 6 EL Hafer
- 2 EL Chia
- 200 g Wasser
- 40 g getr. Mango
- 30 g Cashewkerne, gesalzen und geröstet
- 285 g Wasser
- 245 g Erdbeeren
- 1 Nektarine (135 g)
- 1 Banane (125 g)
- Kokosstreifen

Getreide flocken, mit Chia mischen und auf zwei Schüsselchen verteilen. Mit 200 g Wasser verrühren und quellen lassen. Mango, Cashewkerne und Wasser im Vitamix pürieren. Mangopudding über das Getreide geben. Obst im Vitamix pürieren, über das Getreide geben. Kokosstreifen senkrecht in das Obstpüree stecken.

11315. Der-hat-sich-gesalzen-Kakao, Juli 2017

Im Hochleistungsmixer, je nach Gerät, 2,5 bis 3 Min. auf höchster Stufe schlagen:

- 10 g Kakaonibs
- 20 g Nackthafer
- 25 g Cashewkerne, gesalzen und geröstet
- 3 Datteln Deglet Nour (25 g), entsteint
- 6 g frischer Ingwer
- auf 500 ml (Markierung im Becher) mit Wasser/kochendem Wasser 1:1 auffüllen.

11316. Nektarinen-Überhand-FKG, Juli 2017

2 Portionen

- 6 EL Nacktgerste
- 2 EL Chiasamen
- 200 g Wasser
- 160 g Erdbeeren
- 1 Banane (130 g)
- 2 Nektarinen (315 g)
- 16 Macadamianüsse
- 8 Mandeln
- 2 Paranüsse

Getreide flocken, mit Chiasamen mischen und mit Wasser verrühren. Auf zwei Schüsselchen verteilen. Das Obst ggf. in grobe Stücke teilen und im Hochleistungsmixer pürieren, über das Getreide geben. Macadamianüsse am Rand entlang, die anderen Nüsse in die Mitte legen.

11317. Cashew-Kartoffelspalten aus dem Ofen, Juli 2017

2 Portionen

- ca. 500 g Kartoffeln
- 15 g Sonnenblumenöl
- 70 g Wasser
- 1 TL Salz
- 40 g Cashewbruch

Kleinere Kartoffeln einmal längs und einmal quer durchschneiden; größere eventuell nochmals teilen. Die Stücke mit den „offenen" Flächen nach oben nebeneinander auf ein Pizzablech von 28 cm (PerfectClean) setzen. Öl, Wasser und Salz mit einem Löffel verrühren und über die Spalten gießen. Cashewstücke darüber streuen. In den kalten Ofen schieben und 25 Min. bei 230 °C backen, 5 Min. im ausgeschalteten Ofen nachbacken.

11318. Vermandelter Nektarinensalat, Juli 2017

2 Portionen

- 2 Nektarinen (ca. 280 g)
- 12 g Zitronenfleisch
- 1 Prise gem. Vanille
- 10 g Agavendicksaft
- 20 g Wasser
- 10 g gehobelte Mandeln

Nektarinen würfeln und auf zwei Schüsselchen verteilen. Zitrone, Vanille, Süßungsmittel und Wasser verquirlen (kleiner Mixer, hoch stehendes Messer) und über das Obst gießen. Mit Mandelblättchen bestreuen und kalt stellen.

11319. Sechskörnige Erdbeeren-FKG, August 2017

2 Portionen

- 6 EL Sechskornmischung
- 2 EL Chiasamen
- 200 g Wasser
- 1 Banane (50 g)
- 335 g Erdbeeren
- 1 Nektarine (170 g)
- Macadamianüsse

Getreide flocken, mit Chiasamen mischen und mit Wasser verrühren. Auf zwei Schüsselchen verteilen. Das Obst ggf. in grobe Stücke teilen und im Hochleistungsmixer pürieren, über das Getreide geben. Mit Nüssen dekorieren.

11320. Pinke Grapefruit für mich-FKG, August 2017

- 3 EL Nackthafer
- 1 EL Chiasamen
- 75 g Wasser
- 1/2 Grapefruit (150 g)
- 1 Nektarine (90 g)
- 1 Banane (100 g)
- 4 Macadamianüsse

Getreide flocken, mit Chiasamen mischen und mit Wasser verrühren. Das Obst vorschneiden und mit einem kleinen Mixer pürieren, über das Getreide geben. Nüsse auflegen.

11321. Wachmacher-Kakao, Juli 2017

Im Vitamix ca. 2.5 Min. auf höchster Stufe schlagen:

- 20 g Kakaonibs
- 20 g Nackthafer
- 4 Datteln Deglet Nour, entsteint (35 g)
- 5 g frischer Ingwer
- auf 500 ml mit Wasser/kochendem Wasser 1:1 auffüllen.

Er tat seine Wirkung! Hätte aber süßer sein können.

11322. Wachmacher-Kakao mit Chia, August 2017

Im Vitamix ca. 2.5 min. auf höchster Stufe schlagen:

- 20 g Kakaonibs
- 20 g Chiasamen
- 5 Datteln Deglet Nour, entsteint (40 g)
- 5 g frischer Ingwer
- auf 500 ml mit Wasser/kochendem Wasser 1:1 auffüllen.

Hinweis: *Er tat seine Wirkung! Hätte aber süßer sein können.*

11323. Wachsbohnen mit Nudeln, August 2017

- 40 g Bohnenkochwasser
- 150 g Wachsbohnen, in Stücken
- 110 g Spiralnudeln, Vollkorn
- 240 g Bohnenkochwasser
- 1/2 TL Salz
- Evtl. Salz
- 1 EL Zitronensaft
- 20 g Butter (zerlassen im heißen Essen)

Bohnen im Wasser als Gemüsepfanne 20 Min. dünsten. Nach demselben Prinzip die Nudeln in einem kleinen Topf 9 Min. kochen. Miteinander mischen und mit Salz, Zitronensaft und Butter abschmecken.

11324. Die andere Hälfte-FKG, August 2017

- 3 EL Nackthafer
- 1 EL Chiasamen
- 85 g Wasser
- 1/2 Grapefruit (155 g)
- 95 g Zuckeraprikosen
- 1 Banane (100 g)
- 5 Macadamianüsse
- 2 Aprikosen, halbiert, als Deko

Getreide flocken, mit Chiasamen mischen und mit Wasser verrühren. Das Obst vorschneiden und mit einem kleinen Mixer pürieren, über das Getreide geben. Aprikosenhälften mit der Schnittfläche nach oben auf das Obst legen, in jede eine Nuss füllen und die fünfte Nuss in die Mitte setzen.

11325. Bananen-Aprikosen-Duett (FKG), August 2017

- 3 EL Sechskorngetreide
- 1 EL Chiasamen
- 85 g Wasser
- 10 g Zitronensaft
- 1 Banane (125 g), in Scheiben
- 130 g Zuckeraprikosen, halbiert
- 10 g Sonnenblumenkerne

Getreide flocken, mit Chiasamen mischen und mit Wasser verrühren. Mit Zitronensaft beträufeln. Das klein geschnittene Obst über das Getreide geben, mit Kernen bestreuen.

11326. Zucchini-Pfanne mit Kichererbsen, August 2017

Als Gemüsepfanne (20-cm-Keramikpfanne, 15 Min.):
- 25 g Kokosöl (vorher auf kleiner Einstellung verflüssigen)
- 65 g rote Paprika, gewürfelt
- 220 g Zucchini, in dickeren Halb- und Viertelscheiben

Unterrühren:
- 1 EL Zitronensaft
- 1 gute Prise Salz
- 1 Prise Pfeffer
- 25 g Cashewmus

11327. Tasseneinweihungskakao, August 2017

Im Vitamix ca. 2.5 Min. auf höchster Stufe schlagen:
- 15 g Kakaonibs
- 20 g Nackthafer
- 35 g Datteln
- 5 g frischer Ingwer
-
- 1 EL gekochte Kichererbsen = 25 g
- auf 500 ml mit Wasser/ kochendem Wasser 1:1 auffüllen

11328. Sommermehrerlei-FKG, August 2017

- 3 EL Nackthafer
- 1 EL Chiasamen
- 90 g Wasser
- 100 g Heidelbeeren
- 90 g Zuckeraprikosen
- 1 Banane (110 g), Scheiben
- 10 g Cashew-Bruch

Getreide flocken, mit Chiasamen mischen und mit Wasser verrühren. Heidelbeeren mit Zuckeraprikosen pürieren (kleiner Mixer), über das Getreide geben. Bananenscheiben auflegen, mit Cashew-Bruch bestreuen.

11329. Kohlrabi in Doppelcashew, August 2017

- 45 g Kichererbsenkochwasser
- 240 g Kohlrabi, in Stücken
- 100 g Spiralnudeln, Vollwert
- 210 g Wasser
- 1/2 TL Salz
- Cashewsoße 11331
- 25 g geröstete, gesalzene Cashewnüsse

Kohlrabi in 45 g Flüssigkeit als Gemüsepfanne 23 Min. (20-cm-Keramikpfanne) dünsten. Nudeln, 210 g Wasser und Salz in einem kleinen Topf wie eine Gemüsepfanne garen mit der auf der Verpackung angegebenen Zeit.

Cashewsoße unterrühren, aufkochen. Nudeln zum Gemüse geben (wer gerne eine dickliche Soße möchte, fängt das Kochwasser auf), Soße unterrühren und aufkochen. Auf dem Teller mit den Cashewnüssen bestreuen.

11330. Herzhafte Stützcreme, August 2017

Im Vitamix bis zum Stocken schlagen:
- 60 g Rundkorn-Naturreis
- 10 g Cashewbruch
- 1 Prise Salz
- 200 g Kichererbsenkochwasser
- 150 g kochendes Wasser

11331. Cashewsoße, August 2017

- 80 g Herzhafte Stützcreme 11330
- 100 g Kichererbsenkochwasser
- 1 Stück Essigpeperoni (7 g) 7/4573
- 30 g Cashewnussmus

Im Vitamix pürieren.

11332. Sechskornfruit-FKG, August 2017

Abends
- 3 EL Sechskorngetreide grob schroten (7/9, Hawos Novum). Mit
- 1 EL Chiasamen mischen und mit
- 100 g Wasser übergießen. Abgedeckt mind. 4 Std. bei RT.

Morgens
- 1/2 Grapefruit (170 g)
- 1 Banane (100 g)
- 105 g Heidelbeeren

Grapefruit und Banane in grobe Stücke teilen und im Hochleistungsmixer pürieren. Auf das Getreide gießen. Heidelbeeren darauf verteilen.

11333. Hafertaler mit sonnigen Haselnüssen, August 2017

Vorläufer: 11310; nicht lecker genug

- 200 g Honig
- 100 g Butter
- 50 g gehobelte Haselnüsse
- 50 g Sonnenblumenkerne
- 200 g Emmer, fein gemahlen
- 250 g Nackthafer, geflockt
- 1/2 TL gem. Vanille
- 1 P Weinsteinbackpulver
- 1 Prise Salz

Honig, Butter und Nüsse bzw. Kerne in einer Pfanne auf höherer Einstellung auflösen (Stufe 8/14, Induktion) und etwas kochen lassen. Die restlichen trockenen Zutaten miteinander mischen, in eine Rührschüssel geben. Butter-Honig-Flüssigkeit zugeben und mit einem Handrührgerät, Rührbesen, zu einem Teig verarbeiten. 10-15 Min. ruhen lassen. (Bei mir war es heute deutlich länger.)

Mit einem Teelöffel Portionen abnehmen und zwischen den Händen zu kleinen Talern pressen. Etwas größer machen als gewohnt, weil der Cashewbruch gröber ist als gehackte Nüsse und sonst alles zerfällt. Die Hände ab und an befeuchten. Eng nebeneinander auf ein PerfectClean-Blech legen, in dieser Zeit den Ofen auf 160 °C vorheizen. Einschieben und 15 Min. backen und 5 Min. im ausgestellten Ofen nachbacken. (Leider habe ich vergessen, die Zeit zu bestätigen, sie waren länger im ausgestellten Ofen und sind zu dunkel geworden.)

11334. Cremige Fruchtbombe, August 2017

1 Frühstück

- 3 EL Nackthafer
- 1 EL Chiasamen
- 90 g Wasser
- 125 g Grapefruit
- 1 Banane (100 g)
- 1 Nektarine (70 g)
- 20 g Cashewnüsse

Getreide flocken, mit Chiasamen mischen und mit Wasser verrühren. Auf zwei Schüsselchen verteilen. Das Obst ggf. in grobe Stücke teilen und im Hochleistungsmixer pürieren, über das Getreide geben. Cashewnüsse darauf streuen.

11335. Möhren-Paprika-Pfanne apart, August 2017

- 40 + 30 g Wasser
- 40 g Zwiebel, gehackt
- 100 g rote Paprika, gewürfelt
- 1 Knoblauchzehe (4-5 g), gewürfelt
- 1 mittelgroße Möhre (135 g), in Halbscheiben
- 2 Datteln Deglet Nour, in Ringen
- Röstcashewsoße

Ohne die Soße mit 40 g Wasser als Gemüsepfanne (20 cm, Keramik) dünsten 20 Min. Röstcashewsoße unterrühren, den Becher mit ca. 30-40 g Wasser nachspülen und ebenfalls unterrühren, kurz aufrühren.

11336. Röstcashewsoße, August 2017

Im kleinen Mixer pürieren:

- 55 g Stützcreme
- 30 g Cashewkerne, geröstet & gesalzen
- 1/2 TL Salz
- 10 g Zitronensaft
- 55 g Wasser

11337. Pfannenreis mit Curry, August 2017

- 20 g Sonnenblumenöl
- 100 g Jasmin-Vollkornreis
- 1/2 TL Curry
- 185 g Wasser

Im kleinen Topf aufkochen und auf klein(st)er Einstellung 38 Min. garen lassen.

11338. Möhren-Paprika-Pfanne mit Kartoffeln, August 2017

- 95 g Wasser
- 220 g Kartoffeln in Scheiben
- 95 g Möhren in Scheiben
- 1 kleine rote Paprikaschote (135 g), gewürfelt
- Gehaltvolle Senfsoße

Ohne die Soße als Gemüsepfanne (24 cm Keramik) 20 Min. Soße unterrühren und kurz aufkochen.

11339. Gehaltvolle Senfsoße, August 2017

Mit einem kleinen Mixer pürieren:

- 60 g Stützcreme
- 10 g Senf
- 1/2 TL Salz
- 20 g Cashewbruch
- 10 g Sonnenblumenöl
- 5 g Agavendicksaft
- 50 g Wasser

11340. Kartoffeln mit TK-Erbsen, August 2017

2 Portionen

Als Gemüsepfanne (24 cm, Woll-Pfanne) 20 Min:

- 30 g Sonnenblumenöl
- 65 g Wasser
- 1 Prise Salz
- 530 g Kartoffeln, in Scheiben

Fertigstellung

- 125 g Tiefkühlerbsen unterheben und erhitzen, mit
- Salz abschmecken.

11341. Fantasielose Creme mit Heidelbeeren, August 2017

2 Portionen

- 125 g Stützcreme
- 25 g Agavendicksaft
- 10 g Zitronensaft
- 90 g Heidelbeeren
- 20 g gehobelte Mandeln

Stützcreme, Agavendicksaft und Zitronensaft mit einem Löffel verrühren. Heidelbeeren unterziehen und auf zwei Schüsselchen verteilen. Mit Mandeln bestreuen.

11342. Fast-FKG-Dessert, August 2017

Mit einem Löffel verrühren:

- 75 g Stützcreme
- 50 g Nackthafer, geflockt
- 50 g Sonnenblumenkerne
- 50 g grüne Rosinen
- 1 Nektarine, in Stücken (112 g)

11343. Süßes Avo-FKG, August 2017

- 3 EL Nackthafer
- 1 EL Chiasamen
- 90 g Wasser
- 1 Avocado (150 g), mit Teelöffel Stücke herausgenommen
- 1 Banane (95 g), in Scheiben
- 1 Nektarine (110 g), in Stücke geschnitten

Getreide flocken, mit Chiasamen mischen und mit Wasser verrühren. Avocado und Obst in der angegebenen Folge auf das Getreide schichten.

11344. Shiitake mit roten Linsen, August 2017

Shiitake
- 15 g Sonnenblumenöl
- 20 g Wasser
- 130 g Shiitake, in Stücken
- 65 g rote Paprika, gewürfelt
- 2 Prisen Salz
- 1 Prise Pfeffer

Linsen
- 100 g rote Linsen
- 40 g Zwiebel, gewürfelt
- 200 g Wasser

Linsenzutaten zusammen aufkochen und 20 Min. auf kleiner Einstellung dünsten/quellen lassen. Die Linsen sind dann recht weich (ich mag das). Shiitakezutaten als Gemüsepfanne 15 Min. garen. Mit Salz und Pfeffer pikant abschmecken, Linsen unterrühren.

11345. Eisberg-Schüssel-Salat, August 2017

- 120 g Eisbergsalat, klein geschnitten
- 1/2 rote Paprika (80 g), gewürfelt
- 20 g Linsensprossen
- 2 Prisen Salz
- 1 Prise Pfeffer
- 10 g Zitronensaft (mit der Gabel aus der Zitrone gequetscht)
- 15 g Sonnenblumenöl

In eine Schüssel geben, mit zwei Löffeln oder einem Salatbesteck mischen und auf einen Teller füllen.

11346. Meloniertes Grapefruit-FKG, August 2017

- 3 EL Nackthafer
- 1 EL Chiasamen
- 100 g Wasser
- 1/2 Grapefruit (155 g)
- 1 kleine Banane (75 g)
- 110 g Wassermelone
- 10 g Kokosstreifen

Getreide flocken, mit Chiasamen mischen und mit Wasser verrühren. Das Obst ggf. in grobe Stücke teilen und im Hochleistungsmixer pürieren, über das Getreide geben. Kokosstreifen in die Mitte geben.

11347. Cashew-Maca-Kakao, August 2017

Im Vitamix 2,5 Min.:
- 115 g Nussschokocreme Cashew-Maca 11348
- 285 g Pflanzenmilch

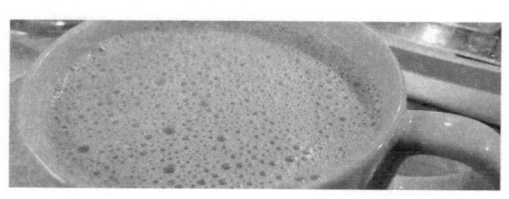

11348. Verpennte Pfifferlinge mit Nektarine, Juli 2017

Nudeln (als Gemüsepfanne, kleiner Topf, 8 Min.)
- 100 g Penne Vollkorn-Nudeln
- 1 Prise Salz
- 215 g Wasser

Pfifferlinge (Gemüsepfanne, 20 cm, 10 Min.):

- 10 g Sonnenblumenöl
- 150 g Pfifferlinge
- 15 g Cashewnüsse
- 1 Nektarine (80 g)

Soße (kleiner Mixer, flaches Messer) unterziehen:

- 55 g Stützcreme
- 2 Prisen Salz
- 1 Prise Pfeffer
- 45 g aufgefangenes Kochwasser von den Nudeln

11349. Nussschokocreme Cashew-Maca, August 2017

Vorläufer 11294; 1,5 Honiggläser

- 200 g Cashewbruch
- 50 g Macadamianüsse
- 30 g Kakaopulver
- 10 g Carobpulver, Rohkost
- 150 g Agavendicksaft
- 225 g Wasser
- 1 Prise Salz
- 1/2 TL gem. Vanille

Alles in den Vitamix geben und mit dem Stößel gut durcharbeiten. Wird leicht warm, bis es wirklich glatt ist. In Honiggläser füllen. Etwas zu flüssig, Honig dickt wohl mehr.

11350. Switchel, August 2017

Ein 750-g-Glas; das Trend-Getränk, habe ich gelesen. Ist aber wirklich sehr erfrischend und lässt sich auch prima verdünnen.

Im Vitamix 2,5 Min.:

- 25 g Ingwer, ungeschält
- 325 g Wasser

20 Min. stehen lassen, dann zugeben:

- 50 g Zitronensaft
- 30 g Apfelessig
- 45 g Honig

Nochmals ca. 30 Sek. mixen und abkühlen lassen.

11351. Pfannenbutterreis, August 2017

- 15 g Butter
- 100 g Jasmin-Vollkornreis
- 200 g Wasser

Zutaten in einer Pfanne (20 cm, Alusguss) zum Kochen bringen, 40 Min. auf kleiner Einstellung dünsten. Nochmals 5 Min. erhitzen auf einer hohen Stufe.

11352. Stangensellerie mit Möhren, August 2017

- 55 g Wasser
- 120 g Möhren, in Scheiben
- 220 g Stangensellerie, in Scheiben
- 15 g grüne Rosinen
- Mandelölsoße 11356

Ohne Soße als Gemüsepfanne 20 Min. (24-cm-Keramikpfanne). Soße unterrühren und aufkochen.

11353. Hafertaler gehobelt, August 2017

Vorläufer: 11333

- 200 g Honig
- 100 g Butter
- 50 g gehobelte Haselnüsse
- 50 g gehobelte Mandeln
- 75 g Emmer, fein gemahlen
- 125 g Purpurweizen, fein gemahlen
- 250 g Nackthafer, geflockt
- 1/2 TL gem. Vanille
- 1 P Weinsteinbackpulver
- 1 Prise Salz

Honig, Butter und Nüsse bzw. Kerne in einer Pfanne auf höherer Einstellung auflösen (Stufe 8/14, Induktion) und etwas kochen lassen. Die restlichen trockenen Zutaten miteinander mischen, in eine Rührschüssel geben. Butter-Honig-Flüssigkeit zugeben und mit einem Handrührgerät, Rührbesen, zu einem Teig verarbeiten. 10-15 Min. ruhen lassen. (Bei mir war es heute deutlich länger.)

Mit einem Teelöffel Portionen abnehmen und zwischen den Händen zu kleinen Talern pressen. Etwas größer machen als gewohnt, weil die gehobelten Nüsse das Zusammenpappen etwas erschweren. Die Hände ab und an befeuchten. Eng nebeneinander auf ein PerfectClean-Blech legen, in dieser Zeit den Ofen auf 160 °C vorheizen. Einschieben und 15 Min. backen und 5 Min. im ausgestellten Ofen nachbacken.

11354. Ajvarreis mit Lauchzwiebeln, August 2017

- 100 g Jasminvollkornreis
- 200 g + 35 g Wasser
- 35 g Wasser
- 15 g Sonnenblumenöl
- 135 g Lauchzwiebeln, klein geschnitten
- 125 g Süßkartoffeln, in feinen Streifen
- 100 g Süßkartoffel-Ajvar 11354
- 85 g Wasser

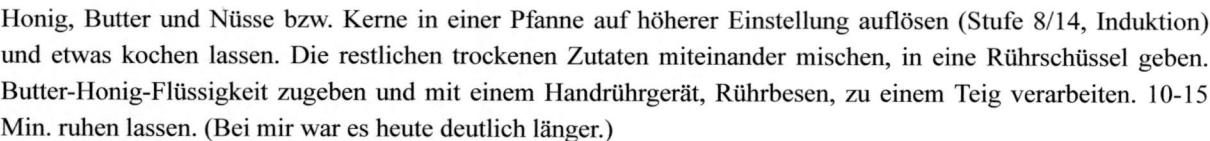

Reis in 200 g Wasser aufkochen, 38 Min. dünsten / quellen lassen. 35 g Wasser, Öl und Gemüse als Gemüsepfanne (24 cm-Keramikpfanne) 15 Min. garen. Ajvar und Wasser unter das Gemüse rühren, dann den Reis unterziehen.

11355. Süßkartoffel-Ajvar, August 2017

- 550 g Wasser
- 265 g Süßkartoffel
- 2 Zwiebeln (120 g netto)
- 1-2 Knoblauchzehen (10 g netto)
- 20 g Essigpeperoni 7/4573
- 1 TL Salz
- 1 TL Paprika edelsüß
- 1 gute Prise schw. gem. Pfeffer
- 2 EL Peperoniessig
- 2 EL Sonnenblumenöl (20 g)
- 5 Datteln Deglet Nour ohne Stein (38 g netto)

Wasser in den Mixtopf geben. Von den Süßkartoffeln die Enden entfernen und in Stücke schneiden. Zwiebel und Knoblauch abziehen, klein schneiden. Gemüse mit den Essigpeperoni in den Garkorb geben und dünsten (40 Min./100 °C/Stufe 3). Kochwasser auffangen. Gegartes Gemüse mit den restlichen Zutaten in den Mixtopf geben und offen einkochen (5 Min./100 °C/Stufe 3) und pürieren (15 Sek./Stufe 7). In Schraubgläser füllen, Deckel zudrehen und im Kühlschrank aufbewahren.

Tipp: Restliches Kochwasser auf ca. 250-300 g auffüllen und damit den Thermomix-Topf durchspülen, Flüssigkeit auffangen.

11356. Mandelölsoße, August 2017

In einem kleinen Mixer pürieren:

- 50 g Stützcreme
- 1/2 TL Salz
- 20 g Mandelöl
- 10 g Mandeln
- 30-50 g Wasser

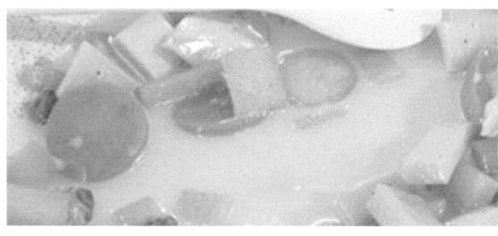

11357. Penne mit Bohnen und Ajvar, August 2017

- 100 g Penne-Nudeln Vollkorn
- 1 Prise Salz
- 200 g Wasser
- 90 g tiefgekühlte Erbsen
- 150 g gekochte weiße Bohnen
- 100 g Ajvar, hier Süßkartoffel-Ajvar 11354

Nudeln mit Wasser und Salz in einer Pfanne (20 cm, Aluguss) garen; länger, als auf der Packung steht. Erbsen unterrühren. Weiße Bohnen und Ajvar zugeben, erhitzen.

11358. Kartoffeln mit Gemüse in Ajvar, August 2017

Gemüsepfanne (20 Min., 24-cm-Keramik) aus:

- 60 g Wasser
- 230 g Kartoffeln, in Scheiben
- 140 g Lauchzwiebeln, klein geschnitten
- 45 g rote Paprika, gewürfelt
- 65 g Batate, in feinen Streifen

Abschmecken mit:

- 1-2 Prisen Salz
- 100 g Ajvar (hier: Süßkartoffel-Ajvar 11355)

11359. Herbstgefühle-FKG, August 2017

- 3 EL Sechskorngetreide
- 1 EL Chiasamen
- 100 g Wasser
- 15 g Zitronenfleisch
- 1 Banane (140 g)
- 1 Birne (220 g), in Halbscheiben
- 8 M

Getreide flocken, mit Chiasamen mischen und mit Wasser verrühren. Vier Birnenhalbscheiben beiseite legen und das restliche Obst in grobe Stücke teilen und im starken Mixer pürieren, über

das Getreide geben. Die Halbscheiben an den Rand stecken, die Mandeln in einen Kreis in die Mitte legen.

11360. Switchel in Grapefruit, August 2017

Auch sehr lecker!

Im Vitamix 2,5 Min.:

- 25 g Ingwer, ungeschält
- 325 g Wasser

20 Min. stehen lassen, dann zugeben:

- 60 g Pampelmusensaft (1/2 kleinere Grapefruit)
- 30 g Apfelessig
- 40 g Honig

Nochmals ca. 30 Sek. mixen und abkühlen lassen.

11361. Reis mit Kichererbsen und Ajvar, August 2017

- 100 g Vollkorn Jasmin-Reis
- 200 g Kichererbsenkochwasser
- 35 g tiefgekühlte Erbsen
- 180 g gekochte Kichererbsen
- 95 g Ajvar, hier Süßkartoffel-Ajvar 11355
- 1 EL Mandelöl

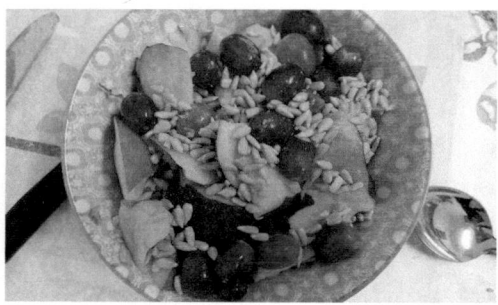

Reis im kleinen Topf mit Wasser garen (35 Min.). Restliche Zutaten unterrühren und erhitzen.

11362. Blitz-FKG, August 2017

- 3 EL Nackthafer
- 1 Banane (100 g)
- 1 Nektarine (160 g)
- 60 g rot-grüne Trauben
- 15 g Sonnenblumenkerne

Getreide flocken. Banane in Scheiben schneiden, darüber legen. Von der Nektarine Stücke abschneiden, obendrauf. Mit Trauben und Kernen abdecken.

11363. Spitze des Eisbergsalats, August 2017

Hauptspeise

In eine Schüssel schneiden:

- 160 g Eisbergsalat
- 120 g Salatgurke
- 1/2 Fleischtomate (125 g)

Dazugeben:

- 1 EL Mandelöl
- 1 EL Aceto Balsamico-Essig
- 2 EL Wasser
- 2 Prisen Salz

Mit einem Salatbesteck miteinander verrühren. Auf einen Essteller geben, sodass in der Mitte am meisten liegt. Mit

- 15 g gehobelten Mandeln bestreuen.

11364. Kohlrabi in Sahnesoße, August 2017

- 45 g Kichererbsenkochwasser
- 300 g Kohlrabi, in feinen Streifen
- Schnelle Sahnesoße

Ohne Soße als Gemüsepfanne, 25-30 Min. (20 cm Keramikpfanne) dünsten. Schnelle Sahnesoße unterrühren und aufkochen. Bei uns gab es dazu Butterpenne.

11365. Schnelle Sahnesoße, August 2017

- 50 g Kichererbsenkochwasser
- 20 g Sahne
- 1-2 Prisen Salz
- 5 g gem. Jasmin-Vollkornreis

Mit einem Löffel verrühren.

11366. Butterpenne, August 2017

- 100 g Vollkorn-Penne (aus Hartweizenmehl)
- 200 g Kichererbsenkochwasser
- 1 Prise Salz
- 15 g Butter

Nudeln mit Wasser und Salz wie eine Gemüsepfanne in einem kleinen Topf zubereiten, Kochzeit etwas länger als angegeben. Bei mir war am Ende noch Kochwasser vorhanden: Daher auf größerer Einstellung abdampfen lassen und Butter hinzufügen, schmelzen lassen und umrühren.

11367. Passt-das-denn-FKG, August 2017
- 3 EL Nackthafer
- 1/2 kleine Grapefruit (85 g)
- 210 g Aprikosen
- 10 g Sahne
- 1 kleine Banane (85 g)
- 15 g Walnüsse

Leinsamen mit dem Getreide flocken, auf zwei Schüsselchen verteilen. Grapefruit und Aprikosen in grobe Stücke teilen und mit der Sahne im Hochleistungsmixer pürieren, über das Getreide geben. Banane in Scheiben mit den Walnüssen über dem Obstbrei verteilen.

11368. Stracciatella-FKG, August 2017
- 3 EL Nackthafer, geflockt
- 70 g Wasser
- 1 Birne (240 g)
- 1 Banane (120 g)
- 10 g Sahne
- 5 g Kakaonibs
- 8 Macadamiakerne

Wasser über die Flocken geben. Birne und Banane vorschneiden, mit Sahne und Kakaonibs im Nutrition Mixer mischen, kleine Kakaonibs-Stückchen sollten noch sichtbar sein (deshalb auch schlecht mit dem Vitamix). Über das Getreide geben und am Rand Macadamianüsse verteilen.

11369. Schokoladiger-Kakao, August 2017
Im Hochleistungsmixer, je nach Gerät, 2,5 bis 3 Minuten auf höchster Stufe schlagen:
- 10 g Kakaonibs
- 5 g Kakaopulver
- 20 g Nackthafer
- 35 g Deglet Nour-Datteln, entsteint
- 6 g frischer Ingwer
- auf 500 ml mit Wasser/kochendem Wasser 1:1 auffüllen.

11370. Switchel mit Minzearoma, August 2017
Vorläufer 11350; ein 750-g-Glas
Im Vitamix 2,5 Min.:
- 25 g Ingwer, ungeschält
- 325 g frischer Pfefferminztee

20 Min. stehen lassen, dann zugeben:
- 60 g Zitronenfleisch
- 45 g Apfelessig (sollten sein 30, vertan)
- 55 g Honig (sollten sein 45, vertan)

Nochmals ca. 60 Sek. mixen und abkühlen lassen.

11371. Salat mit Röstbatate, August 2017

Hauptspeise

- 10 g Kokosöl
- 90 g Batate, in ca. 1 cm-dicken Scheiben
- 1/2 Salatherz (75 g), in Streifen
- 1/2 Fleischtomate (85 g), gewürfelt
- 85 g Schlangengurke, in Streifen
- 1 EL Mandelöl
- 1 EL Aceto Balsamico-Essig
- 1 EL Wasser
- 1/2 TL Salz
- 1-2 Prisen Pfeffer
- 40 g kernlose rote Trauben, halbiert

Kokosöl auf kleiner Einstellung zerlassen, dann bei größerer Hitze erhitzen. Batatenscheiben zugeben und von beiden Seiten knusprig braten. Restliche Zutaten in einer Schüssel vorsichtig vermengen. Auf einen Teller stürzen, Batatenscheiben an den Rand legen.

11372. Italienisches Ofengemüse, August 2017

Nach einem Rezept aus „Einkaufen aktuell"

- 1 Knoblauchzehe
- 1 rote Paprika, 175 g
- 1 Zwiebel, 45 g
- 1 kleine Süßkartoffel, 70 g
- 2 Kartoffeln, 185 g
- 1 TL italienische Kräuter
- 1 gestr. TL Salz
- 1 Prise Pfeffer
- 2 EL Mandelöl
- 150 g Wasser
- 50 g Feta

Knoblauch schälen, würfeln. Paprikaschote halbieren, putzen und in große längliche Stücke schneiden. Zwiebel in Spalten schneiden. Süßkartoffel und Kartoffeln je nach Größe in Stücke schneiden. Gemüse, Kartoffeln, Kräuter, Salz und Pfeffer vermengen und in eine 20-cm-Pfanne (Woll-Pfanne) geben. Wasser angießen. Mit Öl beträufeln. Im vorgeheizten Ofen bei 175 °C (Umluft) 45 Min. garen. Aus dem Ofen nehmen, klein geschnittenen Schafskäse über den Auflauf streuen.

11373. Sellerie-Ajvar, August 2017

Vorläufer 11354

- 500 g Wasser
- 265 g Stangensellerie
- 1 Zwiebel (85 g netto)
- 1 Knoblauchzehe
- 25 g Essigpeperoni 7/4573
- 1 TL Salz
- 1 TL Paprika edelsüß
- 1 gute Prise schw. gem. Pfeffer
- 2 EL Peperoniessig
- 2 EL Sonnenblumenöl (20 g)
- 5 Datteln Deglet Nour ohne Stein (42 g)
- (150 g Kochwasser von den 500 g Wasser im Topf)

Wasser in den Mixtopf geben. Stangensellerie in Stücke schneiden. Zwiebel und Knoblauch abziehen, klein schneiden. Gemüse mit den Essigpeperoni in den Garkorb geben und dünsten (40 Min./100 °C/Stufe 2). Kochwasser auffangen. Gegartes Gemüse mit den restlichen Zutaten in den Mixtopf geben und offen einkochen (10 Min./100 °C/Stufe 2) und pürieren (15 Sek./Stufe 7). In Schraubgläser füllen, Deckel zudrehen und im Kühlschrank aufbewahren.

Meine Bücher

Ratgeber

- Spiele mit ChatGPT und Bard: Zeitvertreib mit künstlicher Intelligenz. Norderstedt (BoD) 2023.
- Wie erkenne ich KI-generierte Texte? – Ein Ratgeber. Norderstedt (BoD) 2023.
- Rette dein Seelenheil mit ChatGPT: Ein Ratgeber. Norderstedt (BoD) 2023.

Belletristik

- Torge ist verschwunden: Lost Places und Urban Vanishing (mit Janina Schmiedel). Norderstedt (BoD) 2024.
- Iphorismen II: Nachfolger der Iphorismen. Norderstedt (BoD) 2024.
- Iphorismen: Kritische Ausgabe unter Mitwirkung der Professoren Ptaček, Bardeloni und Sibingskin. Norderstedt (BoD) 2024.
- Zitatezirkus: Erkenne den Fake. 2. Bd. der Reihe Textcollagen. Norderstedt (BoD) 2023.
- Wilkesmann von A bis Z – Ein Leben in 26 Buchstaben. Norderstedt (BoD) 2023.
- Freundschaft als Installation. Norderstedt (BoD) 2023.
- Fantastisches Tagebuch. (mit Janina Schmiedel). Norderstedt (BoD) 2023.
- Kriminalalphabet. Norderstedt (BoD) 2023.
- Bernadette K. – Das Leben einer Königin. 1. Bd. Der Reihe Textcollagen. Norderstedt (BoD) 2023.
- Die Iden des Jumi: Ein archäologischer Bestseller. Norderstedt (BoD) 2023.
- Gedanken zum Gedenken: Gedenk-, Aktions- und Feiertage. Norderstedt (BoD) 2023.
- Wer steckt hinter Spam? Ein Roman. Norderstedt (BoD) 2023.
- Chimären: Was Menschen bisher nicht wussten. Norderstedt (BoD) 2023.
- Seite 22, Zeile 22 (mit Janina Schmiedel.) Norderstedt (BoD) 2022.
- Märchen von heute: 61 wundersame Geschichten. Norderstedt (BoD) 2022.
- Präpositionen. Norderstedt (BoD) 2022.
- Eine Hand greift die andere. Norderstedt (BoD) 2022.
- Iphorismische Short Stories. Norderstedt (BoD) 2022.
- Iphorismen. Norderstedt (BoD) 2021.
- OneBBO's Castle lädt ein. Schau uns über die Schulter. Norderstedt (BoD) 2007.

Ernährung

- Am besten vegetarisch mit der Thermo-Küchenmaschine. Potsdam (Dort-Hagenhausen) 2016.
- Hartz IV in aller Munde. Norderstedt (BoD) 2013.
- Indisch inspiriert. München (Dort-Hagenhausen) 2013.
- Jetzt wird gesnackt! Norderstedt (BoD) 2013.
- Immer öfter vegetarisch. München (Dort-Hagenhausen) 2012.
- Rohkost statt Fasten Teil 2: Rezepte für ein Rohkostjahr. Norderstedt (BoD) 2011.
- Mein Kollege kocht Vollwert. Norderstedt (BoD) 2010.
- Schokolade. Norderstedt (BoD) 2010.
- Gemüse in aller Munde. Norderstedt (BoD) 2009.
- Hartz IV in aller Munde. Norderstedt (BoD) 2009.
- Schrot statt Schrott. Norderstedt (BoD) 2008.
- Vollwert? Gold wert! Norderstedt (BoD) 2008.
- Brötchen statt Brot. Norderstedt (BoD) 2007.
- Konfekt statt Sünde. Norderstedt (BoD) 2007.
- Rohkost statt Fasten. Norderstedt (BoD) 2007.

Reihe: Meine Rezeptebibliothek:

- Band 1: 1998 bis März 2006, Rezepte 1-769. Norderstedt (BoD) 2024.
- Band 2: März 2006 bis April 2007, Rezepte 770-1503. Norderstedt (BoD) 2024.
- Band 3: April bis November 2007, Rezepte 1504-2163. Norderstedt (BoD) 2024.
- Band 4: November 2007 bis September 2008, Rezepte 2164-2913. Norderstedt (BoD) 2024.
- Band 5: September 2008 bis August 2009, Rezepte 2914-3676. Norderstedt (BoD) 2024.
- Band 6: August 2009 bis Dezember 2010, Rezepte 3677-4404. Norderstedt (BoD) 2024.
- Band 7: Januar 2011 bis Dezember 2012, Rezepte 4405-5290. Norderstedt (BoD) 2024.
- Band 8: Dezember 2012 bis Juni 2014, Rezepte 5291-6142. Norderstedt (BoD) 2024.
- Band 9: Juni 2014 bis April 2015, Rezepte 6143-7914. Norderstedt (BoD) 2024.
- Band 10: April bis Oktober 2015, Rezepte 7915-8018. Norderstedt (BoD) 2024.
- Band 11: Oktober 2015 bis April 2016, Rezepte 8019-9046. Norderstedt (BoD) 2025.
- Band 12: April bis Oktober 2016, Rezepte 9047-10207. Norderstedt (BoD) 2025.

Stichwortverzeichnis

Frühstück FKG

Weihnachten

Weiße Soße

Wirsing

Würzen

Zucchini

Zwiebeln